초보 엄마·아빠를 위한
육아

StarRich Books

시작하며

요즘 사람들은 핵가족 시대에서 자랐기에 엄마·아빠가 되기 전까지
아기를 옆에서 보거나 만져본 경험이 없을 것입니다.
임신하고 나서 예비 부모 교실을 찾아가도 태어나고 얼마 안 되는
기간에 대한 정보만 들을 수 있을 뿐입니다.
현대 사회에서는 초보 엄마·아빠가 아이를 키울 때 불안을 느낄
수밖에 없습니다.
가까이에 할머니나 친척들이 있으면 육아에 관해 궁금한 점들을
물어볼 수가 있겠지만 급하게 알고 싶은 게 있을 때
바로바로 정보를 얻을 수는 없습니다.
물론 인터넷을 통해 육아에 관한 정보를 쉽게 얻을 수도 있겠지만,
그 속에는 신뢰할 수 있는 검증된 정보만 있는 것이 아닙니다.
육아는 엄마 혼자서 할 수 있는 일이 아닙니다. 요즘에는 아빠들도
육아에 적극 참여하고 있습니다. 할아버지, 할머니는 물론이며
지역 사람들도 당신의 육아를 응원해주고 있습니다.
보건소나 병원의 의사, 간호사도 든든한 응원단입니다. 아기의 보건
문제를 가볍게 상담할 수 있는 단골 의사가 있으면 크게 도움이 됩니다.
이 책은 생전 처음 육아를 시작하는 엄마·아빠를 위해 육아에 관한
유익한 정보를 전달하기 위해 출판했습니다.
시간이 있을 때 읽고 뭔가 문제가 생겼을 때 찾아보면 참고가 되는
정보를 얻을 수가 있습니다.
이 책이 열심히 육아를 하는 엄마·아빠에게 도움이 되기를 마음속 깊이 기원합니다.

이가라시 다카시(국립세이쿠의료연구센터 이사장·총장)

한국어판 감수의 글

힘든 임신 기간을 지나 아이를 만나는 순간, 엄마·아빠는 무척 행복할 거예요.
하지만 그도 잠시. 험난한 육아라는 현실이 다가옵니다.
아기는 밤낮으로 울어대며 보채고 어떤 날은 이유도 없이 설사를 하고 열이 납니다.
고난의 나날이 시작된 것이지요.
아기는 정상적인 성장을 하고 있지만 초보 엄마·아빠는 혹시나 하는 생각에
두렵기도 합니다. 하지만 어떤 일이든 처음일 때는 두려움이 앞섭니다.
이 책은 신생아부터 만 3세까지 하루하루가 다르게 성장하는
아이의 월령별 발달 정도, 특징 등 시기별로 아이를 이해하고 제대로
이끌 수 있는 정보는 물론이고, 기본적이고 실질적인 돌보기 방법, 건강관리,
좋은 생활 습관 기르기, 예방 접종하기, 안전사고 대책과 응급 처치,
걸리기 쉬운 질병과 간호법까지 육아에 필요한 모든 것을
꼼꼼히 다루고 있어 초보 엄마·아빠에게 유용한 가이드가 될 것입니다.
문제에 직면했을 때 속 시원히 물어볼 곳도 마땅치 않은
핵가족 저출산 시대의 초보 엄마·아빠에게 큰 힘이 되리라 생각합니다.

정성훈(강동경희대학교병원 소아청소년과)

아기의 웃음을 보고 싶으면 엄마·아빠가 활짝 웃어야 한다.

아기의 반짝반짝 빛나는 개성을 소중하게!

모두가 걸어간 길, 나도 할 수 있다.

CONTENTS

별지 부록

표　월령별 신체 ★ 발달 달력
　　하루하루가 발견의 연속
　　아기가 할 수 있는 운동＆동작

표　마음과 언어 ★ 발달 달력
　　마음과 뇌가 성장한다
　　아기의 옹알이 ＆
　　엄마·아빠와의 대화

2　시작하며
3　감수의 글
8　아이와의 생활이 시작된다
10　육아는 언제까지 힘든 걸까? 미래 예상도

PART 1

0~3세☆월령별

아기의 발육·발달, 생활과 걱정되는 일

14　**0개월**
　　먹고 자고를 반복, 처음 보는 세상에 차츰 익숙해진다

20　**1개월**
　　깨어 있는 시간이 조금 길어지고 수면·수유 리듬이 생기기 시작한다

26　**2개월**
　　표정이 풍부해져서 얼러주면 방긋 웃는다

32　**Column 1**　즐거운 추억을 만들자, 아이와 함께 외출하기

34　**3개월**
　　체중이 2배로! 목을 혼자서 가눌 수 있다

40　**4개월**
　　목 가누기는 거의 완성! 만지고 핥으면서 오감이 발달한다

46　**5개월**
　　이유식을 시작해요! 뒤집기도 시작

52　**Column 2**　정부 육아 지원 서비스 챙기기

54　**6개월**
　　잠깐 동안이지만 앉는다! 낯을 가리고 밤에 울기 시작한다

60　**7개월**
　　앉게 되면서 멀리까지 본다 '저건 뭐지?' 하는 궁금증이 움직이는 원동력으로

66　**8개월**
　　기어 다닐 수 있게 되면 호기심이 이끄는 대로 이동한다

72　**9개월**
　　잡고 서기를 시작하는 아이도! 엄지손가락과 집게손가락으로 물건을 집는다

- 78 **10개월**
  왕성한 호기심으로 주위를 탐험! 벽을 짚고 걷거나 잠시나마 서 있기도
- 84 **11개월**
  언어 이해 속도가 급속히 빨라지고 감정도 발달하고 자기주장도 강해진다

- 90  **어린이집 보내기**

- 92 **1년**
  첫돌 축하♪ 걸음마를 시작하는 아이도 있다
- 98 **1년 3개월**
  혼자서도 안정되게 걷는다! 감정 표현이 풍부하고 복잡하고 섬세하게
- 104 **1년 6개월**
  종종걸음을 하며 뛰듯이 걷는 아이! 엄마·아빠의 간단한 지시를 이해할 수 있다
- 110 **2~3년**
  옷을 입거나 그림을 그린다, 여러 가지 일을 혼자서 할 수 있다

- 116 **Column 4** 1년을 목표로 서두르지 않고 연습! 기저귀 떼기

PART 2

이것만 알아도 쉬워진다!
아이 돌보기의 기본기

- 118 여러 가지 안는 법
- 122 기저귀 갈기
- 124 신생아 목욕시키기
- 126 엄마 아빠와 함께 목욕하기
- 127 눈, 귀, 코 등을 닦아주자
- 128 아이 속옷 & 옷 고르기, 입히기
- 130 아이의 잠자리를 마련하자

PART 3

모유 or 분유
수유의 모든 것

- 132 모유·분유의 역할
- 134 모유 먹이는 법
- 136 분유 타는 법·먹이는 법
- 138 모유에 대해 궁금한 점 Q&A

- 140 **Column 5** 엄마들의 최대 관심사, 젖은 언제 어떻게 떼는 걸까

PART 4

어른과 똑같은 음식을 먹을 수 있게 하는 '연습 기간'
이유식 & 유아식 진행 방법

- **142** 이유식의 기초 지식
- **144** 단계별 이유식 진행표
- **146** 꿀꺽 삼켜 먹는 시기 (5~6개월 무렵)
- **148** 우물우물 먹는 시기 (7~8개월 무렵)
- **150** 끊어 먹는 시기 (9~11개월 무렵)
- **152** 스스로 먹는 시기 (1년~1년 6개월 무렵)
- **154** 유아식 시기 (이유식 완료~3년 무렵)

- **156**  엄마 판단으로 제외시키면 안 된다, 식품 알레르기

PART 5

칭찬하기와 야단치기 의외로 어렵다!
생활 습관 & 규칙

- **158** 일찍 자고 일찍 일어나는 생활 습관
- **160** 이가 나는 순서·양치질하는 법
- **162** 칭찬하기·야단치기

- **164**  하고 싶지 않은 엄마가 다수? 산후의 섹스

PART 6

병으로 부터 아이를 지킨다!
알아두어야 할 예방 접종

- **166** 예방 접종의 기초 지식
- **168** 예방 접종 스케줄·예방 접종 받는 법
- **170** 예방 접종 종류
  b형 헤모필루스인플루엔자(Hib) / 폐렴구균 / B형 간염 / 로타 바이러스 / DTaP, 소아마비 / 결핵 BCG / MMR / 수두 / 일본뇌염 / 인플루엔자
- **176** 예방 접종에 관해 궁금한 점 Q&A

위험을 미연에 방지!
안전사고 대책과 응급 처치

178 실내 안전사고 대책
180 알아두어야 할 응급 처치
넘어졌다·부딪쳤다 / 목에 이물질이 걸렸다 / 앗! 물에 빠졌다 / 화상을 입었다 / 코피가 났을 때 / 출혈이 있을 때 / 입안에 상처가 났을 때
눈·코·귀에 이물질이 들어갔을 때 / 손가락이 끼었을 때 / 베이거나 긁혔을 때 / 흉부 압박

고통을 조금이라도 덜어주고 싶다!
병과 간호

184 아이가 아플 때의 간호법
열이 있을 때 / 설사를 했을 때, 토했을 때 / 기침을 하거나 쌕쌕거릴 때 / 콧물이 심할 때 / 눈곱이 끼었을 때 / 변비가 있을 때

188 약 먹이는 법·사용법
가루약 / 시럽 / 드라이 시럽 / 좌약 / 점안약 / 바르는 약 / 점이약

192 열이 난다
감기 / 인플루엔자 / 돌발진 / 볼거리(유행성이하선염) / 요로 감염 / 뇌수막염 / 가와사키병 / 헤르판지나 / 인두 결막열

197 [Topics] 경련을 일으키면

198 피부 발진이 생겼다
홍역 / 풍진 / 수족구병 / 수두 / 사슬알균 감염 / 전염성 홍반

202 힘들게 기침을 한다
기관지염·폐렴 / 세기관지염 / 크루프(급성 후두염) / 백일해

204 구토·설사를 한다
급성 위장염(바이러스성) / 급성 위장염(세균성) / 장중첩증 / 비후성 유문 협착증

206 알레르기
아토피성 피부염

207 [Topics] 기관지 천식이란

208 피부 질환
유아 습진 / 땀띠 / 기저귀 발진 / 칸디다 피부염 / 전염성 농가진 / 전염성 연속종 / 접촉성 피부염 / 두드러기 / 벌레 물림 / 반점

213 [Topics] 열사병이란

214 눈·귀의 병
비루관 폐쇄 / 결막염 / 덧눈꺼풀(부안검) / 급성 중이염 / 삼출성 중이염 / 외이도염

216 뼈·근육·관절의 병
고관절 탈구 / 팔꿈치 아탈구 / 선천성 내반족 / 구루병

218 복부·성기 질환
배꼽 탈장 / 서혜부 탈장 / 음낭 수종 / 잠복 고환 / 귀두 포피염 / 포경

아이와의 생활이

아기야, 안녕! 보고 싶었어!

Hello, My Baby!

머리

머리숱은 개인차가 있어 태어났을 때부터 머리카락이 새카맣고 풍성한 아이도 있고, 숱이 적은 아이도 있어요. 두 살 무렵 전까지는 대체로 머리카락이 다 나니 걱정하지 않아도 돼요.

손

손바닥에 작은 물체를 대면 강하게 꽉 쥐는데 이를 '원시 반사'라고 해요. 손을 펴 보면 담요의 보푸라기 등을 꼭 쥐고 있는 경우도 있어요.

배꼽

태반을 통해 모체와 아이를 순환하던 혈액은 태어난 순간부터 아이의 체내에서만 순환하게 되죠. 생후 1주일가량은 진물이 나곤 하니 소독을 해주세요.

시작된다

엄마, 아빠가 되고 나서야 갓난아이를 처음 접하게 된 사람이 대부분일 거예요. 신생아의 특징을 간략하게 살펴보아요.

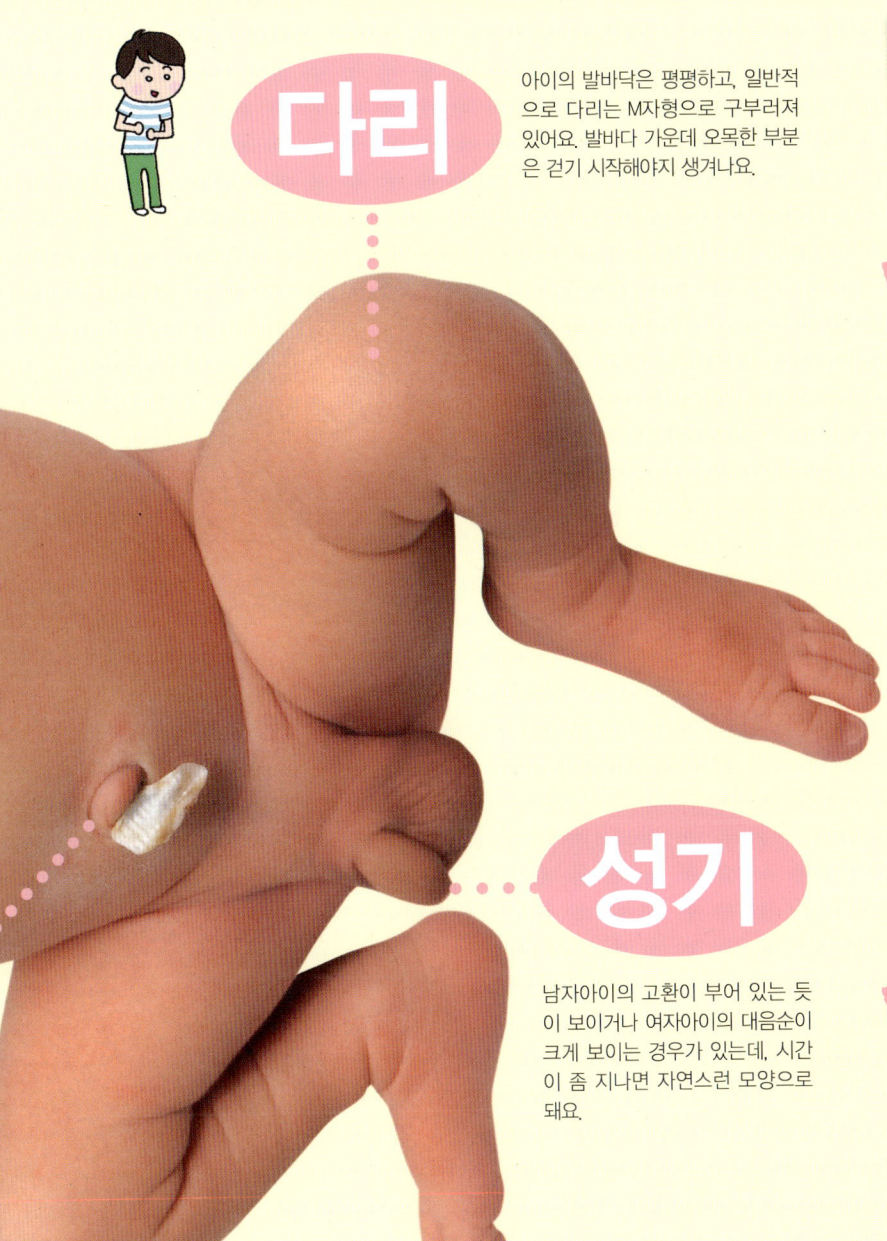

다리
아이의 발바닥은 평평하고, 일반적으로 다리는 M자형으로 구부러져 있어요. 발바닥 가운데 오목한 부분은 걷기 시작해야지 생겨나요.

성기
남자아이의 고환이 부어 있는 듯이 보이거나 여자아이의 대음순이 크게 보이는 경우가 있는데, 시간이 좀 지나면 자연스런 모양으로 돼요.

'원시 반사'는 신생아 특유의 움직임

신생아기의 아이는 팔다리를 구부리거나 뻗거나 하는데, 자발적인 움직임이 아니라 (뇌에서 보내는 명령과는 상관없이) 무의식적으로 몸이 움직이는 거예요. 이를 '원시 반사'라고 하죠. 원시 반사는 목을 가누게 되는 생후 3~4개월쯤 없어져요.

흡철 반사

입술을 건드리면 무조건 빤다
아이의 입 언저리를 엄마가 손가락 등으로 톡톡 건드리면 강한 힘으로 빨아요. 아무도 가르쳐주지 않아도 엄마의 젖을 빨아서 살아갈 수 있는 힘을 태어날 때부터 갖추고 있는 것이죠.

모로 반사

깜짝 놀라면 팔을 크게 벌린다
큰 소리가 나거나 몸이 갑자기 기울거나 할 때 두 손을 크게 벌려요. 인간이 오래 전에 나무 위에서 생활할 때 나무에서 떨어질 것 같으면 꽉 붙잡으려고 했던 습성의 흔적이라고 하네요.

파악 반사

손가락이나 발가락을 만지면 꽉 움켜쥔다
엄마가 손가락이나 길쭉한 물건을 아이의 손가락이나 발가락에 대면 강하게 움켜쥐어요. 이것도 모로 반사와 같이 나무 위에서 생활했을 때의 습관이 남아 있는 것이라고 해요.

당기면 서려고는 반사
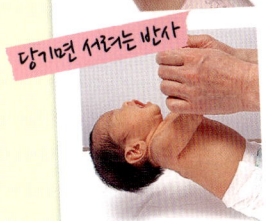
스스로 머리를 들어 올리려고 하는 움직임
자고 있을 때 아이의 팔을 잡고 천천히 상체를 일으키면 목을 가누지 못하는 아이라도 머리를 들어 올리려고 해요. 생후 1개월이 지나면 나타나지 않는 반응이에요.

보행 반사

걷듯이 발을 움직인다
양손으로 아이의 겨드랑이를 받쳐서 일으켜 세운 후 발바닥을 바닥에 대면 발을 번갈아 앞으로 내밀면서 마치 걷는 듯한 동작을 취해요. 인간에게는 날 때부터 '걷는' 능력이 갖추어져 있기 때문이죠. 실제 걷기 시작하는 것은 첫돌 전후예요.

즐겁고 기쁜 일도 많지만 육아는 언제까지

육아가 힘들다고 느끼는 이유는 언제까지 해야 끝나는지 알 수 없기 때문일 거예요. 초보 맘 모두가 겪는

육아의 고충 ★ 히트맵

	월령(개월)	0	1	2	3	4	5	6	7	8	9	10	11	12	13	14	15	16	17	18	19	20	21	22	23	24	36
재우기	계속해서 자지 않는다	●	●	●	●	●	●	●	●	●	●	●	●	●	●	●	●										
	낮과 밤이 바뀐다	●	●	●	●	●	●	●	●	●	●	●	●	●	●	●	●										
	밤에 운다	●	●	●	●	●	●	●	●	●	●	●	●	●	●	●	●	●	●								
울기	왜 우는지 모른다	●	●	●	●	●	●	●	●	●	●	●	●	●	●	●	●	●									
	안아주지 않으면 운다	●	●	●	●	●	●	●	●	●	●	●	●	●	●	●	●	●	●	●							
	뭐든지 싫다며 운다								●	●	●	●	●	●	●	●	●	●	●	●	●	●	●	●	●		
돌보기	목욕을 싫어한다	●						●	●	●	●	●	●	●	●	●	●	●	●	●	●	●	●	●	●	●	
	기저귀 가는 것을 싫어한다					●	●	●	●	●	●	●	●	●	●	●	●	●	●	●	●	●	●	●	●	●	●
	이 닦는 것을 싫어한다							●	●	●	●	●	●	●	●	●	●	●	●	●	●	●	●	●	●	●	●
발달	낯을 가린다					●	●	●	●	●	●	●	●	●	●	●	●	●	●	●							
	쫓아다닌다								●	●	●	●	●	●	●	●	●	●	●	●	●	●	●	●	●	●	
	장난을 친다									●	●	●	●	●	●	●	●	●	●	●	●	●	●	●	●	●	●

○ 0~20% 미만　● 20~40% 미만　● 40~60% 미만　● 60~80% 미만　● 80~100%

육아 잡지 'Baby-mo' 독자에게 언제 무엇이 힘들었는지 물었고, 많은 독자들이 응답한 결과를 응답 수가 많은 시기일수록 진하게 표시했습니다.

재우기

재우기에 대한 고민 NO.1
금세 깬다
주로 1~3개월

【 선배 엄마의 소리 】
● 생후 1개월 무렵부터 금세 깨는 아이였습니다. 처음에는 고민을 했지만 건강하게 자라고 있고, 그런 아이구나라고 생각했습니다. 걷기 시작한 11개월 무렵부터 밤에 깨지 않고 계속 자게 되었습니다! (생후 1년 5개월)
● '키우기 편한 아이=착한 아이'라는 어른의 입장에서 생각하지 않기로 했습니다. 젖을 떼면 잠을 깊이 자주면 좋겠는데……. (생후 10개월)

해결책
'언젠가는 깊이 잘 때가 올 거야'라고 믿고, 아이의 '개성'으로 생각하고 극복한다!

【 From 보육 교사 】
성장을 하면서 점점 긴 시간을 자게 되는데, 수면 리듬은 아이의 개성과 관련이 있습니다. 월령이 높아지면 낮에는 몸을 움직여서 놀게 하고, 잘 때는 주변을 어둡고 조용하게 해주어 엄마, 아빠가 의식적으로 수면 리듬을 만들어주세요.

재우기에 대한 고민 NO.2
낮과 밤이 바뀐다
주로 0~2개월 무렵

【 선배 엄마의 소리 】
● 3개월 무렵, 낮에는 새근새근 잘 자고 밤이 되면 칭얼칭얼. 젖이 부족한 게 아닐까, 밤에 자지 않으니까 낮에 졸린 게 아닐까 고민했습니다. (생후 8개월)
● 생후 1년이 지났을 때 일시적으로 저녁 6시쯤 자고, 새벽 3시에 일어나는 일이 계속되었습니다. 이해가 가질 않았습니다. (생후 1년 9개월)

해결책
'한때일 뿐'이라고 생각하고, 아이의 리듬에 맞춰 휴식을 취한다!

【 From 보육 교사 】
저월령 아이가 낮과 밤을 바꾸어 자는 것은 어쩔 수 없는 일. 하지만 엄마는 피로가 누적되니 아이의 수면 리듬에 맞추어서 아이를 재우고 자신도 자면서 극복해야 합니다. 고월령 아이가 낮과 밤을 바꾸어서 자면 먼저 생활 리듬을 재검토하세요. 낮에 충분히 활동을 시키는 것도 효과적입니다.

재우기에 대한 고민 NO.3
밤에 운다
주로 9개월~1년 무렵

【 선배 엄마의 소리 】
● 생후 6개월부터 밤에 울기 시작하더니 지금도 계속되고 있어요. 누워서 젖을 먹이다가 지금은 일어나서 젖을 주고 있습니다. 누운 상태에서 배 위에 올려 안아주고 등을 가볍게 문질러주면 잠잠해집니다. (생후 11개월)
● 어린이집에 다니기 시작했던 1년 5개월 무렵부터 밤에 갑자기 울기 시작해서 잠을 잘 수 없었습니다. 밤에 울지 않게 된 것은 최근에 들어서입니다. (생후 2년)

해결책
곁에 붙어서 자기, 같이 누워서 젖 주기, 안아주기, 스킨십 하기 등 여러 방법을 시도해본다.

【 From 보육 교사 】
수면은 낮에 받은 뇌의 자극을 정리하는 행위입니다. 여러 가지를 알게 되어 뇌가 활발해지고 자극에 민감해지면서 밤에 울게 되는 것이죠. 꿈을 꾸어서 울기도 하고요.

Do you know?
힘든 걸까? 미래 예상도

고민인 '재우기', '울기', '반항기'에 대한 선배 엄마와 보육 교사의 조언.

아이의 울음은 진화한다!

\ 울기에 대한 고민 NO. 1 /
뭐든지 싫다며 운다
주로 1년 무렵

【 선배 엄마의 소리 】
● 자기가 하고 싶은데 하지를 못하니 짜증을 내는 것 같습니다. 우선 직접 해보게 하고, 해내면 호들갑스럽게 칭찬해주었습니다. (생후 1년 2개월)
● 집에서든 밖에서든 반항하며 울어대기 시작하면 장소를 불문하고 뒹굴며 목이 터져라 울었습니다. 아예 그 자리에서 움직이질 않았습니다. 3세쯤 되고 나서야 아무 이유 없이 우는 일이 없어졌습니다. (생후 3년)

해결책
'하고 싶어 하는' 마음을 존중해서
때로는 끝까지
원하는 대로 하게 해준다!

【 From 보육 교사 】
아이는 언어로 자신의 의사를 제대로 표현하지 못하기에 우는 행위를 통해 관철하려고 합니다. 힘들겠지만 뭐든지 "안 돼!"라고 다그치지 말고, 싫은 이유를 엄마가 "○○인 거구나" 하면서 대변해주거나 끈기를 갖고 타일러서 아이의 마음을 받아주는 것이 중요해요.

\ 원인은 공복, 졸음 등 '불쾌감' /
불쾌해서 운다
0~3개월 무렵

저월령의 아이가 우는 이유는 뭔가 불쾌감을 느끼기 때문입니다. 기저귀가 젖어 있거나, 배가 고프거나, 졸리거나, 덥거나…… 등을 울음으로 표현하는 것이죠.

\ 심심해서 돌봐주기를 바란다 /
심심해서 운다
2~4개월 무렵

변화가 없는 생활이 지루하고 피로가 쌓여 해 질 녘에 우는 '해 질 녘 울음', 비가 오는 날에 칭얼거리는 '심심해서 우는 울음' 등이 있습니다. 여러 방법을 궁리해서 아이의 기분을 전환시켜주세요.

\ 낯가리기&장소 가리기 /
두려워서 운다
6개월~긴 아이는 유아기까지

엄마, 아빠와 다른 사람을 구별할 수 있게 성장한 것입니다! 낯선 사람과 함께 있는 것에 익숙해지게 하려고 그냥 내버려두면 역효과가 납니다. 안아주거나 말을 걸어 안심하게 해주세요.

\ 울기에 대한 고민 NO. 2 /
왜 우는지 알 수 없다
주로 0~3개월 무렵

【 선배 엄마의 소리 】
● 첫째랑 둘째 아이 모두 4~6개월 무렵 아무 이유 없이 칭얼대며 울었습니다. 첫째 때는 나도 마음이 아파서 울고 싶어졌지만, 둘째 때는 "이런 시기다"라고 생각하고 안아주었습니다. (생후 1년 6개월)
● 3~4개월 무렵 아무 이유 없이 칭얼대며 울었습니다. 거기에 동요하지 않고 어르고 달래주었습니다. (생후 1년)

해결책
"아이는 다 그럴 때가 있다!"
엄마, 아빠가
동요해서는 안 된다.

【 From 보육 교사 】
아무 이유 없이 우는 것은 월령이 높아져도 이어지는데, 저월령 때 엄마, 아빠가 특히 고통스럽게 느끼는 것은 아이에 대해 잘 알 수 없는 시기이기 때문입니다. 아이의 마음을 이리저리 상상하면서 엄마, 아빠도 성장해나가다 보면 한결 마음이 가벼워질 거예요.

\ 울기에 대한 고민 NO. 3 /
안아주지 않으면 운다
주로 1~4개월 무렵

【 선배 엄마의 소리 】
● 0~2개월 동안 아이를 안고 집안일을 했습니다. 체력이 좋아지고 다이어트에 효과가 있다고 생각하고 분발했습니다. (생후 1년 11개월)
● 머리와 다리가 높아지도록 양쪽에 쿠션을 놓고 '태아 때 자세'로 재우면 우는 것을 멈추었습니다. 2~4개월 무렵에는 내가 양반다리를 하고 그 위에 재운 적도 있습니다. (생후 1년 3개월)

해결책
집안일 등은 아기띠로 극복한다!
포대기로
업어주는 것도 OK.

【 From 보육 교사 】
모든 아이는 안아주는 것을 좋아하고, 돌봐주지 않으면 칭얼대는 아이도 있습니다. 저월령 때는 아기띠 등으로 안아주고, 허리 힘이 강해지면 업어주고, 월령이 높아지면 집중해서 놀 수 있는 장난감 등을 안겨주세요.

\ 사실은 엄마가 돌봐주기를 바란다 /
어리광으로 운다
1년 6개월~2년 무렵

넘어져도 일어서지 않고 엄마의 얼굴을 빤히 보거나, 자신이 할 수 있지만 엄마에게 해달라고 하며 우는 것은 다정하게 대해주기를 바라기 때문입니다. 부모를 시험하는 행동이니 그 마음을 받아주세요.

\ 낮의 흥분이 남아 있어서 응애 /
밤에 운다
6개월~긴 아이는 2년 무렵

낮에 너무 흥분했거나 낮잠이 부족해서 울거나, 딱히 원인이 없는 경우도 있습니다. 일과성이기에 필요 이상으로 에너지를 소모하지 말고 여유를 가지고 돌봐주세요.

\ '내가 할래!' 자아 형성이 원인 /
싫다고 운다
2년 전후~3년 무렵

뭐든지 자기가 하고 싶은데 '하고 싶은 일'과 '할 수 있는 일'은 다르니 아이는 속상합니다. 자립으로 가는 첫걸음이니 부모는 그 기분을 대변해서 '아이의 마음을 잘 알고 있다'는 점을 전달해주세요.

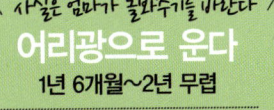

돌보기

\ 돌보기에 대한 고민 NO.1 /
기저귀 갈아주는 것을 싫어한다
주로 9~11개월 무렵

【 선배 엄마의 소리 】
- 장난감을 쥐어주고 갈아입히기도 했고, 기어 다니기 시작한 뒤에는 기저귀를 팬티형으로 바꾸었어요. 몸을 뒤집을 수 있게 되는 6개월 무렵부터 기저귀를 갈아주기가 이만저만 힘든 게 아닙니다. (생후 10개월)
- 1년 6개월 무렵까지 기저귀를 갈아줄 때 고생했는데, 그때마다 "응가 쌌어? 기저귀 갈아줄까?"라고 물어보았더니 어느 날부터 "응가"라고 하네요. 기분이 날아갈 것 같았어요. (생후 2년)

해결책
휴대 전화, 열쇠, 리모컨, 특별한 장난감 등으로 아이의 주의를 끈다.

【 From 보육 교사 】
특별한 장난감을 쥐어주고 달래면서 갈아주고, 또한 새 기저귀를 찰 때 상쾌해지는 기분을 말로 전달해주면서 갈아주세요. 그러면 나중에 왜 화장실에 가야 하는지를 가르쳐줄 때 도움이 됩니다.

\ 돌보기에 대한 고민 NO.2 /
목욕을 싫어한다
주로 9개월~1년 무렵

【 선배 엄마의 소리 】
- 9개월쯤부터 갑자기 목욕하는 것을 싫어했어요. 거품 놀이를 하면서 "재밌지~"라고 말을 걸어주며 씻겨주었습니다. (생후 11개월)
- 욕실에서 울어대면 소리가 울려서 나도 고통스러웠어요. 아이가 잠이 오는 시간에 목욕을 시키지 않기 위해 주의하면서 욕실 전용 장난감을 사용해서 극복했던 6~9개월 기간이었습니다. (생후 1년 2개월)

해결책
장난감이나 다양한 놀이를 이용해서 '목욕은 무섭지 않은 일'이라고 가르쳐준다.

【 From 보육 교사 】
아이는 '예측할 수 없는 일은 무섭다'라고 느낍니다. 이제부터 무엇이 시작되는지 말해주면 안심하지요. 설사 저월령이라도 "이제부터 목욕을 하는 거야. 자, 따뜻하지"와 같이 말을 걸어주면서 경험을 쌓아나가면 차츰 목욕을 좋아하게 될 거예요.

\ 돌보기에 대한 고민 NO.3 /
이 닦기를 싫어한다
주로 10개월~1년 무렵

【 선배 엄마의 소리 】
- 온힘을 다해서 발버둥을 치기에 매일 이를 닦아주는 것을 포기하고 주말에만 아빠에게 아이를 잡게 하고 우는 상태에서 이를 닦아주고 있습니다. (생후 1년 6개월)
- 칫솔을 3개 준비해서 "어느 게 좋아?"라고 물어봐요. 자기가 선택한 칫솔이라면 잠깐 동안일지라도 이를 닦게 해주거든요. (생후 1년 8개월)

해결책
'이 닦기 = 기분이 상쾌해지는 일'이라고 계속 말해준다.

【 From 보육 교사 】
이를 닦아줄 때 아프거나 꽉 눌렀던 경험이 있어서 싫어하는 경우도 있습니다. 아프지 않다는 것을 강조하고 깨끗해지면 기분이 좋아진다고 계속 말해주세요. 너무 울면 주 1회 깨끗하게 닦아주면서 성장하기를 기다리세요.

\ 발달에 대한 고민 NO.1 /
낯가리기
주로 7~9개월 무렵

【 선배 엄마의 소리 】
- 또래 아이를 둔 부모들끼리 모이는 곳이든, 친구네 집이든 어디를 가도 낯선 사람을 보면 나에게서 떨어지지 않고 계속 울어댔어요. 기분 전환을 위해 밖에 나갔는데 오히려 아이 달래느라 더 힘이 들었죠. 어린이집에 다니기 시작한 뒤부터 조금씩 안정을 찾더니 지금은 언제 그랬냐 싶게 다른 사람들과 잘 지내고 있어요. (생후 2년)
- 강제적으로 할머니, 할아버지에게 안아주게 하는 특별 훈련 그 덕분에 8개월 쯤에는 낯을 가리지 않게 되었습니다. (생후 1년)

해결책
사람들과 만나는 기회를 만들어주면서 아이가 익숙해지는 날을 기다린다.

【 From 보육 교사 】
엄마나 가족 이외의 사람을 경계하게 되는 성장기에 일어나는 낯가림. 이때 울어댄다고 해서 다른 사람들과 만나는 자리를 꺼려서는 안 됩니다. 좀 울더라도 다른 사람을 만나는 기회를 만들어주어 조금씩 익숙해지게 하면 낯가림을 극복할 수 있어요.

발달

\ 발달에 대한 고민 NO.2 /
장난
주로 9~11개월 무렵

【 선배 엄마의 소리 】
- 방문은 대체로 닫아두는데, 한두 곳은 자유롭게 뭐든지 만질 수 있는 방을 마련해놓았어요. 1년 6개월인 지금도 그 방이 재미있는 듯. (생후 1년 6개월)
- 다칠 위험이 없을 것 같은 물건만 거실에 놓아둡니다. 딸이 태어나고 나서 집 안 구조를 몇 번이나 바꾸었는지! 덕분에 자유롭게 육아를 할 수 있어요. (생후 11개월)

해결책
'자유 해방구'를 만들어서 엄마도 스트레스를 줄인다!

【 From 보육 교사 】
위험한 물건은 치워놓고, 선반 1단이나 서랍 등 자유롭게 만질 수 있는 곳을 만들어주세요. 물건을 내놓은 뒤에는 함께 정리하면서 치우는 습관을 길러주고요. 정리를 하면 깨끗해져서 기분이 상쾌해진다는 점도 가르쳐줄 기회입니다.

\ 발달에 대한 고민 NO.3 /
쫓아다니기
주로 9개월~1년 무렵

【 선배 엄마의 소리 】
- 엄마가 잠깐만 보이지 않아도 울음을 터트려서 고민이었어요. "2층에 가는 거야", "화장실에 가는 거야"라고 말을 걸어주고, 녹화해놓은 아동용 방송을 보여주면서 그쪽으로 정신을 쏠리게 해주곤 했더니 차츰 울지 않게 되었습니다. (생후 1년)
- 가장 난처했던 것은 화장실에 갈 때였어요. 문을 열어놓은 채 들어가야 했는데 처음에는 좀처럼 익숙해지지 않았습니다. (생후 1년 11개월)

해결책
볼일을 볼 때도 화장실 문을 열어놓은 채로! 이 시기만이라고 굳세게 마음먹고.

【 From 보육 교사 】
시야에서 엄마가 없어지는 것이 아이에게는 가장 불안한 일입니다. 몸을 만져주지 못하더라도 말을 걸어주는 것만으로 안정을 찾는 경우가 있습니다. 집중해서 놀고 있을 때 조금씩 거리를 두면 어느 사이인가 엄마가 어디에 있는지 확인만 되면 안심하고 놀 수 있습니다.

\ Message /

너무 무리하지 말고 힘을 내자

처음 해보는 육아. 여러 가지 일로 당황스럽지만, 나날이 경험을 쌓으며 아이를 알게 됩니다. 힘든 시기를 극복하고, 때로는 느리게, 새가족이 생긴 행복을 음미하면서!

PART **1**

0~3세 ☆ 월령별

아기의 발육·발달, 생활과 걱정되는 일

출생 후 잠만 자던 아이가 몸을 뒤집고,
앉고, 기고, 일어서고, 걷고, 뛰고…….
하루하루가 놀랍고 새로울 겁니다.
때로는 힘들지만 '쑥쑥 커가는 모습'을
지켜볼 수 있는 나날을 즐겨보세요.

※생후 월수와 연수를 기준으로 하며, 나이(세)로
표기할 경우 만 나이가 기준입니다.

운동 능력, 몸, 마음이
쑥쑥 자란다!

0개월

먹고 자고를 반복
처음 보는 세상에 차츰 익숙해진다

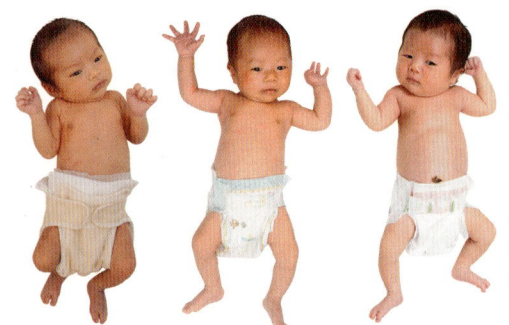

나도 애개월 Baby

↕50.0cm ★ 3.2kg ↕53.0cm ★ 3.6kg ♀43.0cm ★ 2.3kg

2.6~4.4kg(평균 3.3kg) 신생아의 체중은 출생 3~4일 동안 5~10% 감소. 이는 일시적인 현상으로 약 7~10일 후면 회복됨.

드디어 만난 아이와 새로운 생활을 시작합니다

아이는 엄마의 배 속에서는 탯줄을 통해 영양소와 산소를 공급받으며 자랍니다. 그런데 태어나는 순간부터 아이의 환경은 완전히 바뀝니다. 아이는 공기와 접촉하면서 첫 울음소리를 내고, 호흡을 해서 폐에 공기를 넣습니다. 그리고 젖을 빨아 영양분을 섭취하게 됩니다. 이제부터 1개월 동안은 '신생아'라고 불립니다. 드디어 성장의 첫걸음을 뗀 것입니다.

운동 능력 | '원시 반사'는 신생아일 때만 보이는 움직임

신생아는 깨어 있을 때는 항상 손발을 뻗거나 오므리는 운동을 하고 있습니다. 이것은 성인이 의식적으로 하는 자발적인 운동과는 다릅니다.

신생아의 운동은 외부의 자극에 반사적으로 몸이 움직이는 '원시 반사'와 무의식중에 일어나는 일정한 리듬의 운동(일반 운동)이 조합되어 일어나는 현상입니다. 가령 오른팔만 뻗는 것과 같은 부위별 움직임을 할 수 없습니다. 동시에 양팔을 벌리거나 오른손, 오른발을 함께 뻗는 전신적인 움직임밖에 하지 못합니다.

'원시 반사'는 뇌가 발달하는 3~4개월쯤에는 없어지는데 몸의 여러 부위에서 나타납니다(15쪽 참조). 젖을 찾기 위한 '젖 찾기 반사', 큰 소리나 빠른 움직임에 반응해서 양손을 벌리고 끌어안는 '모로 반사' 등이 있습니다.

몸 | 생후 3~4일간은 일시적으로 체중이 줄어듭니다

태어난 지 얼마 안 된 아이는 젖을 제대로 빨지 못하기 때문에 먹는 양보다 오줌, 변, 땀으로 배출하는 수분이 더 많아 일시적으로 체중이 줄어듭니다. 이것을 생리적인 체중 감소라고 하며, 생후 3~4일 동안에 나타나는 현상입니다. 그 뒤에는 태어났을 때의 체중으로 돌아가고, 생후 2개월쯤까지는 하루에 체중이 30~40g, 1개월에 500g~1kg이 증가하는 아이가 많습니다. 물론 개인차가 있지만 조금씩 체중이 늘어가면 걱정할 필요 없습니다. 1개월 건강 검진을 받을 때 체중도 확인하니 1주일에 70g 정도밖에 늘지 않는 경우에는 보건소나 소아과를 찾아 상담을 하세요.

마음 | 울음소리로 '불쾌감'을 전달합니다

갓 태어난 아이는 불쾌감을 느끼면 소리 내어 울면서 '덥다', '기저귀가 젖었다', '배가 고프다'와 같은 마음을 표현합니다. 엄마, 아빠는 아이의 요구 사항을 들어주어야 합니다. 그렇게 하면 아이는 이 사람은 자기를 편안하게 해준다고 이해하게 되고 신뢰 관계가 싹트기 시작합니다. 또한 이따금 보여주는 방긋 웃는 동작(배냇짓)은 생리적인 현상이며 기분이 좋아서 웃는 것은 아니지만 보는 이들을 행복하게 해줍니다.

표정

기본적으로는 무표정

무표정이라고는 하지만 우리가 볼 때 우는 표정, 불쾌한 표정, 눈부셔하는 표정 등을 짓습니다. 이때의 '방긋' 웃는 표정은 생리적인 현상으로 즐거운 감정에서 나오는 웃음이 아닙니다.

0개월의 식사

- 수유 횟수는 수시로
- 원하면 수유해도 OK

제대로 빨지 못하고 도중에 잠들어버리기도

태어난 지 얼마 안 된 아이는 젖도 잘 못 빨고 도중에 지쳐서 잠들어버리는 경우도 있습니다. 모유가 안정되게 나오지 않더라도 수유를 자주 해주세요. 아이가 젖을 자꾸 빨면 젖의 양이 점점 늘어납니다. 수유 간격은 신경 쓰지 말고 가능할 때에 젖을 주세요.

입

젖을 능숙하게 빨지 못한다

태어나자마자 바로 엄마의 젖꼭지를 찾아 빨기 시작합니다. 단맛을 좋아하고, 쓴맛과 신맛은 싫어합니다.

손

꼭 쥐고 있다

무릎을 굽히고 손을 꼭 쥔 자세가 기본자세입니다. 깜짝 놀랐을 때 양팔을 뻗거나 움찔 하는 동작은 타고난 반사 운동 중 하나입니다.

0개월은 이런 느낌!

입술에 닿는 것을 빤다

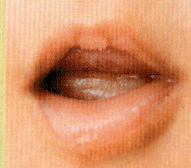

원시 반사 중 하나인 흡철 반사에 의해 손가락을 입가에 대면 강한 힘으로 빨아댑니다. 젖을 빨기 위해 필요한 동작입니다.

손바닥에 뭔가가 닿으면 꼭 쥔다

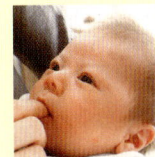

파악 반사에 의해 손바닥에 손가락 등을 대면 꽉 쥡니다. 발바닥도 같은 반응을 합니다!

생각대로 몸을 움직이지 못한다

자발적으로 몸을 움직이기까지는 좀 더 기다려야 합니다. 이 시기에는 원시 반사에 의해 외부의 자극에 대해서 무의식적으로 움직입니다.

발

원시 반사에 의해 발을 구른다

겨드랑이에 손을 넣고 일으켜 세우고 발바닥을 바닥에 닿게 하면 좌우의 발을 앞으로 내밀면서 걷듯이 움직입니다. 이것은 신생아일 때만 보이는 보행 반사입니다.

0개월 아기의 생활
어떻게 생활하고 있을까?

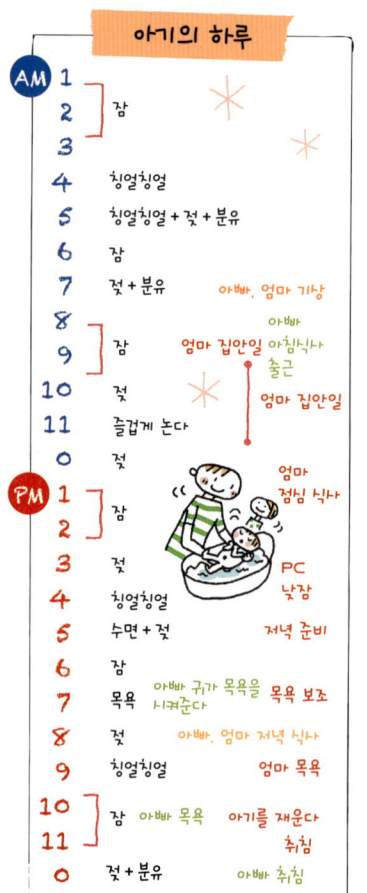

이렇게 성장해요!
우 신장 51.5cm ★ 체중 3.0kg
촬영일/0개월 29일째

잠을 나누어서 자기 때문에 엄마는 육아에 전념을……

잠자기, 젖 먹기, 오줌 누기, 똥 누기를 반복하는 것이 신생아의 생활입니다. 수면 시간은 일정하지 않고 낮과 밤도 구별하지 않습니다. 그러고 보면 배 속에서도 엄마가 자고 있을 때 배를 차곤 했지요. 하루 종일 '잠을 잤다가 젖을 빨다가 다시 잠을 잤다가 젖을 빨다가' 하기 때문에 좀처럼 잠을 몰아서 자지 않습니다. 무슨 소리가 나거나 햇빛이 비추어도 움찔하고 깨는 경우도 종종 있고요. 따라서 아이가 자고 있을 때는 가급적이면 소리가 나지 않게 주의하세요.

오줌은 1일 10~20회, 변은 1일 7~8회. 수유는 1일 10~15회쯤 되는 아이도 꽤 있습니다. 기저귀를 갈아주고 젖을 먹이는 일만으로도 엄마는 지치게 마련이니 가족의 도움을 받아 체력 회복과 육아에 집중할 수 있도록 만반의 준비를 갖추어놓으세요.

젖·분유를 꿀꺽꿀꺽!
입술에는 커다란 물집이

생후 2주일쯤 되면 이불을 걷어찬다
생후 2주일쯤부터 이불을 걷어차는 행동을 합니다. 다리와 허리의 힘이 강해져 하반신을 비트는 듯한 동작을 하기도 합니다.

아기의 하루

AM 1	잠	
2		
3		
4	칭얼칭얼	
5	칭얼칭얼 + 젖 + 분유	
6	잠	
7	젖 + 분유	아빠, 엄마 기상
8	잠	아빠
9		엄마 집안일 아침식사 출근
10	젖	
11	즐겁게 논다	엄마 집안일
0	젖	
PM 1	잠	엄마 점심 식사
2		
3	젖	PC 낮잠
4	칭얼칭얼	
5	수면 + 젖	저녁 준비
6	잠	아빠 귀가 목욕을 목욕 보조 시켜준다
7	목욕	
8	젖	아빠, 엄마 저녁 식사
9	칭얼칭얼	엄마 목욕
10	잠 아빠 목욕	아기를 재운다
11		취침
0	젖 + 분유	아빠 취침

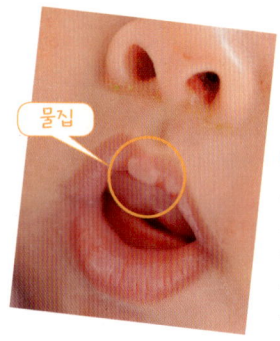

물집

열심히 젖을 빨고 있다는 증거!
쭉쭉 젖을 빨더니 윗입술에 커다란 물집이! 능숙하게 젖을 빨 수 있게 되면 윗입술을 오리 입처럼 오므리므로 물집도 생기지 않습니다.

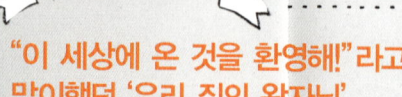

초보 엄마의 육아 일기

"이 세상에 온 것을 환영해!"라고 맞이했던 '우리 집의 왕자님'

아이가 태어났을 때, 나의 첫마디는 왠지 모르지만 "어서 와"였어요. 예상하지 못했던 말이 튀어나왔기에 깜짝 놀랐는데, '아빠와 엄마가 있는 세상에 온 걸 환영한다'는 마음이 그렇게 표현된 모양이에요. 아이와 함께하는 생활이 '힘들 것'이라고는 예상했지만, 각오했던 것 이상으로 칭얼대며 우는 시간이 많아서 깜짝 놀랐습니다. 밤중에 젖을 먹여도 자지 않고 계속 칭얼대기만 합니다. 간신히 잠이 들었다가도 1~2시간쯤 되면 깨어나는 바람에 제가 수면 부족 상태에 빠질 정도였어요. 그래도 남편이 목욕을 도와주어 큰 도움이 되고 있습니다.

※〈아기의 하루〉는 특정 엄마와 아기의 하루를 예를 삼아 실은 것으로 '다른 집은 이렇구나' 정도로 참고하세요.

요리조리 변하는 표정에 엄마의 마음이 치유된다

안아주면 울음을 뚝 그친다
'으앙'하고 울다가도 엄마가 안아주고 톡톡 두드려주면 울음을 뚝 그치고 얌전해집니다. 엄마의 체온이나 고동을 느끼고 안심하는 걸까요?

으앙

안아주었더니 울음을 뚝 그친다

울음소리, 우는 얼굴조차 귀엽다♡
신생아의 울음소리는 부드러워서 '으앙'하며 울어도 귀엽습니다. 엄마에게 어리광을 부리고 있는 듯이 들리죠.

다양하게 변하는 표정을 보면 시간 가는 줄 모른다!
하품을 하는 걸 보고 '졸린 건가?' 생각했더니 '에헤'하며 웃고, 뭔가를 지그시 응시하고……. 요리조리 변하는 아이의 표정을 보고 있으면 시간 가는 줄 모릅니다. 저절로 마음이 치유되지요~♪

에헤 / 지그시 / 아-암

'원시 반사'가 남아 있을지도!?

자발적인 움직임이 아니라 외부의 자극에 의해 무의식으로 몸이 반응하는 원시 반사. 모든 신생아에게 볼 수 있는 현상인데, 끝나는 시기는 개인차가 있으며 생후 3~4개월쯤에는 멈춥니다.

모로 반사
큰 소리가 나면 움찔 움직이는 반사
큰 소리나 진동에 반응하여 몸을 움찔대면서 무언가를 껴안듯이 양팔을 벌립니다.

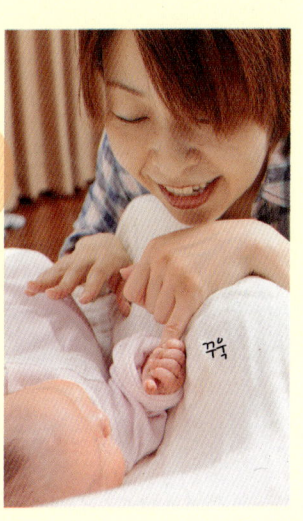

파악 반사
엄마의 손가락을 꾸욱 잡아준다
엄마가 손바닥에 손가락을 대자 꼬옥 잡습니다. 단순한 파악 반사라고는 하지만 커뮤니케이션이 되는 것 같아서 엄마는 행복하죠.♥

꾸욱

0개월! 울고! 웃고!

😊 밤에는 7~8시간 조용히 잠을 자요. 나도 잠을 잘 수 있어 고마웠지만, 수유 간격이 너무 벌어지는 바람에 유선이 막혀 병원에 가야 했어요. 유방을 바늘로 찌르는 조치를 수차례 받았죠. 완치되기까지 1개월. 엄마를 위해서도 수유를 자주 해주어야 한다는 말을 실감했어요!

😊 퇴원한 후 2주일 동안 밤에 젖을 주고 나면 울기 시작하고, 별수를 다 써도 그치지 않은 채 3시간 경과. 옆에서 자던 어머니가 잠결에 안아주자 드디어 그쳤죠. 안심이 되면서 죄송함과 감사의 눈물이 계속 흘러나왔어요.

😊 젖을 먹는 데 1시간이나 걸리고, 겨우 잠들었다 싶으면 30분이 지나지 않아 또 울고, 다시 젖을 빠는 나날……. 나도 잠을 못 자서 괴롭고, 울음소리에 노이로제가 걸릴 지경이었어요. 시어머니에게 울면서 상담을 했더니 분유를 먹여보라고 해서 분유를 먹였더니 편해졌어요.

😊 육아 초보이기에 걱정이 이만저만이 아니었죠. 모처럼 잠을 자고 있어도 뭔 일이 있으면 어쩌나 싶어 계속 자는 아기 얼굴을 관찰하다 보니 내가 잠이 부족해져 너무 힘들었어요(웃음). 모유를 먹이다 보니 쉽게 배가 고파져서 뭔가를 계속 먹었고요……

😊 젖을 깊이 물리지 못해서 입원 중 양 젖꼭지에서 피가 나올 정도로 상처가 생겼어요. 매번 수유할 때마다 통증이! 1개월 정도 지나자 상처가 낫고 젖을 먹이는 일도 숙달되었죠.

0개월 궁금한 점 Q&A

낮과 밤이 바뀌는 것이란

체내 시계와 하루 24시간이 어긋나는 것이 원인이며 밤에 자지 않게 됩니다

인간의 체내 시계는 25시간이지만, 하루는 24시간이기에 성인들은 자연스럽게 24시간에 맞추어서 생활을 합니다. 하지만 신생아는 그렇게 할 수 없지요. 그래서 낮과 밤이 서서히 어긋나고 바뀌게 됩니다. 대개의 아이는 4~5개월쯤에는 낮과 밤을 구별해서 자게 됩니다.

낮과 밤을 바꾸고 싶다면 이 점을 Check

- ☑ 침실이 밤에도 밝다.
- ☑ 밤늦게 목욕을 시킨다.
- ☑ TV를 계속 켜두고 있다.
- ☑ 낮에도 조용해서 낮잠을 길게 잔다.
- ☑ 아침이 되어도 커튼을 열지 않는다.
- ☑ 아빠가 귀가 후에 놀아준다.
- ☑ 아빠, 엄마가 밤늦게까지 활동하고 아침에 늦게 일어난다.

 **트림을 하지 않았는데 그냥 재워도 괜찮을까요**

 **톡톡 두들겨도 나오지 않으면 재워도 상관없어요**

신생아는 모유나 분유를 능숙하게 마시지 못해서 공기를 함께 들이마십니다. 그래서 수유 뒤에는 공기를 내보내도록 트림을 시켜줄 필요가 있습니다. 다만 능숙하게 젖을 빨아서 트림을 하지 않는 아이도 있기 때문에 잠시 톡톡 두들겨줘도 나오지 않는다면 그대로 재워도 괜찮습니다. 트림이 잘 나오지 않을 때는 아이의 목을 늘이듯이 턱을 가볍게 올리고, 몸을 조금 앞으로 숙인 상태에서 등을 톡톡 쳐주세요.

 **여자아이인데 털이 많아 걱정이에요**

 **성장하면서 없어져요**

아이의 배냇머리나 솜털의 양, 자라는 상태 등은 개인차가 있습니다. 갓 태어난 아이의 등이나 가슴에 솜털이 가득 나 있거나 귀에도 부드러운 털이 나 있는 경우도 있죠. 아이에게 털이 많이 나 있으면 깜짝 놀라는 엄마와 아빠도 있는 모양인데, 아이의 몸은 피부를 보호하기 위해 솜털로 덮여 있는 것이 자연스런 상태입니다. 성장하면서 조금씩 없어져 눈에 띄지 않게 되니 여자아이라도 걱정할 필요가 없습니다.

 **머리 모양이 찌그러져 있어요**

 **머리 모양은 조금씩 바뀌어가요**

아이의 머리 모양이 찌그러졌다고 걱정하는 부모가 많은 모양인데, 대부분은 보기 좋게 바뀌어가니 걱정할 필요 없습니다. 아이의 머리뼈는 좁은 산도를 통과하기 쉽도록 여러 개로 나누어져 있으며, 뼈와 뼈가 겹친 듯한 모양입니다. 태어난 지 얼마 안 된 아기는 밖으로 나올 때 영향을 받아 머리가 길쭉해지거나 뼈와 뼈가 찌그러진 상태로 붙는 경우도 있습니다. 성장하면서 조금씩 머리 모양이 바뀌어가니 걱정하지 말고 좀 더 지켜보세요.

 **낮에 자고 밤에 깨어 있어요**

 **생후 4~5개월쯤에는 생활 리듬이 잡혀요**

아이가 낮에는 거의 자고 밤에 계속 깨어 있는, 밤낮이 바뀐 생활을 하면 엄마, 아빠도 수면 부족으로 힘이 듭니다. 사실 아이에게 '아침에 일어나고 밤에 자는' 인간 본래의 생활 리듬이 생기는 것은 대체로 생후 4~5개월쯤 입니다. 그때까지는 낮과 밤 상관없이 자거나 일어나기를 반복하죠.

되도록 빨리 생활 리듬을 갖게 하기 위해서는 아침이 되면 방을 밝게 하고, 세탁이나 청소 등 생활의 소리를 들려주거나 안아주는 등 자극을 주세요. 밤에는 실내를 어둡고 조용하게 하고, 필요 이상으로 곁에 붙어 있지 않아도 됩니다. 아이를 전용 침대나 이불에 뉘어 안전하게 재우고, 엄마는 옆에서 꾸벅꾸벅 졸고 있다가 울면 안아주세요.

 **딱지가 생기는 습진, 어떻게 하면 좋을까요**

 **부드럽게 씻어주고 가려워할 때는 진찰을 받으세요**

눈썹이나 머리카락 언저리에 습진이 생겨서 노란색 딱지와 같은 상태가 되는 경우가 있습니다. 피지 분비가 많은 신생아에게 발생하는 '유아 지루성 습진'입니다. 베이비오일 등을 바르고 잠시 있다가 딱지가 부드러워지면 부드럽게 닦아주세요. 무리하게 떼어내면 안 됩니다. 목욕을 할 때는 비누로 씻어주세요. 가려워서 아이가 긁어대거나 진물이 날 때는 진찰을 받고 약을 처방받으세요.

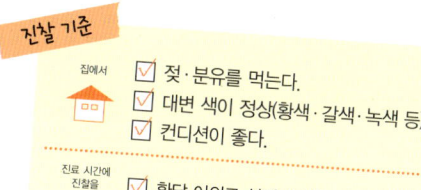

진찰 기준
- 집에서: 젖·분유를 먹는다. / 대변 색이 정상(황색·갈색·녹색 등). / 컨디션이 좋다.
- 진료 시간에 진찰을: 황달 이외로 신경 쓰이는 증상이 있다. / 대변 색이 하얗다.

 **배꼽에서 진물이 난다면 진찰을 받아야 할까요**

 **주위가 빨갛고 고름이 나온다면 소아과에 가세요**

탯줄을 끊고 난 뒤 얼마 동안은 배꼽이 완전히 마르지 않고, 땀이 날 때나 목욕을 하고 나면 진물이 보이거나 피가 나는 경우도 있습니다. 크게 걱정할 필요는 없는데, 걱정이 된다면 소아과에 가서 진찰을 받아보세요. 드물게 탯줄이 끊어진 뒤 균이 들어가서 '배꼽 염증'이나 '배꼽 주위 염증'이란 감염증을 일으키는 경우가 있습니다. 배꼽 주위까지 빨갛게 되거나 고름이 나올 때는 서둘러서 소아과에 가서 진찰을 받아야 합니다.

 **신생아 황달, 병원에 가야 하나요**

 **병원에서 황달 검사를 받는 것이 안전해요!**

신생아 황달은 만삭아의 60%, 미숙아의 80%에서 관찰되는 흔한 증상으로 대개 생후 2~4일에 나타나 1~2주일 이내에 없어진다고 해요. 하지만 심할 경우에는 빌리루빈 색소가 뇌까지 침범하여 신경계 손상에까지 이를 수 있다니 아기가 황달 증세를 보이면 병원에서 검사를 받아보는 것이 안전해요. 특히 아래와 같은 증상일 경우에는 바로 병원에 가 진료를 받으세요.

- 황달이 팔다리, 특히 발바닥까지 퍼졌을 경우
- 황색이 더욱 심해진 경우
- 열이 38℃ 이상 오른 경우

 **집 안에서 개를 키우고 있는데요**

 **아이의 방에는 들어가지 못하게 하는 편이 안전해요**

동물 알레르기는 개보다 고양이에 의해 중증이 되기 쉽습니다. 하지만 태어난 지 얼마 안 되는 시기에는 발병하지 않습니다. 다만 개를 청결하게 키워도 개의 몸에는 기생충이 사는 경우가 많고, 개를 만진 손으로 아이를 만지면 기생충이 옮겨질 수 있습니다. 또한 훈련을 확실하게 시킨 개라면 문제가 없지만, 만일 아이를 물면 위험합니다. 아이의 방에는 동물이 들어가지 못하게 하세요.

1개월

깨어 있는 시간이 조금 길어지고 수면·수유 리듬이 생기기 시작한다

우리도 1개월 Baby

↑ 57.4cm ★ 5.0kg

↑ 55.0cm ★ 4.2kg

♀ 52.8cm ★ 3.8kg

	키	몸무게
남아	50.0~59.9cm	3.40~5.68kg
여아	49.0~59.1cm	3.28~5.54kg

※ 1~2개월 미만의 신장과 체중

엄마의 모습이 어렴풋이 보이고, 얼굴을 가만히 응시한다

생후 1개월이 지나면 이제 '신생아'가 아닙니다. 호흡 방법도 체온 조절도 영양 흡수도 자연스러워졌을 겁니다. 젖을 빠는 데 익숙해져 수유 횟수가 줄어듭니다. 걱정이 되는 점이 있으면 1개월 건강 검진 때 상담을 하세요. 시력도 발달해 어렴풋이 보이기 때문에 20~30cm 정도의 거리에서는 엄마의 얼굴을 가만히 응시합니다.

운동 능력 목을 자발적으로 움직일 수 있다

몸을 매우 활발하게 움직이게 됩니다. 아직 자발적인 움직임은 아니며 좌우의 손발이 동시에 움직이는 상태지만, 이렇게 팔다리를 버둥거리는 움직임이 중요합니다. '만지고', '붙잡고', '발로 땅을 디디는' 행동을 이런 버둥거리는 움직임을 통해 배워가기 때문이죠. 따라서 팔다리의 움직임을 방해하지 않는 옷을 입히세요. 긴 속옷이나 드레스는 앞가슴이 벌어지기 쉬우니 가랑이가 갈라져 있는 커버올(우주복)이나 보디슈트 같은 옷이 좋습니다.

또한 아이의 운동 기능은 뇌에 가까운 부위부터 순서대로 팔, 허리, 다리 말단으로 발달해갑니다. 이 시기에는 목 운동을 관장하는 뇌 부위가 발달하기 때문에 아이의 의사로 목을 좌우로 움직일 수 있게 됩니다. 엎드려 누여 놓으면 얼굴의 방향을 바꾸려는 아이도 있죠. 신생아일 때는 머리가 좌우 어느 쪽인가로 기울어져 있지만, 좌우로 머리를 움직이면서 머리를 몸의 중심 위치에 놓을 수 있게 됩니다.

몸 체중이 크게 늘어서 아이다운 체형이 된다

생후 1개월이 지나면 대부분의 아이들은 출생 시의 체중보다 1~2kg 증가합니다. 체지방도 늘어나서 통통해지죠. 시력이 비약적으로 발달해서 색깔이 분명한 물건을 응시하거나 눈앞에서 움직이는 것을 눈으로 쫓아가기도 합니다. 소리가 나는 딸랑이나 모빌을 사용해 아이와 함께 있는 시간을 즐겨보세요. 피지 분비가 왕성해지기 때문에 얼굴이나 머리에 지루성 습진이 생기는 아이도 있으니 아이용 비누로 깨끗하게 닦아주고, 진물이 나올 때는 소아과에 가서 처방을 받으세요.

마음 말이나 동작으로 커뮤니케이션을 즐기자

엄마, 아빠가 말을 걸거나 안아주면 좋아합니다. 어리광을 부리듯이 "아~", "구~"라는 소리를 내는 경우도 있는데, 바로 언어의 시작이라고 할 수 있는 '옹알이'입니다. 엄마도 "어", "응응"이라고 대답을 해주세요.

또한 슬슬 아이의 개성이 나오기 시작할 무렵입니다. 응석꾸러기이거나 그다지 칭얼거리지 않는 아이도 있습니다. 이런 아이의 개성을 받아들여주세요.

PART 1

0~3세☆월령별 • 아기의 발육·발달, 생활과 걱정되는 일

표정
초점을 맞춘다
어렴풋이 보이던 시야가 조금씩 분명해지고 초점을 맞춥니다. 20~30cm 앞의 사물이 보이고, 젖을 먹이는 엄마의 표정이 어렴풋이 보입니다.

손
꼭 쥔 손이 조금 펴진다
아직 양손을 동시에 움직이는 단계이지만, 강하게 쥐고 있는 손이 약간 펴지게 됩니다. 무릎을 구부리고 펴는 동작도 기억해서 리듬감 있게 움직이는 경우도 있습니다.

입
울음소리 이외의 소리를 낸다

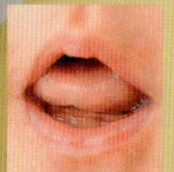

울음소리를 낼 때와는 다른 입이나 혀의 움직임을 발견해서 "아~", "구~" 등의 소리를 낼 수 있습니다. 이것이 언어의 시작입니다.

다리
우주 유영을 하는 듯 활발히 움직인다
무릎을 왕성하게 구부리거나 펴서 활발하게 전신을 움직입니다. 우주를 걷는 듯한 움직임은 이 시기에서만 볼 수 있는 귀여운 모습이죠.

1개월은 이런 느낌!

얼굴 앞에서 움직이는 것을 눈으로 좇는다
시력이 발달해서 얼굴 가까이에서 뭔가가 움직이면 눈으로 좇습니다. 눈과 연동해서 목을 움직이는 아이도 있습니다. 색깔이 뚜렷한 빨간색 등이 눈에 잘 들어옵니다.

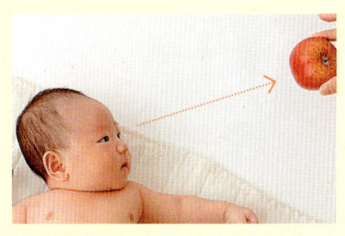

스스로 목을 움직이기 시작한다
목 운동을 관장하는 뇌의 중추가 발달해서 스스로 목을 좌우로 움직일 수 있습니다. 햇빛이나 소리, 엄마가 있는 쪽을 보려고 합니다.

1개월 아이의 식사

- 젖을 빠는 힘이 강해져서 먹을 수 있는 양이 증가한다.
- 수유 간격이 조금씩 길어진다.

신생아 때보다 한 번에 많은 양을 먹을 수 있다

한 번에 먹을 수 있는 양이 늘어 수유 간격도 길어집니다. 하지만 아직 수유 리듬은 일정하지 않으므로 원할 때마다 먹여주세요. 모유 부족이 걱정되어 분유를 주는 엄마도 있는데, (분유)보충이 필요가 없는 아이도 있으니 체중이 느는 모습을 살펴보고 건강 검진 등을 통해 상담하세요.

1개월 아기의 생활
어떻게 생활하고 있을까?

이렇게 성장해요!
우 신장 54.1cm ★ 체중 3.6kg
촬영일/1개월 24일째

엄마, 아빠와 욕조에 들어갈 수 있다, 외출도 익숙해진다

낮에 일어나 있는 시간이 조금씩 길어집니다. 하지만 낮과 밤을 구별하게 되기까지는 좀 더 시간이 필요합니다. 이 시기에는 낮과 밤이 바뀌어 밤에 자지 않고 칭얼대는 아이가 많아 어찌할 바를 모르는 엄마, 아빠도 있습니다. 그럴 때는 안아주고 천천히 '둥가둥가~'를 해주거나 베란다에 데리고 나가 기분을 바꾸어주며 차분하고 느긋한 마음으로 극복해나가세요.

1개월 건강 검진 때 의사가 허락하면 엄마, 아빠와 함께 욕조에 들어갈 수도 있습니다. 단, 물이 따뜻할 때 들어가야 하며, 식기 전에 나와야 합니다. 또 외출도 조금씩 해서 익숙해지면 10분 정도 산책을 해보세요. 바깥 공기나 바람, 햇빛이 아이의 오감을 자극해서 발달을 도와주니까요.

풍요로운 표정에 엄마 얼굴에도 저절로 웃음이

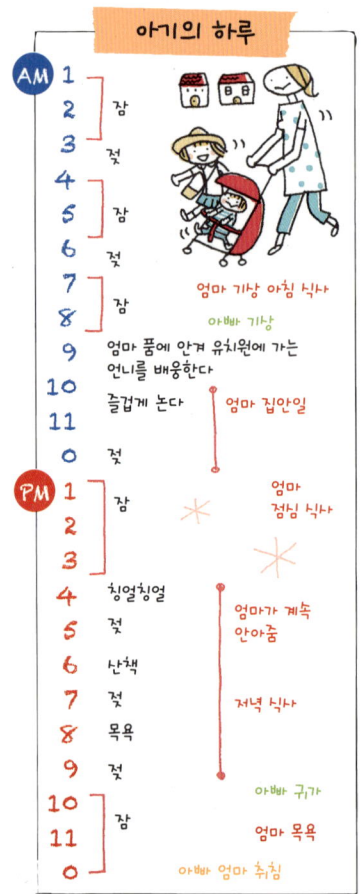

아기의 하루

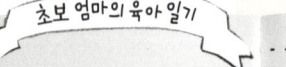

배꼽이 완전히 말랐다
생후 1주일 정도, 탯줄이 끊긴 뒤 조금 진물이 나던 배꼽. 지금은 완전히 말랐습니다.

초보 엄마의 육아일기

둘째 딸이라서인지 응석꾸러기. 친정엄마도 집에 돌아가고 이제 혼자서 분발하자!

생후 1개월이 되자 체중은 680g 늘고, 키는 4cm나 크고 포동포동해져서 발로 차는 힘도 강해졌습니다. 요즘에는 오후 2시쯤 되면 칭얼대기 시작하는데, 달래주고 젖을 주다 보면 밤 10시가 되고 그제야 잠이 듭니다. 그렇기 때문에 저녁을 준비할 때는 집에 와 계신 친정엄마에게 맡겨야 하는 등 힘든 하루하루입니다. 큰딸도 제대로 보살펴줄 수 없을 정도예요. 좀 있으면 친정엄마도 돌아가는데 그 뒤에는 어떻게 하죠? 칭얼댈 때마다 젖을 먹여 달래는데 효과가 그다지 없네요. 응석꾸러기라서 계속 돌봐주기를 원하는 것 같아요.

바둥바둥

팔다리를 리드미컬하게 움직이는 모양이 마치 춤을 추는 것 같다♪
팔과 다리를 번갈아가며 활기차게 움직이더니 요즘에는 허리를 비트는 동작도 시작했습니다. 일정한 패턴으로 팔과 다리를 움직이는데, 이런 움직임은 생후 2개월 무렵까지 볼 수 있습니다.

습진과 땀띠도 발생!
목(후두부)과 어깨에 땀띠와 같은 습진이 촘촘히 나 있습니다. 귀밑머리 언저리에는 유아 습진이 조금 보입니다.

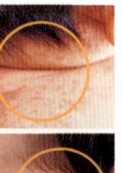
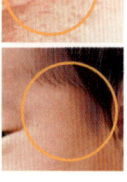

오후 2시만 되면 칭얼대며 울음을 그치지 않는다

오후에는 잠이 들기 전까지 울어댄다

매일 오후 2시가 되면 졸음이 오는지 칭얼거리기 시작해서 잠이 들기 전까지 울음을 그치지 않습니다. 밖에 데리고 나가면 얌전해지는데, 더울 때는 밖에 나가도 소용이 없네요. 그래서 실내와 밖을 왔다 갔다 하면서 재워요.

외출을 좋아한다! 유치원에 다니는 언니 마중하러 출발!☆

유모차를 타고 언니의 유치원으로 마중을 하러 갑니다. 칭얼거리다가도 유모차만 타면 웃는 얼굴이 되는데, 흔들거리거나 스치고 지나가는 바람에 기분이 좋아진 걸까요.

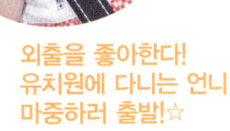

ADVICE

사용 기간이 짧은 육아용품은 대여하는 것도 좋다

사용 기간이 짧은 아기 침대나 유모차는 대여해서 사용했어요. 카탈로그를 보며 마음에 드는 것을 선택할 수 있으며, 불필요한 짐이 늘지 않아 좋습니다.

아기 침대에서 새근새근 낮잠 중. 장난을 좋아하는 언니나 오빠의 손이 닿지 않아 안심.

1개월! 울고! 웃고!

😊 "산후 조리를 잘해야 한다."는 엄마의 말을 듣고 1개월은 외출을 하지 못했어요. 집 안에서 육아와 식사할 때 외에는 멍하게 있는 나날. 1개월 뒤에 드디어 외출을 할 수 있었는데, 맨 먼저 간 곳은 동네 빵가게, 케이크를 한 입 베어 먹으면서 왠지 모르게 눈물이 났어요.

😊 젖을 먹이는 데 1시간이 걸리고, 안아주지 않으면 잠을 자지 않아 이만저만 힘든 것이 아니었어요. 어느 날 내 배 위에 엎드려 눕혔더니 잠을 자기 시작했죠! 그 뒤 한동안은 배 위에서 잠을 잤는데, 그 모습이 무척 귀여웠어요.

😊 1개월 건강 검진을 받으러 갈 때 유모차에 태웠더니 심하게 울어서 안아주었어요. 목을 아직 가누지 못하기에 양손으로…… 아이를 안은 채 유모차를 팔과 배로 밀면서 어렵게 병원에 도착했고, 돌아올 때는 결국 택시를 타고 왔어요.

😊 하루 종일 모유를 주는 일만 생각했더니 나란히 놓인 귤이 젖으로 보이지를 않나, 젖과 비슷한 글씨는 모두 '젖'으로 보였어요. 그 뒤 분유도 주기 시작했는데, 행복한 표정으로 분유를 먹이는 남편이나 어머니의 얼굴을 보고 잘했다는 생각이 들었어요.

😊 기저귀를 갈아주기 위해 아무 생각 없이 기저귀를 펼쳤더니 오줌이며 변이 힘차게 튀어나와 1m 정도 떨어져 있던 다리미 받침대가 변 범벅이 되었어요. 그 뒤 기저귀를 갈아줄 때는 조심스럽게 열어봐요.

1개월 궁금한 점 Q&A

생활 리듬이란

아침이 밝으면 일어나서 활동하고 밤에는 푹 자면서 쉬는 것

아이는 생후 4~5개월쯤부터 체내 시계를 갖추게 됩니다. 이 시기에 일찍 자고 일찍 일어나는 생활 리듬을 만들어주는 것이 엄마, 아빠의 중요한 역할입니다. 밤에 푹 잠으로써 성장 호르몬이나 멜라토닌이 분비되고 뇌와 몸이 휴식을 취해서 기억이 정리되고 정착되기 때문이죠.

 **매일 저녁마다 칭얼칭얼**

 생활 리듬이 생기면 안 한답니다

아이가 저녁부터 밤늦게까지 계속 칭얼대면 엄마는 애가 탑니다. 남편이 회사에서 늦게 오면 집안일도 할 수 없고 계속 안아주다 보면 팔도 아프죠. 하지만 엄마의 불안감은 아이에게도 전달되기에 엄마가 짜증을 낼수록 더 칭얼댈 수 있어요. 그렇기 때문에 엄마는 되도록 불안해하거나 짜증을 내서는 안 됩니다. 아이가 칭얼대기 시작하면 밖에 데리고 나가 바깥 공기를 마시면서 엄마도 기분 전환을 하세요. 생후 4~5개월쯤부터는 아침이 밝아오면 일어나고 저녁에 어두워지면 자는 생활 리듬이 몸에 배기 시작합니다. 그러면 밤에 칭얼대는 것도 줄어들지요. 길어야 몇 개월이면 끝나는 문제이니 저녁에 해야 할 집안일은 오전에 끝내놓고 여유로운 마음으로 아이와 놀아주세요.

 **'웅' 하며 배에 힘을 줍니다**

 **고통스러워서 그런 것이 아니라 자주 있는 일이에요**

0~2개월쯤의 아이에게 자주 보이는 일입니다. 일반적으로는 똥을 싸려고 힘을 주는 것인데, 딱히 이유가 없는데 하는 경우도 있습니다. 새빨개진 얼굴로 힘을 주는 모습을 보면 엄마와 아빠는 깜짝 놀라겠지만 힘들거나 아픈 것이 아니니 걱정하지 않아도 됩니다. 너무 길게 배에 힘을 주고 있으면 똥이 쉽게 나오도록 배를 부드럽게 문질러주세요. 그렇게 하다 보면 점점 안 하게 됩니다.

 사소한 소리에도 잠에서 깨요

 지나치게 조심할 필요는 없어요. 생활의 소리에 익숙해지게 하세요

아이가 잠자고 있으면 TV를 끄거나 발뒤꿈치를 들고 걷는 부모도 있으나 아이가 소리에 익숙해지도록 하기 위해 생활의 소리는 차단하지 않는 편이 좋습니다. 처음에는 잠에서 깰지 모르지만 점점 익숙해질 것입니다. 아이는 조금 시끄러워도 졸리면 자기 때문에 걱정할 필요가 없습니다.

 **녹색 변을 눴는데 어디가 아픈건가요**

 아이에게서 종종 볼 수 있는 일이에요

아이의 변은 대부분 노란색입니다. 아이의 간장에서 만들어진 빌리루빈이라는 담즙 색소가 소화된 모유의 찌꺼기와 섞여서 노랗게 되는 것이죠. 이 빌리루빈은 원래는 녹색의 빌리베르딘이란 물질이며, 이것이 간장에서 빌리루빈으로 변합니다. 간혹 색소가 변하지 않고 그대로 녹색 변이 나오는 경우가 있는데, 보기 드문 일이 아니며 병도 아니므로 걱정하지 마세요.

똥에 대해서

빨간색, 검은색, 흰색 변은 소아과에서 진찰을 받는다!

赤 항문에 조금 가까운 대장에 출혈이 있다는 징후. 장중첩증이나 장염, 알레르기일 수 있습니다. 혈액이 섞여 있으면 바로 진찰을 받으세요.

黒 입이나 위에서 출혈이 있다는 신호. 위나 십이지장에 염증을 일으킨 경우에 볼 수 있으며, 주의가 필요합니다. '신생아 멜레나'라는 병일 수도 있습니다.

白 로타 바이러스에 감염되어 물설사를 하면 변 색깔이 하얗고 구토도 동반합니다. 담도 폐쇄증이나 신생아 간염일 경우에도 변 색깔이 흰색, 회백색, 담황색이 됩니다.

 기저귀 발진이 생겼을 때는

 엉덩이를 깨끗하게 닦아주고, 완전하게 말린 뒤 기저귀를 갈아주세요

생후 6개월 정도까지는 똥을 누는 횟수가 많은 아이도 있는데, 이 경우 엉덩이에 발진이 생기기 쉽습니다. 대변 후에는 아이 전용 물티슈로 닦지 말고, 미지근한 물로 씻어주고 엉덩이를 확실하게 말린 뒤 기저귀를 갈아주세요. 이렇게 해도 피부염이 없어지지 않거나 빨갛게 짓물러지면 칸디다균에 의한 피부염일 수도 있으니 진료를 통해 약을 처방받으세요.

 **목욕할 때 귓구멍을 막아주지 않아도 괜찮을까요**

 물이 귓속에까지 들어가는 일은 없어요

귓구멍을 막을 필요는 없습니다. 이전에는 아이의 귓속에 물이 들어가지 않도록 '목욕할 때는 귓구멍을 막아주라'고 알려주기도 했지만, 귀에 물이 들어가도 귓속 깊이 들어가서 고막이 잘못되는 경우가 없으니 걱정하지 않아도 됩니다. 목욕을 한 뒤에는 귓구멍 주변을 가볍게 닦아주는 것만으로 충분합니다. 면봉 등을 사용해서 안까지 닦아주려고 하다 오히려 귓속에 상처가 나거나 오염될 수 있습니다.

 바람 쐬기가 필요한가요

 아이에게 필요하니 짧은 시간이라도 바람을 쐬어주세요

낮에 아이에게 바깥 공기를 쐬게 해주는 일은 중요합니다. 바깥 공기가 피부에 닿으면 자율 신경을 자극하고 추울 때 체내의 혈관이 수축하고, 더울 때에는 확장하는 작용을 촉진시키거나 체온 조절을 하는 훈련이 됩니다. 또한 아이뿐만 아니라 엄마도 밖에 나가면 기분 전환이 되고요. 비나 눈이 오거나, 강풍이 불 때는 밖에 나가지 않더라도 날씨가 좋은 날에는 가급적이면 짧은 시간이라도 아이를 데리고 밖에 나가세요.

 '심잡음'이 들리는데 괜찮을까요

 검사를 해봐서 아무 문제가 없으면 걱정하지 마세요

이 시기의 심잡음은 대부분 심장에 이상이 생겨서 나는 소리가 아니라 '기능성(무해성) 잡음'이라고 불리는 것입니다. 그중 생리적 폐동맥 분지 협착 잡음이라는 것이 있습니다. 아이의 폐는 태어난 순간에 공기가 들어가서 부풀어 오르고 폐호흡이 시작됩니다. 그에 따라서 폐동맥에도 혈액이 흐르게 되는데, 이 혈관이 좁기 때문에 혈액이 흐를 때 잡음이 생기는 경우가 있으며 대부분 생후 수개월 내에 사라집니다. 초음파 검사를 해서 이상이 없으면 걱정하지 않아도 됩니다.

2개월

표정이 풍부해져서
얼러주면 방긋 웃는다

우리도 2개월 Baby

♂55.0cm ★ 6.0kg　♂61.0cm ★ 6.8kg　♀60.1cm ★ 5.9kg

	키	몸무게
남아	52.0~64.6cm	3.92~7.36kg
여아	51.8~62.9cm	3.98~6.87kg

※1~2개월 미만의 신장과 체중

세워서 안아도 자세를 유지할 수 있다

신생아일 때와는 몰라볼 정도로 몸이 커지고 포동포동한 아이다운 체형이 됩니다. 목은 아직 완전하지는 않지만 흔들거리는 것이 줄어들고, 그리 길지 않은 시간이라면 세워 안기를 해도 자세를 유지하고 있습니다. 이 정도만 되어도 엄마는 꽤 편해집니다. 눈도 잘 보이게 되고 달래주면 방긋 웃거나 소리를 내어 기뻐하기 때문에 육아의 즐거움이 한층 늘어날 거예요.

 운동 능력

원시 반사가 사라지고 자발적으로 움직일 수 있다

신생아 때 볼 수 있던 '원시 반사'는 점점 없어지고, 자발적인 행동을 할 수 있습니다. 그중 하나가 '핸드 리가드'라는 자신의 손을 바라보는 행동이에요. 처음에는 아마 우연히 움직인 손이 눈에 들어오고, 엄마의 손과 같이 '다른 무엇인가'로 생각하고 보았을 거예요. 하지만 그 손을 입으로 가져가서 핥거나 하면서 '이것은 내 몸의 일부다!'라는 사실을 발견합니다. 그 순간부터 아이는 자신의 의사로 손을 움직임으로써 자발적인 행동을 시작합니다.

목을 가눌 수 있기 때문에 엎드려 눕혀놓으면 목을 들어 올리려는 아이도 있습니다. 반면 엎드려 눕는 것을 싫어해서 우는 아이도 있습니다. 이것도 개성의 하나이니 걱정하지 말고 그대로 받아들이세요.

입의 움직임도 발달해서 "아구~", "우구~"와 같은 옹알이도 지난달에 비해서 크고 분명한 발음으로 할 수 있게 됩니다.

 몸

피하 지방이 늘어나고 포동포동한 체형으로

생후 3개월쯤까지는 체중이 하루가 다르게 증가하는 시기이며, 젖이나 분유를 많이 마시고, 피하 지방이 늘어납니다. 피지 분비는 아직 왕성해서 얼굴을 중심으로 유아 습진이나 지루성 습진이 생기기 쉬우니 꼼꼼하게 관리를 해주세요. 또한 배변 횟수가 줄어들어 변비가 아닐까 신경 쓰는 엄마도 있는데. 배변 간격은 아이마다 다릅니다. 가령 3일에 1번이라도 자연스럽게 나온다면 걱정할 필요 없습니다.

마음

감정이 발달하며 '사회적인 웃음'을 짓는다

목을 움직일 수 있고, 자신의 의사로 흥미 있는 것을 볼 수 있게 되면서 지능이 점점 발달하고, 주변에 있는 사물들에도 관심을 갖기 시작합니다. 밖으로 데리고 나가서 동물이나 새, 버스나 전철, 식물 등 여러 가지를 보여주세요.
감정도 복잡해져서 얼러주면 잘 웃는데, 이것은 신생아 때의 웃음과 다르며, '사회적인 웃음'이라고 부릅니다. 아이의 호기심을 자극해주기 위해서도 적극적으로 놀아주세요.

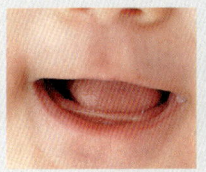

입

손을 얼굴의 정면으로 가져가 입으로 손가락이나 주먹을 핥는 아이도 있습니다. 옹알이를 활발하게 하고 발음이 확실해집니다.

"손가락을 핥기 시작하는 아이도"

표정

"즐거울 때 웃는 얼굴을!"

시각과 청각이 발달해서 얼러주면 즐거워하고 웃는 얼굴을 보여줍니다. 엄마가 웃으면 아이도 기뻐하며, 웃는 얼굴을 주고받을 수 있게 됩니다.

손

"이건 뭐지? 손을 가만히 바라본다"

얼굴 앞에 손을 가져가 가만히 바라보는 '핸드 리가드'라는 동작을 합니다. 손이 자기 몸의 일부라는 것을 처음으로 인식한 것입니다.

2개월은 이런 느낌!

엎드려 눕혀놓으면 머리를 들어 올린다

목을 어느 정도 가눌 수 있어 엎드려 눕혀놓으면 몇 초 동안은 머리를 들어 올리는 아이도 있습니다. 무릎으로 몸을 지탱하는 힘이나 균형 감각도 생깁니다.

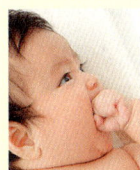

주먹을 빤다

입가에 손을 가져가서 움켜진 손을 핥거나 열심히 빨기도 하는데 이는 자신의 손을 확인하고 있는 행동입니다.

발

"강하게 발을 구부렸다가 펼친다"

무릎의 '굴신 운동'이 한층 더 강해져서 기저귀를 갈아주기가 힘들 정도입니다! 얼러주면 좋아하고 무릎을 탁탁 구부렸다가 펴는 아이도 있습니다.

2개월 아이의 식사

- 수유 간격이 3~4시간으로 길어진다.
- 밤에는 젖을 먹지 않는 아이도 있다.

입 주위의 근육이 발달해 능숙하게 젖을 빨 수 있다

젖을 빠는 기술이 향상되어서 한 번에 먹을 수 있는 양이 늘어나고 점점 젖을 원하는 간격이 길어지는 아이가 많습니다. 수유 간격이 길어지면 젖이 부족해 배고프지 않을까 걱정하는 엄마가 있겠지만 4~5시간 간격이라도 충분히 젖을 먹을 수 있으면 영양 섭취에는 문제가 없습니다.

2개월 아기의 생활

어떻게 생활하고 있을까?

이렇게 성장해요!
↕ 신장 57.3cm ★ 체중 5.0kg
촬영일/2개월 19일째

아침 햇살을 받으며 산책을 하는 등 변화 있는 생활을

이제 조금씩 낮과 밤을 구별할 수 있으며 수유 간격도 길어집니다. 많은 아이들이 낮에 깨어 있는 시간이 길어지고 밤에는 도중에 일어나지 않고 잠을 깊게 자게 되죠. 이로써 '낮이든 밤이든 불규칙하게 잠을 자기도 하고 깨어 있기도 해서 아이의 취침 시간에 따라 나의 수면 리듬도 달라지는' 생활이 드디어 끝납니다. 아이에게 규칙적인 생활 리듬을 갖도록 하기 위해 신경 써야 할 시기이기도 하죠. 아침에는 커튼을 열어 햇살을 받으면서 일어나게 하고, 낮에는 산책이나 노는 시간을 더 많이 갖고, 밤에는 일정한 시간에 목욕을 시킨 뒤 방을 어둡게 해서 잠을 재우세요. 밤중에 젖을 먹이다 보니 올빼미형이 된 엄마도 있을지 모르지만, 부모가 먼저 일찍 자고 일찍 일어나는 생활을 솔선수범하세요.

소리 주고받기를 즐긴다

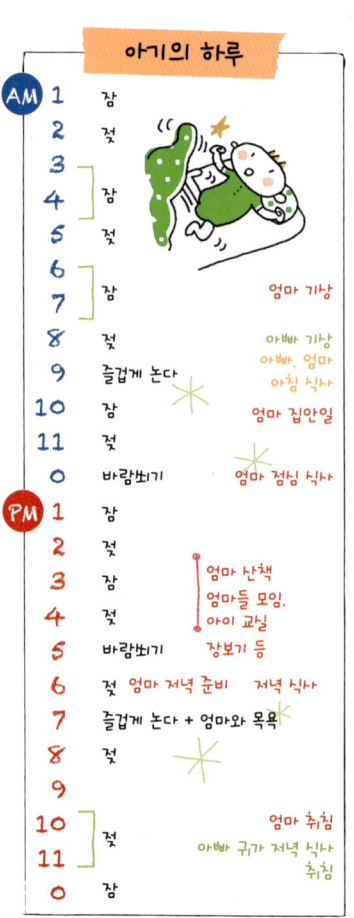

아기의 하루

움직이는 모빌에 푹 빠져 가만히 바라본다

아이 침대의 난간에 달아놓은 모빌에 푹 빠져 있네요. 빙글빙글 도는 인형을 눈으로 좇는 것이 잘 보이는 모양이에요!

초보 엄마의 육아 일기

혼자서도 잘 놀기에 엄마는 안심하고 집안일을 할 수 있다

1개월이 끝나갈 무렵부터 아이 혼자서 모빌을 가만히 보고 있거나 주먹을 쥔 손을 쭉쭉 빨면서 놀아요. 15분쯤 지나면 싫증이 나는지 "아~이"라고 소리를 내어 엄마를 찾지만, 자리를 옮겨주면 다시 혼자서 놀기 때문에 집안일을 할 수 있는 여유가 생겨 한결 편해졌어요. 요즘에는 아이 마사지 교실에 다니하고 있는데, 사람들이 모여 있는 자리에서는 칭얼대기도 하네요. 장소나 분위기가 평소와 달라서 불안한 모양이에요. 이번 달에는 절에도 갔어요. 아이는 내내 자고 있었지만 우리 가족의 중요한 기념일이 되었죠.

엄마가 "아~ 아~"라고 말하면 "우~ 우~"라고 대답한다♥

엄마의 입을 가만히 보면서 "우~ 우~"라고 대답을 합니다. 엄마나 아빠 등 친한 사람들과 목소리를 주고받는 것을 즐기는 모양이에요.

엄마가 책을 읽어주면 무척 좋아한다

주먹을 쭉쭉, 침으로 끈적끈적
이 무렵에 시작된 손가락 빨기. 빠는 힘이 강해지고 침도 많아졌어요. 즐거운 듯이 쭉쭉 소리를 내며 주먹을 빨고 있네요. 침으로 손이 끈적끈적.

ADVICE
말을 걸어주는 '사람'의 소리, 특히 엄마의 목소리를 제일 좋아해요

아이는 배 속에 있을 때부터 엄마의 목소리를 듣고 자랐어요. 그렇기 때문에 칭얼댈 때 엄마가 달래주면 얌전해지죠. '듣는' 행위는 아이의 뇌를 발달시키기 위해서 매우 중요한 일이니 틈틈이 말을 걸어주세요.

두꺼운 종이의 이런저런 장치가 있는, 아이도 넘기기 쉬운 보드북은 그림책과 친해지게 하는 책으로서 안성맞춤.

엎드려 눕는 것을 싫어하는 걸까!? 눈물이 글썽글썽
슬슬 목을 들어 올리는 시기가 되지 않나 싶어서 엎드려 눕혀보았는데 좀 서두른 듯……. 당장이라도 울 것처럼 눈물이 글썽글썽해요.

발로 이불을 툭툭 걷어찬다
침대에 눕혀놓으면 가만히 있지 않고 발을 움직여요. 다리 힘이 강해져서 대형 수건으로 덮어주어도 바로 걷어차네요.

2개월! 울고! 웃고!

😊 큰딸이 갑자기 입원하는 바람에 나도 피로가 쌓여 모유가 잘 나오지 않았어요. 젖이 잘 나오게 하려고 애를 써도 소용없었고, 그러던 어느 날 분유를 먹여도 잘 자란다고 마음을 먹었더니 다시 나오더라고요. 시어머니가 "분유를 주어야 할지 모유를 주어야 할지 고민을 하는 것도 이 시기뿐이다"라고 말씀해주셔서 마음이 든든해졌어요.

😊 아침에 아이가 계속 자고 있기에 살그머니 일어나서 집안일을 했더니 갑자기 침실에서 '으앙' 하는 울음소리가 들려왔어요. 서둘러 가보니 베개가 아이 얼굴을 덮고 있었어요. 가슴이 철렁 내려앉았죠. 움직이지 못한다고 방심했던 거예요. 그 뒤부터는 베개를 사용하지 않는답니다.

😊 육아에 익숙해지고 슬슬 집안일도 할 수 있게 되었어요. 아기띠나 유모차를 이용해 아이를 데리고 슈퍼마켓에 가는 데 익숙해지기까지 꽤 시간이 걸렸죠. 남편이 바빴기에 요리도 세탁도 아이를 업고 했어요.

😊 저월령 때 아무리 얼러도 울음을 그치지 않기에 '머리어깨무릎발'을 부르면서 손으로 장난을 쳐주니 웃어주었어요. 10개월이 된 지금은 '머리어깨무릎발'을 불러줘도 웃지 않지만……. 월령에 따라 좋아하는 것이 달라지는 모양이에요.

😊 목욕하는 것에도 익숙해졌을 때예요. 일주일에 한 번 남편이 목욕을 시켜주는 날, 아이가 나와 함께 욕조에 들어갈 때와는 달리 평온하게 안심하는 듯한 표정을 지었어요. '이제 이런 표정도 짓는구나'라는 생각에 웃음이 나왔어요.

2개월 궁금한 점 Q&A

 **등과 엉덩이에 습진이!**

 우선 습진의 원인을 찾아보세요

엉덩이의 습진은 기저귀 발진일 가능성이 있으며, 겨울이라도 실내 온도가 너무 높거나, 옷을 많이 입히면 땀띠가 생길 수 있어요. 아래에 적어놓은 사항을 확인해서 원인이 무엇인지 찾아보세요. 원인을 제거하면 바로 낫는 경우도 있으니까요. 좀처럼 낫지 않거나 원인을 모르는 경우에는 소아과를 찾아가 상담해보세요.

피부 습진에 대해서

피부 습진이 발생했다!
이 점을 Check

- ☑ 옷을 너무 많이 입히지 않았나
- ☑ 기저귀를 자주 갈아주고 있는가
- ☑ 피부를 자극할 만한 것이 옷에 붙어 있지 않는가

두드러기 등 금세 가라앉는 습진도 있으니 사진으로 찍어두었다가 의사에게 보여주면 효과적으로 진찰을 받을 수 있습니다.

 **일어서서 안아주지 않으면 큰소리로 울어요**

 토닥거려서 재우고 좀 울어도 상관없어요

잠이 올 때 안아서 살살 흔들어주지 않으면 우는 아이가 있습니다. 엄마의 배 속에 있는 듯이 느껴져 안심이 되는 것이죠. 하지만 계속 안아서 재울 수는 없는 노릇이죠. 아이가 우는 것을 두려워하지 말고 눕혀서 재우는 방법을 시도해보세요. 말을 걸어주면서 토닥여주면 엄마의 심장 고동 소리를 떠올려서 울음을 그치는 경우도 있으니까요. 울면 장운동을 도와주는 이점도 있으니 조금은 울게 해도 돼요. 이런 상황이 언제까지 이어지는가는 아이에 따라 다르지만 누워서 자는 때가 반드시 옵니다!

우리 집은 이렇게 극복했다!

1. 포대기에 싸서 안아준다. → 내려놓는다.
2. 배 위에 올려놓고 안아준다.
3. 흔들 침대에 눕혀 흔들어준다.

팔까지 포대기로 감싸놓으면 이불에 내려놓아도 잘 깨지 않습니다. 흔들 침대에 눕혀 재우거나 배 위에 올려 엄마의 심장 소리를 들려주는 것도 효과적입니다.

 **목욕을 마친 뒤 끓인 물이나 보리차를 먹여야 하나요**

 수분 공급은 모유나 분유로 충분해요

기본적으로 아이에게 필요한 수분은 모유나 분유만으로도 충분하기 때문에 목욕 후에 끓인 물이나 보리차를 줄 필요는 없습니다. 이유식을 시작할 무렵인 5~6개월쯤에 젖이나 분유 이외의 첫 음식으로서 목욕 후에 보리차를 주어보세요. 반드시 먹일 필요는 없습니다.

 햇빛은 아이에게 좋지 않나요

 낮에는 성인과 같은 밝기로 생활하게 하세요

아이는 낮에는 밝고, 밤에는 어둡고 조용한 곳에서 보내는 생활을 하면서 조금씩 '낮에 일어나고 밤에 자는' 수면 리듬을 만들어갑니다. 낮잠을 자는 동안에는 방을 조금 어둡게 해도 되는데, 낮에는 커튼을 열어 햇빛이 들어오게 해서 성인이 생활할 때와 같은 밝기로 해주는 편이 좋아요.

저체중으로 태어난 아이가 주의해야 할 점은

 호흡기 계통의 질환에 주의해야 해요

출산 예정일보다 빨리 저체중으로 태어난 아이는 다양한 신체의 기능이 완전하게 갖추어지지 않았기 때문에 합병증에 걸리기 쉽습니다. 특히 폐 등 호흡기가 약한 상태에서 태어나는 경우가 많으므로 호흡기 계통의 질환에 주의해야 합니다. 그중에서도 RS바이러스에 의한 모세 기관지염을 일으키면 중증으로 발전하기 쉬우니 저체중아는 RS바이러스의 중증화 예방을 위한 항체 접종을 받아야 해요. 그리고 빨리 태어난 만큼 운동 능력이나 발달 등이 늦어지기 쉬운데, 대부분 성장하면서 다른 아이들과 같아지게 마련이니 그다지 걱정할 필요는 없습니다.

저체중이란

- 2.5kg 미만 저체중 출생아
- 1.5kg 미만 극소 저체중 출생아
- 1kg 미만 초극소 저체중 출생아

저체중 출생아의 대부분은 조산으로 태어난 아이입니다. 가끔 만삭 출산으로 태어난 아이들 중에도 어떤 이유로 저체중 출생아가 되는 경우도 있습니다.

 항상 머리가 한쪽으로만 기울어져요

 한쪽으로 기울이는 습관이나 머리 모양 때문에, 아니면 근성사경일 가능성도

목에 응어리가 생겨서 항상 좌우 한쪽으로 목이 기울어지는 것을 '근성 사경(筋性 斜頸)'이라고 합니다. 근성 사경은 유아 건강 진단으로 발견할 수 있으며, 대부분이 성장하면서 낫습니다. 또한 고개를 한쪽으로만 돌리는 습관이나 머리 모양에 의해 같은 방향으로만 고개를 돌리는 경우도 있고요. 걱정이 된다면 다음 건강 검진 때 상담해보세요.

 소리를 너무 내지 않는데 괜찮을까요

 건강 검진 때 별 문제가 없으면 아이의 개성

건강 검진 때 문제가 없으면 울음소리 외에 소리를 그다지 내지 않는 것은 아이의 개성입니다. 얌전한 아이, 잘 우는 아이, 활발한 아이, 잠만 자는 아이 등 다양한 유형이 있으며, 이 모두가 아이의 개성이에요. 언어 발달과는 상관이 없으니 걱정하지 말고 일상생활 속에서 "안녕", "맛있지?" 등 말을 많이 걸어주세요.

 **6개월 미만의 아이도 감기에 걸리나요**

 엄마가 걸리는 병은 아이도 걸려요

"생후 6개월까지는 감기에 걸리지 않는다"고 하지만, 이것은 배 속에 있었을 때 엄마에게 물려받은 면역이 태어나서 6개월 정도는 작용하기 때문입니다. 엄마와 같은 면역을 지니고 있는 것뿐이며, 엄마가 걸리는 감기는 아이도 걸릴 가능성이 있어요. 그렇기 때문에 생후 2개월이라도 감염증에 걸릴 수 있습니다. 유감스럽게도 완전한 대비책이 없으므로 사람이 많은 곳 등 감염되기 쉬운 환경을 피하는 게 좋습니다.

동네, 좀 먼 곳, 여행까지
즐거운 추억을 만들자
아이와 함께 외출하기

동네 공원 산책, 차나 전철을 타고 쇼핑몰 가기, 첫 가족 여행 등 외출은 아이의 마음을 자극하고 두근거리게 해줍니다. 하지만 방심하면 뜻하지 않은 일이 발생해서 낭패를 볼 수도 있죠! 기본적인 주의 사항을 알아두고 외출을 100% 즐겨보세요!

외출 전 점검 사항

/ 일정 /

1. 아이의 생활 리듬을 흐트러뜨리지 않는다

외출할 때 무엇보다도 아이에게 부담이 되면 안 됩니다. 수유, 이유식, 낮잠 시간이 크게 달라지지 않도록 장소도 고려해서 일정을 세우세요. 장시간 외출을 피하고 저녁 식사 시간 전에는 집에 돌아오세요.

/ 사전 조사 /

2. 이동 중 상황 & 목적지에 대한 조사는 확실하게

전철이나 차로 이동할 때는 혼잡한 시간대나 아이가 칭얼댈 때 달래줄 수 있는 장소 등을 사전에 조사해둡니다. 목적지의 홈페이지나 문의 전화로 아이를 위한 서비스에 대해서 확인해두세요.

아이와 함께 먹을 수 있는 식당은?
점심을 먹어야 한다면 식사할 곳을 확인해두는 것도 필수! 예약 가능한 식당이라면 아이와 함께 간다는 사실을 알리고 예약을 해두면 안심 ♪

아이와 함께 외출을 즐길 수 있는 방법!

거리를 조금씩 늘려가며 경험을 쌓아간다

예로부터 아이가 태어나면 대문에 금줄을 치고 삼칠일 동안 신생아 및 산모를 외부 세계와 격리시켰듯이 아이의 외출은 부득이한 병원 진료를 제외하고는 한 달 이후에 하는 것이 좋습니다. 처음에는 집 주변을 천천히 걷거나, 슈퍼마켓에 장을 보러 가거나, 놀이방에 놀러 가는 등 동네를 산책하는 일부터 시작하세요. 동네 주변을 돌아다니면서 다양한 경험을 쌓을 수 있습니다. 예를 들면 '필요한 물품이 무엇인지', '외출 시에는 어떤 점을 알아두어야 하는지' 등을 알 수 있고, '유모차를 10분 이상 못 탄다든지', '기저귀 교환대를 싫어한다든지' 등등 아이의 성격도 알 수 있지요.

동네 주변에 익숙해지면 외출 시간을 늘려서 전철이나 버스, 자동차로 이동해보세요. 거리를 서서히 늘림으로써 실패를 미연에 방지할 수 있으며, 엄마도 안심하고 외출할 수 있게 됩니다. 여유롭게 일정을 잡아 무리하지 말고 외출을 충분히 즐기세요. 경험치를 쌓으면 시골의 할아버지, 할머니 댁이나 장거리 여행 등 숙박 여행도 즐길 수 있답니다!

엘리베이터, 수유실은?
외출 전 전철역 어디에 엘리베이터가 있는지, 수유실이나 수유실 내 아기 침대 유무, 시설 조감도 등을 인터넷 등으로 확인하세요. 인터넷에 나도는 입소문도 참고하고요.

유모차 대여는?
유모차 대여가 가능한 곳이라면 아기띠만 가지고 외출할 수도 있습니다. 목적지의 서비스나 시설에 따라 지참해야 할 물품도 바뀐답니다!

3 소지품 리스트에서 필요한 것을 확인!

기본은 기저귀 세트, 옷, 수유 & 분유 세트. 소풍 등 밖에서 보내는 시간이 길다면 야외 세트 추가, 점심을 먹어야 한다면 이유식 세트 추가! 행선지나 목적에 따라 짐을 조정하세요.

소지품 리스트

식사 세트
- 분유(1회분씩 나누어 담은 것)
- 젖병
- 뜨거운 물, 끓여서 식힌 물
- 이유식 등 아기 먹거리
- 이유식용 숟가락
- 턱받이
- 음료수, 컵
- 과자

돌보기 세트
- 거즈 수건 (1~2장)
- 옷(1세트)
- 걸칠 옷
- 휴지
- 물티슈
- 핸드 타월
- 대형 수건

야외 세트
- 모자
- 선크림
- 신발(걸음마가 가능한 아이)
- 양산, 차양
- 돗자리
- 벌레 퇴치약, 벌레 물림 치료제

기저귀 교환 세트
- 종이 기저귀(평소보다 1장 더)
- 응가 닦기용 물티슈
- 비닐봉지(많이)

기타
- 작은 장난감, 그림책
- 카메라, 비디오카메라
- 산모수첩
- 일회용 반창고

시기별 유용했던 소지품 순위

영아기(0~6개월 무렵)
1위 갈아입힐 옷
2위 담요
3위 물고 빠는 장난감

영아기에는 젖을 먹이면 토하거나 응가가 새는 경우도 많기 때문에 여벌 옷을 꼭 챙겨 가야 한다! 담요는 덮어주는 것 외에도 아이를 감싸거나 기저귀를 갈 때 돗자리 대용으로도 쓸 수 있어 편리하다. 3위 입에 물고 빠는 장난감은 칭얼거릴 때 유용하다.

앉아 있는 시기(7~11개월 무렵)
1위 장난감
2위 아기띠나 슬링
3위 갈아입힐 옷

1위는 칭얼댈 때 기분 전환을 시켜줄 수 있는 장난감. 2위는 유모차를 이용해도 '칭얼댈 때 안아주어야 하기 때문에' 아기띠나 슬링. 이 시기에는 응가는 물론이며 땀뿐만 아니라 침도 많이 흘린다! 턱받이를 포함한 갈아입힐 옷이 3위.

일어서기~걸음마 시기(1년~)
1위 과자
2위 갈아입힐 옷
3위 아기띠나 슬링

자기주장이 확실해져서 엄마, 아빠가 힘든 시기다. 아이의 마음을 사로잡는 데 효과적인 과자가 1위. 먹고 마시고 노느라고 옷이 더러워지기 쉽기에 2위는 갈아입힐 옷. 칭얼댈 때 필요한 아기띠나 슬링도 아직까지 필요하다!

엄마들의 외출 DATA

일주일 중 며칠 정도 외출하는가

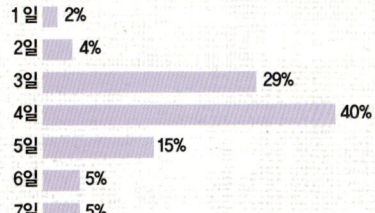

- 1일 2%
- 2일 4%
- 3일 29%
- 4일 40%
- 5일 15%
- 6일 5%
- 7일 5%

비가 오지 않으면 매일 외출한다는 적극적인 엄마도 있으며, 슈퍼마켓에 장을 보러 가거나 놀이방 등에 가는 것도 포함해서 주 3~4일이 가장 많았다. 외출 이유 중 1위는 '엄마의 기분 전환', 2위는 '다양한 경험을 쌓게 하고 싶다', 3위는 '여유롭게 놀게 하고 싶다'였다.

유모차를 갖고 가야 할까

영아기(0~6개월 무렵)
유모차 31%　병용 14%　아기띠 55%

앉아 있는 시기(7~11개월 무렵)
27%　　　　　　　　　19%

일어서기~걸음마 시기(1년 이후)
56%　　　　35%　　9%

영아기에는 아기띠를 이용하는 사람이 많으며, 아이가 성장하면서 보통 '이동 및 낮잠 때는 유모차, 칭얼댈 때는 아기띠'와 같이 나누어서 사용한다.

3개월

체중이 2배로!
목을 혼자서 가눌 수 있다

우리도 3개월 Baby

↑63.0cm ★8.0kg   ↑64.0cm ★5.5kg   ♀57.0cm ★5.5kg

	키	몸무게
남아	57.0~67.5cm	5.13~8.40kg
여아	55.8~65.7cm	5.00~7.72kg

※3~4개월 미만의 신장과 체중

호기심이나 의욕이 강해진다

체중이 하루가 다르게 늘어나는 시기는 끝나고, 이제부터는 조금씩 증가합니다. 발달 면을 보면 2가지 큰 변화가 있어요. 목을 가누고, 자신의 의사로 팔을 움직일 수 있게 되지요. 또 눈에 보이는 것을 '만지고 싶어' 하고, '쥐고 싶어' 합니다. 아이의 의욕과 호기심이 강해지는 것이죠. 3~4개월 건강 검진도 잊지 말고 받아야 합니다. 이때 발육·발달이나 수유, 예방 접종 일정 등 궁금한 점이 있으면 상담을 하세요.

 운동 능력
목을 가누고 팔을 자신의 의사로 움직일 수 있다

목을 가눌 수 있으며 엎드려 눕혀놓으면 무릎으로 몸을 지탱하고 목을 들어 올릴 수 있습니다. 서서 안기를 할 때 후두부에 손을 받쳐주지 않아도 목이 흔들리지 않으면 확실하게 목을 가누는 거예요. 아직 제대로 목을 가누지 못하는 아이도 있지만 조금씩이라도 목에 힘을 준다면 걱정하지 마세요.
팔도 능숙하게 움직일 수 있게 됩니다. 양손을 가슴 앞에서 비비듯이 움직이거나 바라보기도 하고요. 가볍고 손잡이가 가느다란 딸랑이를 쥐어주면 입으로 가져가기도 합니다. 지금까지 손의 움직임은 원시 반사였기 때문에 오른손을 올리면 왼손은 내리는 등 일정한 패턴이 있었습니다. 그런데 이제는 '눈으로 보고 흥미를 갖고 손을 내미는' 자발적인 움직임을 하는 거예요. 이것은 뇌에서 가까운 곳부터 시작된 발달이 목에서 손까지 진행된 증거입니다.

 몸
시력이 발달하고 조금 멀리 떨어진 것도 볼 수 있다

대부분의 아이가 태어났을 때의 체중보다 약 2배가 됩니다. 신장도 10cm가량 커지고, 눈에 띄게 아이다워지고 동글동글한 체형이 되죠. 급격하게 늘어나던 체중이 조금씩 증가하게 되고, 젖이나 분유를 먹는 양이 감소하는 아이도 있는데 걱정할 필요는 없습니다. 시력이 발달해서 30cm 이상 떨어진 것도 조금씩 보입니다. 목을 자유롭게 움직일 수 있으므로 시야에 들어온 것에 흥미를 갖게 되고, 가만히 눈으로 좇는 경우도 있지요. 오르골 모빌이나 딸랑이, 창밖의 경치 등 다양한 것을 보여주세요.

 마음
감정 표현을 대담하게! 마음에 들지 않으면 으앙 하며 운다

표정이 풍부해지고 기쁠 때는 얼굴 가득 웃음을 띱니다. 감정 표현도 대담해지고 간질이면 웃음소리를 내는 아이도 있는데, 이것은 간지럽기 때문에 웃는 것이 아니라 즐겁다는 감정 표현이에요! 반면 마음에 들지 않을 때는 격렬하게 울어댑니다. 영아 산통 때문에 우는 경우도 있는데, 보통 저녁 6시부터 밤 10시 사이에 많이 울어댑니다. 온몸에 힘을 주기도 하고 배에 힘을 주기도 하며 3시간 이상을 울어대거나 밤새 우는 경우도 있습니다. 영아 산통의 원인은 정확하게 밝혀진 것이 없으나 다섯 명 중 한 명꼴로 나타나며 길어도 생후 4개월을 넘기지 않습니다.

PART 1

0·3세☆월령별·아기의 발육·발달, 생활과 걱정되는 일

3개월 아이의 식사

- 수유 리듬이 생긴다.
- 자기 전에 먹으면 아침까지 자는 아이도

배가 고프면 젖을 빨고 배가 부르면 젖을 빨지 않게 된다

수유 횟수나 간격이 일정해지는데, 보통 3~4시간 간격입니다. 밤중에 젖을 주는 횟수가 감소하면 엄마의 생활이 안정됩니다. 대뇌가 발달하고 만복감을 알 수 있게 되기 때문에 젖을 먹는 양이 감소하는 아이도 있는데 크게 걱정할 필요는 없습니다.

표정

표현이 풍부해진다

얼러주면 잘 웃고 한창 귀여울 때입니다. 반면 마음에 들지 않는 일이 있으면 큰소리로 우는 등 온몸으로 표현합니다.

입

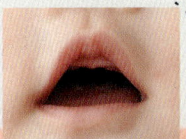

이것은 무엇? 입으로 확인

기분이 좋으면 귀여운 소리를 냅니다. 손으로 쥔 것을 입에 넣어서 딱딱한 정도나 식감을 확인하기 때문에 혀나 입술의 감각도 발달합니다.

손

'촉감'이 발달

손바닥 감각이 발달합니다. 미끌미끌, 꺼칠꺼칠, 푹신푹신 등의 감촉을 실감하고 즐길 수 있게 되죠.

발

발을 탁탁 차거나 허리를 비틀거나

발은 아직 마음먹은 대로 움직이지 못하지만 하반신을 비트는 듯한 동작을 하는 아이도 있습니다.

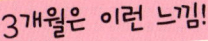

3개월은 이런 느낌!

하반신을 비틀어서 몸 뒤집기 연습?

목을 가눌 수 있고 신체가 발달하면서 움직임이 점점 더 활발해집니다. 아직 몸을 뒤집지는 못하지만 하반신을 비트는 아이도 있습니다.

배로 기어 다니고 목을 들어 올린다

엎드려 눕혀놓으면 팔로 상체를 지탱하고 머리를 들어 올립니다. 그 자세를 유지해서 목을 자유롭게 움직일 수 있게 되면 목 가누기 완성!

3개월 아기의 생활
어떻게 생활하고 있을까?

이렇게 성장해요!
신장 52.7cm ★ 체중 6.0kg
촬영일/3개월 9일째

밤과 낮을 구별하고 생활 리듬이 생긴다

낮에 깨어 있는 시간이 길어지고 밤에 길게 잠을 자게 됩니다. 낮과 밤이 바뀌었던 아이도 3~4개월쯤에는 낮과 밤을 구별하고, 취침 및 기상 시간도 거의 일정해져요. 낮잠은 1일 2~3회 자며, 일어나 있는 시간은 놀면서 보내는 경우가 많으니 날씨가 좋은 날엔 아이를 안거나 유모차에 태워서 산책을 하거나 장을 보러 가서 바깥 공기를 쐬어주세요.

한 번에 젖을 많이 먹을 수 있으므로 수유 횟수나 양이 일정해집니다. 수유 간격이 3~4시간 정도로 길어져서 외출하기가 쉬워지고, 자기 전에 젖을 먹이면 아침까지 푹 자는 등 밤중에 젖을 달라고 칭얼대는 경우가 줄어들기 때문에 수면 부족이던 엄마의 생활도 이제 안정을 찾는답니다.

장난감을 꾹 쥐거나 잡을 수 있다

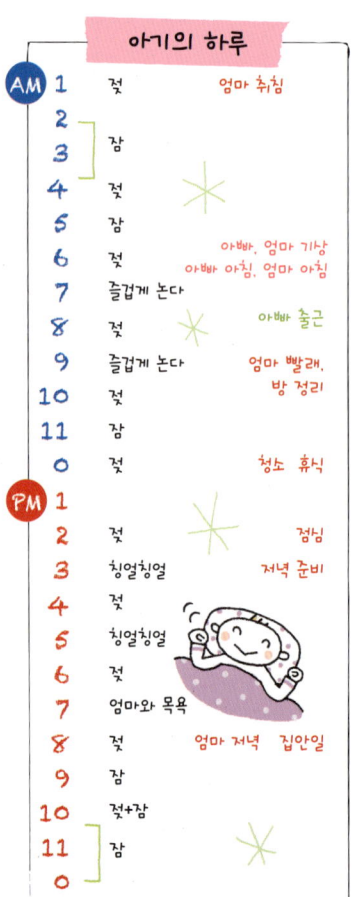

악력이 생겨서 붙잡힌 손가락이 아프다!
좌우 손의 힘이 강해져서 꽉 잡힌 손가락 끝이 보랏빛으로 변할 정도……. 씩씩하게 성장해서 기뻐요. ♥

초보 엄마의 육아 일기

자꾸 말을 걸게 돼요 ☺

3개월이 되니 말을 걸면 "아~ 우~"라고 소리를 내는 경우가 많아졌어요. 얼러주면 웃어주기에 재미가 붙어 틈만 나면 말을 걸어준답니다. ♪ 아이를 낳은 뒤 계속 집에만 틀어박혀 있었는데, 아이가 목을 가눌 수 있게 되고부터는 안고 외출도 하고 있어요. 가만히 뭔가를 보거나 웃거나 할 수 있는 것이 하나둘 늘어나는 모습을 지켜보는 것이 즐겁습니다.
체중은 하루가 다르게 늘어나는 중이며 1개월에 1kg이 늘었어요! 지난달까지는 딱 맞던 턱받이가 작아졌는데, 바느질이 취미라 직접 만들어주고 있어요. 이것도 엄마의 기분 전환이 되는 것 같아요.

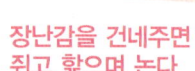

장난감을 건네주면 쥐고 핥으며 논다
좋아하는 장난감은 오볼. 망처럼 생겨서 아이가 잡고 놀기 좋은 듯. 오볼을 주면 꼭 쥐고 핥으면서 놀아요.

'소리를 내어' 웃어요

간질간질 놀이가 재미있는 모양이다

'간지럽다'는 감각은 아직 모르지만 배나 발을 간질이면 웃음소리를 내며 좋아해요.

갓 태어난 아이는 무의식적인 반사로 웃는 듯이 보였지만, 생후 2~3개월쯤이 되면 편안하고 즐거울 때는 자신의 의사로 소리를 내어 웃습니다.

인형을 눈으로 좇는다

좋아하는 인형을 내밀면 눈으로 좇으며 방긋 웃으면서 "아~ 아~" 하며 기뻐하는 소리를 내요. 그런 표정이 귀여워서 얼러줄 때는 인형이 필수품.★

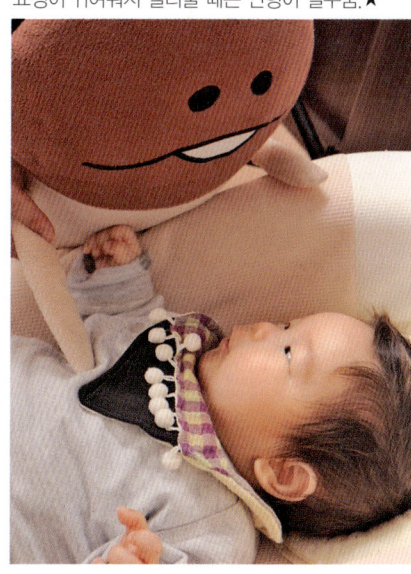

간질간질 놀이나 산책을 좋아한다

배를 바닥에 대고 목에 힘을 주고 몇 초 동안 머리를 쭉 들어 올릴 수 있게 되었어요. 팔과 팔꿈치로 몸을 지탱하기 때문에 근력도 생겼고요. 하지만 엎드려 눕는 것이 서투른 아이는 무리해서 시키지 마세요!

외출은 아기띠를 사용해서

목이 흔들리지 않으니 안아주기가 쉬워졌어요. 함께 산책을 하거나 카페에도 데리고 가 봤어요. 이 자세를 좋아하는지 금세 잠이 드네요.

3개월! 울고! 웃고!

- 좀처럼 잠을 자지 않는 아이인데 겨우 잠이 들었다가도 조그만 소리가 나면 깜짝 놀라서 깨버려요. 엄마 젖을 무척 좋아해서 젖을 물고 있는 동안에는 새근새근 자는데, 젖을 빼는 순간 울음을 터트리고요! 저 역시 거의 잠을 자지 못했어요.

- 비교적 빨리 뒤집기를 시작했는데 바로 누웠다가 엎드려 누우면 되돌아가지를 못했어요. 몸을 뒤집었다가 되돌아가지 못해서 울고 엄마가 바로 눕혀주기를 반복하는 나날이었습니다. 성장하는 모습을 보면 기쁘지만 좀 힘들었어요!

- 아직 소리는 내지 못하고 표정만으로 웃을 때였어요. 목욕을 시킬 때 아이 배에 제 입을 대고 후 불어서 소리를 내니 '캭캭' 소리를 내며 웃었어요. 웃는 소리를 처음으로 들어서 무척 기뻤습니다.

- 예방 접종을 할 때 앞에 있던 아이가 '으앙' 하고 울었지만 우리 아이는 바늘을 찌르는 순간에도 '읍'이라고 소리를 냈을 뿐이며 천연덕스럽게 있었어요. 선생님도 다른 엄마들도 깜짝 놀라서 "저 아이는 울지를 않네" 하며 쳐다보았습니다.

- 눈에 띄게 체중이 늘어서 표준 성장 곡선을 벗어날 정도였어요! 젖도 엄청 많이 먹고 울 때마다 젖을 물렸더니 건강 검진 때 "젖을 너무 많이 먹였다"는 말을 들었죠. 젖을 주는 횟수를 제한하고 양을 줄이기도 했습니다. 매일 녹초가 되다시피 했습니다.

3개월 궁금한 점 Q&A

손가락뿐만 아니라 주먹도 빨아요

흥미를 갖고 확인해보는 거예요

아이가 손가락뿐만 아니라 크게 입을 벌려 주먹도 빨면 엄마는 깜짝 놀랄 수도 있을 거예요. 이 시기의 아이는 20~30cm 떨어진 사물을 볼 수 있는데, 젖을 빨 때 엄마의 얼굴이나 자신의 손이 잘 보이는 거리입니다. 아이는 흥미가 있는 것을 확인하기 위해서 입에 넣어봅니다. 자기 손에도 흥미가 있어서 핥거나 빨면서 온도, 냄새, 맛, 감촉 등을 확인하는 거예요. 아이가 성장하는 중요한 과정 중 하나이니 그냥 지켜보세요.

엄마가 없으면 크게 울어요

'이때뿐'이라고 생각하고 즐기세요

엄마가 곁에 없으면 우는 아이가 많습니다. 의학적인 근거는 없지만 엄마가 '다른 일을 해야 하니 아이가 좀 빨리 자면 좋겠는데……'라고 바랄수록 아이는 좀처럼 자지 않는다고 합니다. 어려운 일이겠지만 '아이와 함께 있는 시간을 즐기자'라고 생각하세요. 엄마가 그렇게 생각하면 아이도 안정을 찾을 거예요.

엎드려 자서 걱정이에요

그때그때 바로 눕히세요

푹신푹신한 이불에서 재우면 엎드려 누웠을 때 입이나 코가 막혀 호흡이 곤란해질 수 있습니다. 또한 엎드려 자는 아이가 바로 누워 자는 아이보다 유아 돌연사 증후군(SIDS) 확률이 높다는 보고도 있고요. 이 시기에는 바로 눕혀 재워야 합니다. 엎드려 자는 버릇이 있다면 그때그때 바로 눕혀주세요. 생후 5~6개월이 되면 목을 확실하게 가눌 수 있으므로 숨이 막히면 스스로 목을 들어 올립니다. 그때까지는 옆에서 세심하게 살펴보면서 수면 중에 생길 수 있는 사고를 방지하세요.

SIDS (유아 돌연사 증후군)

신생아가 잠자다 호흡이 끊겨 사망하는 것으로, 생후 2~4개월 된 신생아에게 많이 발생합니다. SIDS의 원인은 아직 규명되지 않고 있지만 아기를 엎어 재우거나, 너무 푹신푹신한 요와 이불에 재우거나 담배 연기에 노출되면 SIDS의 위험이 커지는 것으로 알려져 있답니다.

예방법
① 푹신한 침구는 피하고 똑바로 뉘어서 재운다.
② 담배 연기에 노출되지 않게 한다.
③ 모유 수유를 한다.
④ 지나친 난방을 하지 않는다.
⑤ 저체중 출산아, 조산, 만 20세 미만의 출산은 위험성을 증가시킨다.
⑥ 뒤집기 방지 쿠션을 이용한다.

피부 건조에 대해서

**비듬이
톡톡 떨어진다!**
이 점을 Check

- ☑ 아기를 지나치게 자주 씻겨 건조해졌다.
- ☑ 이물질이 충분히 제거되지 않았다.

머리에는 두피가 있고 두발에 이물질이 끼어 있어서 몸의 피부와는 다릅니다. 비누보다 아기 전용 샴푸를 사용하면 건조함 없이 이물질을 제거할 수 있어요.

 **두피에서
비듬이 나와요**

 원인을 확인한 뒤
수분과 유분을
보충해주세요

비듬은 너무 씻어서 두피가 건조하거나 이물질이 말끔히 제거되지 않았을 때 생깁니다. 아이를 지나치게 씻긴 경우라면 머리 감기를 2일 1회로 횟수를 줄이면 개선됩니다. 그리고 비누를 쓰지 말고 샴푸를 사용해보세요. 보습은 로션 등을 먼저 발라서 수분을 충분히 준 다음에 크림이나 오일 등 유분으로 피부를 보호해주세요. 머리를 거즈 손수건으로 닦아주는 것보다 엄마의 손으로 씻어주는 편이 좋습니다.

 **앞숫구멍은
언제 닫히나요**

 1년 6개월쯤에 닫히는
아이가 많습니다

머리뼈는 하나가 아니라 여러 개로 나누어져 있습니다. 출산 때는 뼈와 뼈를 겹쳐서 면적을 줄여 산도를 통과하고, 출생 후에는 겹쳐졌던 뼈가 원래 상태로 돌아가며 틈이 생깁니다. 뇌의 성장에 맞춰 미리 준비하는 과정인데, 그 틈 중 정수리에 있는 것이 앞숫구멍(대천문)이에요. 맥박에 맞추어서 뛰고 살짝 들어가 있지요. 개인차는 있지만 두개골이 발달하는 1년 6개월쯤에 닫힙니다. 이전에는 딱딱한 뼈로 보호되어 있지 않기에 머리를 강하게 누르면 안 됩니다.

 목을 가누지 못해요

 4개월 무렵까지 목을
가눌 수 있으면 괜찮아요

3개월에 목을 가눌 수 있게 되는 아이는 전체의 50~60%이니 절반 정도라고 할 수 있습니다. 3~4개월 건강 검진 때는 목을 제대로 가누지 못해서 "상태를 좀 더 지켜보자"는 말을 듣는 경우가 많지요. 그러면 "우리 아이는 발달이 늦는 건가" 하며 걱정하는 엄마도 있는데, 발달 속도는 개인차가 있게 마련이에요. 아직 목을 제대로 가누지 못해도 걱정할 필요가 없습니다. 4개월쯤에 가눌 수 있다면 별 문제가 없는 것이니 좀 더 상태를 지켜보세요.

 **손톱을 잘라주어도
얼굴에 할퀸 흔적이!**

 자주 잘라주고 줄칼로
부드럽게 갈아주세요

3개월 아이는 '가려워서 긁는' 것이 아니라 우연히 손이 얼굴에 닿아 상처가 생깁니다. 아이의 손톱은 의외로 빨리 자라기 때문에 자주 잘라주어야 해요. 할퀸 상처가 많이 생기면 벙어리장갑을 끼워주세요. 그리고 상처가 생겨도 다 낫기 마련이니 걱정할 필요 없습니다. 손톱을 잘라준 뒤에는 줄칼로 부드럽게 갈아주세요.

건강검진 체크 포인트

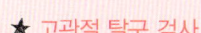

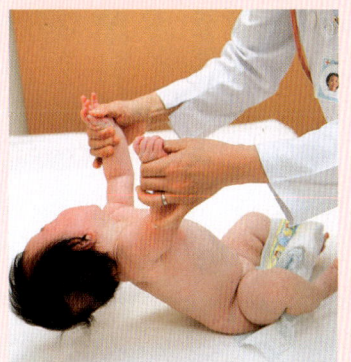

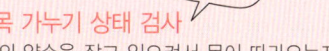
아이의 양손을 잡고 일으켜서 목이 따라오는지를 보고 신경적인 발달을 확인.

★ **고관절 탈구 검사**
다리, 주름, 무릎, 높이의 관찰을 통하여 선천성 고관절 탈구 여부를 확인한다. X선 촬영 또는 초음파 검사를 권하는 경우도 있다.

★ **청각 반응 검사**
귀 옆에서 딸랑이를 흔들어서 소리가 나는 쪽을 돌아보는지 청력을 검사한다.

★ **시각 반응 검사**
빛 등을 보여주고 눈으로 좇는지 확인한다. 칭얼대어 하지 못하더라도 집에서 엄마를 눈으로 좇는다면 걱정할 필요 없다.

목 가누기를 비롯해 소리를 내는 법, 근육의 상태 등을 살펴보고 발달 상태나 병의 유무를 종합적으로 판단합니다.

4개월

목 가누기는 거의 완성!
만지고 핥으면서 오감이 발달한다

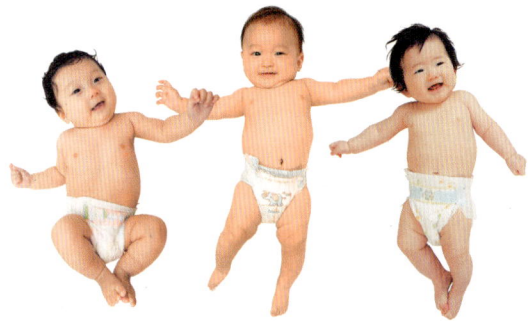

우리도 4개월 Baby

♂63.0cm ★6.5kg　♂65.0cm ★7.4kg　♀61.2cm ★6.0kg

	키	몸무게
남아	59.6~69.9cm	6.00~9.26kg
여아	59.2~68.5cm	5.60~8.72kg

※4~5개월 미만의 신장과 체중

청각과 시각 등 감각을 동작과 연결 짓는다

대부분의 아이가 목을 가눌 수 있게 됩니다. 어떤 자세에서도 자유롭게 머리를 움직일 수 있지요. 눕혀놓지만 말고 아기를 안고 일어나서 시야를 넓혀주세요. 다양한 사물을 보여주면 즐거워할 거예요. 그와 더불어 오감이 발달합니다. 가령 말을 걸면 "응?"이라고 대답하듯이 소리가 난 쪽으로 얼굴을 돌립니다. 이것은 청각과 시각이라는 다른 감각을 뇌 속에서 관련지어서 목을 움직이는 동작과 연동할 수 있다는 것을 뜻합니다. 소리에 민감해지고 TV 소리나 문을 열고 닫는 소리에도 흥미를 갖게 되지요. 감각 기능이 발달함에 따라 지적 호기심이 강해집니다.

운동 능력 — 흥미가 있는 것을 쥐거나 입으로 가져간다

처음으로 손의 존재를 인식한 아이는 물건 잡는 동작을 배웁니다. 처음에는 엄마나 아빠가 건네준 장난감을 쥐는 정도이지만, 점차 스스로 손을 뻗어 쥐거나 흔들거나 핥게 됩니다. 아빠나 엄마에게는 당연하게 보이는 동작이지만, 이것은 '흥미를 갖는 사물에 작용을 가하고', '확인하고', '정보를 뇌에 보내는' 고도의 작업이에요. 목 가누기가 거의 완성되어 시야가 넓어지고 손으로 물건을 잡을 수 있고, 오감이 발달하는 등 다양한 조건이 갖추어졌기에 할 수 있는 것이죠.

또한 위(머리에 가까운 부분)에서부터 시작된 운동 발달이 더욱 진행되어 다리나 허리가 강해집니다. 하반신을 움직이는 법을 배우고 허리를 비틀거나 다리를 교차할 수 있게 되죠. 2개월쯤부터 시작된 눈으로 좇는 동작은 이 무렵부터 범위가 확대되고 180도 범위까지 좇아서 볼 수 있게 됩니다.

 몸 — 팔이나 가슴 등에 근육이 붙는다

조금씩 팔이나 가슴에 근육이 생기고 엎드려 눕히면 상체를 들어 유지할 수 있게 됩니다.
침의 양도 많아집니다. 아직 이유식을 시작하기에는 이르지만, 슬슬 준비하는 과정으로서 엄마, 아빠가 밥을 먹는 모습을 보여주는 등 이유식에 흥미를 갖게 하세요.

 마음 — 아이의 개성이 점점 더 분명해지고 표정이 풍부해진다

탐구심이 왕성해지고 흥미가 있는 물건을 손으로 잡으려고 합니다. 감정의 폭이 점점 더 확대되고 표정이 풍부해집니다. 마음에 들지 않으면 몸을 뒤로 젖히고 울거나 손과 발을 탁탁거리며 짜증 내는 경우도 있지요. 반대로 얼러주면 소리를 내어 웃고 엄마, 아빠의 소리를 듣고 기뻐서 웃기도 하고요. 아이의 개성도 한층 알기 쉽게 나타납니다. 혼자 놀면서 소리를 내는 경우도 있습니다. 그럴 때는 조용히 지켜봐주세요.

표정
미묘한 감정도 표현!

감정 표현이 더욱 풍부해집니다. 쾌감, 불쾌감, 배고픔, 배부름 등 단순한 기분뿐만 아니라 공포, 불만, 기쁨, 슬픔과 같은 미묘한 감정도 표현할 수 있어요.

🍼 4개월 아이의 식사 🍴

- 호기심이 강해지고, 한눈을 팔면서 젖을 빤다.
- 입을 우물거리고 침이 많아진다.

3~4시간 간격으로 젖을 주어 규칙적인 생활 리듬을 갖게 한다

수유를 3~4시간 간격을 두고 할 수 있게 됩니다. 우는 것이 꼭 배고프다는 뜻은 아니니 얼러주기 등으로 기분 전환을 해주세요. 침이 많아지거나 가족이 밥을 먹는 모습을 보면서 입을 우물거리는 아이도 있는데, 이유식 먹을 준비를 하는 것입니다.

입
자음도 발음할 수 있다

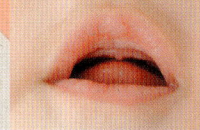

"아~, 우~"와 같은 모음뿐만 아니라 "부~, 바부~"라고 입술을 사용해야 하는 자음도 발음할 수 있습니다.

손
보고 들은 것에 손을 뻗는다

눈, 귀, 손이 연동하고, 흥미를 끄는 물건에 손을 뻗습니다. 물건을 잡을 수는 있지만, 아직 손가락 끝으로는 쥐지 못하고 손바닥 전체로 쥐는 정도입니다.

발
기쁨도 불쾌감도 다리로 표현

두 발을 모아서 들어 올리거나 허리를 비틀어서 몸 뒤집기의 전 단계와 같은 움직임을 보이는 아이도 있습니다. 기쁠 때나 불쾌할 때는 다리를 탁탁거리며 감정을 표현하기도 합니다.

4개월은 이런 느낌!

원하는 물건에 손을 뻗는다

눈에 들어온 물건에 손을 뻗습니다. 그 물건에 손을 갖다 대면서 자신과 사물의 입체적인 위치 관계 등을 배웁니다.

빨거나 바라보면서 확인한다

손에 쥔 것을 얼굴 앞으로 가져가서 빨거나 바라보면서 확인합니다. 흥미가 있는 대상의 정보를 뇌에 저장하는 거예요.

4개월 아기의 생활
어떻게 생활하고 있을까?

이렇게 성장해요!
↑ 신장 60.4cm ★ 체중 5.5kg
촬영일/4개월 10일째

날씨에 맞는 복장으로 외출을 하자

밤에 잠을 길게 자고, 아침까지 깊은 잠을 자기도 합니다. 물론 개인차가 있으므로 밤에 계속 젖을 찾는 아이도 있습니다. 엄마는 아이와 함께 낮잠을 자는 등 휴식을 취하세요.

생활 리듬이 일정해지고 낮에 오랫동안 깨어 있으므로 유모차에 태우거나 안고 산책을 하는 시간이 많아집니다. 외출 시 여름에는 모자를 씌워서 자외선을 차단하고, 겨울에는 방한용으로 모자나 장갑을 착용시켜 나가세요. 또 실내에서도 더위나 추위에 맞춰서 옷을 입히세요.

이유식을 시작하기 전에 보리차나 끓인 물을 숟가락으로 떠먹여 보세요. 처음엔 싫어할 수도 있으니 무리해서는 안 됩니다!

엄마, 아빠가 얼러주면 크게 입을 벌리고 생글생글

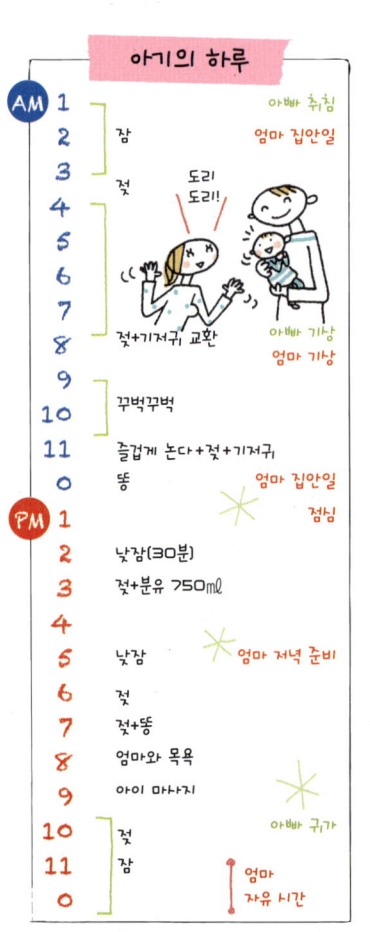

아빠의 목소리에 방긋 반응을 보인다

엄마나 아빠의 목소리를 알아듣습니다. "까꿍, 요기 봐라~"라고 아빠가 부르면 얼굴을 돌리고 입을 크게 벌리고 활짝 웃지요. 하루가 다르게 풍부해지는 표정을 보며 엄마도 아빠도 홀딱 반할 거예요. ♥

초보 엄마의 육아 일기

오늘은 어떻게 해서 웃게 할까♪

밤에는 자고 낮에는 깨어 있는 생활 리듬이 정착되었어요. 그 덕분에 신생아 때와 비교하면 마음에 여유가 생겼습니다. 해 질 무렵 낮잠을 조금 자므로 그 사이에 집안일을 할 수 있어요! 그 때문인지 아이와 함께 웃으며 보내는 시간이 늘어났습니다. 내가 웃으면 따라 웃거나, "아~ 우~"라고 소리를 내기도 하는 등 서비스 정신이 투철하죠. 그날그날 표정이 달라지기에 "둥가둥가"를 해주거나, 아이 코에 엄마 코를 바싹 대고 "아와와와" 하며 얼러주는 등 아이의 웃음을 보기 위해 열심히 노력 중이에요. 이런 재미는 난생처음!

목을 가눌 수 있게 되어 머리를 자르러 미용실로

목을 확실하게 가눌 수 있고 머리카락이 자랐기에 3개월 후반에 처음으로 미용실에 데리고 갔어요. 엄마의 무릎 위에 앉혀놓고 깎았지요.

흥미의 대상이 사람에게서 물건으로

지금까지 물건보다는 사람, 생활의 소리보다는 사람의 소리를 좋아했던 아이도 흥미의 대상을 조금씩 물건으로 넓혀갑니다. 장난감을 갖고 놀게 되는 시기죠.

손을 마주 잡고 만지작거리는 것은 마음에 든다는 표시

손가락을 마주 잡고 만지작거리거나 주무르거나 손을 열심히 봅니다. 자신의 손을 확인하고 있는 것이죠. 손가락이나 주먹을 빨기도 하고요.

일으켜 세우면 다리에 힘을 주고 버틴다

겨드랑이에 손을 넣고 일으켜 세우면 다리에 힘을 주고 버티거나 쭉 뻗습니다. 운동 발달이 하반신으로 진행되어 자신의 의사로 움직일 수 있게 되었기 때문이죠.

머리를 들어 올리고 그 자세를 유지한다!

엎드려 눕혀놓으면 가슴을 들어 올리고 얼굴을 올리고 그 자세를 유지합니다! 팔에 힘을 주고 두 발을 들고 몸을 전부 사용하지요.

만진다! 당긴다! 노는 방법도 진화

혼자서 놀더라도 장난감을 바라보기만 하지 않고 손을 뻗어 잡아당깁니다. 오감이 발달하고 시각과 촉각이 운동 능력과 연동하는 증거지요.

빨아서 감촉을 확인한다

지적인 흥미가 확대되는 시기. 장난감을 보고 흥미가 생겨 손을 뻗어 쥐고 입으로 가져갑니다. 핥아서 감촉을 확인하고 정보를 수집하는 거랍니다.

상체를 일으킨다······ 뒤집기는 좀 더 나중에

4개월! 울고! 웃고!

처음으로 아이를 시댁에 데리고 갔어요. 할머니, 할아버지에게 아이를 건네주었더니 '으앙' 하며 울어버렸어요! 할머니, 할아버지를 처음 만난 순간부터 낯을 가려서 얼마나 당황했는지 몰라요.

변비로 처음 병원에 갔어요. 첫 번째 관장으로 나오지 않아서 두 번째 관장을 했더니 몇 분 뒤에 엄청난 양의 변이 나왔죠. 갈아줄 기저귀를 1장만 들고 갔는데 턱도 없이 모자라서 허둥지둥 집으로 돌아왔네요.

첫 몸 뒤집기의 순간을 찍으려고 남편이 항상 비디오카메라를 준비해두고 있었어요. 어느 날 아이 곁을 잠깐 떠났다가 문득 보니 어느새 엎드려서 생글생글! 첫 몸 뒤집기의 순간은 보지 못했지만 의기양양한 얼굴은 찍어두었어요.

우량아로 태어났는데 4개월 무렵에 체중이 거의 늘지 않아 정상에서 벗어날 정도였어요. 하지만 남편이 마른 체형이기에 유전이려니 생각했더니 마음이 편해졌어요. 날씬한 체형도 '개성'이라고 생각하고 있죠.

어느 날 처음으로 감기에 걸려서 훌쩍훌쩍하는데 무척 힘들어 보였어요. 나도 남편도 응급실에 가야 하나 고민하며 하룻밤을 샌 뒤 아침 일찍 병원으로 데리고 갔죠. 다행히 의사 선생님은 "괜찮다"고 했지만 몹시 가슴을 졸였지요.

4개월 궁금한 점 Q&A

 **놀이방에 데리고 갈 수 있는 것은 몇 개월부터**

 생후 2개월 이후 잠깐씩 외출해도 돼요

생후 1년 미만의 아이는 놀이방 등에서 다른 아이와 만나는 일이 꼭 필요하지는 않습니다. 하지만 엄마가 아이와 단둘이서 집에만 있어 스트레스나 불안을 느낀다면 기분 전환을 위해 놀이방 등에 가는 것도 좋아요.
생후 2개월이 지나면 엄마의 몸도 회복되고 수유 리듬도 일정해지기 시작합니다. 만일 아이가 선천성 면역 결핍증과 같은 감염증에 민감한 병을 지니고 있어도, 그 무렵에는 이미 알게 되었을 것입니다. 놀이방 등 사람이 모이는 곳에는 2개월이 지나서부터 가는 편이 좋습니다. 처음에는 잠깐잠깐 외출을 해서 조금씩 익숙해지게 하세요.

 **TV를 보여주면 안 되나요**

 집안일을 할 때 등 짧은 시간이라면 상관없어요

생후 4개월쯤 되었고 짧은 시간 동안 보는 것이라면 나쁜 영향은 없을 거예요. 단, 하루 종일 TV를 틀어놓고 있는 등 오랜 시간을 보게 되면 아이의 언어 발달이 늦어질 수 있습니다. 장시간 보지 않도록 주의하며 아이와 커뮤니케이션을 하면서 보여주세요.

 **유모차에 똑바로 앉지를 못해요**

 4개월이면 몸을 지탱하지 못하는 경우도 있어요

유모차에 태우면 몸이 오른쪽이나 왼쪽으로 기울어지는 아이가 있습니다. 일반적으로 똑바로 앉는 것은 6~7개월쯤입니다. 4개월이면 자신의 몸을 오랫동안 지탱할 수 없기 때문에 유모차 등에 똑바로 앉지 못하는 것은 자연스런 일이에요. 다른 걱정스런 증상이 없고 평소에 몸이 축 늘어져 있거나(저긴장), 몸이 경직되어 있는(고긴장) 등의 모습이 없으면 걱정하지 않아도 돼요.

 '무른 변'과 '설사'를 구별하는 방법은

 냄새나 색깔이 평상시와 어떻게 다른가를 살펴보세요

변의 횟수나 상태는 개인차가 크며, 일반적으로 모유 먹는 아이는 무른 변을 봅니다. '설사'인지 '일반적인 무른 변'인지는 딱딱한 정도 이외에 평상시와 다른 점이 있는지를 보고 판단하세요. 이상한 냄새가 나거나 변의 색깔이 갈색, 황색, 녹색 이외(빨간색, 흰색, 검은색 등)일 때, 기저귀에 전부 흡수될 정도로 무를 때는 설사입니다. 변이 묻은 기저귀를 들고 소아과에 진찰을 받으러 가세요.

 **엉덩이 주변에 좁쌀처럼 돋아 있는 것은 기저귀 발진?**

 오래갈 경우에는 곰팡이일 가능성도

가랑이 앞부분에만 좁쌀 같은 것이 돋아 있는 등 엉덩이나 가랑이의 일부분에만 습진이 생겨서 빨갛게 되는 것도 기저귀 발진입니다. 오줌에 젖어서 또는 엉덩이를 세게 닦아주거나 기저귀가 맞지 않아서 등 여러 가지 원인을 생각할 수 있습니다. 우선 자주 기저귀를 갈아주고, 엉덩이를 부드럽게 닦아주세요. 그리고 기저귀를 다른 회사 제품으로 바꾸어서 사용해보세요. 그래도 낫지 않는 경우에는 곰팡이가 원인일 수도 있으니 병원에 가서 진찰을 받고요.

아이의 정상 체온은

성인보다 높아서 37.5℃까지는 정상 체온의 범위에 들어간다

소아과에서는 아이의 경우 37.5℃까지를 정상 체온으로 봅니다. 성인의 정상 체온보다 높은 이유는 매일 성장하고, 세포 분열을 하면서 많은 에너지가 나오기 때문입니다. 평소에 열을 재는 습관을 갖고 있으면 열이 났을 때 바로 알 수 있습니다. 단, 체온계에 따라 나오는 수치가 다를 수 있으므로 항상 같은 체온계를 사용하세요.

엄마가 감기에 걸리면 아이에게 옮나요

옮을 수 있어요! 하지만 면역력도 생기죠

엄마가 감기에 걸려도 아빠가 집에 없으면 엄마가 아이를 돌봐주어야 하는데, 마스크를 하고 손을 깨끗이 씻어도 아이에게 감염되기 쉽습니다. 생후 6개월 정도까지는 엄마에게 물려받은 면역력이 있기 때문에 쉽게 감기에 걸리지 않지만 엄마가 감기에 걸리면 아이도 함께 걸릴 수 있어요.
부모라면 누구나 아이가 고통스러워하는 모습을 보면 안타까운 심정이겠지만 아이는 병을 이겨낼 때마다 새로운 면역력이 생겨 튼튼해집니다. 엄마는 가급적이면 휴식을 취하고 빨리 회복하여 아이를 돌봐주세요. 그리고 인플루엔자 등 중증화되기 쉬운 감염증은 예방 접종을 하기를 권합니다.

엄마의 감기에 대해서

엄마가 인플루엔자나 감기에 감염되면

- ☑ 마스크를 착용한다.
- ☑ 아이와는 다른 방에서 잔다.
- ☑ 가능하면 다른 사람에게 아이를 돌보게 한다.

기침이나 재채기를 하면 1~2m 정도까지 침이 튑니다. 인플루엔자는 이 침에 함유된 바이러스로 감염되니 아빠나 주위 사람에게 아이를 맡기고 빨리 낫기 위해 치료에 전념하세요.

열이 몇 도 이상이면 진찰을 받아야 하나요

열뿐 아니라 몸 전체의 상태를 보고 판단하세요

6개월이 안 된 아이가 열이 나면 진찰을 받는 게 바람직합니다. 다만 열이 있다고 무조건 병원에 가야 하는 것은 아닙니다. 가령 열이 38℃까지 올라가더라도 아이가 기분도 좋고 젖도 잘 먹는다면 위급한 상황이 아닐 수 있습니다. 한편 37℃라도 축 늘어져서 설사나 구토를 하거나, 수분을 섭취하지 못하고 호흡을 제대로 못하면 바로 병원에 가야 합니다. 몸 전체의 상태를 보고 이상하다는 생각이 들면 서둘러 병원에 가세요.

사시가 뭐죠

두 눈동자의 위치가 좌우상하 다른 쪽을 보고 있는 상태

건강 검진에서 사시일 수 있다는 결과를 받은 아이도 있을 겁니다. 사시란 좌우의 시선이 같은 쪽을 보고 있지 않는 상태, 즉 검은자위의 위치가 좌우상하로 어긋나서 보이는 상태입니다. 원인은 여러 가지이지만 다른 병이 있어서 사시가 되는 경우도 있습니다. 그리고 영유아기에는 사시처럼 보여도 실제는 정상인 '거짓 내사시'의 경우도 있습니다. 사시이면 좌우 한쪽의 눈으로만 사물을 보기 때문에 보고 있지 않는 쪽의 눈은 시력이 나빠지기도 하니 서둘러 안과에 가서 진료를 받으세요.

5개월

이유식을 시작해요! 뒤집기도 시작

우리도 5개월 Baby

♂64.0cm ★ 7.9kg　♂63.3cm ★ 6.1kg　♀66.2cm ★ 7.3kg

	키	몸무게
남아	61.0~71.9cm	6.40~9.60kg
여아	60.6~70.4cm	5.99~9.13kg

※5~6개월 미만의 신장과 체중

몸 뒤집기라는 이동 수단을 통해 점점 넓은 세상으로

성장이 빠른 아이는 몸 뒤집기를 할 수 있습니다. 이는 '움직인다'는 모험의 시작입니다. 첫 몸 뒤집기는 아마 우연히 되었을 것입니다.

아이는 성장하면서 목을 가누고 멀리 있는 사물을 보고, 원하는 것에 손을 내밉니다. 그런데 손이 닿지 않아 '조금만 더'라고 생각했을 때 아이의 몸이 벌렁 뒤집어진 거죠! 그 모습을 본 엄마와 아빠는 눈이 휘둥그레져서 감동을 했을 테고요. 몸을 뒤집은 경험으로 행동 범위가 넓어지고 원하는 것에 다가갈 수 있다는 점을 기억하고 아이의 호기심은 한층 더 확대되어갑니다.

운동 능력 — 몸 뒤집기를 하지 못해도 걱정할 필요가 없다

몸을 뒤집으려면 허리를 비틀고 그 반동으로 상반신을 회전시켜야 합니다. 일단 하고 나면 간단하지만 여러 부위를 적절한 타이밍에 연동시켜야 하므로 사실 아이에게는 쉽지 않은 동작이죠. 바로 누운 상태에서 엎드려 눕거나, 엎드려 누운 상태에서 바로 누울 수 있으면 몸 뒤집기 완성입니다.

몸 뒤집기를 하는 시기는 아이마다 다릅니다. 몸을 뒤집지 못해도 엎드려 눕혀놓았을 때 양손으로 상체를 가슴까지 들어 올릴 수 있으면 신경 발달이 등까지 이르렀다는 증거입니다. 손을 더욱더 활발하게 움직이고 손을 뻗어서 물건을 입으로 가져가는 동작을 자주 합니다. 쥐는 힘도 강해져서 일단 쥐면 좀처럼 놓지를 않습니다.

몸 — 엄마에게 물려받은 항체가 끊기고 감염증에 걸리는 경우도!

아이의 몸에도 큰 사건이 일어납니다. 태내에서 엄마에게 받은 항체가 없어지기 시작하는 것이죠. 게다가 외출할 기회가 많아져서 가족 이외의 사람과 만나는 경우가 늘어 감염증에 걸릴 위험이 높아집니다. 하지만 아이는 병을 이겨내면서 튼튼하게 성장합니다. 예방 접종을 확실하게 받고, 사람들이 많이 모이는 곳을 피하고, 손을 깨끗이 씻어주고, 가족 중에 감기에 걸린 사람이 있으면 마스크를 하는 등 기본적으로 해야 할 일을 하고 난 뒤라면 '감기에 걸렸다'고 너무 걱정하지 않아도 됩니다.

마음 — 엄마, 아빠와 놀고 싶어서 소리를 낸다

뭔가 계속 옹알거리는데 이것은 소리를 내어 주의를 끌려는 행동입니다. 엄마, 아빠가 아이의 소리를 흉내 내면 아이는 그 소리를 듣고 따라 합니다. 이렇게 함으로써 자신의 목소리를 조금씩 알게 되죠. 특히 엄마, 아빠와 노는 것을 무척 좋아하며, '둥가둥가'나 '까꿍'과 같이 단순하고 조금 긴장감이 있고, 안심할 수 있는 놀이를 즐깁니다.

표정

친한 사람에게는 웃는 얼굴

사람의 얼굴을 식별할 수 있게 돼 엄마, 아빠 등 친한 사람에게는 방긋 웃어줍니다. 친하지 않은 사람에게는 불안한 얼굴을 하거나 희한해하는 얼굴을 하는 등 다양한 표정을 짓죠.

이유식을 시작합니다. 입을 다물고 삼킬 수는 있지만, 혀가 앞과 뒤로만 움직이기 때문에 숟가락이 입안에 들어가면 내뱉는 경우도 있습니다.

입

혀를 앞뒤로만 움직인다

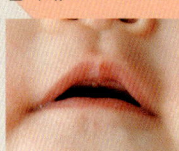

손

꽉 쥘 수 있게 된다

원하는 물건을 쥐는 연습을 계속 진행 중입니다. 한 번에 쥐지 못하면 두세 번 반복하면서 방향이나 거리감을 확인해 확실하게 쥘 수 있게 됩니다.

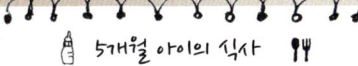

5개월 아이의 식사

- 수유 중 1회를 이유식으로
- 이유식은 꿀꺽 삼킬 수 있는 수프류부터

이유식 후의 수유는 원하는 만큼 먹인다

침의 양이 늘고 엄마, 아빠가 식사하는 모습을 보고 입을 오물오물거리면 이유식을 시작합니다. 기분이 좋고 몸 상태도 좋은 날에 꿀꺽 삼킬 수 있는 수프나 죽을 1숟가락을 주어 보세요. 이유식 뒤의 수유 시간에는 아이가 원하는 만큼 먹이세요.

5개월은 이런 느낌!

다리를 붙잡고 흔들흔들

바로 누워 있을 때나 기저귀를 갈아줄 때 눈앞에 있는 발을 잡기도 합니다. 아직 '자신의 발'인지는 모릅니다.

다리, 허리, 상체 순서로 몸을 뒤집는다

성인은 팔을 움직여서 상체를 비틀어 몸을 뒤집지만 아이는 순서가 반대입니다. 마지막에 상체를 회전하고 팔이 빠지면 성공!

발

몸을 벌렁 뒤집는 아이도 있다

허리를 비트는 힘이 생겨서 몸 뒤집기를 하는 아이도 있습니다. 다릿심도 강해져서 양 겨드랑이를 붙잡고 세워서 다리를 바닥에 닿게 하면 깡충깡충 뜁니다.

5개월 아기의 생활
어떻게 생활하고 있을까?

이렇게 성장해요!
우신장 65.5cm ★ 체중 6.9kg
촬영일/5개월 24일째

사회와 관계 맺는 것에 흥미를!
밖에 데리고 나가서 세상을 보여준다

이 시기에는 아이를 밖에 데리고 나가 노는 것이 반드시 필요합니다. 아직 앉아 있지 못하기에 모래 장난과 같은 자발적인 활동은 할 수 없지만 엄마, 아빠의 품에 안겨 공원 벤치에 앉아 친구들의 모습을 보거나, 놀이방에서 다른 아이와 만나는 것만으로도 아이에게 좋은 자극이 됩니다. 새로운 세계가 흥미진진할 거예요. 식욕도 많아지고 낮잠도 잘 잡니다.

가장 큰 변화는 이유식을 시작한다는 것입니다. 조금씩 여러 가지 식재료를 경험시켜주세요. 모유와 분유만 먹었기에 익숙해지기 전까지는 토해내는 경우도 있지만, 초조해하지 말고 천천히 이유식에 익숙해지게 하세요.

그림책이나 노래를 무척 좋아한다!
놀이의 폭이 확대된다

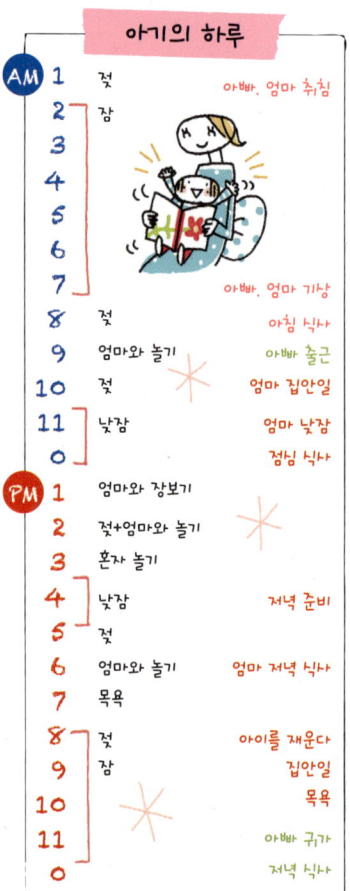

범보 의자에서 앉기 체험

사촌 오빠에게 물려받은 범보 의자에 앉아 있어요. 시선이 높아져서 만족스러운 듯. 몸을 뒤로 젖히는 모습이 귀여워요. ♥

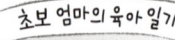

초보 엄마의 육아 일기

엄마의 이야기를 가만히
듣고 있는 모습과 얼굴이 귀엽다

엄마를 확실하게 인식하고 있어요. 화장실을 가느라고 곁을 잠시라도 떠나면 "으앙" 하며 울거든요. 스스로 움직일 수 있게 되면 뒤를 쫓아올 텐데 하는, 왠지 기쁜 듯 불안한 듯한 알쏭달쏭한 기분이 들어요. 그림책이나 엄마의 목소리를 무척 좋아해서 말을 걸면 가만히 듣다가 알아들은 듯한 얼굴을 하는 것이 귀여워요. 말을 못해도 소통은 이루어지고 있기에 육아가 한층 더 즐거워졌죠! 이 무렵 자기 전에 귀를 긁는 버릇이 생겼기에 상처가 나지 않도록 꼼꼼하게 손톱을 깎아주고 있습니다.

그림책을 읽어주면
생글생글

엄마의 무릎 위에 앉아서 그림책 보기. 그림을 가만히 들여다보며 장을 넘길 때마다 생글생글 웃어요.

잇몸이 가려운 듯! 이가 나려는 걸까

치발기를 사용한다
마음에 드는 치발기가 정해졌습니다. 무는 느낌이 좋은가 보네요. 혼자 놀 때는 치발기를 양손으로 꼭 쥐고 정신없이 깨물고 있어요. 그 사이에 엄마는 재빠르게 집안일을 해치우죠.

잇몸을 누르고 있다
이제 곧 이가 나올 신호인지 잇몸이 딱딱하고 가려운 모양이에요. 손가락을 빨고 있을 때도 잇몸을 꾹꾹 손가락으로 눌러서 감촉을 확인하네요.

ADVICE 엄마는 특별한 존재라는 것을 인식!
항상 자신을 돌봐주는 엄마를 '특별한 존재'로 인식하고 특별한 반응을 보입니다. 예를 들면 엄마의 모습이 보이지 않으면 큰소리로 울며 찾지요.

유아용 방송을 정신없이 본다 ♬
인기 있는 어린이 방송을 보여주면 넋을 잃고 봐요. 범보 의자에 앉아서 보는데 빠른 박자의 노래가 나오면 즐거운 표정을 지어요.

이름을 부르면 돌아본다
범보 의자에 앉는 것이 익숙해져서 상반신을 자유롭게 움직일 수 있게 되었어요. 뒤에서 이름을 부르면 몸을 휙 돌려서 "뭐?" 하는 듯한 표정으로 쳐다봐요.

5개월! 울고! 웃고!

☺ 아이가 태어난 후에는 하루하루가 정신없이 지나가고, 눈에 보이는 물건들만 정리하는 게 고작이에요. 50cm 크기의 커버올을 입혔더니 가랑이의 단추가 채워지지 않네요. 순간 '많이 컸네' 하는 생각에 대견해지고 왠지 마음이 놓였습니다.

☺ 이유식 시작. 첫날에는 이상하다는 표정이었지만 둘째 날부터는 손을 내밀어서 숟가락을 쥐고 입으로 가져갔어요! 먹보라서 모자라면 투정을 부릴 정도로 잘 먹어 만든 보람을 느낄 수 있어요.

☹ 원래 머리숱이 적은 데다가 몸 뒤집기를 하거나 뒤통수를 밀며 움직이다 보니 뒤통수의 머리숱이 더 적어졌어요. 여자아이라서 걱정이 되었죠. 그 뒤 앉을 수 있게 되자 머리카락 빠지는 일이 없어져서 다행히 원래대로 회복되었어요.

☺ 처음으로 베이비 마사지를 해주었어요. "으앙" 하며 울음을 터뜨렸는데 선생님이 밸런스 볼을 빌려주셔서 아이를 안고 위아래로 몸을 흔들면서 운동을 해주었더니 울음을 뚝 그쳤죠. 재미도 있고 일석이조!

☺ 남보다 늦은 나이에 아이를 낳아서 다른 엄마들과 친구가 될 수 있을까 걱정하며 이유식 강습회에 갔는데, 20~40대의 친구들이 생겼어요. 육아의 힘든 시기를 같이 극복한 엄마들은 지금도 고민이 있으면 서로 털어놓는 동지들이에요. 육아가 만들어준 우정에 감사.

5개월 궁금한 점 Q&A

땀띠 대책, 어떻게 하면 좋을까요

땀을 흘리면 꼼꼼하게 닦아주고 옷을 자주 갈아입히세요

아이는 성인보다 땀을 많이 흘리며 피부는 약하고 자극에 민감합니다. 그렇기 때문에 사소한 자극에도 피부에 발진이 일어나기 쉽고 땀을 흘리면 땀띠가 생기곤 하죠.
예방책은 피부를 쾌적하게 유지하는 거예요. 땀을 흘리면 꼼꼼하게 닦아주거나 샤워기로 씻어주고 옷을 갈아입히세요. 수유 중 머리나 목덜미에 땀을 많이 흘릴 때는 거즈를 대주면 좋습니다.
땀띠를 긁어서 염증을 일으켰을 때(선염)는 병원에 가서 치료를 받아야 합니다.

한쪽 귀에서만 냄새가 나요

귀를 지나치게 자주 청소하지 말고 냄새가 날 때는 소아과에 가세요

귓밥이 쌓일까 봐 매일 면봉으로 귀를 청소해주는 엄마가 있는데, 아이의 귀는 기본적으로 부드럽게 청소해주어야 하며 지나치게 자주 해도 안 됩니다. 귓밥에는 딱딱하게 마른 귓밥과 습기가 많은 귓밥이 있습니다. 습기가 많은 귓밥은 청소하기 어려워서 염증을 일으키기 쉽죠. 귀에서 냄새가 나거나 고름이 나올 때는 외이염일 수 있으니 소아과에 가서 진찰을 받으세요.

침독이 오른 입 주위는

보습제로 보호하고 부드럽게 닦아주세요

이유식을 시작하는 5~6개월쯤이 되면 침이 많아지는 아이가 꽤 있는데, 건강하다는 증거이니 걱정하지 마세요. 단, 1년 무렵까지는 피부가 민감하기 때문에 침이나 음식을 흘리면 입 주위가 빨개지고 붓는 경우가 있습니다. 입 주위가 더러워지면 젖은 거즈 등으로 부드럽게 닦아주세요. 먹거나 마시기 전에 입 주위나 볼에 유아용 보습제를 발라 피부를 보호해주면 침독을 예방할 수 있습니다.

감기 증상은 보이지 않는데 기침을 해요

건조하거나 차가운 공기 때문에 기침을 하기도 해요

기침을 해도 젖을 잘 먹고 잘 놀고 열이나 콧물 등 감기 증상도 없다면 좀 더 시간을 두고 상태를 지켜보세요. 실내가 건조하거나 창문을 열어 갑자기 차가운 공기를 쐬면 기침을 하는 경우가 있습니다. 방 안의 습도나 온도가 적정한지 확인해보세요. 만약 낮에 기침을 많이 하거나 다른 감기 증상을 보이면 소아과에 가서 진찰을 받으세요.

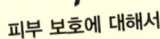
피부 보호에 대해서

피부 보호의 기본은 청결과 보습

 청결 거품으로 부드럽게 씻어준다
피부와 같은 약산성 세정제의 거품을 충분히 내어서 피부를 감싸듯이 씻어주세요.

 보습 수분, 유분을 보충해준다
땀을 닦아내거나 이물질을 닦아낸 다음에는 보습을 해주는 습관을 들이세요.

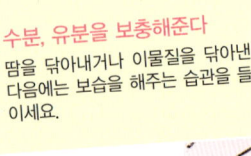

 **기저귀 갈아주는 것을 싫어해요**

 장난감 등으로 주의를 돌리고 기저귀를 갈아주세요

기저귀를 갈 때 아이가 움직이면 여간 힘든 게 아닙니다. 아이 입장에서는 자신을 눕히고 누르고 자유롭게 움직이지 못하게 하니 싫어할 수밖에 없죠. 우선 기저귀를 쉽게 갈아주기 위해서 미리 필요한 물건을 준비해두고, 아이가 좋아하는 장난감이나 소리가 나는 비닐봉지, 광고지 등을 손에 쥐어주어 다른 데로 주의를 돌려보세요! 이것저것 시도해보면서 아이가 좋아하는 방법으로 정신을 쏠리게 한 뒤 재빠르게 기저귀를 갈아주세요.

 **물건을 쥐려고 하지 않아요**

 개인차가 있으므로 아직 걱정할 필요가 없어요

아이는 생후 4개월쯤부터 물건을 쥘 수 있습니다. 단, 발달 속도에는 개인차가 있어서 5개월 때도 쥐지 못하는 아이도 있습니다. 이 시점에서는 '발달이 늦다', '물건을 못 쥔다'고 걱정할 필요는 없습니다. 가볍고 쥐기 쉬운 장난감을 눈앞에서 흔들어주면 흥미를 갖고 손을 뻗을 수도 있습니다. 6~7개월을 지나도 물건을 쥐지 못한다면 건강 검진 때나 소아과에 가서 상담을 해보세요.

 **밤중에 칭얼대는 것은 밤에 우는 것의 시작인가요**

 이 무렵부터 밤에 우는 것이 시작되는 아이도 있어요

밤에 깼을 때 젖을 물리면 다시 자는 아이가 있는가 하면, 칭얼대며 좀처럼 자지 않는 아이도 있습니다. 밤중에 아이가 울어서 애태우는 일은 길든 짧든 어떤 부모든지 거쳐야 할 과정입니다. 개인차가 있지만 5~6개월쯤부터 시작되는 아이도 있습니다.

밤에 우는 것을 멈추게 할 방법은 없으므로 "지금 이 시기만 넘기면 된다", "길어야 몇 개월이다" 하는 각오로 극복할 수밖에 없습니다. 밤중에 몇 번씩 깨거나 좀처럼 자지 않으면 엄마도 이만저만 힘든 게 아니니 때로는 남편에게 아이를 달래주게 하거나, 낮에 아이와 함께 낮잠을 자는 등의 방법으로 극복하세요. 밤에 침실이 밝거나 가족이 내는 소리에 아이가 깰 수도 있으니 수면 환경을 바꾸어보는 것도 좋습니다.

밤중에 우는 이유는

밤중에 깼을 때 젖을 주며 달래도 울면서 자지 않는다

밤중에 우는 원인은 확실하게 밝혀지지 않았습니다. 낮에 아이의 뇌는 정보 수집으로 계속 사용되고 밤에도 그 기억이 남아 있기 때문에 밤에 울게 된다고 합니다. 또한 손님이 집을 찾아오거나 낮잠을 자지 않는 등 생활 리듬이 흐트러진 날에 우는 경향이 있다고 합니다. 발달 과정의 하나로 받아들이고 긍정적인 마음으로 극복해나가세요.

 **아빠와 함께 있는 시간이 적어요**

 함께 있는 시간을 소중히 하세요

5개월이면 '아빠를 보지 못해서 쓸쓸하다'는 감정은 아직 느끼지 못합니다. 만약 아빠가 일이 바빠서 자주 보지 못해도 아빠와 아이의 정이 생겨나지 않는 일은 없으니 안심해도 됩니다. 너무 걱정하지 말고 휴일 등 아빠와 함께 가족이 모두 모여 보낼 수 있는 자리를 마련하세요.

미리미리 준비해요!

정부 육아 지원 서비스 챙기기

출산율이 떨어지면서 출산 장려 등의 목적으로 정부에서 여러 가지 임신·출산 및 육아 복지 제도를 내놓고 있습니다. 〈아이 사랑〉 사이트를 이용하면 어떤 복지 정책이 있는지 한눈에 확인할 수 있어요. 때를 놓치면 소급되지 않는 지원도 있으므로 꼼꼼히 챙겨 보도록 합시다. 중앙 정부의 공통 서비스 외에 각 지역의 자치단체에서도 육아 지원 서비스를 제공하므로 읍면동사무소 및 지역 보건소 등을 찾아보는 것도 잊지 마세요.

늦지 않게 신청하세요

정부 육아 지원 서비스는 어떤 것이 있을까요

정부 육아 지원 서비스에 어떤 것이 있는지 포괄적으로 파악하려면 정부에서 운영하는 육아 포털 '아이사랑' 사이트(www.childcare.go.kr)를 방문하여 살펴보거나 읍면동사무소 또는 보건복지콜센터(국번 없이 129)에서 영유아의 특성에 맞는 상담을 받는 것이 좋습니다.

육아 포털 '아이사랑' 사이트(www.childcare.go.kr)

정부 육아 지원 서비스의 대표적인 것이 가정 양육 수당과 보육비 지원인데, 이 두 가지 서비스는 부모의 소득 수준과 상관없이 지원되며 온라인 신청(복지로: online.bokjiro.go.kr) 또는 읍면동사무소에서 신청할 수 있습니다. 지원 내용과 금액은 해마다 달라질 수 있으니 육아 포털 '아이사랑' 사이트를 참고하세요.

구분	가정 양육 수당	영유아 보육료
지원 대상	대한민국 국적 및 유효한 주민번호를 보유한 영유아	
	만 84개월 미만 가정 양육 아동	만 0~5세 어린이집 이용 영유아 * 장애아의 경우 취학 전 만 12세까지 지원 가능
지원 방법	– 현금 지원 – 매월 25일 아동 또는 부모 명의 통장으로 지급	– 바우처 지원 – '아이행복카드'를 이용하여 결제

가정 양육 수당의 경우 출생일 포함 60일 이내에 신청하는 경우에만 출생월로 소급하여 지원하며, 그 외의 경우에는 소급하여 지원하지 않으므로 늦지 않게 신청해야 합니다.

미리 알아두면 좋아요!

영유아 건강검진 알아보기

영유아를 둔 엄마라면 아이의 발육 상태가 정상 아기에 비해 늦지는 않은지 노심초사하기 마련입니다. 변 색깔만 약간 달라도 어디 탈이 난 게 아닐까 지레 겁부터 먹기도 하지요. 몸이 아파도 의사 표현을 할 수 없는 영유아 시기에는 부모의 주의 깊은 관심과 함께 건강검진이 더욱 중요합니다. 하루가 다르게 성장하는 우리 아이의 건강 관리는 '영유아 건강검진 제도'로 확인해보세요!

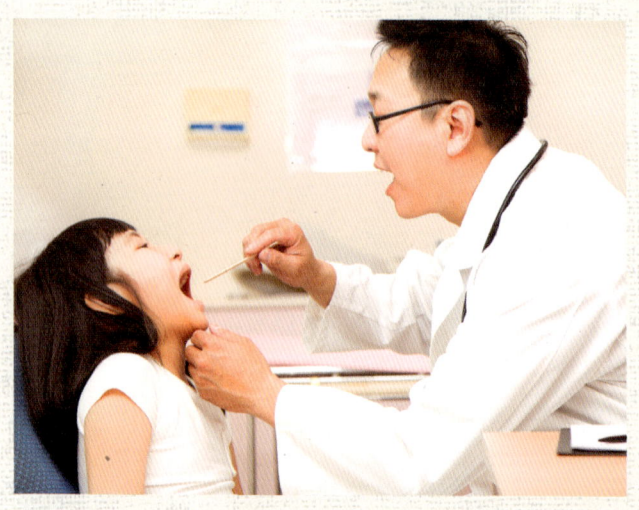

영유아 건강검진은 국가에서 무료로 시행하는 국민 건강 관리 서비스의 하나로, 아이가 일정 월령이 되면 건강보험공단에서 관련 안내장을 우편으로 발송합니다. 만 6세 미만의 영유아를 대상으로 시행하고 있으며, 검진 횟수는 총 10회로 일반 검진 7회 및 구강 검진 3회로 이뤄져 있답니다.

	검진 시기		검진 내용
1차	건강검진	생후 4~6개월	문진 및 진찰, 신체 계측, 건강 교육
2차	건강검진	생후 9~12개월	문진 및 진찰, 신체 계측, 발달 선별 검사 및 상담, 건강 교육
3차	건강검진	생후 18~24개월	문진 및 진찰, 신체 계측, 발달 선별 검사 및 상담, 건강 교육
	구강검진	생후 18~29개월	구강 문진 및 진찰, 구강 보건 교육
4차	건강검진	생후 30~36개월	문진 및 진찰, 신체 계측, 발달 선별 검사 및 상담, 건강 교육
5차	건강검진	생후 42~48개월	문진 및 진찰, 신체 계측, 발달 선별 검사 및 상담, 건강 교육
	구강검진	생후 42~48개월	구강 문진 및 진찰, 구강 보건 교육
6차	건강검진	생후 54~60개월	문진 및 진찰, 신체 계측, 발달 선별 검사 및 상담, 건강 교육
	구강검진	생후 54~60개월	구강 문진 및 진찰, 구강 보건 교육
7차	건강검진	생후 66~71개월	문진 및 진찰, 신체 계측, 발달 선별 검사 및 상담, 건강 교육

영유아 건강검진 Q&A

 건강검진 시기를 놓쳤는데 어떻게 하나요

영유아 건강검진은 월령에 따라 7차까지 지원되는데 이 시기를 놓치면 개인적으로 영유아 건강검진이 가능한 병원에 가서 비용을 지불하고 검사해야 합니다. 또 검사 시기에 맞춘 평가지(영유아 발달 선별 검사)를 통해 검진이 이루어지므로 정해진 기간 내에 검사를 받지 않으면 검사의 정확도도 떨어지게 됩니다. 건강검진 시기를 잘 챙기도록 하세요.

 문진표도 우편으로 보내주나요

1차 건강검진 시기(생후 4~6개월)가 가까워지면 건강보험공단에서는 영유아 건강검진에 대한 내용과 시기, 영유아 건강검진이 가능한 지역의 소아과와 연락처를 우편으로 발송합니다. 여기에 문진표는 포함되어 있지 않습니다. 문진표는 건강IN 사이트(hi.nhis.or.kr)에서 작성하거나 검진 하루 전날까지 건강검진을 받을 병원에 방문하여 종이 문진표를 받아 작성하면 됩니다.

영유아 건강검진 잘 받는 방법

문진표를 미리 꼼꼼하게 작성하세요

건강검진 시기에 따라 문진표와 '유아 발달 선별 검사 평가지'를 작성해야 합니다. 병원을 방문하여 작성하는 엄마들이 많지만 항목이 많아 시간이 꽤 걸리므로 미리 작성하여 가져가는 것이 좋아요. 검진을 받을 병원에 비치된 문진표 및 유아 발달 선별 검사 평가지를 미리 챙겨 놓거나 '건강IN' 사이트(hi.nhis.or.kr)에서 건강검진 시기에 따라 문진표와 평가지를 내려 받아 작성하세요.

건강IN 사이트에 접속하여 건강검진 → 자녀(영유아) 건강검진 정보 → 문진표/발달 선별 검사지 항목을 선택한 다음 생년월일을 입력하면 시기별 건강검진 문진표를 다운로드할 수 있습니다.

단골 병원을 이용하세요

아이들의 예방 접종은 생후 한 달 안에도 진행이 되므로 영유아 건강검진을 해야 할 무렵이면 예방 접종을 받느라 자주 이용해온 병원이 있을 거예요. 영유아 건강검진도 평소에 자주 다니는 병원에서 받는 것이 좋습니다. 그래야 평상시에 관찰된 모습 등을 통해 충분한 상담이 이뤄질 수 있고, 낯가림이 심한 아이들의 경우 의사와 친해지면 심리적 안정에도 도움이 된답니다.
하지만 자주 다니는 병원에서 영유아 건강검진을 실시하지 않는다면 지역 엄마들에게 평판이 좋은 병원을 선택하는 게 좋습니다. 166쪽을 참고하여 시기별 예방 접종이 가능한 병원과 영유아 건강검진 병원을 알아보세요.

평소 궁금했던 것을 미리 메모해 가세요

건강검진은 다소 짧은 시간에 진행이 되므로 아이에게 이상 증후가 있어도 의사가 미처 파악하지 못할 수 있습니다. 평소에 아이가 이상한 행동을 했다든지 이상 징후로 여겨지는 부분, 궁금한 부분을 꼼꼼히 메모해놓았다가 건강검진 때 적극 활용하세요. 막상 그때에는 아이가 보채거나 긴장되어 물어볼 것이 생각나지 않는 경우가 많거든요.

6개월

잠깐 동안이지만 앉는다!
낯을 가리고 밤에 울기 시작한다

우리도 6개월 Baby

↑65.0cm ★6.6Kg　↑75.0cm ★9.5Kg　♀60.1cm ★5.8Kg

	키	몸무게
남아	63.9~73.5cm	6.39~10.30kg
여아	62.2~71.5cm	6.29~9.60kg

※6~7개월 미만의 신장과 체중

앉기 위한 도전이 시작된다

태어난 지 6개월이 지났습니다. 원시 반사 행동밖에 못 하던 아이도 자신의 의사로 손을 움직이고, 대부분의 아이는 몸 뒤집기로 이동을 할 수 있게 되었을 거예요. 그다음 발달 과정 중 핵심은 '앉아 있기'입니다. 누워 있을 때보다 높은 지점에서 주위를 둘러보고 점점 양손을 자유자재로 움직이게 됩니다.

 운동 능력 — 상반신의 근육과 신경이 발달해 앉아 있을 수 있다!

처음 앉기를 시작할 때는 등을 구부리고 양손으로 앞을 짚어 몸을 지탱합니다. 차츰 상반신의 근육과 신경이 발달함에 따라 허리를 펴고 혼자서도 긴 시간을 앉아 있을 수 있습니다.
그리고 앉은 상태에서 몸이 좌우로 흔들리면 흔들리는 쪽의 팔을 뻗어서 균형을 잡으려고 하는데, 이것은 몸의 균형을 유지하기 위한 방어적인 반응이에요. 대뇌가 발달하고 있다는 증거죠.
손의 발달에도 중요한 변화가 보이는데, '좌우 운동의 분화'입니다. 가령 오른손으로 쥔 물건을 왼손으로 바꿔 쥐거나 왼쪽에 있는 물건을 왼손으로 잡는 것과 같은 운동이에요. 성인이라면 당연한 동작이지만 아이는 반년 걸려서 드디어 해내게 된 것이죠. 또한 아이의 얼굴 앞에 손수건을 내밀면 손으로 손수건을 쥡니다. 손수건을 눈으로 보고 손으로 잡는, 눈과 손의 협조 운동이 가능해진 거죠.

 몸 — 청각의 발달로 작은 소리를 구별해서 들을 수 있다

이 시기에는 청각이 더욱 발달해서 다양한 소리나 가족의 목소리 등을 구별해서 들을 수 있습니다. TV나 라디오에서 흘러나오는 소리에 반응하고 그쪽을 보거나 조금씩 다가가서 손으로 만지거나 하죠. 이유식을 시작해 다양한 맛을 체험함으로써 미각도 확대됩니다.

 마음 — 엄마, 아빠는 특별한 사람이라고 인식하고 낯을 가린다

생후 6개월 동안 아이의 뇌는 크게 발달하는데, 이는 마음의 발달에도 영향을 미칩니다. 대표적인 것이 낯가리기예요. 이 시기의 아이는 기억력이 생겨서 엄마, 아빠가 특별한 존재라고 이해하고, 낯익은 사람과 낯선 사람을 구별하기 때문에 모르는 사람을 보면 울거나 불안한 표정을 짓습니다.
또한 생리적인 욕구 외에 원하는 장난감에 손이 닿지 않으면 짜증을 내는 등 정서적인 욕구 때문에 우는 경우가 많아집니다. 그럴 때는 가능한 한 아이의 요구를 들어주고 어리광을 부리게 해주세요. 이 시기의 아이는 제멋대로 굴게 해주는 편이 좋습니다.
성장이 빠른 아이는 밤중에 울기 시작합니다. 원인은 밝혀지지 않았지만, 체내 시계와 24시간 주기가 어긋나서, 혹은 날마다 새로운 경험을 하기 때문에 낮의 기억이 밤까지 남아 있기 때문이라는 주장이 있습니다.

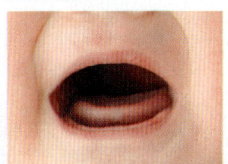

6개월 아이의 식사

- 1일 1회의 이유식에 익숙해지면 2회로
- 이유식 뒤 수유량이 줄어드는 아이도 있다.

늦더라도 생후 6개월에는 이유식을

이유식을 시작한 후 약 1개월이 지났네요. 1일 1회의 이유식에 익숙해지면 2회로 늘리세요. 2회째는 3~4시간의 간격을 두고, 저녁 7시까지는 끝내세요. 아직 이유식을 시작하지 않은 아이도 슬슬 도전해보세요.

표정

일부러 우는 경우도 있다

표현이 한층 더 풍부해져서 표정에 메시지가 담겨요. '엄마, 아빠가 곁에 와주기를 바라는 마음에 우는 표정을 짓는다든지' 표정을 수단으로 사용하는 법도 익히죠.

입

이가 나는 아이도 있다

슬슬 이가 나기 시작하는 아이도 있는데, 이가 나는 시기는 개인차가 크기 때문에 아직 나지 않더라도 상관없어요.

손

좌우로 바꿔 들 수도 있다

물건을 손에 쥘 뿐만 아니라 왼손으로 쥔 물건을 오른손으로 바꿔 들 수도 있어요.

다리

잠깐 동안은 혼자서 앉아 있는다

허리의 힘이 강해져 잠깐이라면 혼자서 앉아 있어요. 하지만 아직은 불안한 상태이며 허리를 세우고 앉아 있으려면 좀 더 시간이 지나야 해요.

6개월은 이런 느낌!

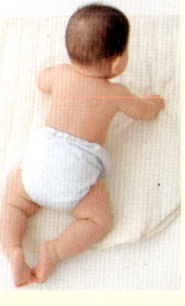

몸 뒤집기에 익숙해져 돌아 누울 수도 있다

많은 아이가 몸 뒤집기를 할 수 있게 됩니다. 능숙해지면 팔과 다리로 반동을 주지 않고도 좌우로 빙글 돌아누울 수 있어요.

6개월 아기의 생활

어떻게 생활하고 있을까?

이렇게 성장해요!
우신장 68.0cm ★ 체중 7.1Kg
촬영일/6개월 22일째

가족과 함께 식사를 하며 생활 리듬을 규칙적으로

스스로 이동하고 왕성한 호기심으로 경험을 쌓고 배우는 시기입니다. 그만큼 굴러 떨어지거나 이물질을 삼키거나 손가락이 끼는 등 가슴이 철렁 내려앉는 사건들이 발생하기 쉽죠. 아이의 시선으로 주변 환경을 꼼꼼하게 확인하고 안전에 주의를 기울이세요.

이유식을 1일 2회 먹으니 한 번은 가족과 함께 식사를 하는 편이 좋습니다. 모두 모여서 식탁 앞에 앉으면 부모와 아이의 생활 리듬이 맞게 됩니다.

규칙적인 생활 리듬을 익히게 하기 위해 잘 때는 잠옷으로 갈아입히고, 아침에 일어나면 다시 옷을 갈아입히세요. 낮에는 충분히 놀게 하고, 밤에는 정해진 시간에 자게 하고요. 규칙적인 생활 리듬은 마음과 몸이 건강하게 성장하는 데 필수적인 요소입니다.

벌써 긴다고요? 점점 더 눈을 뗄 수 없다

아기의 하루

AM
1 잠 — 아빠, 엄마 일 취침
2
3
4
5
6
7 젖 — 아빠, 엄마 기상
8 준비 — 준비, 아침 식사 / 어린이집에 보내고 출근
9 어린이 집
10 이유식+분유
11 잠 — 채소죽
0
PM
1
2 이유식+분유
3 잠 — 채소죽
4
5
6 젖 — 엄마 아이 마중
7 엄마와 놀기 — 집안일
8 엄마와 목욕+젖 — 저녁
9 잠 — 아빠 귀가 / 아이 잠듦
10 — 저녁 식사
11 — 아빠, 엄마 일
0

배밀이에서 눈 깜짝할 사이에 기어 다닌다

6개월이 되고 처음에는 배밀이를 했는데 2~3일이 지나자 양손과 양발을 이용해서 기어 다니기 시작했어요. 속도도 빠르고 어디든지 가기 때문에 엄마와 아빠는 안전 대책 마련에 허둥지둥. 잠시도 눈을 뗄 수 없네요.

초보 엄마의 육아 일기

자기주장을 시작하고, 통하지 않으면 울음을 터트린다

지금까지는 낯도 안 가리고 항상 싱글벙글하며 잘 놀았는데 6개월이 되니 변화가 생겼어요. 자기주장이 통하지 않으면 으앙대며 발버둥을 쳐요. 더 놀고 싶은데 재우거나, 목이 마르거나, 아빠가 아니라 엄마가 좋다는 등 이유도 다양하죠. 자아가 생겼다고 감탄도 하지만 좀 힘드네요.

이유식은 순조롭게 진행되고 있으며 1일 2회 주고 있어요. 비교적 뭐든지 잘 먹는데 죽을 남길 때도 있어요. 좋아하는 맛이 있는 모양이에요.

베이비 가드를 설치했다!

기어 다니게 되었기에 거실과 부엌의 경계선에 베이비 가드를 설치.

리모컨을 무척 좋아한다! 숨겨놓아도 찾아내고는 눈을 반짝거린다 ☆

6개월의 생활

이유식은 생후 5~6개월쯤 시작해야 합니다. 모유나 분유만으로는 철분 등 영양이 부족해지기 때문에 알레르기가 걱정되는 아이더라도 늦어도 6개월 안에 시작하세요.

부족한 영양을 이유식으로 보충한다

모유나 분유는 이상적인 영양식이지만 5~6개월이 되면 부족한 영양소가 생깁니다. 그것을 보충하기 위해 이유식이 필요합니다.

죽 이외의 맛도 조금씩 시도해본다

미각이 발달하는 시기이므로 여러 가지 음식에 도전해보세요. 사과를 갈아서 주었더니 한 입 먹고 이런 표정.

리모컨을 찾기 위해 분주해요

TV나 DVD의 리모컨을 좋아해서 입에 넣고 빨면서 놀아요. 손이 닿지 않는 곳에 숨겨놓아도 찾아내서 잡으려고 하네요.

소파 잡고 일어서기 성공

소파에 손을 대고 "끄응" 하며 허리를 올리더니 일어섰어요. 기는 것보다 빨랐는데 몸이 작고 가벼워서일까요?

어느 날 갑자기 앞니가 2개!

건강 검진에서 "이가 났네요"라는 말을 듣기 전까지 몰랐어요. 그래서 요즘에 뭐든지 물고 그랬구나 하고 생각했죠.

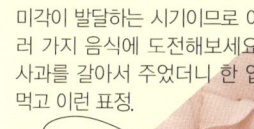

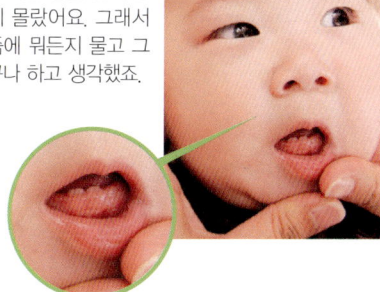

입술을 부우부우. 재미있나?

놀고 있을 때 "부-부-" 하며 침을 내뱉듯이 입술을 떨어요. 이 동작이 재미있는지 몇 번이나 반복하네요.

6개월! 울고! 웃고!

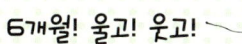

😊 자연스럽게 앉아 있을 수 있게 되자 6개월 후반에는 기어보려고 열심히었어요. 그래도 아직 제대로 못하고 기는 자세로 엉덩이를 흔들거나 앞뒤로 흔드는데 그 모습이 무척 귀여워요.

😊 몸 뒤집기를 마음대로 할 수 있게 되고, 잠버릇이 굉장해서 매일 웃음이 터져 나왔어요. 이불을 두 개 깔고 셋이서 자도 아이가 종횡무진으로 뒹굴기 때문에 남편과 나는 몸을 잔뜩 웅크리고, 때로는 이불 밖에서 자기도 해요.

😊 원래 무뚝뚝한 남자아이 인데 젊은 여성에게만 웃음을 보여요. 전철에서 할머니가 얼러주어도 곁눈으로 흘끗 보고 얼굴을 휙 돌려요. "잠이 덜 깨서 기분이 안 좋은가 봐요"라고 변명을 하느라고 진땀을 뺐어요.

😐 엄마에게 받은 면역력이 없어진다는 이 시기, 노로바이러스에 감염되어 한 달 동안 묽은 설사를 했어요. 12월이었는데 크리스마스 모임에도 나가지 못했죠. 엄마는 아이가 건강하지 못하면 아무것도 못한다는 사실을 실감.

😊 놀이방에 처음 갔어요. 새로 이사 온 동네에서 아이를 키우는 것이 불안했는데, 놀이방에서 친구도 생겼어요. 여러 가지 정보를 얻을 수 있어서 아들도 나도 즐겁게 하루하루를 보내게 되었죠.

6개월 궁금한 점 Q&A

뭐든 입에 넣고 빨아서 위생적으로 걱정이에요

위생적으로 걱정이 되는 물건은 깨끗이 닦아놓으세요

모든 아이에게서 볼 수 있는 모습이며, 손에 쥔 것은 뭐든지 입으로 가져가는 것이 이 시기 아이의 특징입니다. 걱정을 하기 시작하면 끝이 없어요. 걱정하는 마음은 이해가 가지만 이런 행위를 되풀이하면서 아이는 면역력을 높이고 튼튼한 몸을 만들어가죠. 발달의 한 과정으로 받아들이고 너무 걱정하지 마세요. 어느 정도면 괜찮을까 하는 명확한 기준은 없지만 아무래도 신경이 쓰인다면 집 안에 있는 물건은 베이킹소다를 녹인 물이나 행주 등으로 닦아놓으세요. 놀이방 등 공공장소의 장난감도 걱정이 된다면 사용하기 전에 제균 티슈 등으로 닦아 건네주고요.

잠버릇이 나빠서 이쪽저쪽 머리를 부딪쳐요

걱정할 필요 없지만 안전용품을 이용해도 돼요

머리를 이쪽저쪽 부딪치면 엄마, 아빠는 걱정하게 마련이지만 피가 나온다든지 몸이 축 늘어져 있는 등의 증상이 없으면 괜찮습니다. 침대 난간에 쿠션을 대거나 가구 모서리에 가드 등 안전용구를 대놓으세요.

신경질적이란 소리를 들으니 불안해요

생활 리듬이 일정해지면 진정돼요

생후 6개월 무렵부터 아이는 격렬하게 울거나 짜증을 내는 일이 많아집니다. 이것은 아이의 체내 시계와 실제 24시간 주기가 어긋나기 때문이에요. 아이의 체내 시계는 25시간인 데 반해 생활 리듬은 24시간으로 시차가 있지요. 거기에 아직 적응할 수 없는 아이라 밤중에 갑자기 눈을 뜨거나 낮에 졸음이 와서 기분이 나빠지는 거예요. 아침 햇살을 받으며 일어나고 밤에 어두워지면 자는 리듬이 갖추어지면 나아지니 규칙적인 생활을 하도록 하세요.

아이의 체내 시계는 25시간

24시간 리듬에 익숙해지도록 엄마, 아빠가 환경을 조성한다

아이의 체내 시계는 25시간이므로 규칙적인 생활을 함으로써 자연스럽게 24시간 리듬에 익숙해지게 해야 합니다. 그러기 위해서는 ① 밤에 잘 수 있도록 낮잠은 오후 3시 전에 재운다. ② 이른 시간에 목욕을 시킨다. ③ 저녁 8시쯤에는 잠자리에 든다. ④ TV 시청 시간을 줄이고 몸을 움직이게 한다. ⑤ 부모도 일찍 자고 일찍 일어나는 등 환경을 조성해 일정한 생활 리듬을 갖게 하세요.

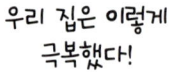
우리 집은 이렇게 극복했다!

1. 제균 스프레이를 갖고 다니면서 뿌렸다.
2. 이물질을 삼키지 않도록 주변을 치워둔다.
3. 면역이 생겨서 튼튼해진다고 생각한다.

공공장소의 장난감은 돌려줄 때도 간단하게 제균을 하는 엄마도 있습니다. 간혹 입에 물고 빨다가 삼켜버릴 수도 있으니 주의하세요.

감기에 대해서

**엄마, 아빠가 걸리면 안 된다!
아이에게 옮기지 않도록 한다!**

- ☑ 귀가한 뒤에는 손을 씻고, 양치한다.
- ☑ 영양가 있는 식사를 한다.
- ☑ 일찍 잔다.
- ☑ 필요 없는 외출을 삼간다.
- ☑ 사람이 많이 모이는 곳에는 가지 않는다.

감염증의 경로에는 비말 감염과 경구 감염이 있습니다. 만약에 가족이 감기에 걸리면 마스크를 쓰거나 비누로 손을 씻은 뒤 아이를 보살피거나 식사를 만드는 등 대책이 필요합니다.

 **감기를 예방하기 위해서는**

 **가족이 감기에 걸리지 않아야 해요**

이 시기의 아이는 스스로 양치질을 하거나 손을 씻어서 감기를 예방할 수 없습니다. 가족이 할 수 있는 일은 감기에 걸리지 않고 건강하게 지내는 거예요. 엄마, 아빠, 형제가 각각 집에 돌아오면 손을 씻고 양치질을 하고 영양이 있는 식사를 하고 충분히 수면을 취하고 되도록 외출을 줄이고, 사람이 많이 모이는 곳은 피하는 등 감기에 걸리지 않도록 주의를 기울이는 것이 무엇보다 중요하지요. 그리고 놀이방이나 공원에서 놀고 귀가한 뒤에는 아이의 손을 닦아주세요.

 **욕조에 들어가면 빨간 돌기가 오돌오돌 돋아나요**

 다음 날 아침에 없어지면 더 상태를 지켜보세요

아이 몸의 온도와 욕조 물의 온도가 크게 다르고, 피부가 민감한 경우에 이와 같은 일이 일어납니다. 하룻밤 자고 나니 발진이 사라지고 가려워하지도 않고 기분도 좋다면 좀 더 상태를 지켜봐도 됩니다. 그리고 목욕을 시킬 때 아이를 갑자기 욕조에 넣지 말고 미지근한 물을 다리 끝에서부터 조금씩 끼얹어주어 몸의 온도를 높이고 난 뒤 담가주세요. 걱정이 된다면 목욕물의 온도를 조금 낮추어도 됩니다.

 **후두부의 머리가 뒤엉키고 머리숱이 줄었어요**

 **자연스럽게 자라나므로 걱정하지 마세요**

잠잘 때 요에 닿는 후두부의 머리카락은 곱슬거리거나 머리숱이 적어지는 경우가 있습니다. 엄마는 커서도 이런 상태가 유지될까 봐 걱정이 되겠지만 자는 시간이 긴 아이에게 자주 보이는 현상이에요. 머리는 자라나기 마련이니 걱정할 필요가 없습니다. 딱히 처방책도 없으니 상태를 지켜보세요. 깨어 있는 시간이 길어지면 자연스럽게 머리가 풍성해질 거예요.

 몸 뒤집기를 하지 않아요

 **통통한 아이는 몸 뒤집기가 늦는 경향이 있어요**

체중이 많이 나가는 아이는 목 가누기나 몸 뒤집기, 보행 등 운동 발달이 느린 경향이 있습니다. 발달 과정 중 몸 뒤집기를 하지 않는 것 이외에 걱정할 만한 일이 없다면 건강 검진 때 상담을 해보세요. 다만 아이를 엎드려 재웠을 때 머리를 들어 올리고 가슴을 뒤로 젖히는 자세를 취하거나, 손을 잘 움직여서 장난감을 쥐곤 한다면 별 문제가 없습니다. 좀 더 지켜보세요.

🔍 건강검진 체크 포인트

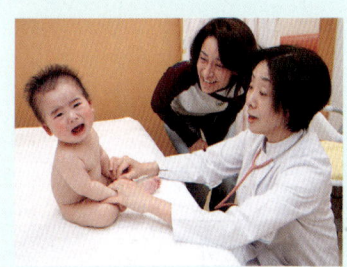

손가락의 움직임이나 앉아 있는 상태를 확인합니다. 주위에 관심을 갖는 모습이나 사시, 이가 나왔나 등도 검사합니다.

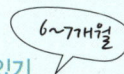 6~7개월

★ **앉아 있기**
몸이 기울어지는 경우에는 손을 짚고 지탱하는지 여부를 검사. 아직 불안정해도 상관없다.

★ **몸 뒤집기**
바로 눕혀놓고 몸 뒤집기를 하는지 살펴보는데 아직 못 하는 아이도 많다.

★ **얼굴에 닿는 물건을 치운다**
얼굴에 수건 등을 올려놓고 아이가 치우는지 확인. 손가락의 움직임을 관찰한다.

★ **원하는 것에 손을 뻗는다**
물건에 대한 흥미와 그것에 손을 뻗는, 눈과 손의 협조 운동을 검사한다.

7개월

앉게 되면서 멀리까지 본다
'저건 뭐지?' 하는 궁금증이 움직이는 원동력으로

우리도 7개월 Baby

♂ 67.0cm ★ 8.4kg

♂ 69.0cm ★ 7.3kg

♀ 68.7cm ★ 8.7kg

	키	몸무게
남아	65.4~75.9cm	7.00~11.00kg
여아	63.7~74.6cm	6.62~10.00kg

※7~8개월 미만의 신장과 체중

앉을 수 있으면 기려 한다!

허리를 펴고 앉을 수 있게 되면 아이의 시야는 상하좌우로 크게 확대됩니다. 팔로 바닥을 짚고 몸을 지탱하지 않아도 앉을 수 있으니 자유로워진 양손을 뻗어 장난감을 집거나 장난감을 들고 놀 수 있게 되지요. 멀리 있는 장난감을 갖고 싶어 배밀이를 시작하는 아이도 있습니다. 시야가 넓어짐으로써 아이는 점점 더 흥미를 끄는 대상이 많아지고 이것이 움직이는 원동력이 됩니다.

운동 능력
쥐거나 종이를 찢거나 한층 더 손가락을 자유자재로

지금까지는 전체적으로 '잡을 줄'만 알던 손가락이 엄지손가락과 다른 네 손가락으로 '집어 올릴 수'도 있게 됩니다. 또한 좌우의 손을 다른 방향으로 움직일 수도 있어 종이를 찢는 놀이도 쉽게 합니다. 한손으로 몸을 지탱하면서 또 다른 손으로 장난감을 쥐는 고난도 동작도 보여줄 테고요.
앉게 되면서 시야가 넓어지고 손이 자유로워진 아이는 더 멀리 있는 물건을 잡고 싶어 해요. 가령 엄마, 아빠가 평소보다 더 멀리 떨어진 곳에 장난감을 놓아두면 아이는 어떻게 할까요? 기는 동작은 장난감 등을 '쥐고 싶어서' 뻗은 손에 체중을 이동하고, 또 한쪽 손을 뻗음으로써 시작된다고 합니다. 서두르지 말고 놀이를 통해 기는 연습을 시켜보세요.
아이의 운동 능력은 뇌에 가까운 부위부터 순서대로 발달하니 이제 곧 다리도 자유롭게 움직일 수 있게 될 거예요.

몸
이가 나기 시작하니 양치 습관을 들이자

이 무렵에 아랫니 2개가 나는 아이가 꽤 있습니다. 기쁜 일이지만 처음 난 이는 충치가 되기 쉬우니 주의가 필요합니다. '이 닦기'를 싫어하지 않게 하기 위해 처음 1개가 자란 시점에 칫솔을 준비해서 이 닦기를 즐길 수 있게 해보세요.
체중은 안정적으로 증가하고, 이동으로 운동량이 늘기 때문에 조금 마른 체형이 되는 아이도 있습니다.

마음
휴대 전화나 리모컨, 아빠와 엄마의 행동에 흥미를 갖는다

자아가 싹트는 시기입니다. 자신의 요구가 통하지 않을 때는 크게 울어서 자기주장을 하는 아이도 있습니다. 그런 모습을 통해 온화, 섬세 등 아이의 개성이 드러나기 시작하죠.
엄마, 아빠의 소지품이나 행동에 흥미를 보이고 리모컨이나 휴대 전화로 놀고 싶어 하는 경우도 있는데, 위험하지 않는 범위에서 놀게 하세요.
낯을 가리는 아이도 많은데 성장의 한 과정이니 지나치게 걱정할 필요는 없습니다. 반대로 낯을 가리지 않는 아이도 있는데, 발달 면에서 걱정이 되는 부분이 없으면 개인차라고 생각하고 지켜보세요.

표정

낯을 가려서 종종 불안해한다

낯을 가리는 아이도 있습니다. 엄마, 아빠 등 친한 사람을 보면 싱글벙글 웃지만, 낯선 사람을 보았을 때 불안한 표정을 짓거나 울거나 기피하지요.

손

종이를 찢을 수 있다

엄지손가락과 다른 네 손가락을 사용해서 작은 것을 집을 수 있게 됩니다. 좌우의 손을 다른 방향으로 움직일 수 있어 종이를 찢는 동작도 할 수 있어요.

다리

다리를 세게 찬다

앉아 있을 때 허리를 바로 세울 수 있고, 다리의 힘도 강해져요. 양 겨드랑이에 손을 넣고 안아주면 다리를 세게 차지요.

7개월 아이의 식사

- 이유식은 1일 2회
- 우물우물하면 잘게 부서지는 두부 정도의 두께로

우물우물 잘게 부수는 움직임을 할 수 있도록 유도

이유식을 꿀꺽 삼킬 수 있다면 슬슬 다음 단계로 넘어가야 합니다. 입을 우물우물 움직일 수 있으므로 부드러운 두부 정도의 음식을 주기 시작하세요. 모유나 분유도 아직 중요한 영양원이므로 식사를 한 뒤에 원하는 만큼 주세요.

입

앞니가 두 개 난다

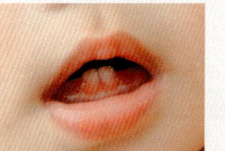

7개월 무렵 아랫니 2개가 나는 아이가 많습니다. 개인차가 있기 때문에 아직 나지 않거나 순서가 다르더라도 1년 무렵까지는 느긋하게 지켜보세요.

7개월은 이런 느낌!

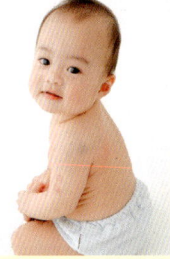

"불렀어?"라고 돌아본다
불안정했던 앉기가 점점 익숙해지고 자연스러워집니다. 뒤에서 이름을 부르면 돌아볼 수도 있게 됩니다.

원하는 것을 이동해서 획득!
원하는 것이 멀리 있으면 배밀이로 기어가는 아이도 있습니다.

7개월 아기의 생활
어떻게 생활하고 있을까?

이렇게 성장해요!
신장 69.6cm ★ 체중 10.0kg
촬영일/7개월 15일째

뭐든지 입으로 가져가기 때문에 아이가 삼킬 만한 물건을 치우자

앉아 있을 수 있으니 티셔츠처럼 앞이 막힌 옷도 머리부터 넣어서 쉽게 입힐 수 있어요. 움직임이 점점 더 활발해지므로 옷은 성인보다 가볍게 입히는 편이 좋습니다. 기어 다닐 수 있게 되면 배가 드러나기 쉬우니 위와 아래가 붙은 보디슈트 등을 입히면 안심할 수 있어요.

의사소통도 쉬워지고 엄마가 장난감을 건네주면 받아 듭니다. 행동 범위가 확대되고, 손에 쥔 것은 뭐든지 입으로 가져가서 확인해보기 때문에 아이가 삼키기 쉬운 물건을 치우는 등 충분히 주의를 기울이고 안전한 환경을 만들어주세요.

밤에 우는 아이도 있어 엄마가 무척 힘들어지는데 때로는 아빠에게 아이를 부탁하고 좀 쉬세요.

식욕이 왕성해서 능숙하게 손으로 집어 먹는다

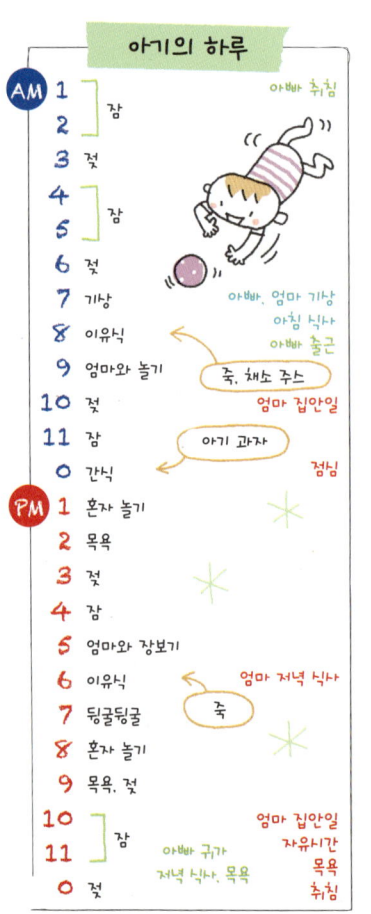

빨대로 먹을 수 있다
아이용 채소 주스를 무척 좋아해요! 간식 시간에 주면 신나게 먹는데, 빨대로 쭈욱 빨아서 먹어요.

손으로 집어 먹는 방법을 완전하게 익혔다
과자를 손으로 집어서 먹을 수 있게 되었어요. 식욕이 왕성해서 열심히 먹고 체중도 증가하고 있어요.

초보 엄마의 육아 일기
하루 종일 돌아다니기 때문에 안전 대책을 위해 실내를 바꾸었다

깨어 있는 시간에는 기어 다니거나 보행기에 탄 채로 돌아다니고, 잘 때는 몸 뒤집기를 하면서 이동. 리모컨이나 신문 등 흥미가 있는 물건은 무엇이든 만져요. 잠시도 가만히 있지 않고 좋아하는 DVD를 보고 있을 때조차 큰소리를 내며 장난을 치곤 해요. 다치지 않을까 항상 주의해서 지켜봐야 하기 때문에 엄마가 잠시도 편히 쉴 때가 없죠! 그래서 최근에 거실 내부를 바꾸었어요. 사고 방지를 위해서 아이의 행동 범위에는 큰 가구를 놓지 않았어요. 이러면 안전하게 보낼 수 있겠죠?

음식물 알레르기 같아요!
이유식을 시작하면서 음식물 알레르기 반응을 보이는 경우가 있어요. 이유식을 너무 일찍 시작하거나 어릴 때 너무 많은 음식을 주면 알레르기 반응이 자주 일어날 수 있어요. 알레르기 체질이라면 만 6~7개월부터 이유식을 시작하는 것이 좋답니다. 이유식은 쌀죽으로 시작해서 1주일 간격을 두고 다른 재료(고기와 채소, 과일)를 첨가하는 방법으로 먹여 특정 식품에 알레르기 반응이 있는지 세심하게 살펴보세요. 흔히 발생하는 달걀, 우유 알레르기는 7세 이전에 거의 없어집니다.

팔의 힘으로 몸을 질질 끌면서 나아간다

배밀이도 하지만, 어찌된 일인지 팔의 힘만으로 다리를 끌면서 기어가는 경우가 많아요. 엄마, 아빠는 '이제 방 안 곳곳을 돌아다니게 되나 보다' 하며 가슴을 졸이죠.

ADVICE TV 시청은 '규칙'을 정해서

아이가 집중해서 보는 애니메이션. 하지만 TV에서 나오는 빛에 장시간 노출되면 아이에게 좋지 않다는 연구 결과가 있습니다. TV나 DVD는 '엄마와 함께 짧은 시간 동안만 보기' 등 규칙을 정해놓으세요.

가고 싶은 곳에 ♪ 내 힘으로 가는 것이 즐겁다

리모컨을 만지고 싶다

보행기를 타고 일어서면 시선이 높아져서 테이블 위가 신경이 쓰이는 모양이에요. 특히 리모컨을 좋아해서 필사적으로 손을 뻗어 잡으려고 하죠.

우리 아이, 천재일지도!

신문을 꼭 쥐고 있는 아이, 마치 정말 읽고 있는 것 같지만, 거꾸로 쥐고 있네요. 사그락사그락 소리가 좋은 모양이에요.

코딱지를 닦아주면 싫어하며 운다

코딱지 닦아주는 것을 무척 싫어해요. 면봉으로 코딱지를 빼내려고 하면 머리를 내저으며 거부하죠. 움직이지 못하게 누르면 큰 소리로 울기 시작한답니다. 빨리 끝내려고 엄마는 필사적인데…….

7개월! 울고! 웃고!

😊 좀처럼 몸 뒤집기를 하지 않던 딸이 엎드린 채 방향을 바꾸거나 질질 몸을 끌면서 뒤로 이동할 수 있게 되었어요. 발달이 너무 늦는 게 아닐까 걱정했던 만큼 뛸 듯이 기뻤죠. 몸 뒤집기를 싫어하는 아이가 있다는 말을 지금은 믿을 수 있어요!

😢 병원에 가면 예방 접종을 한다는 걸 알고 있는지 의사의 얼굴을 보면 당장이라도 울 것 같은 표정을 지어요. 주사를 맞은 후 의사가 안녕이라고 손을 흔들어주는데도 인상을 쓰고 째려보기에 난처하고 당황스러웠어요.

😊 좀처럼 앉지를 못해서 언제나 할 수 있을까 기다리고 있었어요. 어느 날 목욕을 마치고 여느 때와 같이 바로 눕히고 옆에서 그림책을 읽어주고 있었는데, 문득 아이를 보았더니 혼자서 앉아 있어 깜짝 놀랐어요! 대견했죠!

😊 "자, 예쁜 얼굴~" 하고 말하면 얼굴에 잔뜩 주름이 잡히게 표정을 바꿨어요. 그 모습이 깨물어주고 싶을 만큼 귀여웠죠. 돌이 지난 지금도 해주지만 좀 턱이 나오는 듯(웃음). '너무 시켰나?' 하며 반성하고 있어요.

😊 좋아하는 맛을 알게 되어 싱거운 채소를 주면 입술을 내밀며 거부하고 먹지 않아요. 그래서 이유식 책을 보고 새로운 음식을 개발하는 한편, 아이용 맛국물이나 소스를 사용해서 쉽게 만드는 방법도 배웠죠.

7개월 궁금한 점 Q&A

 **앉는 연습을 시켜야 하나요**

 스스로 앉을 수 없으면 엄마가 도와주세요

엄마가 앉혀주면 앉아 있는데 스스로는 좀처럼 앉지 못하는 아이가 많습니다. 엎드려 누운 상태에서 스스로 앉는 자세를 취하는 것은 아이에게 어려운 동작이에요. 목을 가누고 몸 뒤집기를 하게 되고 등이나 허리에 힘이 들어가면 앉아 있게 해주세요. 엄마, 아빠의 무릎에 앉히는 등 앉을 수 있도록 자세를 잡아주면 점차 스스로도 앉을 수 있게 됩니다.

 낯을 가리지 않는 아이도 있나요

 시기에는 개인차가 있으며 낯을 가리지 않는 경우는 드물어요

낯을 전혀 가리지 않는 아이는 없는데, 시기에는 개인차가 있습니다. 낯을 가린다는 것은 '얼굴을 인식할 수 있게 되었다'는 뜻이에요. 아이가 오감을 사용해서 자기에게 소중한 사람(엄마나 아빠)과 그렇지 않은 사람을 구별할 수 있게 되면서 낯가리기가 시작됩니다. 7개월 무렵에도 인식하지 못하는 아이는 앞으로 시작될 가능성이 높아요. 가만히 바라보는 것도 낯을 가리는 행동이에요. 만약 낯을 가리지 않더라도 다른 발달에 문제가 없으면 걱정할 필요 없습니다.

 **배밀이를 하지 않는데 괜찮나요**

 **엎드리는 것이 싫어서 배밀이를 하지 않는 아이도 있어요**

아이들도 '몸 뒤집기는 좋아하지만 배밀이는 싫다', '기기는 싫고 앉는 것이 좋다'와 같이 좋아하는 것이 다릅니다. 엎드려 있는 것을 싫어해 몸 뒤집기를 해서 엎드리면 우는 아이도 있지요. 배밀이를 하지 않는 것이 단지 그 동작이 싫어서인지 어떤지는 앞으로의 과정을 보고 판단해야 합니다. 단, 지금까지 발달 과정에서 딱히 문제가 없었다면 조만간 할 수 있을 거예요. 아이가 자유롭게 움직일 수 있도록 바닥을 깨끗하게 치워놓거나 아이가 좋아하는 장난감을 조금 떨어진 곳에 놓아두면 그것을 집으려고 배밀이나 기기를 시작할 수도 있으니 걱정하지 말고 다음 건강검진 때 상태를 살펴보세요.

배밀이란

바닥에 배를 대고 팔의 힘으로 몸을 질질 끌며 나아간다

배를 바닥에 댄 자세로 팔을 뻗어서 앞으로 나가는 것이 '배밀이'. 팔에 힘이 너무 들어가면 뒤로 갈 수도 있습니다. 몸 뒤집기로 이동했을 때와 달리 원하는 물건이 눈앞에 있으면 확실하게 다가갈 수 있게 되지요. 무릎을 바닥에 대고 앞으로 가는 '기엄기엄 기기'를 하려면 좀 더 기다려야 합니다.

우리 집은 이렇게 시도해봤다!

1. 장난감 차를 달려가게 했다.
2. 부모가 아이 발바닥에 손을 대어 차게 했다.
3. 바닥을 부드러운 매트로 바꾸었다.

아이 발바닥에 손을 대어주며 차는 연습을 시키는 사람도 있습니다. 바닥이 차서 배밀이를 싫어하는 경우에는 매트를 깔아주는 방법도 좋습니다.

아이에게도 선크림을 발라주어야 하나요

A 일상생활에서는 모자나 양산으로 햇볕을 차단해주세요

자외선은 아이의 피부에 좋지 않지만, 선크림도 피부에 맞지 않는 경우가 있습니다. 산책을 가거나 장을 보러 가는 정도라면 큰 챙이 달린 모자나 유모차의 차양을 사용하고, 그늘로 걸어가는 등의 대책이면 충분할 거예요. 휴양지에 놀러 가 오랫동안 햇빛 아래에서 시간을 보내야 하는 등 특별한 경우에 한해서 유아용 선크림을 사용하는 것이 바람직합니다. 사용한 뒤에는 선크림 성분이 피부에 남지 않도록 확실하게 씻어주세요.

선크림 고르기
유아 선크림을 고르는 3가지 포인트
① '유아용'이란 표시가 있다.
② SPF 지수는 용도에 맞춘다.
③ 얼굴에 바르기 전 몸에 발라본다.

유통 기한을 확인하고 무향료, 무착색, 저자극 표시가 있는 상품을 선택하세요. SPF 지수는 휴양지라면 SPF 20~30이 기준입니다.

땀을 상당히 많이 흘려요

A 아이는 신진대사가 활발하기 때문이에요

아이는 성인에 비해 신진대사가 활발하고 체내 수분량도 많기 때문에 땀을 많이 흘립니다. 조금만 더워도 깜짝 놀랄 정도로 땀을 많이 흘리는 아이도 있지만 대부분은 생리적인 몸의 작용에 의한 것이니 걱정할 필요 없어요. 땀을 흘리면 자주 옷을 갈아입히세요. 드문 일이지만 갑상샘 질환 등이 원인으로 땀을 많이 흘리는 경우가 있습니다. 엄마에게 갑상샘 질환이 있거나 그 밖에 신경 쓰이는 질환이 있다면 소아과 진찰을 받으세요.

안아주지 않으면 자지 않아요

A 잠이 완전히 든 다음에 이불에 내려놓으세요

계속 안아주면 엄마가 지치게 마련입니다. 잠자는 습관은 개인차가 크고, 낮과 밤의 생활 리듬도 관계가 있기 때문에 엄마, 아빠가 원하는 대로 자지 않는 경우가 있습니다. 잠이 들자마자 이불에 내려놓지 말고 잠시 더 안아주고 아이 몸에 힘이 빠지고 깊이 잠이 든 다음 이불에 내려놓으면 그대로 잠을 자기도 합니다. 잠을 자지 않는 아이를 재우는 일은 여간 힘든 일이 아니지만, '잠을 자지 않아도 어쩔 수 없다. 내일은 일찍 자겠지' 같은 긍정적인 마음을 갖는 편이 좋습니다.

이상한 소리를 내는데 왜 그런가요

A 소리를 내는 행위나 주위의 반응이 재미있어서일지도

확실한 이유는 모르지만 공공장소 등에서 "카-악" 같은 소리를 낸다면 엄마가 난처할 거예요. 뭔가 전하고 싶은 것이 있든지, 큰 소리를 내는 것이 즐거운지, 아니면 주위 사람의 반응이 재미있는지 등 아이 나름의 이유가 있을 것입니다. 이런 아이는 신경이 예민하다는 말도 있지만, 그런 시기가 있는 것뿐이니 걱정할 필요 없습니다. 성장하면서 하지 않게 마련이니 여유롭게 지켜보세요.

변이 딱딱해서 변을 볼 때 울어요

A 요구르트나 과일을 먹여보세요

모유나 분유 등 액체만 먹다가 이유식을 시작하면서 고형 음식을 먹게 돼 변이 딱딱해지는 아이도 있습니다. 변비인지 아닌지는 횟수가 아니라 자연스럽게 나오는지 여부가 판단 기준입니다. 가령 하루에 두 번 변을 보더라도 변이 딱딱하고 배변 시 힘들어한다면 변비지요. 되도록 쉽게 변을 볼 수 있도록 요구르트나 과일 등을 먹이세요. 그래도 나아지지 않으면 소아과에 가서 진찰을 받으세요.

8개월

기어 다닐 수 있게 되면 호기심이 이끄는 대로 이동한다

우리도 8개월 Baby

♂ 71.0cm ★ 8.7kg　　♀ 67.1cm ★ 7.9kg　　♀ 70.0cm ★ 8.3kg

	키	몸무게
남아	67.2~77.3cm	7.27~10.90kg
여아	65.4~75.0cm	6.80~10.31kg

※ 8~9개월 미만의 신장과 체중

이동하기 시작하면 안전 관리도 엄마, 아빠의 의무

배밀이나 길 수 있게 되면 행동반경이 넓어집니다. 이 시기에 엄마, 아빠는 무엇보다도 아이의 안전 관리에 주의를 기울여야 합니다. 삼키기 쉬운 작은 물건이 방바닥에 떨어져 있지 않은지, 굴러 떨어질 만한 곳은 없는지, 욕조에 물이 남아 있지 않은지, 전기 포트나 가습기를 바닥에 놓아두지 않았는지 등을 꼼꼼하게 확인하세요.

'아직 이건 못하겠지?' 하는 생각은 금물입니다. 어제 할 수 없던 일을 오늘은 할 수 있게 됩니다. 엄마와 아빠는 위험 요소를 체크해 미리미리 없애주세요.

운동 능력 | '기기'는 좌우 운동 기능이 분리되었다는 증거

저월령일 때는 손과 발이 좌우가 동시에 움직였습니다. 그런데 지금은 오른손과 왼발을 앞으로 내밀고, 다음에 왼손과 오른발을 앞으로 내미는 '기엄기엄 기기' 동작을 하게 되었습니다. 이것은 좌우의 운동을 나누어서 할 수 있게 되었다는 증거예요.

발달의 중요한 통과점인 앉기 자세가 더욱더 안정됩니다. 아이는 멀리까지 볼 수 있는 높은 위치에서 흥미가 있는 것을 발견하고 앞으로 기기 시작합니다. 이제부터 아이는 더욱 높은 위치에 흥미를 갖게 될 거예요. 테이블 위, 엄마와 아빠의 얼굴이 있는 곳까지 가고 싶다는 마음이 생깁니다. 다음 목표는 '잡고 서기'와 '일어서기'. 아이의 의욕이 더욱더 왕성해집니다.

 몸 | 운동량이 늘어나고 체형이 조금 단단해진다

제대로 앉을 수 있다는 것은 뇌에 가까운 부위부터 시작된 신경의 발달이 등뼈의 말단까지 이루어진 것을 뜻합니다. 처음에는 바닥에 손을 짚어서 몸을 지탱하고 허리를 숙인 채 앉아 있었지만 성장하면서 등이 똑바로 서게 됩니다.

또한 기기 시작하면 갑자기 운동량이 늘어나고, 체중 증가 속도보다 키가 더 빨리 커져 포동포동했던 아이의 몸이 왠지 단단해진 듯한 느낌이 들 거예요. 조금씩 유아 체형에 가까워져가는 것이죠. 통통한 체형, 작은 체형 등 체형이 크게 달라지는 것도 이 무렵이에요.

마음 | 엄마, 아빠의 말을 이해하고 행동할 수 있다

아이와 엄마, 아빠의 '애착 관계(어태치먼트)'가 완성되고, 낯가리기나 엄마 뒤를 쫓아다니는 행동이 정점에 이릅니다. 아이가 불안한 표정을 지을 때는 그냥 놓아두지 말고 엄마, 아빠가 다정하게 대해주어 어리광을 부리게 하세요.

지적인 발달도 진행됩니다. "맘마 먹을까?"라고 하면 식탁까지 기어가거나 눈앞에서 사라진 것을 찾는 까꿍 놀이를 좋아하는 등 '단기 기억'이 발달합니다.

8개월 아이의 식사

- 물 5~7배의 비율의 죽
- 한 끼당 아이용 공기 1개 분량을 먹도록 한다.

먹을 수 있는 음식이 늘어나도 영양의 중심은 수유

배밀이나 기기로 운동량이 증가하고 먹는 양도 늘어납니다. 한 끼당 아이용 공기 1개 분량을 먹기도 하죠. 많이 먹지 않더라도 그 아이 나름의 양을 먹고 체중이 늘어난다면 걱정하지 마세요. 식사를 한 뒤에 젖과 분유는 먹고 싶어 하는 만큼 줍니다.

표정

엄마, 가지 마!

한창 낯을 가릴 때예요. 엄마가 없으면 불안한 표정을 짓거나 울고, 길 수 있는 아이는 엄마 등 가족을 쫓아다니기 시작합니다.

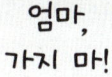

입

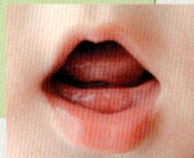

잇몸으로 으깨어서 먹는다

입이나 혀를 능숙하게 사용할 수 있습니다. 잇몸으로 잘게 으깨어서 먹거나 소량이라면 컵이나 빨대로 먹는 아이도 있어요.

손

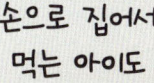

손으로 집어서 먹는 아이도

손가락을 능숙하게 사용할 수 있으며, 이유식을 손으로 집어서 먹기도 합니다. 슬슬 숟가락을 사용하게 해 보세요. 아직 사용할 수는 없겠지만 흥미를 갖게 하세요.

다리

스스로 몸을 일으켜 세운다

배밀이 자세에서 몸을 일으켜서 앉을 수 있게 돼요. 이것은 머리에서부터 하반신까지 자신의 의사로 움직이는 수의 운동이 발달했기 때문입니다.

8개월은 이런 느낌!

행동반경이 넓어진다

꼭 무릎을 사용해서 양손과 양발로 기어가지 않아도 OK. 스스로 생각해서 행동할 수 있게 되기에 탐구심이 더욱 높아집니다.

양손으로 장난감이나 컵을 들 수 있다

안정적으로 앉을 수 있으면 손가락도 능숙하게 사용하고 양손으로 물건을 쥘 수 있습니다. 엄마가 도와주면 양손으로 컵을 쥐고 마실 수 있을 거예요.

8개월 아기의 생활
어떻게 생활하고 있을까?

이렇게 성장해요!
우신장 65.0cm ★ 체중 7.3kg
촬영일/8개월 14일째

놀이 종류를 늘려서 함께 놀아주자

이유식을 시작한 지 3~4개월, 1일 2회식이 정착되었을 무렵에는 먹는 것에 흥미가 생기고 숟가락을 직접 쥐고 싶어 하거나 손으로 집어서 먹고 싶어 하는 아이도 있습니다. 아직 능숙하지는 못하지만 의욕을 인정해주고 자유롭게 먹게 해주세요.

낮과 밤도 확실히 구별할 수 있게 됩니다. 늦게 자고 늦게 일어나는 아이는 낮에 산책을 시키거나 밖에 데리고 나가 놀게 해서 일찍 자고 일찍 일어나는 습관을 길러주세요. 무엇보다 엄마, 아빠가 솔선수범을 보이는 것이 중요합니다.

그리고 부모와 자식 간의 애착 관계가 완성되고, 엄마, 아빠와 함께 있는 것이 즐거운 시기이니 까꿍 놀이를 해주거나 손으로 장난을 치면서 노래를 불러주는 등 적극적으로 놀아주면 언어 발달로 이어집니다.

배밀이를 필사적으로

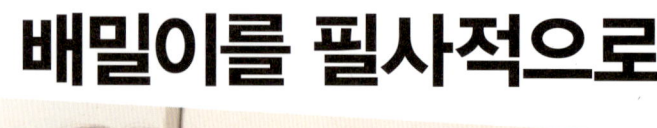

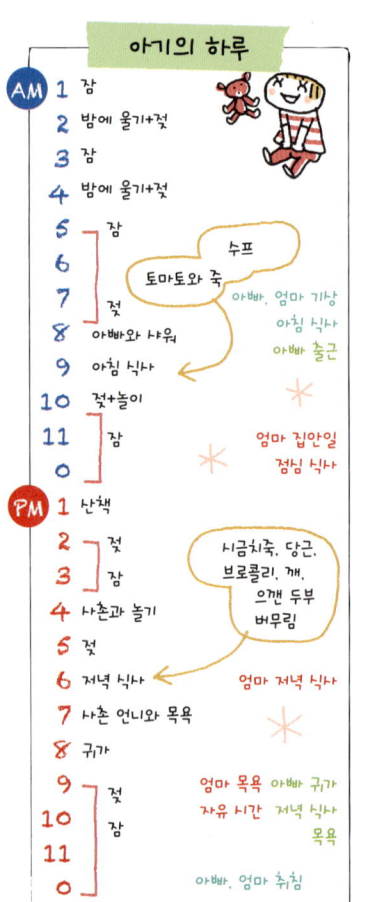

아기의 하루

초보 엄마의 육아 일기

낮도 별로 가리지 않고 사람들과 함께 있는 것이 좋은 듯

최근에 친정집이 우리 집 근처로 이사를 왔어요. 외할머니댁 근처에 가면 "캭캭"대며 몹시 좋아해요. 낮도 별로 가리지 않고 사람들과 함께 있는 것을 좋아하는 모양이에요. 특히 사촌 언니를 무척 좋아하는데, 딱히 놀아주지 않아도 옆에 있는 것만으로도 즐거운 것 같아요. 앉기를 좋아해서, 또래 아이들과 함께 있을 때도 가만히 같은 곳에 앉아서 주변을 관찰하고 있어요. 이제 곧 배밀이를 시작할 것 같은데, 안전 대책을 아직 세우지 못했기에 '천천히 시작하렴.' 하는 마음으로 지켜보고 있어요.

이제 곧 배밀이가 완성될 듯

앉은 상태에서 주위에 있는 물건을 잡거나 훑으면서 노는 경우가 많아요. 눈 앞에 물건을 놓아두면 잡으려고 조금씩 배밀이를 하네요. "조금만 더 분발하자~!"

앉아서 주위를 가만히 관찰

낮에는 작은 텐트가 보금자리

텐트 안에는 인형이나 공, 장난감이 가득 들어 있어요. 안정적으로 앉아 있게 된 뒤부터 이곳에서 지내는 일이 많아졌는데, 작은 창문으로 들여다보면 좋아해요.

사촌 언니 옆에 있기만 해도 즐거운 듯

태어났을 때부터 보아온 사촌 언니를 무척 좋아해요. 옆자리를 독점하고 그림을 그리거나 숙제를 할 때도 즐거운 표정으로 들여다보고 있어요.

익히는 중

외출은 되도록 유모차로

아이를 안고 나가면 어깨가 결려서 외출할 때는 유모차를 즐겨 이용합니다. 친정집에서 돌아올 때 밤길을 걷는 경우도 있어 안전 대책으로 형광 스티커를 부착했어요.

ADVICE 아기가 잘 먹는 이유식은 따로 있다

마더스 고양이 김정미 저 | 레시피팩토리

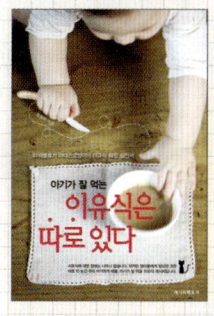

저자가 실제로 자신의 아이들에게 해 먹인 이유식 레시피로 구성했으며 특히 아이들의 올바른 식습관을 형성하는 데 중요한 후기와 완료기 레시피, 이유식만으로 부족할 수 있는 영양소를 확실하게 보충하기 위한 간식 레시피도 포함하고 있어 유용합니다.

처음 풀장에 갔을 때도 울지 않고 생글생글

처음 풀장에 데리고 갔을 때도 신나 했어요. 욕조에 몸을 담그는 걸 좋아해서인지 물을 무서워하지 않고 기분이 좋은 듯 둥실둥실 물 위에 떠 있네요. 생글생글 웃으며 좋아해요.

8개월! 울고! 웃고!

🙂 배밀이로 뒤로는 가는데 좀처럼 앞으로 못 가더니 어느 날 좋아하는 장난감을 갖기 위해 앞으로 전진 3일이 지나자 속도가 빨라졌어요. 5일 뒤에는 고양이를 만지기 위해 소파를 붙잡고 일어섰고요. 일주일 만에 급성장했죠.

🙂 우리 아이는 왠지 모르지만 배밀이 → 잡고 서기 → 기기 순서였어요. 돌아다니기 시작해서 잠시도 눈을 뗄 수 없게 되면서, 동시에 제 뒤를 졸졸 쫓아다니기 시작했죠! 그 무렵에는 화장실에도 마음 편히 들어가 있지 못했어요······.

☹ 이유식이 익숙해질 무렵 변비에 걸렸어요. 항상 어떻게 하면 변이 잘 나올까 하는 생각만 했죠. 3주일 정도 면봉 관장에 의존하다가 아이 스스로 변을 내보낼 수 있게 되었어요. 지금 생각해보면 '지나친 걱정이었다'며 웃지만 그때는 정말 심각했지요.

☹ 육아 스트레스가 쌓인 끝에 폭발했어요. 낮에 아이와 단둘만 있는 것이 너무 답답해서 울면서 남편에게 호소했죠. 하루 자유 시간을 얻어 아이 쇼핑을 하고 카페에 가서 스트레스를 풀었어요. 혼자 아이를 봐준 남편에게도 감사.

🙂 8개월 때 첫 1박 2일 여행을 갔어요. 방에 들어가자마자 먼저 아이가 삼킬 만한 것이 없나 확인하고, 망가뜨릴 것 같은 물건은 숨기고, 부부 둘이서 여행 갔을 때와는 전혀 다른 느낌이라며 남편과 마주 보며 웃었죠. 딸아이는 마냥 즐거운 듯 싱글벙글.

8개월 궁금한 점 Q&A

Keyword 낯가림이란

다른 사람 품에 안기면 "으앙" 하고 울지만 엄마가 안아주면 울음을 뚝 그친다!

낯가림은 개인차가 있으며, '모르는 사람을 가만히 보는' 아이도 있으며, '모르는 사람과 눈이 마주치는 것만으로도 크게 우는' 아이도 있는 등 다양합니다. 자기에게 소중한 사람(부모나 가족)의 존재를 알게 되고, 그렇지 않은 사람과 구별할 수 있게 된 증거이니 아이의 성장을 기쁜 마음으로 지켜보세요. 생후 7~9개월이 한창 낯을 가리는 시기입니다.

우리 집은 낯가림을 이렇게 극복했다!

1. 부모가 상대방과 친하게 지내는 모습을 보여준다.
2. 익숙해지기까지 부모가 안아준다.
3. 부모의 잘못이 아니다, 성장의 한 과정으로 받아들인다.

상대방과 친하게 지내는 모습을 아이에게 보여주어서 안심시키는 것이 가장 좋아요. 성장의 증거로 받아들이고 주위 사람에게도 이해를 시켜주세요.

막무가내로 엄마만 쫓아다니는데 어떻게 하면 좋을까요

말을 걸어주는 등 엄마의 존재를 알려주세요

뒤쫓기는 낯가리기와 같이 성장의 중요한 단계입니다. 하지만 아이가 항상 뒤를 졸졸 쫓아다니면 엄마가 난처하죠. 아이 입장에서는 제일 좋아하는 엄마가 잠시라도 눈앞에서 사라지는 것이 무서울 거예요. 이때 우는 것은 "엄마 무서워요!"라는 신호죠. 그래서 엄마의 존재를 느끼게 해주면 안심하는 경우가 있습니다. 옆에 있을 수 없을 때는 "엄마 여기에 있어. 지금 갈게"라고 말을 걸어주거나 아이를 업고 집안일을 하는 것도 하나의 방법이죠. 시간이 지나면 나아집니다.

낯을 가리는 원인이 엄마와 둘이서만 있기 때문인가요

전혀 관계없어요! 성장의 한 과정이죠

8개월이면 딱 낯을 가리는 시기입니다. 자기가 좋아하는 사람과 그 밖의 사람을 구별할 수 있게 되니 성장의 한 과정으로써 대견하게 받아들이세요. 낮에 엄마와 단둘이서만 있는 것은 낯가리기와 직접적인 관련은 없지만 엄마도 기분 전환을 할 겸 가급적이면 여러 사람들과 만나는 편이 좋습니다. 물론 이 시기에는 울면서 싫어하는 아이를 억지로 많은 사람들과 만나게 하거나 다른 사람에게 안아달라고 할 필요는 없어요. 엄마가 긴장하는 사람은 아이도 저항감을 느끼는 경우가 있으니 엄마가 편안해하는 사람과 함께 시간을 보내는 편이 좋아요.

외출 중에는 이유식을 안 줘도 되나요

어쩔 수 없는 경우를 제외하고는 주는 편이 좋아요

아이 때는 식사나 생활 리듬을 연습하는 시기이므로 외출할 때도 시간대나 행선지를 조절해서 생활 리듬을 일정하게 해주세요. 이유식을 생략하거나 크게 시간을 뒤로 미뤄서 주는 것은 바람직하지 않습니다. 어쩔 수 없는 경우에는 하루의 섭취량이 부족하지 않도록 충분한 양을 먹여주세요.

 **밤에 울 때는 어떻게 하면 좋을까요**

 **때로는 가족이 돌아가면서 토닥여주세요**

밤에 우는 기간이나 정도에는 개인차가 있으며 몇 개월이나 지속되는 경우도 있습니다. 그래서 부모는 밤이 되기만 해도 우울한 기분이 들 수도 있고, 특히 엄마가 무척 힘든 시기인데 유감스럽게도 "이렇게 하면 밤에 울지 않는다"는 비책은 없습니다. 때로는 가족이 돌아가면서 아이를 돌봐주는 등 엄마가 충분히 잘 수 있는 시간을 확보해주세요. 젖은 엄마만 줄 수 있으니 아빠가 쉬는 날에는 아빠가 아이를 돌봐주고 엄마는 낮잠을 푹 자두세요.

 **한 방향으로만 몸 뒤집기를 해요**

 **습관 같은 것이며 그러다가 양쪽으로 할 수 있게 돼요**

아이들은 먼저 자기가 틀기 쉬운 방향으로 몸을 뒤집고, 그러다가 양쪽으로 할 수 있게 됩니다. 따로 연습을 시킬 필요는 없는데, 신경이 쓰인다면 놀이의 하나로 엄마가 노래를 부르며 아이의 발이나 가슴을 부드럽게 밀어 몸을 돌게 해주면 재미가 있어서 금세 따라 할 거예요. 평소에 팔과 다리를 사용하는 법이나 움직이는 법을 지켜보았을 때 좌우에 큰 차이가 있으면 만일을 위해 소아과에 가서 상담을 해보세요.

 TV를 가까이에서 보면 눈이 나빠질까요

 빛이나 소리가 성장 발달에 영향을 미칠 수 있어요

뭔가를 붙잡고 일어설 수 있게 되면 TV 받침대에 손을 대고 TV를 보곤 하죠. 그런데 TV에서 나오는 빛이나 소리는 아이의 발달에 나쁜 영향을 미칠 수 있습니다. 눈에 나쁠 뿐만 아니라 TV를 오랜 시간 보면 엄마, 아빠와 대화를 나누는 시간이 줄어들어 아이의 언어 발달이 늦어질 수 있어요. 무심코 TV를 켜놓거나 DVD를 계속 보여주지 마세요.

 코가 막히거나 기침을 해서 깨는 경우가 있어요

 **계속 잠을 못 자면 병원에 가서 진찰을 받으세요**

아이는 스스로 코를 풀 수 없기 때문에 자주 코가 막히거나 콧물이 목 안에 떨어져 기침을 하기도 합니다. 잠을 제대로 자지 못할 정도라면 '가습'과 함께 실내 온도를 높여야 합니다. 증상이 오래가면 소아과에 가서 진찰을 받으세요.

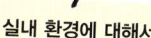
실내 환경에 대해서

코가 막힐 때는 가습+가온

 가습 50~60%의 습도 유지
가습기를 사용해서 습도를 50~60% 유지하면 가래나 콧물이 나오기 쉬워지며 호흡하기 편해진다.

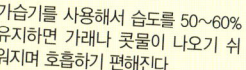

 가온 입욕도 효과가 있다
욕실의 공기는 따뜻하고 습기도 있기에 코 막힘이 해소될 수 있으며 잠을 쉽게 잘 수 있다.

 **해도 되는 일과 해서는 안 되는 일은 언제부터 가르쳐주면 좋을까요**

 **아직 이해하지 못하지만 안 된다는 점은 알려주세요**

"안 돼!"라고 주의를 주어도 8개월 아이는 이해하지 못하며, 다시 똑같은 행동을 하곤 합니다. 다만 이런 행위를 하면 엄마가 난처한 얼굴을 하고 안 좋은 분위기가 된다는 점은 차츰 느낄 수 있지요. 지금은 해도 된다고 말하고, 1년이 지나 안 된다고 말하면 아이가 혼란을 느끼기 때문에 해서는 안 되는 일은 처음부터 안 된다고 말해주는 편이 좋습니다. 계속 주의를 주다 보면 조금씩 알게 될 거예요.

9개월

잡고 서기를 시작하는 아이도!
엄지손가락과 집게손가락으로 물건을 집는다

우리도 9개월 Baby

↕75.0cm ★10.0kg   ↕70.0cm ★9.0kg   ♀64.0cm ★7.4kg

	키	몸무게
남아	69.0~78.5cm	7.80~11.40kg
여아	67.2~76.32cm	7.10~10.50kg

※9~10개월 미만의 신장과 체중

"안 돼!"라는 말을 하지 않도록 미리 위험한 물건을 치우자

아이가 자유롭게 기어 다니면 잠시도 눈을 뗄 수 없기에 주의가 필요해요. 리모컨을 입에 넣고 빠는가 싶더니 강아지 밥에 손을 뻗고, 휴지를 잡아당겨 다 풀어놓습니다. 그러면 엄마는 "안 돼, 더러워, 위험해" 등 자꾸 혼을 내게 되죠. 하지만 이 시기의 아이는 이런 탐색 행동을 통해 성장하고 호기심이나 의욕이 강해집니다. "뭐지", "이상하네"라고 생각하는 마음을 길러주기 위해서 위험한 물건을 미리 치워놓고 "안 돼"라는 말은 줄이세요.

운동능력 — 잡고 서서 두 다리로 체중을 지탱한다

기엄기엄 기기가 더욱더 숙달되어 엄마 뒤를 쫓아 화장실까지 따라오는 아이도 있습니다. 엄마는 난처하겠지만 아이가 혼자 있는 것보다는 안심이라고 생각하고 귀엽게 봐주세요. 뭔가를 잡고 서는 아이도 있습니다. 엄마의 다리나 낮은 테이블을 잡고 쑤욱 몸을 일으키고 허리를 세웁니다. 두 다리로 전체 체중을 지탱하게 되는 순간이며 아이에게는 혁명적인 순간이죠. 이로써 시선이 높아지고 한층 더 탐구심이 강해집니다. 손가락을 더욱더 능숙하게 사용할 수 있고 엄지손가락과 집게손가락으로 물건을 잡을 수 있게 됩니다. 이것은 영장류(사람과 원숭이)에게만 볼 수 있는 동작으로, '도구를 사용하기' 위해서는 빼놓을 수 없는 능력입니다.

몸 — 소리에 민감해지고 리듬을 타고 몸을 흔들흔들

운동량이 증가하고 하반신에 근육이 붙어 몸이 단단해집니다. 아래 앞니부터 나기 시작한 이는 아래 2개, 위에 2개로 늘어납니다. 유치는 벌레가 먹기 쉬우니 식사를 한 뒤에는 거즈로 닦아주는 등을 해서 이 닦는 습관을 들여놓으세요. 흉내 내는 것을 좋아하는 시기이니 엄마, 아빠가 이를 닦는 모습을 보여주면 효과적이에요.

소리에도 민감해지고 리듬감 있는 노래나 즐거운 노래에 맞춰서 몸을 흔드는 아이도 많습니다. 엄마도 함께 노래에 맞춰 놀아주면 아이는 더욱 신이 납니다.

마음 — 기억력 놀이나 흉내 내기 등 놀이 범위가 확대된다

"아이가 조용히 사고 친다"라는 말을 들은 적이 있을 거예요. 이 시기의 아이는 호기심이 왕성해서 흥미 있는 물건이 눈에 보이면 돌진하고, 아빠나 엄마가 어떻게 생각하든 신경 쓰지 않고 빨거나 뒤집어놓습니다. 이런 탐색 행동은 이 시기의 특징으로, 성장하면서 차츰 사라집니다.

마음이 발달하면서 놀이도 바뀝니다. "주세요", "가지세요", "고마워요" 등 말 주고받기 놀이나 '까꿍 놀이' 등 기억력 놀이, 아빠·엄마 흉내 내기 등 다양한 방법으로 데리고 놀 수 있습니다. 아이는 엄마, 아빠를 무척 좋아하니 적극적으로 함께 놀아주세요.

9개월 아이의 식사

- 이유식은 1일 3회
- 씹어서 잘게 부술 수 있는 바나나 정도로

**이유식 〉 수유의 영양 비율로!
영양의 60% 이상을 이유식으로**

1일 3회가 되었기에 가족과 같은 시간에 먹는 등 규칙적인 리듬을 갖게 하는 것이 중요합니다. 기분 좋게 잘 먹으면 젖을 주는 양이나 횟수를 줄이세요. 채소 스틱 등을 만들어주면 손으로 집어 먹는 연습이 됩니다.

표정

'깜짝 놀란' 표정도 짓는다

이 시기의 아이는 호기심, 탐구심이 왕성합니다. 탐색을 하면서 깜짝 놀라거나 기뻐하는 마음이 표정에도 나타나니 유심히 살펴보세요!

입

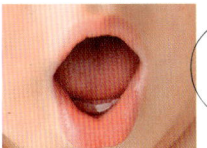

앞니가 늘어난다

10개월 가까이 되면 아랫니 2개, 윗니 2개로 총 4개의 이가 나는 아이가 많습니다. 이 닦는 습관을 반드시 몸에 배게 하세요.

손

2개의 손가락으로 잡는다

손가락을 한층 능숙하게 사용하고 엄지손가락과 집게손가락으로 작은 것을 집을 수도 있습니다. 이 움직임을 통해 앞으로 도구를 사용할 수 있게 되죠.

다리

잡고 서는 아이도 있다

하반신을 조절하는 힘이 생겨서 바닥에 무릎을 대고 기어갈 뿐만 아니라 엉덩이를 높이 쳐들고 기어 다니거나 뭔가를 잡고 설 수도 있게 됩니다.

9개월은 이런 느낌!

엄지손가락과 집게손가락으로 집어서 넘긴다

'2개의 손가락으로 집는' 동작을 할 수 있습니다. 손가락 끝으로 책장을 넘기며 볼 수 있게 된 그림책은 아이의 호기심을 한층 더 자극합니다.

빨대나 컵으로 마실 수 있다

빨대나 컵으로 마실 수 있어요. 소량으로 연습을 시켜주고, 엄마, 아빠가 손을 대어 도와주세요. 첫돌이 될 때까지 할 수 있으면 되는 문제이니 초조해할 필요 없습니다.

9개월 아기의 생활
어떻게 생활하고 있을까?

이렇게 성장해요!
우 신장 68.4cm ★ 체중 7.9kg
촬영일/9개월 16일째

이유식 중심으로 생활, 생활 리듬을 새로 갖추자

이유식은 1일 3회, 낮잠은 오전과 오후 1회로 하는 등 생활 리듬을 갖추기 쉬워집니다. 밤늦게까지 활동하던 엄마, 아빠도 일찍 자고 일어나도록 하세요.

이 시기의 아이는 언어에 대한 이해력이 한층 좋아지니 그림책을 읽어주며 놀아주세요. 예쁜 색깔이나 단순한 그림이 그려진 유아용 그림책을 읽어주면 마음속에 수많은 언어들이 축적되어갈 거예요.

운동 능력도 발달하니 여러 가지 자극을 주기 위해 밖에 데리고 나가는 것이 중요합니다. 단, 감기 등에 걸릴 수 있으니 감기가 유행할 때는 사람이 많은 곳을 피하는 등 신경 쓰세요.

손으로 집어서 먹으며 음식에 대한 흥미가 강해진다

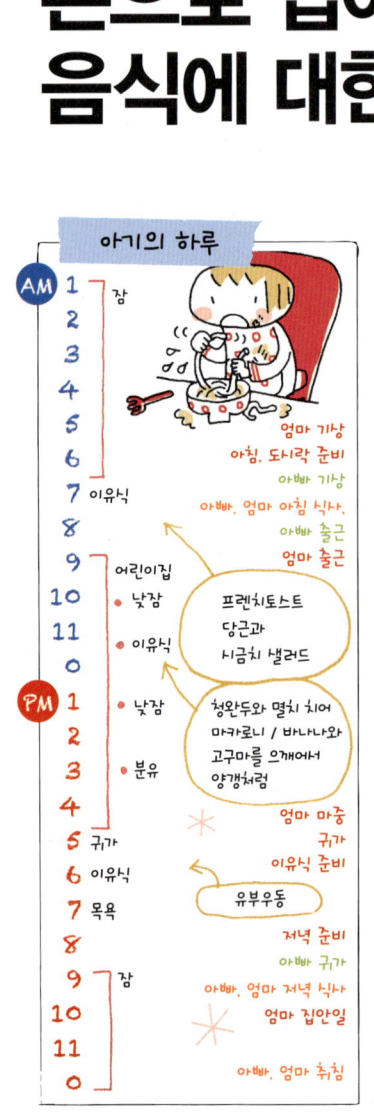

손으로 집어서 먹는 것을 좋아한다
음식에 대한 흥미가 강해서 밥을 먹을 때 가장 신나는 얼굴이에요. 채소 스틱이나 빵을 능숙하게 손으로 집어서 먹어요.

초보 엄마의 육아 일기

움직이기를 좋아해서 잠자는 시간도 아까운 모양이다

성격이 활발해서 깨어 있을 때는 잠시도 쉬지 않고 몸을 움직여요. 거실에 놓아둔 유아용 텐트를 한동안 무서워하며 들어가지 않았는데, 지금은 기엄기엄 기기로 신나게 들락날락해요. 운동량이 많은데도 밤에 재우려고 하면 자는 것이 아까운지 좀처럼 자지를 않아요! 엄마는 졸려서 죽겠는데 왜 안 자는 건지?
이유식은 1일 3회. 식욕이 왕성해서 어린이집에서 주는 밥도 항상 깨끗이 비운다고 하네요.

종이 찢는 것을 아주 좋아한다! 눈에 보이기만 하면 찍찍
종이나 잡지를 능숙하게 찢어요. 두 손을 사용해서 찌익찌익 찢죠. 그대로 입으로 가져가는 경우도 있기에 엄마는 잠시도 눈을 뗄 수 없어요.

어디에서든 잡고 선다
책상이나 소파뿐만 아니라 벽이나 창문 등 수직으로 된 면에도 손을 대고 설 수 있어요.

잡고 선 뒤 앉을 수 있다
얼마 전만 해도 힘을 조절하지 못하고 엉덩방아를 찧었는데 지금은 엉덩이를 천천히 내리면서 앉을 수 있게 되었어요.

ADVICE 사고를 미연에 방지! 문틈에 끼기 & 충격 방지용 유아 안전용품
기기, 잡고 서기 등을 하면서 행동반경이 넓어지므로 가구 모서리에 보호대를 대는 등 대책이 필요합니다.

여자아이라 수다쟁이, 의미를 알 수 없는 우주어로 쉴 새 없이 옹알옹알

대화를 나누고 있는 듯이 열심이다
"맘마 다다"라고 마치 의미가 있는 말을 조잘대고 있는 것처럼 옹알이를 해요. 엄마가 대답을 해주면 또 뭔가를 옹알옹알거리죠.

엄마가 손으로 가리키는 쪽을 본다
"요거 봐!" 엄마가 가리키면 엄마의 손가락이 아니라 가리킨 쪽을 봐요. 조금 멀어도 잘 보이는 모양이에요.

첫 그네인데 자극이 약한 모양!?
동네 공원에서 처음 그네를 탔어요. 조금 흔들어봤는데 무표정……. 너무 약하게 흔들었나?

9개월! 울고! 웃고!

☺ 뭔가를 짚고 걸을 수 있게 되자 선반 위에 있는 물건에도 손을 뻗었어요. 어느 날 뭔가 무척 흥미가 있는 것인지 소중하게 들고 있다고 생각한 순간, 서 있는 거예요! 나를 보고 싱글벙글. 비디오로 촬영해두고 싶었는데~.

☹ 어린이집에 다니게 되었어요. 처음에는 아들도 울었지만 바로 익숙해진 모습이에요. 떨어져서 외로웠던 것은 저였어요. 태어나서 지금까지 항상 함께 있었기에 정말 허전하더라고요.

☺ 5~6개월쯤 "아~아~" 하면서 조잘대기 시작했어요. 다음에는 "마~마~(엄마)"라고 하나 생각했더니 "빠……빠"라고 하네요. 남편은 좋아서 어쩔 줄 몰라 하고, 나는 딸아이가 "빠"라고 말할 때마다 "마"라고 고쳐주고 있어요.

☹ 뭔가를 짚고 서고 걸을 수 있게 되자 제 힘으로 서고 싶었는지 손을 떼고 서보려고 했어요. 하지만 바로 엉덩방아를 찧고 말았죠. 가끔 침대 난간이나 테이블에 턱을 찧고 울곤 해요.

☺ 장난감 회사에서 주최한 빨리 기기 대회에 참가했어요. 그냥 추억을 만들 생각으로 참가했는데 결승 토너먼트에 진출해서 보란 듯이 우승! 앞서 가던 아이들이 골 지점 직전에 갑자기 멈춰 서는 등 사고가 연속적으로 일어나는 행운이 따른 결과였죠.

9개월 궁금한 점 Q&A

 **어떻게 하면 빨대나 컵으로 먹게 할 수 있나요**

 이유식을 먹을 때 옆에서 흥미를 갖게 하세요

9개월이면 빨대나 컵을 싫어하는 아이도 많으며, 아직 젖병으로 먹어도 상관없습니다. 다만 수유 시간은 정확하게 정해놓으세요. 하루 종일 조금씩 먹이는 것은 좋지 않습니다. 빨대나 손잡이가 달린 컵에 익숙해지게 하고 싶으면 이유식을 먹을 때 옆에 놓고 흥미를 갖게 하고 언제든지 먹을 수 있게 해두세요. 싫어하는데 억지로 하게 할 필요는 없습니다. 습관을 들이고 조금씩 연습을 하면 이윽고 사용할 수 있을 거예요.

컵 사용하기

컵을 사용하게 되기까지의 과정

① 먼저 숟가락에 익숙해지게 한다.
② 종지 등 작은 그릇으로 먹여본다.
③ 컵 가장자리를 잡고 먹여본다.

처음에는 입으로 컵을 자꾸 물어도 그냥 내버려두세요. 1년 6개월쯤 되면 스스로 마실 수 있게 되니 여유를 갖고 시도하세요.

Keyword

오른손잡이, 왼손잡이

대뇌에 의해 결정되기 때문에 억지로 바꾸면 안 좋은 영향이 미칠 수도 있다

주로 쓰게 되는 손은 대뇌에 의해서 결정됩니다. 왼손잡이라고 해서 억지로 오른손잡이로 고쳐주려고 하면 말을 더듬게 되는 등 영향을 받을 수 있어요. 2세쯤 되면 알 수 있지만 3세쯤에 바뀌는 경우도 있고, 4세쯤에는 확실히 정해진다고 합니다. 만약에 왼손잡이라고 해도 그 아이의 개성으로 받아들이세요. 요즘엔 왼손잡이 전용 가위나 칼 등 편리용품도 많아서 생활에도 크게 불편하지 않아요.

 왼손잡이는 고쳐주어야 할까요

 억지로 고쳐주지 말고 아이가 하고 싶은 대로 하게 놓아두세요

아이는 처음에는 좌우 손을 똑같이 사용합니다. 그러다가 점점 즐겨 사용하는 손이 정해지는데, 생후 4년 무렵이면 오른손잡이인지 왼손잡이인지 확실해집니다. 지금 왼손을 자주 사용한다고 해서 왼손잡이라고 할 수는 없으니 억지로 오른손잡이로 바꾸려고 하지 말고 자연스럽게 아이가 사용하고 싶은 손을 쓰게 하세요.

 먹은 것이 소화되지 않은 채 그대로 변으로 나와요

 소화할 수 없는 음식이 나온 것뿐이니 걱정하지 마세요

이유식을 시작하면 변의 형태나 횟수가 바뀌는 아이가 많습니다. 이유식으로 먹은 음식의 일부가 완전히 소화되지 않고 거의 그대로 변에 섞여서 나오는 경우도 있습니다. 그럴 때면 엄마는 깜짝 놀라겠지만 설사나 변비가 아니고 체중도 늘어나고 있다면 필요한 영양분은 섭취하고 있는 것이므로 안심해도 됩니다. 다만 아이는 성인보다 소화하는 힘이 약하니 소화하기 쉬운 식재료를 선택해서 천천히 가열하는 등 조리법에 주의를 기울이세요.

젖을 물려 안고 재우지 않으면 자지 않아요

이 시기에만 할 수 있는 일이니 즐기는 마음으로

9개월 아이는 아직 혼자서 자는 게 어려울 수 있습니다. 아이는 생후 1년 무렵부터 젖을 떼고, 응가를 하거나 오줌을 싸면 엄마에게 알려주고, 혼자서 자게 됩니다. 이런 과정을 통해 젖먹이에서 유아기로 이행해가는 거죠. 그 무렵이 되면 자연스럽게 혼자서 자게 될 거예요. 젖을 물려 재우는 시기는 긴 육아 기간 중 얼마 안 되니 지금 이 시기에만 할 수 있는 아이와의 육체적 접촉을 즐기는 마음으로 해주세요.

기엄기엄 기기를 하지 않아도 상관없나요

앉아 있을 수 있다면 걱정할 필요 없어요

앉아 있거나 잡고 서기는 해도 기엄기엄 기기는 하지 못하는 아이가 있습니다. 기엄기엄 기기는 보통 8~9개월 쯤부터 시작하지만, 아이에 따라 발달 과정이 다르기 때문에 앉거나 잡고 서기를 한다면 기엄기엄 기기를 하지 않아도 그다지 걱정할 필요는 없습니다. 좀처럼 앉지 않는 아이나 기엄기엄 기기를 하지 않고 배밀이에서 바로 일어서는 아이 등 발달 과정은 아이에 따라 다릅니다. 그리고 기엄기엄 기기는 발달이 진행되어야만 시작되는 것이 아니라 '움직이고 싶다'는 아이의 의욕이 있어야 합니다. 앉아서 조용히 노는 쪽을 좋아하는 등 아이의 취향에 따라 기엄기엄 기기를 하지 않을 수도 있습니다.

밤중에도 병원에 가야 하는 상황은?

수분을 섭취하고 잘 수 있을 정도라면 OK

이 정도의 월령이 되면 열이 자주 나는 아이도 있습니다. 밤중이라도 병원에 가야 하나 고민하는 부모가 많은데, 사실 야간 긴급 진찰을 받으러 가야 하는 경우는 적습니다. 열이 높아도 수분을 섭취하고, 꾸벅꾸벅 졸더라도 잠을 잘 수 있다면 아침까지 기다려서 일반 진료 시간에 가도 별문제 없습니다. 밤중에 데리고 나가서 몸이 지치는 것보다 집에서 자는 편이 아이에게도 부담이 적고요. 다만 아래와 같을 때는 밤중이라도 병원에 가야 합니다.

야간 진료에 대해서

서둘러 병원에 가자!

☑ 생후 3개월 이내의 발열.
☑ 설사나 구토를 심하게 하고 수분을 섭취하지 못한다.
☑ 의식이 뚜렷하지 않다.
☑ 열이 심하게 높아졌다가 내려가는 등 증상이 일정하지 않다.
☑ 호흡을 제대로 못 한다 등.

체온, 구토, 설사에 대해서 기록해놓으면 진찰을 받을 때 참고가 됩니다. 평소와 확실히 다르게 울거나 고통스러운 듯이 울 때는 큰 병일 가능성이 있으니 즉시 병원에 가세요.

건강검진 체크 포인트

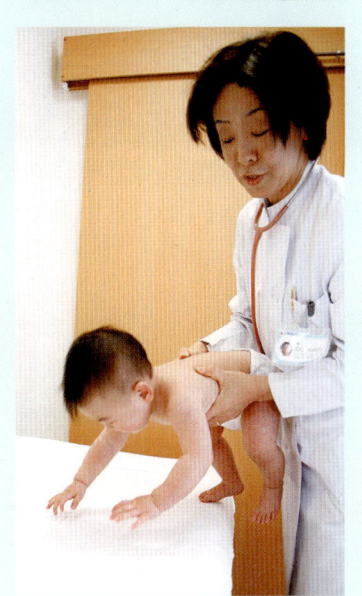

손가락의 움직임이나 앉은 상태를 확인합니다. 주위에 관심을 갖는 모습이나 사시, 이가 나왔나 등도 검사합니다.

9~10개월

★ **낙하산 반사**
몸을 일으켜 세우고 갑자기 앞으로 몸을 숙였을 때 양팔을 앞으로 내미는지 확인한다.

★ **기는 동작**
배밀이를 하든 엉덩이를 올리고 기어가든 어떤 방법이든 상관없다.

★ **잡고 서기**
벽을 짚고 설 수 있는가를 살펴본다. 어려운 동작이므로 아직 못해도 걱정할 필요는 없다.

★ **손가락의 움직임**
블록 등 작은 장난감을 손가락으로 집을 수 있는지, 말초 신경이 작용하는지를 관찰한다.

낙하산 반사 검사는 혼자 걸을 준비가 되었는지를 확인하기 위해서 합니다. 기엄기엄 기기 상태도 관찰합니다.

10개월

왕성한 호기심으로 주위를 탐험!
벽을 짚고 걷거나 잠시나마 서 있기도

우리도 10개월 Baby

♂ 75.0cm ★ 10.4kg　♂ 71.0cm ★ 9.2kg　♀ 74.2cm ★ 9.6kg

	키	몸무게
남아	74.60~76.50cm	9.68~9.77kg
여아	73.50~75.60cm	9.25~9.28kg

※ 10~11개월 미만의 신장과 체중

엄마, 아빠의 칭찬이 아이의 원동력이 된다

혼자 앉을 수 있고 기어 다니고 손가락도 사용할 수 있게 되면서 아이가 할 수 있는 일이 많아집니다. 반면 엄마, 아빠가 하지 않기를 바라는 일을 하는 경우도 늘어나죠. 아이가 아무 것도 할 수 없었을 때는 엄마, 아빠가 뭐든지 해주고 아이가 뭘 해주기를 바라는 마음은 없었을 것입니다. 되도록 아이에게 부정적인 말은 하지 말고 성장할 때마다 "잘한다"고 칭찬해주세요. 엄마나 아빠의 격려가 아이의 '의욕'을 높여줍니다.

운동 능력 — 계단을 기어 올라가는 아이도! 반드시 안전 대책을

이 시기 대부분의 아이는 뭔가를 짚고 서거나 걸을 수 있습니다. 목부터 시작해서 다리까지 운동 능력이 발달했기 때문이죠.
손가락도 능숙하게 사용할 수 있습니다. 물건을 집을 수 있고, 스위치를 비틀거나 버튼을 누를 수도 있기에 부엌에 들여보내서는 안 됩니다. 가스레인지같이 불이 나오는 물건을 건들면 뜨겁다는 점을 가르쳐주고 안전 대책을 강구하세요.
기는 게 숙달되어 다리와 허리가 튼튼해지면 턱이 진 곳도 넘어가고 계단도 올라가니 굴러 떨어질 수 있는 곳에는 안전문을 만들어놓고, 계단이나 현관 등 위험한 곳은 반드시 문을 잠가두세요.

몸 — 공원이나 놀이방에서 충분히 돌아다니게 하자

활발하게 몸을 움직이고 몸이 점점 더 단단해집니다. 쉴 새 없이 움직이는 이 시기에는 잔디가 있는 공원이나 놀이방 등에서 실컷 돌아다니게 하세요. 동네 공원 등의 모래밭이나 놀이 기구 등에서 놀게 하는 것도 중요합니다. 또래 아이들과 만나고 모래, 물, 바람 등의 촉감을 느끼면서 오감이 자극받기 때문이죠. 아이의 몸과 마음이 성장하기 위해서는 밖에서 놀아야 합니다.

마음 — 자기주장이 강해지고 좋고 싫은 것을 표현한다

자기주장이 강해져서 좋고 싫은 것을 확실하게 표현합니다. 원하는 물건이 있으면 바로 다가가고, 그것을 빼앗으면 울면서 항의를 하죠. 기저귀 갈아주는 것을 싫어해서 도망을 다니거나 울면서 반항도 합니다. 생후 2년 때의 '자기주장기', '반항기'의 시작을 알리는 일로, 이제 곧 육아의 새로운 단계가 시작됩니다.
성인과 같은 말은 아직 못하지만 아이도 손가락으로 가리키거나 몸짓으로 의사 표현을 합니다. 원하는 물건을 손가락으로 가리키거나 다 먹은 접시를 가리키며 '더 달라'고 주장하죠. 그럴 때 엄마가 "더 먹고 싶어?"라고 말로 바꾸어서 표현해주면 아이는 언어의 역할을 실감하게 됩니다. 알기 쉬운 문장으로 되도록 말을 많이 걸어주세요.

10개월 아이의 식사

- 음식에 대한 욕구가 생기고 열심히 손으로 집어 먹는다.
- 좋아하는 음식과 싫어하는 음식이 생기고, 음식에 따라서 먹는 양이 달라지기도 한다.

아침, 점심, 저녁을 가능한 한 일반적인 식사 시간에 맞추자

일반적인 식사 시간에 맞춰 식사를 하면 규칙적인 생활 리듬을 갖추기 쉬워집니다. 다양한 음식에 흥미가 생기고 스스로 먹고 싶어 하는 의욕도 강해집니다. 특정 음식을 가리기도 하고 적게 또는 많이 먹기도 하니 무조건 먹으라고 강요하지 말고 다양한 메뉴를 개발해 먹여보세요.

표정 · 기분이 얼굴에 나타난다

자기주장이 강해지고 싫어하는 일은 '싫다'고, 하고 싶은 일은 '하고 싶다'고 표현합니다. 행동을 제한하면 화가 나서 울곤 하죠.

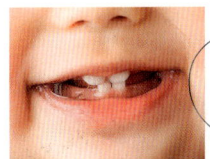

입 · 총 4개의 앞니가 난다

유치는 틈이 있거나 비뚤게 나오기도 합니다. 이가 옆쪽으로 나도 제자리를 찾게 마련이니 걱정하지 않아도 됩니다.

손 · 손가락으로 스위치를 누른다

손가락으로 바닥에 떨어진 작은 물건을 집거나 TV 스위치 등을 누를 수 있습니다. 그만큼 엄마는 아이에게 점점 더 눈을 뗄 수 없겠죠?

다리 · 벽을 짚고 걷는다

뭔가를 잡고 서고, 벽을 짚고 걸어 다니기 시작합니다. 발달이 빠른 아이는 일어서거나 두세 걸음 걷기 시작하는 아이도 있지만, 못하더라도 초조해할 필요는 없습니다.

10개월은 이런 느낌!

엄마, 아빠를 흉내 내며 빠이빠이

"빠이빠이", "만세" 등 엄마, 아빠의 몸짓을 흉내 내기 시작합니다. 물론 흉내 내기에 관심이 없는 아이도 있으니 하지 않아도 걱정할 필요는 없습니다.

안정적으로 뭔가를 잡고 선다

발바닥 전체를 사용해서 설 수 있으므로 소파나 책상을 잡고 안정적으로 일어섭니다. 벽을 짚고 걸어 다니거나, 소수이지만 잠깐 동안이나마 일어서는 아이도 있습니다.

10개월 아기의 생활
어떻게 생활하고 있을까?

이렇게 성장해요!
우 신장 70.0cm ★ 체중 8.3kg
촬영일/10개월 23일째

일상 속에서 놀이를 발견해서 즐기자

혼자 집중해서 노는 시간이 많아지고, 엄마도 조금 편해집니다. 하지만 다칠 위험이 없는지, 다른 사람들에게 피해를 주지는 않는지 유심히 지켜봐야 합니다.

이 시기에는 엄마, 아빠가 하는 말을 흉내 내니 "까까", "맘마" 등 아이가 말하기 쉬운 단어로 언어 놀이를 해보세요. 아이가 좋아하는 놀이는 일상생활 속에 많습니다. 종이를 구깃구깃 구기거나, 엄마와 아빠가 기어가면서 아이 뒤를 쫓거나, 그림책을 팔랑팔랑 넘기거나 등. '까꿍 놀이'도 무척 좋아합니다. 엄마, 아빠는 "이게 뭐가 재미있지?" 생각되는 동작도 아이에게는 훌륭한 놀이가 되니 반드시 같이 놀아주세요.

혼자 집중해서 놀고, 엄마와 함께 놀고~

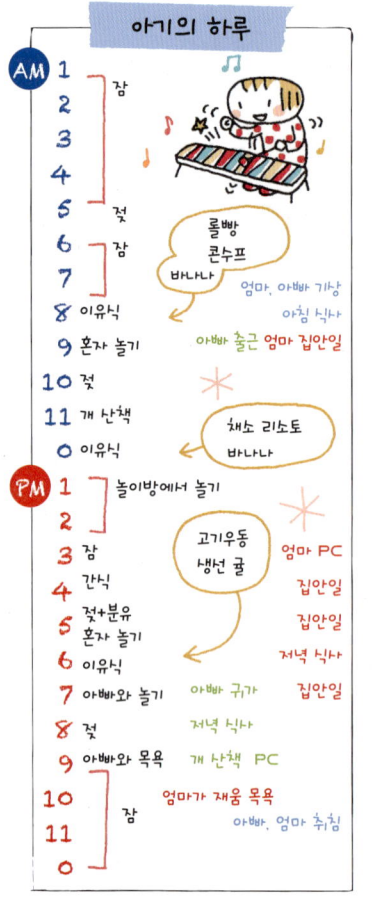

10개월이 되자 이가 나기 시작했다
좀처럼 이가 안 나서 애를 태웠는데, 어느 날 갑자기 아랫니보다 먼저 윗니가 2개 보였어요. 이제야 안심.

초보 엄마의 육아 일기

밤에는 잘 자는데 낮에는 자지 않아요
밤에는 자장가를 불러주면 30분 이내에 자고 아침까지 7시간은 푹 자요. 밤에 우는 일도 거의 없고 야간 수면은 딱히 문제가 없는 아이. 그런데 문제는 낮잠……. 점심을 먹은 뒤에 졸린 듯이 칭얼대기에 안아주어도 전혀 잘 생각을 하지 않습니다. 결국 낮잠을 자지 않은 채 밖에 데리고 나가서 놀게 하죠. 오후 3시가 지나 집에 돌아오면 20~30분 정도 자는데, 이러면 수면 시간이 부족하지 않을까요? 생활 리듬을 다시 살펴보고 낮잠을 자게 하는 것이 앞으로의 과제예요. 그렇게 하면 낮에 내 시간이 늘어날 것을 기대하며……

실로폰으로 혼자 논다 ♪ 진지한 표정으로 탕탕
지금까지는 장난감 실로폰을 주면 채만 입에 넣고 빨았는데, 엄마가 그림책을 보여주었더니 탕탕 두들기며 소리를 내요.

기분이 좋을 때 잠깐 동안 '일어섰다' 감동!

기기와 잡고 서기로 행동반경이 넓어진다

다른 아이보다 빨리 기더니 속도가 빨라졌어요. 또 벽을 짚고 걸으니 높은 곳에도 손이 닿아요. 호기심 때문에 운동 기능이 발달하고 있습니다.

아빠의 서랍에 뭐가 있을까
아빠의 서재에 들어가더니 서랍을 뒤져서 안에 있는 것을 하나하나 꺼내놓아요(일을 만들죠). 서랍에 손가락이 끼일 수 있으니 조심!

문을 열고 닫는다
문을 조금 열어두면 그 틈으로 손을 넣어서 열어요! 어딘가에 가버리는 경우도 있고요. "문은 확실하게 닫아놓아야겠다"고 반성하고 있습니다.

안아서 옷을 갈아입힌다
눕혀놓으면 싫은 표정을 지으면서 도망가기에 어쩔 수 없이 요즘에는 안은 채 옷을 갈아입히고 있어요. 엄마는 다리에 쥐가 날 것 같아요.

5초 동안 섰다
엄마를 잡고 일어나더니 손을 떼고 섰어요. 하지만 5초 뒤에는 엉덩방아.

하나, 둘 걸음마 연습
아직 혼자서 걷는 것은 무리이지만, 엄마가 양손을 잡아 올려주면 아장아장 앞으로 발을 내밀어요. 이 득의양양한 표정!

10개월! 울고! 웃고!

😊 온 방 안을 기어 다니고 뭔가를 잡고 서고부터는 곳곳에 안전문을 설치했어요. 그런데 내가 안전문에 걸려 넘어져서 늑골에 금이 갔어요! 아이는 놀라서 눈이 휘둥그레졌고요. 전혀 예상치 못한 부상이었죠.

😊 어린이집에 보낸 첫날에는 아이가 잘 적응하는지 한참을 지켜보다가 집에 돌아왔어요. 그런데 다음 날, 느닷없이 어린이집에서 "열이 난다"는 전화가 왔어요. 엄마 곁을 떠나면 갑자기 아플 수도 있다는 말은 들었지만 하루 만에 일어난 일이라 깜짝 놀랐죠. 그로부터 일주일 쉬고 회복되었는데, 다음에는 내가 열이 나버렸어요.

😊 엄마와 잠시만 떨어져도 뒤를 쫓아와요. 울면서 쫓아오느라 눈은 거의 감은 상태다 보니 문에 머리를 부딪치기 일쑤죠. 그러면 아프니까 더 울고요. 그래도 나는 배가 아파서 화장실에 들어가 있을 수밖에 없었죠……. 내가 볼일을 마칠 때까지 아이는 숨이 넘어갈 듯 계속 울어댔어요.

😊 기어가는 동작을 할 수 있게 되었는데 뒤로 기어가는 통에 가족 모두 웃음보가 터졌죠. 내가 기어가는 모습을 보여주자 따라서 흉내를 내더니 그제야 앞으로 가게 되었죠. 같은 시기에 소파를 잡고 일어서기를 시작했고요.

😊 자기보다 2개월 늦게 태어난 사촌 동생과 매일 함께 노는데, 이 무렵에는 장난감 쟁탈전이 시작됐죠. 아들이 빼앗으면 사촌 동생은 큰 소리로 화를 내며 되찾아오고, 아들이 다시 빼앗아오고…… 이런 모습이 귀여워서 비디오로 촬영해서 남편에게 보여주었어요.

10개월 궁금한 점 Q&A

엄마, 아빠의 흉내를 내지 않아요

성격에 따라서 잘 하지 않는 아이도 있어요

이 시기에는 '빠이빠이'나 '짝짜꿍' 등 엄마, 아빠의 동작을 흉내 내곤 합니다. 흉내 내기나 언어 발달은 아이의 성격 등과도 관련이 있습니다. 아이에게도 개성이 있기에 적극적인 아이, 얌전한 아이, 가만히 생각한 뒤 행동하는 아이 등 다양합니다. 그렇기 때문에 '하지 않는' 것이 곧 '발달이 늦는' 것은 아닙니다. 흉내를 내면 엄마가 기뻐한다는 사실을 알고 열심히 흉내를 내는 서비스 정신이 왕성한 아이도 있으며, 가끔 하면 된다고 생각하

는 아이, 하고 싶지 않아 하는 아이도 있습니다. 억지로 시킬 필요는 없으며 엄마, 아빠가 직접 보여주면서 아이가 따라 하고 싶은 생각이 들 때까지 기다리세요.

이유식을 주기 전이나 준 다음에 젖을 달라고 해요

아직 모유도 필요한 시기이니 식후에 먹여도 돼요

슬슬 젖을 뗄 생각을 하는 엄마도 있을 테지만 하루에 3번 이유식을 먹어도 생후 10개월쯤에는 이유식만으로는 필요한 영양이나 칼로리를 전부 섭취할 수 없습니다. 이유식 외에 모유나 분유를 먹여서 영양을 보충할 필요가 있으니 젖을 원하면 원하는 만큼 주세요. 다만 배가 비워 있을 때는 먼저 이유식을 먹이고, 그 뒤에 모유나 분유를 주는 편이 좋습니다.

흉내 내기

엄마나 아빠의 행동이나 표정을 흉내 낸다

생후 10개월 무렵
머리를 흔들거나 손을 흔들거나
주변 사람이 하는 모습을 유심히 본 후 빠이빠이, 짝짜꿍 등을 합니다. 시기는 아이마다 다르니 초조해하지 마세요.

생후 1년 무렵
주변 사람의 행동을 보고 흉내 낸다
어른들의 행동에 흥미를 보이고 전화 등 도구를 사용하는 법도 흉내를 냅니다. 이 닦기 등 생활 습관도 흉내 내게 해서 습득을 시키세요!

아이끼리 놀 때 부모가 개입하는 편이 좋을까요

다치거나 사고가 날 것 같으면 바로 중지를 시키세요

이 무렵에는 아이끼리 서로 장난감을 빼앗는 모습을 종종 볼 수 있는데 어느 정도는 그냥 지켜봐주는 편이 좋습니다. 다만 딱딱한 장난감으로 때리는 등 다칠 우려가 있을 때나 사고로 이어질 것 같을 때는 바로 중지시키세요. 아이는 '이런 행동을 하면 위험하다'는 것을 모르니까요. 늘 아이에게 눈을 떼지 말고 지켜보다가 위험할 때는 바로 장난을 그만두게 하세요.

옹알거릴 때 맞장구를 쳐주는 편이 좋을까요

간단하게라도 맞장구를 쳐주는 편이 좋아요

아이가 "아- 아-", "쿠-"와 같이 옹알거리는 소리에 엄마도 자연스럽게 "응응, 그렇지" 하며 대답을 해주세요. 자기가 제일 좋아하는 엄마와 말을 주고받으면 아이는 기분이 좋아지고 더욱 활발하게 소리를 냅니다. 가령 이유식을 먹을 때는 "맛있지", 산책할 때는 "바람이 시원하네" 등과 같이 아이의 기분을 대변해서 표현해주세요. 체험하는 것을 말로 바꿔서 표현해주면 이해할 수 있는 언어가 늘어납니다.

 **수영을 하면 중이염에 걸릴까요**

 **수영을 한다고 중이염에 걸리지는 않아요**

설령 귀에 물이 들어가더라도 고막 안까지 들어가는 일은 없으므로 수영으로 인해 중이염에 걸리지는 않습니다. 만일을 대비해 물에서 나온 뒤 면봉 등으로 귀의 입구 주변을 가볍게 닦아주세요. 감기 등으로 인해 중이염이 걸렸을 때는 귓속에 염증이 생기니 물에 들어가거나 운동을 시키지 마세요.

중이염이란

'급성 중이염'과 '삼출성 중이염'이 있다

급성 중이염은 세균이 귀 안의 중이에 들어가 일으키는 질환입니다. 콧물이 나올 때 발생하기 쉽고, 귀 고름이 나오거나 강한 통증이나 고열을 동반합니다.
삼출성 중이염은 점막에서 배어 나온 삼출액이 중이에 고이는 것이 원인이며, 급성 중이염에 이어서 일어나는 경우도 있습니다. 콧물이 계속 나올 때 걸리기 쉬우며 청각이 나빠집니다.

 **엄마의 손이나 팔을 물면 안 된다고 가르쳐주어야 할까요**

 **그 자리에서 반복해서 안 된다고 말해주세요**

아이는 생글생글 웃으면서 엄마의 팔을 물곤 하는데 악의 없이 놀이로 즐기는 거예요. 하지만 해서는 안 되는 일은 그 자리에서 "하지 마", "아야" 등 표현을 해서 가르쳐주세요. 엄마가 아파도 참고 있으면 '해도 좋은 일'이라고 아이는 잘못 이해하니까요. '이것을 하면 엄마가 싫어한다'는 점을 알게 해주기 위해서도 그 자리에서 몇 번이고 "아프니까 하지 마요"라고 말해주세요. 반복해서 말을 해주면 아이도 차츰 이해하고 하지 않게 됩니다.

 "안 된다"는 말을 자꾸 하게 돼요

 안전한 환경을 조성해서 "안 된다"는 말을 줄이세요

아이가 활발하게 움직일 수 있게 되면 장난도 심해집니다. 장난을 하는 이유는 '재밌을 것 같기도 해서'이겠지만, '엄마의 관심을 받고 싶기도 해서'입니다. 생명과 관계가 있는 위험한 장난은 무서운 얼굴로 "하면 안 된다"고 확실하게 말해주어야 하지만, 먼저 안전하게 놀 수 있는 환경을 만들어주는 등 사전에 위험을 방지해서 "하면 안 된다"는 말을 덜 할 수 있도록 하세요. 아이가 흥미 있는 물건을 갖고 놀고, 칭찬을 자주 받으면 엄마의 관심을 끌기 위한 장난도 줄어들 거예요.

11개월

언어 이해 속도가 급속히 빨라지고 감정도 발달하고 자기주장도 강해진다

우리도 11개월 Baby

♂ 76.0cm ★ 10.0kg ♀ 69.6cm ★ 8.1kg ♀ 74.0cm ★ 9.2kg

	키	몸무게
남아	72.9~80.1cm	8.47~11.07kg
여아	71.7~79.5cm	8.08~10.48kg

※11개월~1세 미만의 키와 체중

개성이 나타나니 받아들이고 길러주자

이제 1개월만 있으면 첫돌을 맞습니다. 이 무렵에는 혼자서 일어서는 아이도 많으니 슬슬 신발을 준비해야 할 시기입니다. 태평스런 아이, 대담한 아이 등 아이의 개성도 뚜렷하게 나오는 시기로, 주변 사람들로부터 엄마와 아빠 중 누구를 닮았다는 말도 자주 듣게 됩니다. 하지만 유전만으로 모든 것이 결정되는 것이 아니니 주위 사람들이 세심하게 신경 써서 아이의 재능을 향상시켜주세요.

운동 능력 | 짚고 걷기는 운동 능력 외에 성격도 영향을 미친다

기는 것이 숙달되고 하반신에 근육이 붙고 다리 힘이 강해져서 뭔가를 잡고 일어설 수 있게 됩니다. 또 잡고 서기에 익숙해져서 벽 등을 짚고 걸어 다니기 시작합니다. 이때 아이는 내심 긴장을 하고 있습니다. 조심조심 발을 내밀고 몇 걸음 걷고 다시 기기 상태로 돌아오는 일도 있습니다. 신중한 성격의 아이는 좀처럼 걷지 못하는 경우도 있습니다. 이 시기에는 아이마다 발달 정도가 크게 달라지니 엄마, 아빠는 애를 태우거나 다른 아이와 비교해서는 안 됩니다. 아이가 스스로 '하고 싶다'는 생각이 들 때까지 기다리세요. 손가락도 점점 더 자유롭게 씁니다. 가전제품의 스위치를 누르고 끄는 것을 좋아하거나, 블록 등을 2개 정도 쌓을 수 있습니다. 숟가락을 능숙하게 입으로 가져가는 아이도 있습니다.

몸 | 개인차는 있지만 단단한 체형으로

통통한 체형은 살이 빠지면서 단단해집니다. 근육도 붙으면서 부드럽고 통통했던 아이다운 모습도 이제 곧 사라집니다. 체형에도 개인차가 있기에 아직 통통해도 걷기 시작하면 운동량이 늘어나 살이 빠집니다.

시력 면에서는 엄마, 아빠가 멀리 있는 것을 가리켜도 아직 시야에 들어오지 않고 대상물이 뭔지 몰라서 엄마의 손가락을 쳐다보기도 합니다. 듣는 능력이 향상되어 엄마, 아빠가 하는 말의 일부를 흉내 내거나 음악에 맞춰 몸을 움직입니다.

마음 | 동작과 말이 연결되고 예측을 하는 경우도

놀이의 내용이 향상되어 "주세요", "받아요"와 같은 주고받기를 반복하면서 동작과 말이 연결됩니다. 기억력이 생기고 예측도 할 수 있게 되기에 '까꿍 놀이'를 할 때 '언제 엄마가 까꿍 하고 나올까?' 하며 두근거리는 마음으로 기다리며 즐길 수 있습니다.

혼자서 조용히 뭔가에 집중해서 노는 시간도 늘어납니다. 그 동안의 경험으로 엄마가 자신을 지켜보고 있다는 것을 알기에 안심하고 노는 것입니다. 하지만 여전히 아이에게 눈을 떼어서는 안 됩니다.

11개월 아이의 식사

- 놀고 먹고……, 먹고 싶은 것만 먼저 먹는 아이도
- 철분이 부족하지 않도록 신경 쓰자

꿀꺽 삼켜 먹는지, 제대로 씹어 먹는지를 확인하자

이유식도 후반기에 들어섰습니다. 제대로 음식을 잘게 으깨서 먹고 있는지 확인하세요. 아이는 이가 아니라 혀나 잇몸으로 으깨서 먹기 때문에 딱딱하면 그냥 삼켜버립니다. 크기나 딱딱한 정도를 신경 써서 고기나 생선을 이용한 음식으로 철분을 보충해주세요.

표정

주고받기 놀이를 하며 환히 웃는다

엄마, 아빠가 "빠이빠이" 하면 손을 흔들거나, "주세요" 하며 손을 내밀면 물건을 건네줍니다. 주변 사람과 소통하는 것을 즐기는 마음이 웃는 얼굴로 나타납니다.

입

엄마, 맘마, 아빠를 말하기도

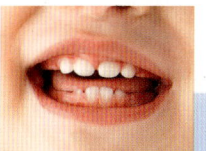

의미를 잘 알 수 없는 옹알이가 시작됩니다. '아빠', '엄마', '맘마' 등 의미 있는 말을 1~2개 하는 아이도 있습니다. 유치는 상하 8개가 됩니다.

다리

벽을 짚고 걸어가며 이동한다

대부분의 아이가 기엄기엄 기거나 벽 등을 짚고 걸어 다니면서 이동할 수 있습니다. 다리를 자유롭게 움직여서 소파에 올라가거나 장애물을 넘어가는 아이도 있습니다.

손

손가락에 힘을 줄 수 있다

손가락에 힘을 줄 수 있고 간단한 뚜껑은 열고 닫을 수 있습니다. 숟가락으로 먹으려고 하는 아이도 있는데 아직 들고 있기만 할 뿐입니다.

11개월은 이런 느낌!

작은 의자나 손으로 미는 장난감 차를 잡고 걷는다

가구나 벽을 짚고 걸어 다닐 뿐만 아니라 손으로 미는 장난감 차나 골판지 상자 등을 짚어가며 걸을 수 있습니다. 혼자서 걸으려면 아직 좀 더 시간이 필요!

거울에 흥미를 보이며 가만히 바라본다

아이는 저월령 때부터 인간의 얼굴에 흥미를 보입니다. 거울에 비친 자기 얼굴도 흥미진진. 기분이 나쁠 때도 거울을 보여주면 싱글벙글.

11개월 아기의 생활

어떻게 생활하고 있을까?

이렇게 성장해요!
우 신장 73.2cm ★ 체중 8.7kg
촬영일/11개월 15일째

낮잠은 1일 1회, 저녁까지 재우지 않고 생활 리듬을 일정하게

첫돌이 되기 전에 생활 리듬을 다시 한 번 살펴보세요. 식사 시간이나 수면 시간이 일정한지, 낮에 활동하고 있는지, 세끼 식사를 가족과 함께하고 있는지 등을 체크합니다.

많은 아이들이 낮잠은 1일 1회, 오후에 자고, 밤에 잠들면 아침까지 푹 잡니다. 낮잠을 해 질 무렵까지 자면 밤에 재우기 힘드니 낮잠은 일찍 재우고 늦어도 오후 3시에는 일어나게 해서 활동을 시키세요.

손가락을 자유롭게 사용하고 벽 등을 짚고 다니면서 이동을 할 수 있으므로 주변에 위험한 물건이 없는지 확인한 뒤 치워주세요.

자신이 숨고 "까꿍" 하며 나오는 모습이 귀엽다

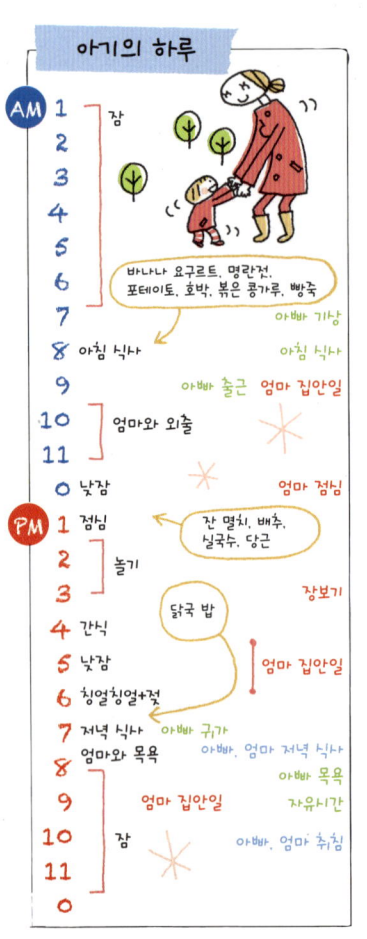

커튼 뒤에 숨어서 준비!
두근거리는 느낌이 좋은지 '까꿍 놀이'를 무척 좋아해요. 엄마가 해주는 것보다 자기가 하고 싶어 하죠. 이렇게 커튼 뒤에 숨어서……

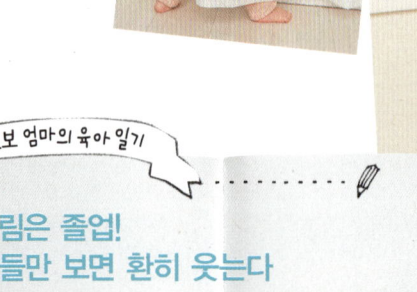

초보 엄마의 육아 일기

낯가림은 졸업! 사람들만 보면 환히 웃는다

낯가리고 엄마 쫓아다니며 울던 시기도 지나고, 집에 놀러 온 엄마 친구들을 보고 환히 웃어주는 모습을 보며 '많이 컸구나!' 하고 실감해요. 다만 자기주장을 하기 시작해 싫은 일이 생기면 울음을 터뜨리네요. 혼자서 노는 시간이 많아지고 요즘에는 버튼을 누르면 소리가 나는 장난감을 건네주면 좋아서 어쩔 줄 몰라 하죠. 음악에 맞춰 손뼉을 치거나 몸을 흔들며 즐기고, 어른의 흉내를 내는 것도 좋아해요. 엄마가 하는 것을 보았는지 대가 짧은 걸레를 잡고 바닥 위의 먼지를 닦기도 하네요. 적극적으로 집안일을 도와주고 있어요.

'까꿍' 소리에 맞추어서 등장!
엄마가 "까꿍" 하고 말해주면 웃는 얼굴로 커튼 뒤에서 나와요. 그 표정이 귀여워서 몇 번이나 반복하며 즐기고 있어요.

걷는 것이 재미있고 신나요

이쪽으로 오세요~

스위치나 버튼을 조작
손가락을 능숙하게 사용할 수 있게 되었어요. 진지한 표정으로 장난감 악기의 작은 버튼을 집게손가락으로 눌러서 소리를 울려요.

동요도 따라 부른다
버튼을 누르면 동요가 흘러나오는 장난감. 노래가 시작되면 손 박자를 맞추거나 춤을 춰요.

손으로 미는 장난감 차로 '어디든지'
손으로 미는 장난감 차를 덜컹덜컹 밀면서 기세 좋게 걸어요. 아직 방향 전환은 할 수 없어서 벽에 부딪치면 엄마가 안아서 원래 장소로 데려다주죠.

아주 잠깐이지만 걸었다!
벽을 짚고 서 있기에 조금 떨어진 곳에서 기다리고 있었더니 불안한 걸음걸이로 엄마에게 걸어왔어요!

기저귀를 휙, 휙 → 이런 웃는 얼굴로
기저귀 서랍에 들어 있는 종이 기저귀의 테이프를 벗겨내고 휙휙 던지는 장난감에 신이 나 있네요. 재미있어하는 표정을 보면 화를 낼 수가 없어요!

ADVICE 신발이 필요할 때!
서거나 걷는 시기이므로 선물로는 신발이 딱 좋아요! 발의 모양이나 발등의 높이 등은 개인차가 있으니 직접 신겨보고 고르는 것이 좋아요.

11개월! 울고! 웃고!

☺ 같은 날에 태어난 여자아이와 놀고 있는데, 그 여자아이가 갑자기 아들에게 다가와서 끌어안더니 이마를 대고 서로 바라보고 있는 거예요! 그 모습이 어찌나 귀엽던지 나도 모르게 사진을 연신 찍었어요.

☺ 잡고 서기→벽 짚고 걸어다닐 수 있게 되자 온 방 안을 빙글빙글 돌아다니는 것이 즐거운 듯! 하지만 아들이 지나간 뒤에는 온갖 물건이 어지럽혀져 있어요. 이제 슬슬 정리도 할 수 있게 되기를.

☺ 배밀이 기간이 길어서 언제 기엄기엄 길 수 있을까 걱정했더니 소파 등을 붙잡고 일어섰어요. 우리 아이는 기기를 거치지 않고 걸으려나 보다고 생각했는데, 일주일 뒤에 처음으로 기는 모습을 보여주었고요. 발달 순서는 아이마다 다르다는 사실을 새삼 알게 되었죠.

☺ 소파를 잡고 일어서 싱글벙글거리며 있었는데 갑자기 무릎이 꺾이며 넘어져서 앞니 끝이 깨졌어요. 그 뒤 건강검진을 받을 때마다 '앞니 깨짐'이라고 기입되어 반성을 하고 있어요. 역시 테이블이나 모서리에는 쿠션 보호막을 설치해야 한다는 사실을 실감했죠.

☺ 처음으로 시금치 무침과 달걀 프라이를 해 주었더니 입을 크게 벌리고 꼭꼭 씹어 먹은 뒤 볼을 손으로 만지며 '맛있어'의 포즈! 얼마나 기쁘던지 나도 모르게 꽉 안아주었어요.

11개월 궁금한 점 Q&A

놀면서 먹는 것을 그만두게 하고 싶어요

밥 먹다가 놀이를 시작하면 밥을 치우세요

이 무렵부터 식사 규칙이나 시간을 조금씩 가르쳐주어야 해요. 식사 시간인데 놀면서 밥을 먹는 둥 마는 둥 하면 다음 이유식 시간과 간격이 일정해지지 않아 식사 시간이 불규칙해지니까요. 조금밖에 먹지 않아 걱정이 되겠지만 아이가 놀이를 시작하면 "다 먹었지" 하며 이유식을 치우세요. 나중에 배가 고프다고 투정을 부려도 "좀 전에 노느라고 먹지 않았기 때문이잖아. 다음 식사 시간에 먹어"라고 말하며 간식을 주지 않고 다음 식사 시간까지 공복으로 놔두는 것이 중요합니다.

식사 시간 지키기

기본 식사 시간은 15~20분

밥을 먹기 시작하고 15~20분이 지나 놀기 시작하면 식탁을 치우세요. 이때 나중에라도 간식을 주지 않는 것이 원칙이에요. 매일 이렇게 하다 보면 식사 시간에 집중해서 먹을 수 있게 됩니다.

밥 먹다가 걸어 다니면 식탁을 치워야 할까요

가정의 육아 방침이나 체중 등으로 판단하세요

의자에 똑바로 앉아서 안정적으로 먹을 수 있게 되는 것은 생후 3년 무렵부터입니다. 11개월쯤에는 얌전하게 앉아서 먹지 않는 것이 자연스럽다고 할 수 있죠. 식사량이 충분하고 체중도 늘어나는 경우에는 식사 도중 놀이를 시작하면 식탁을 치워도 됩니다. 지나치게 적게 먹은 아이는 걸어 다니면서 먹게 해도 됩니다. 엄마의 생각이나 육아 방침에 맞추어서 아이의 체중이나 먹는 모양에 따라 판단하세요.

손톱이 살을 파고 들어가는데 시간이 지나면 괜찮나요

성장하면서 대부분 나아져요

성장하면서 자연스럽게 낫는 경우가 많으니 그대로 상태를 지켜봐도 됩니다. 다만 손톱이 살을 파고들어가서 곪거나 염증을 일으킨다면 피부과나 외과에 가서 진찰을 받으세요. 그리고 손톱을 너무 짧게 자르면 손톱이 살을 파고들어가니 주의해야 합니다. 손톱은 자주 조금씩 잘라주세요. 6~7세가 돼도 낫지 않으면 병원에 가서 상담을 받으세요.

혼자서 열심히 놀 때는 그냥 놓아두는 편이 좋을까요

집중력이 생긴 것이니 조용히 지켜보세요

생후 1년에 가까워지면 장난감을 가만히 바라보거나 두들기거나 던지는 등 한층 더 호기심이 강해집니다. 손가락도 자유롭게 사용할 수 있어 장난감을 나란히 세워놓거나 겹쳐놓는 등 한층 더 고도의 놀이를 할 수 있게 되고요. 집중력이 생겼다는 증거죠. 혼자서 노는 시간을 갖게 해주세요. 엄마는 지켜보다가 아이가 더 이상 집중하지 않을 때 "예쁘게 나란히 세워 놓았네" 하고 칭찬해주세요.

 **중이염일 경우 어떤 증상이 있나요**

 **다음 증상이 의심되면 바로 병원으로 가세요**

중이염이 의심되는 경우는 콧물이 오래된 경우, 귀를 만지면 아파하는 경우, 귀에서 진물이 나오는 경우입니다. 중이염에 걸리면 아기는 통증으로 보채고 식욕이 떨어져 잘 먹지 못하는 증상도 보입니다. 이런 증상이 보인다면 가까운 소아과에 가서 진찰을 받으세요.

 **성기를 자꾸 만져요**

 **발달의 한 과정이니 하고 싶은 대로 하게 두세요**

이 시기에는 신체 부위 중 나와 있는 곳이나 들어가 있는 곳 등에 흥미를 갖습니다. 귀나 코 속에 손가락을 넣어보거나 성기를 잡아당기거나 하는데 발달의 한 과정이에요. 걱정하지 말고 하고 싶은 대로 하게 놔두세요. 다만 불결해지면 가려워서 만지기도 하니 기저귀를 갈아줄 때 오줌인 경우에도 부드럽게 닦아주고 깨끗하게 물로 씻어주세요.

 엎드려 자는데 괜찮을까요

 입이 막히지 않도록 확인하세요

유아 돌연사 증후군 때문에 태어난 지 얼마 안 된 아이는 엎드려서 재우지 못하게 하지만, 11개월쯤 되면 엎드려 자도 상관없습니다. 엄마, 아빠의 눈에는 아이가 힘들어 보일지 모르지만 자신이 편하니까 그런 자세로 자고 있는 거예요. 뼈에 나쁜 영향을 미치지는 않습니다. 다만 얼굴이 요에 파묻히지 않도록 딱딱한 요에서 재우세요. 그리고 이불이 입을 막지 않는지 수시로 확인해야 합니다.

젖떼기란

젖과 젖병에 이별을 고하는 것

이유식을 1일 3회 확실하게 먹는다면 영양을 모유나 분유에서 음식으로 공급해야 합니다. 게다가 모유가 적게 나오고, 아이가 먹는 양이 줄어들면 젖떼기를 진행합니다. 자연스럽게 젖을 떼는 것이 이상적인데 엄마와 아이의 마음에 달려 있습니다(142쪽 참고). 분유를 먹이는 아이는 젖병을 사용하지 않게 되면 젖을 떼는 셈입니다.

 **언제 젖을 떼는 것이 좋을까요**

 아이와 엄마가 충분히 만족했을 때

모유를 언제까지 주어야 한다는 기준은 없습니다. 젖을 떼는 것은 단지 젖을 더 이상 주지 않는 것이 아닙니다. "아이가 충분히 젖을 먹었다고 느끼고 엄마도 충분히 젖을 먹였다"고 서로가 만족했을 때 젖을 떼어야 합니다. 이유식을 하루에 3번 먹고, 컵이나 빨대로 수분을 충분히 섭취하는 것이 젖을 떼는 필요조건입니다. 젖만 먹고 이유식을 먹지 않으면 영양이 부족하기 때문에 이제 슬슬 젖을 뗄 준비를 해야 합니다. 또한 엄마가 직장에 복귀해야 하거나, 약을 먹거나, 모유가 나오지 않게 되거나, 밤중에 젖을 주는 것이 고통스러우면 젖을 떼는 것을 생각해야 합니다. 젖을 떼면 엄마와 아이 둘 다 허전해지는데 새로운 출발로 받아들이고 충분히 스킨십을 해주세요.

슬슬 알아봐요!
어린이집 보내기

맞벌이를 하든 전업주부이든 어린이집은 아이의 사회성을 위해서도 또 육아 부담을 덜기 위해서도 필요합니다. 본인의 처해진 상황에 따라 어린이집을 선택해야 하는데 국공립으로 운영되는 어린이집이나 교육 환경이 좋은 어린이집의 경우 입소 경쟁이 만만치 않습니다. 때가 되어 알아보면 이미 늦은 경우가 많으니 적어도 입소 예정 6개월 전에는 알아보는 것이 좋습니다. 우리 아이의 보육을 맡길 어린이집, 어떤 어린이집이 좋을지 꼼꼼히 알아봅시다.

요즘은 맞벌이 부부가 아니어도 아이의 다른 형제를 돌보기 위해서나 엄마의 휴식을 위해 아이를 어린이집에 보내는 경우가 많습니다. 어린이집에 아이를 맡기는 것에 미안함을 느끼는 엄마들도 있지만 몇 시간만이라도 육아에서 벗어나 정신 및 신체적 휴식을 취하는 것도 상황에 따라선 좋은 육아의 방법 중 하나라고 할 수 있습니다. 다만 보육의 수준이나 행태 등을 꼼꼼히 따져보고 어린이집을 선택하는 것이 중요합니다. 또한 정부에서는 맞춤형 보육 서비스라는 이름으로 어린이집 0~2세 반(48개월 미만 아동)을 이용하는 영아들을 대상으로 현재의 12시간 종일반(7:30~19:30) 외에 맞춤반(9:00~15:00 + 긴급 보육 바우처 15시간) 서비스를 실시하고 있습니다. 자세한 내용은 '아이사랑' 사이트(www.childcare.go.kr)를 참고하거나 읍면동사무소에 문의하여 본인의 상황에 맞는 서비스를 선택하는 것이 좋습니다.

알아볼까요?
어린이집의 종류 알아보기

어떤 어린이집을 선택하는 것이 좋을까요? 어린이집의 종류는 운영 형태에 따라 다음과 같이 분류할 수 있습니다.

국공립 어린이집
국립, 공립, 시립 어린이집으로 국가나 지방자치단체에서 직접 운영한다. 행정 기관의 예산으로 운영되므로 보육의 질이 높고 경력이 오래된 선생님이 많은 편이다. 민간 어린이집에 비해 특별 활동 등은 적을 수 있다.

법인 어린이집
사회복지 법인에서 운영하며 국공립과 유사한 장점을 가진다. 주로 종교와 관련된 법인이 많으므로 잘 알아보고 선택해야 한다.

민간 어린이집
개인이 운영하며 제일 많은 방식이다. 여러 가지 특화된 프로그램 등을 진행한다. 각 어린이집마다 보육의 수준 차가 크므로 꼼꼼히 살펴봐야 한다. 특성화 교육으로 인해 보육료가 비싼 편이다.

직장 어린이집
직원들의 복지 증진 차원에서 기업이 운영하는 형태이다. 출퇴근과 등하원이 같이 이루어지므로 안정적이고 보육 환경이 좋은 편이나 우리나라에서는 아직 적은 수의 사람만이 혜택을 누리고 있다.

가정 어린이집
아파트 1층 등을 이용해 가정집과 같은 환경으로 개인이 운영하고 적은 수의 아이들을 보육한다. 집 가까이에 위치하는 경우가 대부분이므로 영아를 위탁하기 좋지만 교육이 필요한 시기가 되면 옮기는 것이 좋다.

부모 협동 어린이집
공동 육아 어린이집으로 부모 15인 이상이 조합을 이루어 운영한다. 부모가 직접 교육 방향과 예산을 짜고 운영하므로 부모들이 원하는 방향으로 아이들을 보육할 수 있다는 것이 장점이다.

지역 어린이집 선택은?

어린이집 선택하기

우리 집 주변의 어린이집 중 어떤 형태의 어린이집을 선택할 것인지 알아봐야 합니다. 〈아이사랑〉 사이트에서 지역별 어린이집을 검색한 후 목록의 어린이집을 선택하면 해당 어린이집 정보를 한눈에 알 수 있습니다.

어린이집은 언제 보내는 게 좋을까요

가능한 상황이라면 돌까지는 집에서 돌볼 것을 권합니다. 맞벌이 가정의 경우라면 육아 휴직 제도를 최대한 활용해보도록 하세요. 생후 1년까지의 기간은 아이와 부모 간의 소통이 매우 중요하여 부모와의 관계 속에 생긴 애착은 아이의 긍정적이고 안정적인 성격 형성에 도움을 줍니다. 보통 아이들은 걸음마를 배울 때부터 다른 사람과의 관계를 쌓기 시작한다고 합니다. 다른 사람과 물건을 나누고 친구를 사귀는 즐거움을 배우는 것이지요.
또 2세가 되기 전에 친구를 사귀는 방법을 완전히 습득하게 되어 장난감을 나누고 말을 주고받고 서로를 흉내 냅니다. 3세 무렵이 되면 친구와 다투기도 하고, 또 이를 통해 화해하는 법을 배우게 됩니다. 시기마다 다른 사람, 특히 또래 집단에서의 관계를 통해 아이들은 자연스럽게 사회성을 습득합니다.
돌 이후에는 아동 발달 상태에 따라 다른 이들과의 관계를 통해 그때그때 습득해야 하는 것이 있으므로 입소 시기는 부모의 상황에 맞춰 결정하면 됩니다.

미리미리 신청해요!

어린이집 입소 신청 후 대기

마음에 드는 어린이집을 정했다면 입소 신청을 해야 합니다. 처음 어린이집을 가는 경우라면 어린이집 3개소에 입소 신청을 할 수 있습니다.

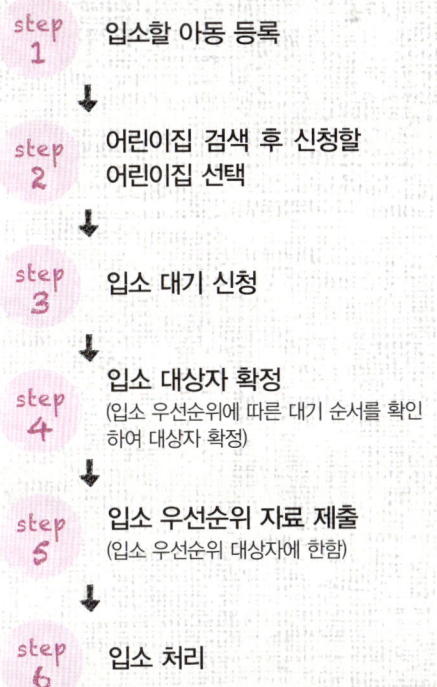

step 1   입소할 아동 등록
↓
step 2   어린이집 검색 후 신청할 어린이집 선택
↓
step 3   입소 대기 신청
↓
step 4   입소 대상자 확정 (입소 우선순위에 따른 대기 순서를 확인하여 대상자 확정)
↓
step 5   입소 우선순위 자료 제출 (입소 우선순위 대상자에 한함)
↓
step 6   입소 처리

잊지 마세요!

영유아 보육료 신청하기

정부에서는 어린이집을 이용하는 만 0~5세 아동의 보육료를 지원합니다. 양육 수당(가정 양육), 보육료(어린이집), 만 3~5세 아동의 유아 학비(유치원)는 중복 지원되지 않으며, 자동 지급이 아니라 반드시 부모가 신청을 해야 지원을 받을 수 있습니다.
대개의 경우 출생 신고와 더불어 양육 수당을 신청하고 상황에 따라 어린이집을 보내는 시기에 보육료로 변경 신청을 하게 됩니다. 양육 수당을 보육료나 유아 학비로 변경하려면 반드시 유아의 주민등록 소재지 읍·면·동 주민센터에 방문하거나 복지로 홈페이지에서 서비스 변경 신청을 해야 합니다.

지원 대상   어린이집을 이용하는 만 0~5세 아동
※입소할 어린이집에 대기 신청이 되어 있어야 보육료를 신청할 수 있습니다.

신청 방법   등록지 읍·면·동 주민센터 방문 신청 또는 복지로 홈페이지(online.bokjiro.go.kr)에서 신청

지원 내용   아이의 나이나 형태(종일반/맞춤반)에 22만~43만 원까지 차등 지원
※보육료는 정부 시책에 따라 변경될 수 있으니 신청 전 확인하세요.

이용 방법   아이행복카드를 발급받아 어린이집 비용을 결제

1년
첫돌 축하 ♪
걸음마를 시작하는 아이도 있다

우리도 1년 Baby

↑71.8cm ★9.1kg ↑70.7cm ★8.5kg ♀74.5cm ★9.2kg

	키	몸무게
남아	74.7~80.9cm	9.22~11.62kg
여아	73.4~80.4cm	8.81~11.2kg(12개월)

※1년~1년 3개월 미만의 신장과 체중

'첫걸음' 떼기는 아이의 성격도 영향을 미친다

어느덧 태어난 지 1년, 돌이 되었습니다. 신생아 때를 떠올리고 "벌써 이렇게 컸네" 하며 엄마, 아빠는 감회가 새로울 거예요. 생후 1년 전후가 되면 이제 '첫걸음'을 기대하게 됩니다. 걸음마를 시작하는 시기는 개인차가 크고 운동 능력뿐만 아니라 성격과도 관계가 깊습니다. "우리 아이는 신중해서 좀처럼 걸음마를 시작하지 않는 건가?" 하며 아이의 성격을 인정하고 지켜보세요.

운동 능력 첫걸음을 내딛기 위해서는 4가지 조건이 필요하다

아이가 걸음마를 시작하기 위해서는 4가지 조건이 필요합니다. ① 다리와 허리의 근육이 강해져야 한다. ② 균형을 잡기 위한 소뇌가 발달해야 한다. ③ 넘어졌을 때 손을 반사적으로 내밀어서 몸을 지킬 수 있어야 한다. ④ '걷고 싶은 욕구'가 있어야 한다. 이 4가지 조건이 갖추어져야 비로소 걸을 수 있는데, ①, ②, ③이 갖추어져도 ④의 걷고 싶은 욕구가 약하면 좀처럼 걷지 않습니다. 이것은 아이가 도전적인 성격인지, 신중한 성격인지에 달려 있는 문제이며 운동 신경과는 관계가 없습니다. 첫걸음을 떼고 익숙해지면 좌우 다리에 번갈아가며 체중을 이동시키면서 균형 있게 걸을 수 있습니다. 이로써 몸의 기능은 머리에서부터 다리까지 거의 완성되었다고 할 수 있습니다. 처음 걷기 시작할 때는 보폭을 넓게 잡아서 균형을 유지하고 있지만 익숙해지면 보폭이 작아지고 속도도 빨라집니다.

몸 출생 시에 비해 체중은 3배, 키는 1.5배로

돌 무렵의 체중은 출생 시의 3배, 키는 1.5배쯤 늘어나는데, 이는 인간의 일생 중에서 최대 성장률입니다. 통통했던 몸도 살이 빠지고 단단해집니다. 돌이 지나면 체중이나 키가 천천히 성장하고, 운동량이 늘기 때문에 더욱 홀쭉한 체형이 되어 갑니다. 시각도 발달합니다. 생후 1년 무렵까지는 빨간색, 파란색, 노란색 등 원색을 중심으로 보았는데 이제는 원색 이외의 색도 이해할 수 있게 됩니다.

마음 언어를 이해하고 있다면 말이 늦더라도 상관없다

TV에도 흥미를 보이는 시기입니다. 그러다 보니 "엄마 청소 좀 할 테니까 TV 좀 보고 있어"라고 말하고 싶어질 거예요. 하지만 조심! TV 보는 시간이 길어지고 습관화되면 밖에 나가서 노는 시간이나 타인과 커뮤니케이션을 할 수 있는 시간이 줄어듭니다. 그리고 말을 하는 것은 걸음마와 마찬가지로 개인차가 큽니다. 언어 발달에는 '이해하는 것'과 '말하는 것'이 있습니다. "아빠는 어디에?"라고 물었을 때 아빠 쪽을 본다면 언어를 이해하고 있는 것이므로 아직 말을 못해도 걱정할 필요는 없습니다.

PART 1

0~3세 ☆ 월령별 · 아기의 발육·발달, 생활과 걱정되는 일

입
앞니로 물어 끊는다

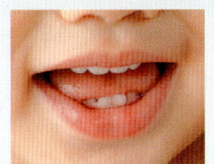

대부분의 아이들이 앞니가 상하 4개씩 난 상태입니다. 앞니로 물어 끊고, 안쪽의 잇몸으로 으깨어서 먹을 수 있습니다.

표정
복잡한 감정도 나온다

감정이 한층 더 복잡해집니다. 삐치거나 부끄러워하는 등 어른과 같은 감정 표현을 보여주어 엄마, 아빠를 놀라게 하는 경우도 있습니다.

손
크레용으로 낙서

수도꼭지를 돌리거나 손가락으로 버튼을 누를 수 있습니다. 크레용을 주면 종이에 쿡쿡 찍어 점과 같은 것을 그립니다.

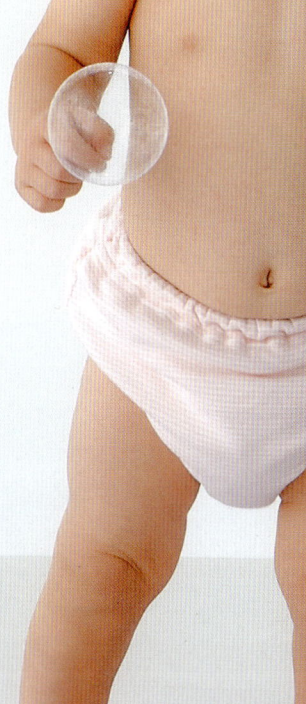

다리
걸음마를 시작하는 아이들이 많다

이 시기에는 일어설 수 있으며 걷기 시작하는 아이들이 많아집니다. 힘차게 걸어가는 아이, 살짝 발을 내딛고 바로 쭈그려 앉는 아이 등 다양합니다.

1세 아이의 식사

- 이유식은 완료기
- 간식으로 영양을 보충

손으로 집어서 먹을 수 있는 음식으로 식사에 대한 의욕을 길러주자

이유식이 완료기에 들어가서 대부분의 영양은 식사를 통해 섭취하게 됩니다. 아직 한 번에 충분한 양을 먹을 수 없기 때문에 간식으로 영양을 보충해야 하며, 간식으로는 주먹밥이나 빵, 유제품, 채소 스틱 등을 준비하세요.

1세는 이런 느낌!

물건을 쥐고 일어설 수 있다

근력이 붙어서 균형을 잡는 능력이 발달합니다. 그 결과 바닥에 있는 물건을 손으로 쥐고 일어서는 동작을 할 수 있습니다.

도구를 사용해서 흉내 내며 논다

손을 능숙하게 사용할 수 있어 블록 장난감이나 크레용 등을 갖고 놉니다. 엄마를 흉내 내며 손뼉을 치거나 빠이빠이도 즐겨 합니다.

크레용 등으로 낙서
처음에는 크레용으로 종이를 통통 두들기거나 손을 좌우로 움직여서 선을 그을 뿐이지만 점점 직선을 그릴 수 있습니다.

1년 아기의 생활
어떻게 생활하고 있을까?

이렇게 성장해요!
우 신장 68.0cm ★ 체중 7.8kg
촬영일/1년 0개월 3일째

밖에서 여러 가지 활동을 하면서 실제 체험을 늘려가자

잡고 서기나 걸음마를 시작하면서 아이의 시야가 넓어져서 다양한 세상의 모습을 볼 수 있게 됩니다. 이 시기에는 밖으로 데리고 나가 다양한 체험을 시키세요. 꽃이나 나무를 만지게 하고 냄새를 맡게 하고 하늘을 나는 새를 보여주세요. 실제 체험을 쌓아가면서 세상을 알 수 있게 됩니다. 아무 이유 없이 싫다며 반항하는 아이도 있습니다. 어제까지는 잘 했으면서 오늘은 하기 싫다고 하거나, 직접 하고 싶어 하고 안 되면 울거나 합니다. 옆에서 돌봐주는 엄마, 아빠가 녹초가 되겠지만 이때 엄마, 아빠가 짜증을 내면 역효과가 납니다. 아이가 싫어하는 이유를 찾아서 기분 전환을 시켜주세요.

이유식이 완료기에 들어가서 젖떼기를 생각하는 엄마도 있겠지만, 이것도 개인차가 있으니 서둘지 말고 천천히 시기를 기다리세요.

걸었다! 아이도 기쁜 모양이다

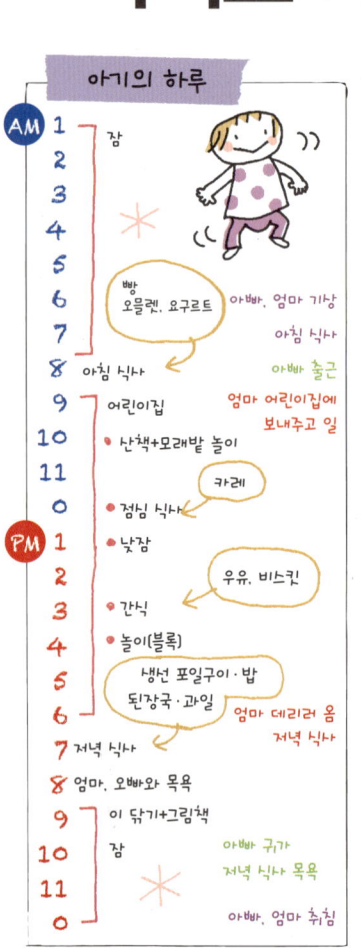

첫돌 축하하는 수제 식빵 케이크로

유감스럽게도 생일날에 발열 활기를 찾은 이틀 뒤에 생일잔치를 했어요. 식빵을 둥글게 도려내서 요구르트를 바른 케이크. 엄청난 기세로 냠냠 먹네요!

초보 엄마의 육아 일기
기어서 계단을 올라가려고 해서 방심을 할 수 없다

1년 무렵에 드디어 걸음마를 할 수 있게 되었어요. 점점 활동량이 느는 모습을 보면 기쁘지만 아무 데나 기어 올라가려고 해서 걱정이죠. 잠깐 눈을 떼었을 때 계단을 올라가려고 했던 적도 있기에 방심할 수가 없어요.
작은 체형이지만 이유식은 항상 깨끗이 다 먹어요. 더 달라고 할 때도 있어서 보람을 느낍니다. 다만 이전에는 밤에 깊이 잠을 잤는데 요즘에는 왠지 모르지만 3시간마다 깨네요. 그때마다 다시 재우다 보니 잠이 부족해졌어요.

아장아장 다섯 걸음 정도 걸었다!

다섯 걸음 정도라면 혼자서 걸을 수 있어요. 조금 떨어진 곳에서 "이리 와"라고 말해주면 열심히 걸어오는 모습이 기특하죠. 오늘은 오빠가 골키퍼가 될게.

엄청난 속도로 계단을 오른다

기엄기엄 기어서 계단을 올라 2층까지 가요. 속도가 엄청 빨라요! 잠깐 눈을 떼면 계단을 오르는 통에 가기에 혼자서 올라가지 못하도록 안전문을 설치할 예정이에요.

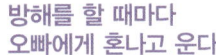

방해를 할 때마다 오빠에게 혼나고 운다

오빠가 갖고 노는 장난감이 마음에 드는 모양이에요. 손을 뻗는다 → 오빠가 안 된다며 화를 낸다 → 칭얼대며 운다. 사이좋게 놀기 위해서는 좀 더 시간이 필요한 걸까요?

오빠와 싸움이 시작되었다

1년~1년 6개월에 걸쳐서 이유식 졸업!

개인차가 있지만 1년~1년 6개월이 이유식의 완료기. 유아식으로 이행(154쪽 참고).

소꿉장난 도구인 바나나를 반으로 뚝

매직테이프가 달린 소꿉장난감인 바나나 등을 두 손으로 뚝 자르는 재미에 푹 빠져 있어요. 반으로 자른 다음에는 휙 던져버리죠.

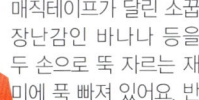

가족의 밥을 나누어 준다

이유식도 완료기에 들어가고 순조롭게 진행되고 있어요. 슬슬 이유식도 졸업! 오늘의 점심은 엄마의 점심인 국수와 감자 샐러드에서 덜어 만든 채소 샐러드.

1년! 울고! 웃고!

첫돌을 눈앞에 두고 아장아장 걸음으로 걷는 모습에 엄마는 심장이 쿵 내려앉았어요. 생일 파티 때는 방에 풍선을 가득 달아놓고 축하해주었습니다. 주인공인 딸아이는 3단으로 장식한 찰떡을 가볍게 안아 올려서 모두가 깜짝 놀랐죠.

잡고 서기만 하다가 요즘 들어 드디어 기기 시작한 딸아이. 배밀이에서 기기로 이행할 때 앞으로 쓰러져 얼굴을 강하게 바닥에 부딪쳤는데 코피가 나 당황했어요.

말은 하지 못해도 의사를 분명히 표현해요. 간식을 또 먹고 싶다고 '으앙' 하고 울고, 졸릴 때는 눈을 비비며 다가와서 안아달라고 칭얼대죠. 의사소통이 가능해져서 육아가 좀 편해졌어요.

장난이 심해져서 내가 "안 된다"고 혼을 내면 왠지 모르게 '까르르' 하며 웃어요. "모르는 척하는 거야? 엄마가 장난치는 것 같아?" 그러곤 나도 모르게 용서해주고 말죠. 한때는 보육교사였지만 내 아이를 훈육하는 일은 어렵네요.

기다리고 기다렸던 첫돌. 그런데 딸아이는 설사를 계속해서 생일 케이크도 먹지 못할 테고, 축하 음식 만드는 것을 단념했어요. 육아 1년째에 육아는 생각대로 되지 않는 법이라고 새삼스럽게 실감했죠.

1년 궁금한 점 Q&A

 **엄마 곁에 딱 붙어 있는데, 언제나 떨어지게 될까요**

 다른 아이들과 함께하는 놀이에 조금씩 익숙해지게 하세요

엄마와의 신뢰 관계가 확실하게 구축되어 있다는 증거이므로 걱정할 필요 없습니다. 억지로 떼어내거나 갑자기 많은 아이들이 모여 있는 곳에 데리고 가면 더욱더 엄마와 떨어지지 않으려고 합니다. 우선은 엄마가 함께 있어도 되니 2~3명 정도 다른 아이들이 있는 곳에서 놀게 하세요. 그런 분위기에 익숙해지고 엄마와 떨어져 있어도 엄마가 보고 있다는 사실을 알고 있으면 차츰 엄마가 옆에 없어도 혼자 놀 수 있게 됩니다.

 외출한 곳에서 칭얼거릴 때의 대책은

 그림책이나 장난감으로 달래주세요

전철이나 슈퍼마켓에 데리고 갔는데 칭얼대면 난처합니다. 장을 볼 때는 미리 구입할 품목을 정해놓고 되도록 빨리 끝내고, 전철에서는 밖의 경치를 보며 이야기를 나누거나 소리가 나지 않는 장난감이나 그림책을 줘보세요. 좀 더 성장하면 "다음 역에 도착하면 줄게"라고 약속하고 과자를 주는 것도 하나의 방법입니다. 그래도 칭얼거린다면 일단 내려서 기분 전환을 시켜주세요.

 성인용 샴푸를 써도 되나요

 아이의 피부에 맞는지 확인 후 사용하세요

아이는 자극이 약한 유아용 샴푸를 쓰는 편이 피부에 좋습니다. 다만 아이의 피부에 맞는다면 성인용이라도 상관없습니다. 소량을 팔꿈치에 묻혀 보고 빨갛게 되거나 습진이 생기지 않으면 써도 됩니다. 자극이 강한 것은 쓰지 마세요.

 신발 신는 것을 싫어해요

 발에 맞는 신발을 신겨보고 선택하세요

아이는 태어났을 때부터 맨발로 지내왔기 때문에 처음 신는 신발을 이상하게 여기는 경우가 많습니다. 그리고 신발은 큰 것을 신기면 안 됩니다! 아이의 발에 맞고 걷기 쉬운 신발을 골라주어야 합니다. 가게에서 직접 신겨보고 불편해하는지 꼼꼼하게 살펴봐야 해요. 그래도 싫어한다면 서둘지 말고 실내에서 걷는 연습을 시키고, 밖에서도 걸을 수 있을 때 구입해도 늦지 않습니다.

신발 고르기
첫 신발을 고르는 법

- ☑ 발볼이 넓어서 발을 쉽게 넣을 수 있어야 한다.
- ☑ 발등의 높이에 맞게 조절할 수 있어야 한다.
- ☑ 발끝 부분이 잘 구부러져서 걷기 쉬워야 한다.

디자인을 보고 구입하기 쉬운데 아이에게는 걷기 쉬운 신발이 제일 좋은 신발이에요.

이를 가는데, 그만두게 하는 방법은

언젠가는 하지 않게 되니 상태를 지켜보세요

돌밖에 안 된 아이가 이를 갈면 엄마, 아빠가 깜짝 놀랄 것입니다. 치아의 모양에 영향을 미칠까 봐 걱정도 되고요. 아이가 이를 가는 것은 드문 일이 아니며 이를 서로 비비면서 새로운 이의 위치에 익숙해지는 것입니다. 이를 갈아도 그로 인해 치아의 모양에 영향을 미치는 일은 없으니 걱정하지 마세요. 성장하면서 자연스럽게 하지 않게 되니 억지로 그만두게 할 필요도 없고요.

이가 비스듬히 나서 치아의 모양이 이상해질까 걱정이에요

유치는 어떤 모양이든 크게 걱정할 필요 없어요

유치가 구부러져서 나거나 이와 이 사이에 틈이 생겨도 나중에 치아의 모양에는 거의 영향을 미치지 않습니다. 새로 나는 영구치는 치아의 모양에 영향을 미치는 경우도 있는데, 유치라면 그런 걱정은 할 필요가 없습니다. 걱정이 된다면 3차 영유아 건강 검진(18~24개월)의 구강 검진에서 확인해보세요. 그보다 유치는 충치가 되기 쉬우니 이를 닦는 습관을 들이는 것이 중요합니다.

과자나 주스는 언제부터 주나요

충치를 예방하기 위해서라도 굳이 줄 필요는 없어요

충치를 예방하기 위해서는 단것을 먹이지 않는 것이 제일 좋은 대책입니다. 설탕으로 만든 단 과자나 주스는 아이 몸에는 필요하지 않습니다. 당류는 필요하지만, 단 음식보다 몸 안에서 시간을 들여서 당으로 바뀌는 밥, 감자, 고구마 등으로 섭취하는 편이 몸에 좋지요. 단것은 되도록 먹이지 말 것을 권합니다.

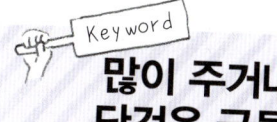
많이 주거나 단것은 금물!

채소나 과일을 준다

아이에게는 영양을 보충하기 위해 간식을 줍니다. 하루 3회 이유식을 규칙적으로 먹으면 배가 고파질 무렵인 오후 3시쯤 1일 50kcal를 기준으로 주세요. 삶은 채소나 바나나, 요구르트, 우유는 준비하기도 쉽고 영양가도 높습니다. 바쁠 때는 유아용 비스킷이나 과자 등 첨가물이 들어 있지 않은 것을 주세요.

사고 방지 안전문은 언제까지 설치해두어야 하나요

엄마, 아빠가 없어도 된다는 생각이 들 때까지

1년 6개월 무렵에는 주의를 주면 이해를 할 수 있습니다. 계단이나 주방에 설치한 안전문을 직접 조작할 수도 있게 될 거예요. 다만 2년 무렵이 되어도 정신없이 놀다 보면 책상 모서리 등에 부딪치는 일이 종종 있으니 엄마, 아빠가 안전하다고 확신이 들 때까지 설치해놓고 눈을 떼지 않아야 합니다. 아이의 이해력과 운동 능력의 발달에 따라 환경을 바꾸며 여유 있게 놀 수 있는 공간을 만들어주세요.

건강검진 체크 포인트

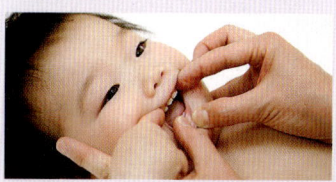

변화가 큰 시기이니 건강검진으로 아이의 상태를 체크해보는 것이 좋아요. 따로 건강검진을 받기 어렵다면 2차 영유아 건강검진(9~12개월)을 이 때 받아보세요.(53쪽 참고)

★ **이가 난 상태**
슬슬 앞니가 거의 다 나올 시기인데 이가 나는 시기나 순서에는 개인차가 있다.

★ **벽 등을 짚고 걸어가는 모습**
이 시기에는 대부분의 아이가 벽 등을 짚고 걸을 수 있다. 건강 검진할 때 걷지 않더라도 집에서의 모습을 전달하면 된다.

★ **대천문이 닫혀 있는 정도**
갓 태어났을 때는 열려 있는 대천문이 어느 정도 닫혀 있는지 확인한다.

★ **예방 접종 확인**
지금까지 받은 예방 접종 내역을 확인하여 누락된 것이 없는지 살펴본다.

1년 3개월

혼자서도 안정되게 걷는다!
감정 표현이 풍부하고 복잡하고 섬세하게

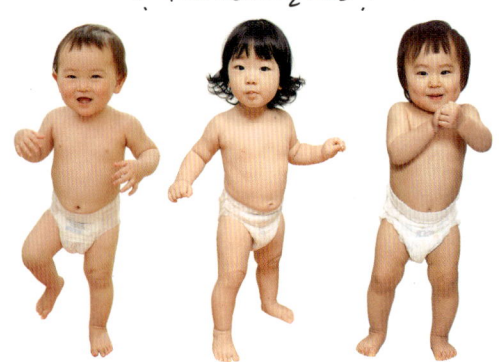

우리도 1년 3개월 Kids

♂ 78.0cm ★ 11.4kg　♀ 75.0cm ★ 10.5kg　♀ 72.6cm ★ 8.9kg

	키	몸무게
남아	80.10~82.6cm	11.00~11.72kg
여아	79.20~81.80cm	10.52~11.23kg

※ 1년 3개월~1년 6개월 미만의 키와 체중

온몸을 사용하는 운동으로 몸을 움직이는 법을 배우게 하자

걸을 수 있다면 기본적인 운동 능력은 거의 완성됩니다. 이제부터는 운동을 다양하게 시키는 시기입니다. 걸음마가 완성되면 달리기, 뜀뛰기, 계단이나 언덕 걷기 등을 시켜보세요. 또한 기어오르기, 장애물 밑으로 빠져나가기, 잠수 등도 시켜 봅니다. 엄마, 아빠가 녹초가 될 정도로 돌아다니게 하고 온몸을 사용해서 운동을 하게 해야 아이도 몸을 움직이는 법을 배우고 '할 수 있다'는 자신감을 갖습니다.

운동 능력 — **손가락을 자유자재로 움직이며 도구를 사용하기 시작한다**

많은 아이들이 혼자서 걸을 수 있게 됩니다. 특히 안정적으로 걷는 아이는 손에 공을 들고 균형을 잡으며 걷거나 종종걸음이나 뒷걸음질도 할 수 있습니다.
손가락의 기능도 더욱 발달해서 병뚜껑을 비틀어서 여는 등 간단한 조작을 할 수 있습니다. 또한 '도구를 사용하는' 행동이 시작됩니다. 크레용을 쥐어주면 낙서를 하거나 블록을 쌓습니다. 이런 행동은 침팬지나 고릴라도 하는데, 같은 단계를 밟으면서 아이들은 더욱 높은 능력을 몸에 익혀갑니다.
그림은 아직 못 그리지만 가로줄을 긋곤 합니다. 이 시기에는 잘 그리든지 못 그리든지 재능과는 관련이 없으니 자유롭게 낙서하며 놀게 하세요.

몸 — **멀리 있는 물건을 바라보거나 소리를 분간해서 들을 수 있다**

체중은 천천히 증가하고 운동량은 많아져 체형이 날씬해집니다. 이 시기에 '체중이 늘지 않는다'고 고민하는 엄마도 있는데, 성장 곡선의 범위 내에서 조금이라도 늘어난다면 걱정하지 않아도 됩니다. 그래도 걱정이 될 때는 1년 6개월 건강검진을 받을 때 상담을 하세요.
시력은 아직 성인만큼 좋지는 않지만 멀리 있는 물건도 볼 수 있습니다. 엄마, 아빠가 가리킨 대상물도 제대로 보게 되죠. 청각도 발달하고 인간의 육성과 TV에서 나오는 음성 등의 미묘한 차이를 구별할 수 있고, 높은 음과 낮은 음도 구별합니다. 인터폰이 울리면 현관으로 가거나 휴대 전화가 울리면 엄마에게 가져다주는 아이도 있습니다.

마음 — **아이의 행동에는 '해도 돼'를 많이, '안 돼'를 적게**

아이들은 아직 해도 되는 것과 안 되는 것을 구별하지 못합니다. 그때마다 "하면 안 돼", "해도 돼"라고 말해서 행동의 기준을 보여주세요. 무슨 행동이든 해도 된다고 하고 뭘 해도 웃어주면 아이는 아무것도 배우지 못합니다. 반대로 안 된다는 말을 많이 하지 않는지, 감정적으로 화를 내고 있지는 않은지 항상 조심해야 합니다. 안전한 행동인지 확인하고 가능한 한 해도 된다고 말해주세요. 아이도 해도 된다는 말을 많이 해주면 안 된다는 말도 받아들이게 됩니다.

1년 3개월의 식사

- 고기 완자 정도로 단단한 음식
- 숟가락 사용법 연습

앞니로 물어 끊거나 잇몸으로 으깨는 연습을

이유식 완료기 때는 가볍게 누르면 부서지는 고기 완자 정도로 단단한 음식이 좋습니다. 앞니로 물어 끊거나 딱딱해진 잇몸으로 확실하게 씹을 수 있는 음식을 준비하세요. 모유나 분유를 먹지 않으면 간식으로 우유를 줘도 됩니다.

표정 — 흉내 내기가 능숙해진다

뒤쫓기나 낯가리기가 일단락됩니다. 또래 아이에게 관심을 갖기 시작하는데, 사이좋게 함께 노는 것은 좀 더 시간이 지나야 합니다.

손 — 공을 굴린다

놀이 경험을 쌓아가면서 블록을 조립하고 크레용으로 낙서를 할 수 있습니다. 공을 들고 굴리거나 던질 수도 있습니다.

입 — 앞니가 거의 다 난다

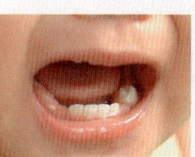

앞니가 거의 다 나고 1년 6개월쯤 되면 어금니가 보이는 아이도 있습니다. 2~3개의 단어를 말하는 아이도 있습니다.

다리 — 혼자서 자연스럽게 걷는다

이 시기가 되면 대부분의 아이가 안정적인 자세로 걸을 수 있습니다. 손에 공 등을 쥐고도 균형 있게 걷기도 합니다. 손을 짚으면서 계단을 올라가는 등 다양한 동작을 할 수 있습니다.

1년 3개월은 이런 느낌!

마음에 들지 않으면 짜증을 낸다

마음에 들지 않는 일이 있으면 물건을 던지거나 엄마에게 달려들어 항의를 합니다. 말을 못해도 싫어하는 일은 싫다고 주장하게 됩니다.

손을 밑으로 내리고 걷는다

걸음마를 뗀 아이들은 손을 밑으로 내리고 안정적인 자세로 총총걸음을 할 수 있고, 종종걸음이나 뒷걸음질 등 다양한 형태로 걸을 수 있습니다.

숟가락이나 포크를 쥔다

숟가락이나 포크를 쥘 수 있습니다. 손목을 돌릴 수 있게 되면 음식을 흘리지 않고 먹을 수 있습니다.

1년 3개월 아이의 생활

어떻게 생활하고 있을까?

이렇게 성장해요!
↑신장 75.6cm ★체중 9.0kg
촬영일/1년 3개월 8일째

흉내를 통해 사회 규칙을 가르치자

공원이나 놀이방 등에서 다른 아이들과 만나는 시간이 많아지므로 인사나 정리 등 사회 규칙을 가르쳐주어야 합니다. 우선 엄마, 아빠가 언어 사용법이나 행동으로 시범을 보여주세요. 아침, 점심, 저녁 인사나 양치질, 손 씻기 등 생활 습관은 엄마, 아빠를 흉내 내면서 즐겁게 배우게 하세요. 규칙을 가르쳐준다고 엄하게 대하지 말고 즐기며 몸에 배도록 하세요.

주위에 대한 호기심은 이전보다 더 강해집니다. 식사 중에도 흥미로운 일이 생기면 먹는 둥 마는 둥 하며 놀이에 집중하거나 음식을 남기고 어질러놓는 경우도 있는데, 어느 정도 시간이 지나면 식탁을 치우세요. 그리고 식사에 집중할 수 있도록 TV를 끄세요.

기특하게도 엄마, 아빠나 형이 하는 모양을 유심히 본다

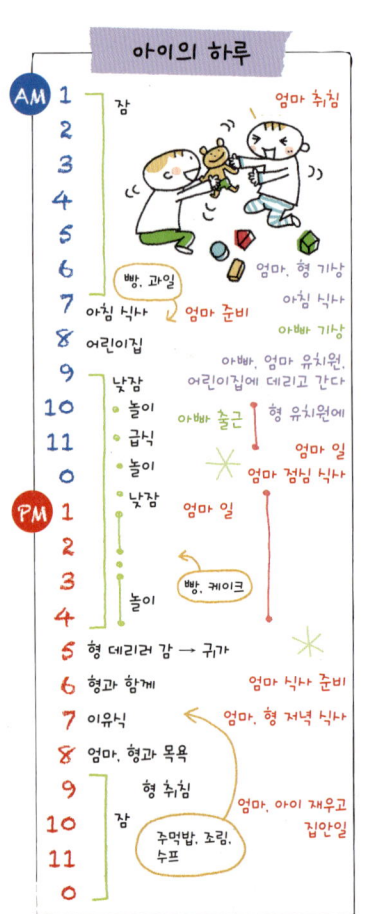

비나 눈이 내려서 밖에서 놀 수 없을 때는 집 안에서 전쟁놀이. 체력이 남아도나 봐요.

역시 남자! 전쟁놀이 장난감을 좋아한다

장난감 상자에서 칼을 골랐어요. "엄마, 전쟁놀이 하자"며 들고 오네요. 여섯 살 된 형에게 영향을 받은 걸까요?

초보 엄마의 육아 일기

싫어하는 표정이 강해져서 큰일이다

이제 두뇌가 꽤 발달해서 좋아하는 바나나를 두는 곳을 기억하고 있는 모양이에요. 배가 고프면 나한테 들고 와서 껍질을 까달라고 해요. 잠이 오면 흔들 침대에 앉아 잘 준비를 할 때도 있고요. 하고 싶은 것을 행동으로 나타내니 의사소통을 하기 쉬워졌어요. 반면 하기 싫은 일은 몸을 뒤로 젖히며 맹렬하게 항의를 하기 때문에 큰일이에요(내가 울고 싶을 정도). 요전에는 장난감 동전을 입안에 넣고 있는 것을 발견했어요. 근래 들어 입에 뭘 넣는 행동을 하지 않았기에 방심했죠. 아직까지는 뭔가를 잘못 삼키지 않나 항상 주의해야 해요.

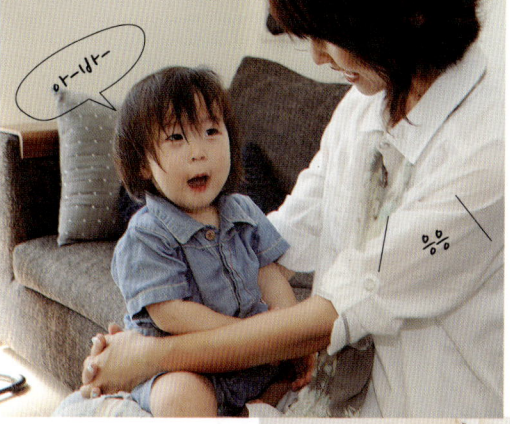

큰소리로 엄마에게 말한다
아직 말할 수 있는 단어는 적지만 엄마에게 하고 싶은 말이 있을 때는 "아-", "바-"라고 큰 소리로 말하거나 손가락으로 가리키며 알려줘요.

조심조심 계단 내려가는 법을 연습 중

올라가는 것은 식은 죽 먹기! 내려가는 것도 익숙해졌다
앞을 보고 계단에 앉아가면서 쿵, 쿵 내려와요. 지금은 엉덩이와 손을 사용해서 신중하게 내려오지만, 앞으로 익숙해지면 대담해질듯…….

자아가 싹트기 시작해서 자기주장을 하는 경우도

직접 하고 싶다, 그런데 안 된다……. 엄마, 아빠가 지켜보다가 해냈을 때는 "잘했다"고 인정해주고 도움을 필요로 할 때는 도와주세요.

하고 싶다, 되지 않는다, 싫다 → '으앙'
과자가 들어간 밀폐 봉지를 '직접 열겠다'며 분투. → 포기하고 '열어달라'며 울면서 호소. 1년 3개월 아이는 복잡하네요.

배가 고프면 바나나를 직접 가져온다
좋아하는 바나나를 찾아내면 엄마에게 들고 와서 껍질을 벗겨 달라고 해요. 잘 익어서 껍질이 쉽게 벗겨지는 바나나는 직접 껍질을 벗기고 우물우물.

잠이 오면 흔들 침대에 들어간다
예전에 자주 사용했던 흔들 침대를 다시 애용. 잠이 오면 흔들 침대에 들어가 엄마에게 흔들어달라고 칭얼대는데, 흔들어주면 금세 잠이 들어요.

1년 3개월! 울고! 웃고!

😊 남편과 아이와 함께 손을 잡고 공원을 걷는데 "이렇게 손을 잡고 걸을 수 있는 날이 올 줄 몰랐다"고 남편이 말했어요. 원래 아이를 그다지 좋아하지 않았던 사람인데, 행복한 듯한 이 말 한마디에 가슴이 뭉클해졌어요.

😊 목 가누기와 기기가 늦었는데 걸음마도 예상했던 대로 늦네요. 뭔가를 잡고 걸을 수는 있는데, 손을 떼면 한 발도 앞으로 내딛지 못해서 안타까운 나날이었죠. 첫발을 내디뎠을 때는 정말 감동! 왠지 안심이 되고 눈물이 나왔어요.

😟 먹는 양이 들쑥날쑥해져서 열심히 만든 식사를 한 입 먹고 '안 먹는다'고 해서 화가 났어요. 그릇을 개수대에 던져 넣고 울었죠. 나중에 시어머니께 말씀드리자 "먹지 않을 때는 억지로 먹이지 않아도 된다"고 해서 마음이 편해졌어요.

😊 안정적으로 걷게 되었지만 문턱 같은 곳은 아직 쉽게 넘어가지 못해요. 거실과 방은 몇 센티미터밖에 차이가 나지 않는데도 일단 앉아서 넘어간 뒤 다시 일어서서 가죠. 그런 모습이 무척 귀엽기는 하지만 조심성이 많은 건지, 소심한 건지……?

😊 내가 슬리퍼를 휙 던져놓고 신는 모양을 보고 흉내를 내는 건지, 어느 날 딸아이가 슬리퍼를 바닥에 던졌어요! '부모의 행동을 다 보고 있구나'라고 반성. 그 뒤에는 슬리퍼든 구두든 꺼내서 나란히 놓은 뒤에 신어요.

1년 3개월 궁금한 점 Q&A

 손가락 빨기를 그만두게 해야 하나요

 2~3년이 되면 그만두게 하세요

생후 1년 전까지 손가락 빨기는 발달의 한 과정으로 어떤 아이도 하는 생리적인 현상입니다. 1년이 지나면 손을 사용하는 놀이가 늘어나기 때문에 자연스럽게 손가락 빨기를 하지 않게 됩니다. 2~3년이 되어도 계속 손가락을 빤다면 생활 환경 때문일 수 있습니다. 가령 놀 수 있는 기회가 적어서 심심하기 때문일 수 있습니다. 억지로 중단시키는 것보다 자연스럽게 하지 않게 되는 것이 좋습니다.

손가락 빨기

손가락 빨기를 자연스럽게 그만두게 하기 위해서는

밖에서 많이 놀게 한다
밖에서 몸을 많이 움직여서 에너지를 발산하면 심심해하지 않습니다.

손을 사용하는 놀이를 하자
'까꿍 놀이'나 손동작을 많이 하는 동요 부르기, 혹은 집 짓기 블록 등 손가락을 사용하는 놀이를 하게 하세요.

그림책을 읽어주자
만족할 때까지 읽어주면 엄마, 아빠의 애정을 느끼고 안심하고 자게 됩니다.

스킨십을 해주자
아이의 몸을 부드럽게 쓰다듬어주세요. 안정된 마음으로 생활할 수 있습니다.

밤에 잘 때도 스킨십을 해주자
잘 때는 옆에 누워 손을 잡아주고 이야기를 해주세요. 손가락 빨기를 하지 않고 잘 수 있는 습관이 길러집니다.

 **1년 3개월인데 걷지를 않아요**

 초조해하지 말고 1년 6개월 무렵까지 상태를 지켜보세요

또래 아이들은 걷는데 우리 아이는 걷지 않는다면 초조할 수밖에 없겠지요. 하지만 발육이나 발달은 아이에 따라 크게 다릅니다. 빨리 걷기 시작하는 아이도 있고 신중하고 느긋한 아이도 있기에 운동이나 말 등 다양한 발달 과정에서 다른 모습을 보이죠. 성격에 따라서도 달라지고요. 1년 6개월쯤까지 스스로 일어서서 몇 걸음 걸을 수 있으면 문제가 없습니다. 몸 뒤집기, 앉아 있기, 기기 등 지금까지 발달 과정에서 큰 문제가 없었다면 걱정하지 말고 지켜보세요.

 우유를 먹지 않아요!

 무리하게 먹이지 말고 요리에 넣어보세요

우유를 싫어한다면 무리하게 먹이지 않아도 됩니다. 이유식을 잘 먹는다면 단백질이나 칼슘은 우유가 아니라 다른 유제품으로 섭취해도 됩니다. 우유를 요리에 넣어서 먹이는 방법도 있습니다. 다만 싫어한다고 아예 식탁에 안 올리는 것보다 귀여운 컵에 넣어주거나, 엄마가 맛있는 표정으로 먹으면 어느 날 마시게 될 수도 있습니다.

높은 곳에 올라가려고 해요

위험한 행동을 할 때는 엄한 표정으로 "안 된다"고 말해주세요

계단이나 의자 등 높은 곳에 올라가려는 아이가 많습니다. 잘 보이고 시야가 넓어지니까 호기심이 생기는 것이죠. 하지만 넘어지거나 굴러 떨어질 수 있으니 주의해야 합니다. 1년 3개월이 되면 엄마, 아빠가 주의를 주면 이해할 수 있습니다. 높은 곳에 올라갔을 때는 엄한 표정으로 "안 된다"고 말해주세요. 혼이 나도 겁을 내지 않고 또 하는 아이도 있는데 그때마다 계속 "안 된다"고 따끔하게 말해주세요.

숟가락으로 먹는 걸 싫어해요

엄마가 숟가락을 쓰는 모습을 보여줘 흥미를 갖게 하세요

이 시기는 음식을 손으로 집어서 입에 넣을 수 있으면 합격입니다. 2년쯤을 목표로 숟가락으로 음식을 먹는 연습을 시키세요. 우선 흥미를 갖게 하기 위해 장난감으로 쓰더라도 숟가락을 쥐어주고 놀게 해보세요. 엄마가 숟가락으로 먹는 모습을 보여주면 흉내를 내서 숟가락으로 먹고 싶어 합니다.

장난이 심해 고민이에요

아이 훈육은 나중에 해도 되니 다치지 않도록 환경을 조성해주세요

장난이 심해지면 어떻게 훈육을 시켜야 할지 고민이 됩니다. 훈육은 아이가 스스로 옷을 갈아입는 시기를 기준으로 생각하세요. 아이들은 호기심이 왕성해서 여러 가지를 시도하는데, 그것은 장난이 아니라 흥미를 내보이고 있는 것으로 발달의 중요한 과정입니다. 이 시기 아이에게는 위험한 일은 "안 된다"고 말해주면 됩니다. 가능하다면 아이가 자유롭게 활동할 수 있는 안전한 공간을 엄마, 아빠가 직접 만들어주세요.

Keyword 자기주장

중요한 마음의 성장 과정이니 가능한 한 받아들여주세요

이 무렵부터 특별한 이유 없이 싫다고 투정을 부려 엄마, 아빠를 난처하게 만듭니다. 엄마, 아빠는 아이를 달래다가 지쳐버리죠. 하지만 이런 주장이야말로 자아가 싹트는 과정입니다! 마음의 성장에는 꼭 필요한 단계이니 가능한 한 아이의 투정을 받아주세요. 그러면 아이는 부모가 자신을 받아들여준다는 것에 안심하고 이것은 아이의 자존감을 높여줍니다.

손을 잡지 않고 혼자서 걷고 싶어 해요

"도로에서는 손을 잡고 걷자"고 일러주세요

처음 걷기 시작하면 혼자서 걷는 게 재미가 있어서 구속받는 것을 싫어합니다. 엄마, 아빠조차 귀찮게 여길 때도 있죠. 그럴 때는 보이는 범위 안에서 자유롭게 놀게 해주고, 공원 등 안전한 공간에서 충분히 자유롭게 걷게 하세요.

밖에 나가기 전에는 "도로를 걸을 때는 엄마 손을 잡고 걸어야 돼"라고 약속을 합니다. 잘 지키지 않더라도 안전에 관한 말을 계속해서 해주세요. 그리고 손을 잡고 걸을 때 노래를 부르는 등 즐겁게 걸을 수 있는 방법을 시도해보세요.

여행을 가면 밤에 몇 번이고 울어요

낮에 흥분했던 몸과 마음이 차분해지면서 피로를 느껴서 울곤 합니다

여행지에서 새로운 체험을 하거나 또래 친구와 신나게 놀다 보면 몸과 마음이 흥분을 하게 되고, 밤에 그 흥분이 가라앉으면서 피로를 느껴 우는 경우가 있습니다. 아이일 때는 흔히 볼 수 있는 반응입니다. 밤에 울지 않게 하고 싶으면 아이가 즐겁게 놀아도 평소보다 더 활동하지 못하게 해야 합니다. 여행을 가더라도 아이의 생활 습관을 중심으로 움직이고 엄마, 아빠 위주로 행동하는 것을 삼가세요. 낮에 흥분하면 밤에 잠이 깨는 현상은 3~4년 정도까지 계속됩니다.

침을 많이 흘리는 것은 혹시 병

이가 나는 시기에 침을 많이 흘리기도 합니다

침의 양은 아이마다 다른데 일반적으로 1년 6개월 무렵 이가 나는 시기에 침이 많아집니다. 발육이나 발달 면에서 딱히 문제가 없다면 걱정할 필요 없습니다. 옷이 젖을 정도로 침을 흘리면 턱받이를 해주고, 침을 흘릴 때마다 닦아주세요. 이유식을 먹을 때 아파하면 구내염이 생겨서 침이 많아질 수도 있으니 일단 입안을 확인해보세요.

1년 6개월

종종걸음을 하며 뛰듯이 걷는 아이! 엄마·아빠의 간단한 지시를 이해할 수 있다

우리도 1년 6개월 Kids

 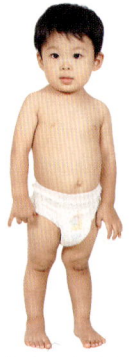 

♂ 82.0cm ★ 10.7kg　♂ 76.5cm ★ 9.3kg　♀ 79.0cm ★ 10.6kg

	키	몸무게
남아	82.60~87.00cm	11.72~12.94kg
여아	81.80~87.00cm	11.23~12.51kg

※1년 6개월~2년 미만의 신장과 체중

'아기' 시절은 이제 슬슬 졸업! 유아기로 이행

'아기'라는 말이 어색할 정도로 성장해 대부분의 아이들이 혼자서 걸을 수 있습니다. 기저귀를 뗄 생각을 하는 엄마도 있을 만큼 영아에서 유아로 이행하는 시기에 들어선 것입니다.
아이에 따라 운동 기능의 발달 정도는 크게 다릅니다. 종종걸음을 하는 아이도 있지만, 이제야 아장아장 걷는 아이도 있습니다. 평균보다 발달 속도가 늦어도 나중에 근력이 붙고 운동을 잘하게 되는 경우도 많으니 걱정할 필요 없습니다. 다만 이 시기가 되어도 좀처럼 걷지 않는다면 의사에게 상담을 하세요.

운동 능력 — 생활 속에서 손가락을 사용하는 놀이를 하게 하자

손이나 손가락을 자유롭게 사용하게 되어 공을 휙 던지거나 크레용으로 선을 긋거나, 숟가락으로 떠먹을 수 있습니다. 집 짓기 블록도 4개 정도 쌓을 수 있습니다. 다만 평소에 그런 기회가 주어지지 않으면 익숙해지지 않으니 의식적으로 일상생활이나 놀이를 통해 손가락을 사용하게 하세요.
일찍부터 걷기 시작한 아이는 게걸음이나 외발 서기도 가능해요. 손을 잡아주면 선 채로 계단도 올라가고, 낮은 발판에 올랐다가 뛰어내리기도 합니다. 잠을 자는 시간 외에는 계속 돌아다니는 시기이므로 엄마는 눈을 떼지 말고 안전에 주의하세요.

몸 — 멀리 있는 사물도 이전보다 잘 본다

운동량이 많아지고, 체중 증가 속도보다 키가 크는 속도가 빠르기에 한층 더 날씬한 체형이 됩니다. 유치는 어금니가 나기 시작해서 12개 정도가 되는 아이가 많은데, 이가 늦게 나서 걱정이 될 때는 1년 6개월 건강 검진을 받을 때 치과 담당자와 상담하세요.
시력이 성인과 비슷할 정도로 되는 것은 초등학교에 입학할 무렵입니다. 하지만 멀리 있는 사물은 이전보다 잘 볼 수 있고 엄마, 아빠가 가리키면 아이도 그것을 가리키기도 합니다.

마음 — 슬슬 두 단어 문장을 쓰기 시작한다

"멍멍, 있다" 등 단어 2개를 연결해서 말을 하는 아이도 있습니다. 사용하는 단어 수가 적은 아이도 쉴 새 없이 말하는 날이 반드시 오니 다양하게 말을 걸어주어 마음속에 단어를 저장시켜주세요.
그리고 기억력이 발달하여 어른의 행동을 능숙하게 흉내 낼 수 있습니다. 손가락을 자유롭게 사용해 물건을 조작할 수 있게 되고, 걸레 등 도구를 사용해서 엄마 흉내를 내기 시작합니다. 이런 체험이 바탕이 되어 소꿉놀이 등 놀이로 발전해 갑니다.

1년 6개월의 식사

- 이유식을 졸업하고 유아식으로
- 능숙하게 도구(숟가락)를 이용해서 먹는다.

싱겁고, 부드럽고, 먹기 쉬운 모양으로

1년 6개월을 기준으로 이유식을 졸업하고 유아식으로 이행합니다. 음식을 씹는 힘은 성인보다 약하기 때문에 부드럽게 만들고 간을 다소 싱겁게 하세요. 간식은 영양 보조용이라고 생각하고 주먹밥이나 샌드위치, 유제품을 주고, 단 음식은 충치의 원인이니 되도록 주지 마세요.

표정 — 흉내를 능숙하게

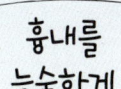

TV의 CM송이나 좋아하는 노래에 맞춰서 몸을 흔들거나 소리 높여 웃습니다. 흉내도 능숙하게 냅니다.

입 — 어금니가 나기 시작한다

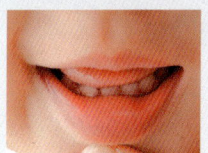

언어 발달이 빠른 아이는 2개 단어로 문장을 말하게 됩니다. 어휘력이 적은 아이도 아직 걱정할 필요는 없습니다. 1년 6개월이 되면 어금니가 나기 시작합니다.

손 — 공을 던진다

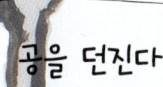

손목을 능숙하게 사용할 수 있습니다. 놀이 경험이 쌓여가면서 공을 휙 던지거나 크레용으로 선을 그을 수 있게 됩니다.

다리 — 대부분의 아이가 걷는다

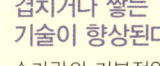

대부분의 아이가 걸을 수 있게 됩니다. 종종걸음으로 걷는 아이도 있고, 뛰어내리거나 한쪽 발로 서거나 손을 대지 않고 계단을 오를 수 있습니다.

1년 6개월은 이런 느낌!

겹치거나 쌓는 기술이 향상된다

손가락의 기본적인 기능이 거의 완성됩니다. 집 짓기 블록을 4개 정도 쌓을 수 있고, 겹치거나 조립하는 놀이를 즐길 수 있습니다.

기억력이 발달하고 흉내를 능숙하게

엄마, 아빠가 가르쳐주지 않아도 능숙하게 흉내를 냅니다. 부모의 행동을 유심히 관찰해서 나중에 떠올리는 것으로, 기억력이 발달하고 있다는 증거입니다.

디딤대 위에서 뛰어내릴 수도 있다

다양한 형태로 걸을 수 있게 되고, 낮은 디딤대 위에서 뛰어내리는 경우도 있습니다. 다만 신중한 성격의 아이는 하지 않습니다.

1년 6개월 아이의 생활
어떻게 생활하고 있을까?

이렇게 성장해요!
신장 80.0cm ★ 체중 10.8kg
촬영일/1년 6개월 11일째

생활 속에서 크고 작은 추상적인 의미를 체험시키자

또래 아이와 함께 노는 시간이 늘어납니다. 하지만 이 무렵은 '병행 놀이'의 시기로, 각자 자신이 하고 싶은 일에 열중합니다. 자신의 것과 타인의 것을 구별하지 못하기에 장난감 쟁탈전이 종종 일어나는데, 옆에서 지켜보다가 적당한 상황에 도와주세요.
이 시기부터는 생활하면서 경험을 쌓아가는 것이 중요합니다. 가령 세탁물을 개면서 "아빠 옷은 크네, ○○옷은 작네", 요리를 하면서 "이 토마토는 빨갛고 오이는 초록색이네"와 같이 말을 걸어주면 '크다, 작다'와 같은 추상적인 개념이나 색깔 등을 이해하게 됩니다. 이렇게 체험과 함께 배운 말은 아이의 머릿속에 깊이 새겨집니다.

바깥 놀이, 몸 움직이기를 무척 좋아한다 ☆

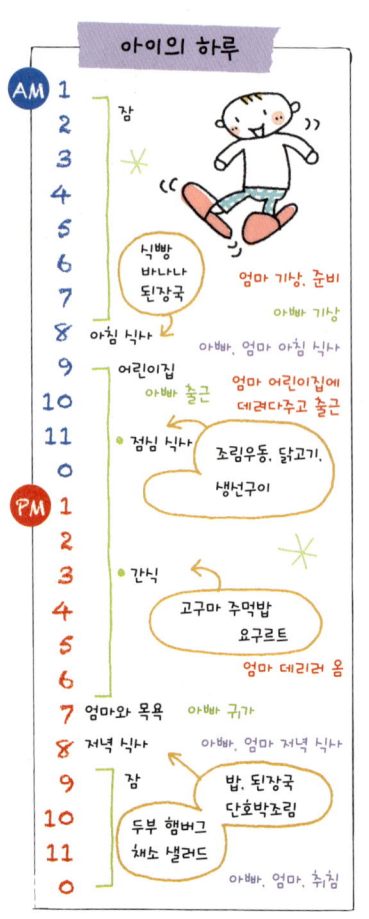

블록을 쌓아 탑을 만든다
손가락을 능숙하게 사용할 수 있게 되었어요. 성인에 비하면 서툴지만 블록을 4개 정도 쌓아 탑을 만들면서 놀아요.

초보 엄마의 육아 일기

특별한 이유 없이 싫다고 반항하는 시기에 돌입! 주의를 주면 짜증을 내는 일도

이를 닦아주는 것을 싫어하거나, 낮잠을 자기 싫어하는 등 별다른 이유 없이 싫다며 반항을 하네요. 마음에 들지 않으면 울면서 짜증을 내기도 합니다. 이것이 흔히 말하는 반항기? 성장 과정이라 생각하면 기쁘지만 온순했던 때가 그리워요. 게다가 잠시도 몸을 가만히 있지 못해요. 병원이나 가게에서 기다릴 때도 이리저리 돌아다녀서 "조금만 있으면 되니까 앉아서 기다리자"라고 말하면 짜증을 내기도 해요. 남자아이라 활기가 넘쳐서 그렇다고 생각하곤 있지만 힘들어요.

총총걸음이나 잔걸음으로 산책♪
남자아이답게 활발하고 몸을 움직이는 것을 무척 좋아해요. 밖에 나가면 환하게 웃는 얼굴! 안전한 길은 탁탁탁탁 잔걸음으로 엄마보다 먼저 가요.

그림책을 보고 손가락으로 가리키며 확인

"나비 어디에 있어?"라고 물으면 나비가 있는 쪽을 찾아서 손가락으로 가리키며 알려줘요. 귀엽게 "나비"라고 말할 때도 있고요.

조를 때는 귀엽게 연기까지

좋아하는 바나나를 달라고 조를 때는 두 손을 모으고 신호를 보내요. 냉장고 앞에서 "바, 바~"라고 말할 때는 귀여워서 거절하기가 어렵죠(웃음).

혼자 해냈다! 매일 뭔가를 발견

슬리퍼를 신고 걷는 재미에 빠졌다

엄마의 슬리퍼를 신고 방 안을 걸어 다니는 재미에 푹 빠졌어요. 슬리퍼가 보이지 않을 때의 범인은······.

할 수 있는 일이 늘어나서 갑자기 똑똑해졌다!?

옷을 갈아입거나 정리하는 모습 등 엄마, 아빠의 행동을 관찰하고 흉내를 내면서 생활 습관을 익혀요.

물건을 정리하고 옷을 벗고 입을 수 있게 되었다

물건 자리를 정해놓고 "청소할까?"라고 말하면 자기가 갖다 놓아요. 바지를 벗고 입는 것은 어린이집에서 연습했는데, 득의양양하게 "입었다!"라고 말하죠.

더 놀고 싶어! 두 발로 버티며 저항

밖에서 노는 것을 좋아해요. 단지 걸어 다니기만 해도 재미있는 모양이에요. 집에 돌아가는 것을 싫어하고 두 발로 버티며 저항합니다.

1년 6개월! 울고! 웃고!

😟 젖떼기에 도전했는데 밤에 젖을 달라고 칭얼대서 줄 수밖에 없어요. 원래도 밤에 칭얼대는 편이었는데 더욱 심해져서 절규에 가깝게 울어대거든요. 아무리 달래도 소용이 없어요. 잠이 덜 깬 채 난동을 부리는 날이 계속 이어졌어요. 아직 젖을 뗄 때가 아니었나 봐요.

😮 사물에 흥미를 갖게 되어 휴대 전화를 마음대로 만지거나 버튼을 누르기도 하기에 암호를 걸어 잠가놓았어요. 그런데 어느 날 휴대 전화에서 말소리가 들리는 거예요. 귀에 대보니 상대는 경찰. 우연히 잠금 장치가 해제된 모양이에요.

😊 아빠를 무척 좋아하는 딸아이. 남편이 출근하면 큰 소리로 울기 때문에 딸을 데리고 역까지 배웅을 나갔더니 울지 않고 웃는 얼굴로 손을 흔들어주게 되었어요! 생활 리듬도 규칙적으로 자리를 잡고 아빠는 아침부터 딸과 데이트를 할 수 있어 매우 즐거운 모양이에요.

😊 기저귀를 갈고 싶었는지 기저귀와 엉덩이 닦는 수건, 기저귀 갈 때 까는 시트를 들고 와서 펼쳐 놓고, 그 옆에 누워 나를 부른 적이 있어요. 깜찍하기도 하고 아이답기도 해서 크게 웃었어요.

😊 처음 걸은 것은 어린이집에서 소풍 가던 날. 1년 3개월이 지나도록 걸음마를 못해 애를 태웠죠. 집에서든 밖에서든 기엄기엄 기기만 해서 딸아이의 바지는 무릎이 너덜너덜······. 하지만 걱정도 잠시, 걷기 시작한 그날 활짝 웃던 얼굴이 아직도 생생해요.

1년 6개월 궁금한 점 Q&A

 물건 던지는 버릇을 그만두게 하는 방법은

 다른 동작에 흥미를 갖게 해보세요

물건을 던지면 위험하다든지, 컵은 던지는 것이 아니라는 사실을 이해할 수 있는 시기는 생후 3년 무렵부터입니다. 물건을 던질 때마다 엄마가 "안 된다"고 말해주는 것이 중요한데, 그래도 또 하곤 합니다. 가령 숟가락을 던진다면 엄마가 그것을 입으로 넣는 모습을 보여주거나, 식탁 위에 놓고 밀거나 굴려보는 것도 좋은 방법이에요. 그 동작이 재미있다고 생각되면 던지지 않게 되거든요.

 친구들에게 자꾸 화를 내요

 "안 된다"고 계속 주의를 주면서 아이들이 다치지 않게 주의를 기울이세요

지금은 같은 공간에 있어도 친구들과 함께 놀이를 하지 못하고 제각각 자기가 하고 싶은 대로 행동하는 시기입니다. 3세쯤 되어야 친구들과 사이좋게 놀 수 있게 되죠. 혼을 내도 이해를 못 하지만 그때마다 엄마가 "큰소리를 내면 안 돼. 기분이 나빠져"라고 타이르세요. 엄마의 말이 이해할 수 있게 되기까지는 아이들이 다치지 않도록 주의를 기울여야 합니다.

 남자아이는 서서 오줌을 누어야 한다고 가르쳐주어야 하나요

 양쪽 다 할 수 있도록 가르쳐주세요

화장실에 익숙해지기 전까지는 앉아서 오줌을 누게 하세요. 하지만 앞으로 다양한 장소에서 화장실을 사용하게 되니 서서 오줌을 누는 방법도 가르쳐주어야 합니다. 남자아이는 서서 오줌 누는 것을 아마 좋아할 거예요. 아빠나 할아버지 등에게 시범을 보여주게 하세요. 그것을 보고 멋지다고 생각해서 흉내를 낼 수 있습니다.

 걸을 수 있는데도 안아달라고 해요

 스스로 걷고 싶어지도록 하세요

걷기만 해도 재미가 있었던 때와는 달리 걷는 것이 익숙해지면 '편해지고 싶다', '어리광을 부리고 싶다'와 같은 감정이 생깁니다. 유아로 이행되고 있는 행동입니다. 그럴 때는 즐거운 마음으로 걷게 하는 것이 중요합니다. 목표를 정하고 "저게 뭐지"라고 흥미를 갖게 하거나, 엄마, 아빠와 경쟁해서 걷게 하는 것도 좋습니다. 아이가 스스로 걷고 싶어지도록 엄마, 아빠가 다양한 방법을 시도해보세요.

 비가 내려도 밖에 나가는 편이 좋은가요

 잠깐이라도 산책을 하고 오세요

비가 오면 집 안에만 틀어박혀 있게 됩니다. 하지만 돌아다니는 것을 좋아하는 아이는 비가 와도 나가고 싶어 합니다. 심하게 내리지만 않는다면 우비를 입고 장화를 신고 물웅덩이를 걸어보거나 젖은 나뭇잎이나 꽃을 만져보는 것도 오감을 자극해주는 즐거운 체험입니다. 잠깐이라도 밖에 나가면 기분 전환이 될 거예요. 다만 아이는 성인보다 더위를 더 타므로 옷을 너무 많이 입히지는 마세요. 땀을 많이 흘리면 땀이 식으면서 체온이 내려갈 수 있으니 주의해야 합니다.

 **소리는 내는데 말은 하지 못해요**

 계속 말을 걸어주고 느긋하게 기다리세요

또래 아이들은 말을 곧잘 하는데 내 아이는 아직 말을 하지 못하면 아무래도 걱정이 될 거예요. 하지만 아이가 말할 수 있게 되는 시기나 어휘의 수 등은 개인차가 큽니다. 2년이 지나도 말을 하지 않는 아이도 있습니다. 지금까지의 발달 과정에서 특별한 문제가 없고 평소에 엄마가 "휴지, 버려" 등 간단한 말을 했을 때 이해를 한다면 걱정하지 않아도 됩니다. 지금은 일상생활 속에서 되도록 함께 시간을 보내면서 말을 걸어주고, 노래를 들려주는 시간을 많이 가지세요. 때가 되어 말문이 터지면 쉴 새 없이 말을 하게 될 테니 서두르지 말고 기다려주세요.

 **언제부터 혼자서 밥을 먹을 수 있나요**

 우선 손으로 집어서 먹는 연습을 시키세요

손으로 음식을 집어서 먹기 시작하는 것은 대체로 생후 10개월쯤부터입니다. 처음에는 음식을 손에 잔뜩 묻히거나 바닥에 떨어뜨리기 때문에 엄마가 고생을 합니다. 그렇게 연습을 하다 보면 차츰 혼자서 먹을 수 있습니다. 먹여주기를 기다린다면 이제부터라도 손으로 집어서 먹는 연습을 시켜보세요. 그다음에는 숟가락에 흥미를 갖게 해서 조금씩 사용하게 하면 됩니다.

 **스스로 화장실에 가는 습관을 들이는 시기는**

 오줌을 누는 간격이 2~3시간쯤 되면

오줌이 마려우면 화장실에 가는 습관을 들이는 연습을 몇 살에 시작한다는 규칙은 없습니다. 방광의 용량이 커져서 어느 정도 오줌을 저장할 수 있게 되면 시작합니다. 너무 일찍 시작하면 제대로 되지 않는 경우가 많으며, 엄마가 아이에게 지나친 강요를 하면 더욱더 어려워집니다. 2년을 지나서 "오줌"이라고 말할 수 있을 때 시작해도 늦지 않습니다.

혼자서 화장실에 가게 하는 연습

오줌이나 응가가 마려울 때는 그것을 표현하게 해서 기저귀를 떼는 연습

혼자서 화장실을 가게 하려면 오줌이나 응가가 마려울 때 표현법을 가르치고, 화장실의 변기나 유아용 변기에 앉게 해서 볼일을 보는 연습을 시켜야 합니다. 유아용 변기를 사용하는 것이 좋은지, 처음부터 보조 변기를 사용하는 것이 좋은지는 딱히 정답이 없습니다. 시작하는 시기는 아이의 발달 속도나 성격 등에 따라 결정하세요. (116쪽 참조)

건강검진 체크 포인트

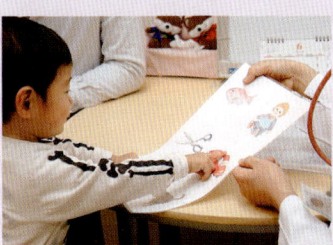

건강 검진은 시험이 아닙니다. 그 아이 나름의 진행 속도로 성장을 하고 있으면 됩니다. 치과 건강 검진도 받으세요.

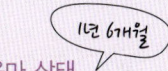 *1년 6개월*

★ **걸음마 상태**

운동 발달을 살펴본다. 아직 위험해 보이더라도 혼자서 걸을 수 있는지가 포인트.

★ **언어 이해**

아이가 알고 있는 것들이 그려진 그림을 보여주면서 이름을 말하면 손으로 가리키게 한다. 아직 말로 표현하지 못하더라도 동작으로 보여준다면 괜찮다.

★ **퍼즐 놀이**

원, 삼각형, 사각형 등 퍼즐을 제대로 맞출 수 있을까? 물건의 모양을 제대로 인식할 수 있는지를 살펴본다.

2~3년

옷을 입거나 그림을 그린다
여러 가지 일을 혼자서 할 수 있다

우리도 2년 Kids

♂ 79.0cm ★ 11.0kg   ♀ 86.0cm ★ 12.0kg   ♀ 79.0cm ★ 9.1kg

	키	몸무게
남아	87.00~95.70cm	12.94~15.08kg
여아	87.00~94.20cm	12.51~14.16kg

※ 2~3년 미만의 신장과 체중

자기가 하겠다고 했다가 금세 해달라고 어리광을 피우는 변덕쟁이!

생후 2년 아이는 돌보기 힘든 시기입니다. 이른바 '첫 반항기'가 시작되죠. 이 무렵의 아이는 자아가 싹트고, 하고 싶은 마음은 넘쳐나는데 아직 제대로 해내지는 못합니다. 그런데 아이는 그것을 이해하지 못하기 때문에 하고 싶은데 못하는 자신에게 화가 나고, 하지 못하게 하는 부모에게도 화가 납니다. 게다가 "내가 할 거야"라고 말하더니 금세 "해달라"고 어리광을 부리는 등 변덕이 심합니다. 엄마, 아빠는 아이를 돌보는 것만으로도 녹초가 되기 일쑤죠.

하지만 3년이 되면 자신이 할 수 있는 일이 늘어나기에 온순해집니다. 앞을 내다보는 힘이나 생각하는 힘도 생깁니다. 호기심이 강해져서 "왜?", "어째서?"라는 질문 공세가 시작됩니다! 귀찮다는 생각이 들지 모르지만 아이와 말을 주고받는 것을 즐기면서 대답해주세요.

운동능력 — **공원의 놀이기구에서도 마음껏 놀게 해주자**

2년이 되면 많은 아이들이 걸을 수 있고 총총걸음도 할 수 있게 됩니다. 다리를 사용하면서 근력이 붙고 점프를 하거나 미끄럼틀에서 미끄럼을 탈 수도 있습니다. 손가락을 한층 더 자유롭게 사용할 수 있고 블록을 8개 정도 쌓을 수 있으며, 그림 그리기에 열중합니다.

3년이 되면 운동의 기본적인 능력은 거의 완성됩니다. 계단을 오르락내리락하고, 한쪽 발로 짧은 시간 동안 설 수도 있습니다.

 몸 — **기저귀를 떼는 아이가 많아진다**

키, 특히 다리가 길어져서 체형이 바뀝니다. 아기 시절이 끝나고 이제 완전히 유아가 됩니다.

그리고 방광에 오줌을 저장하면서 오줌 누는 간격이 2~3시간이 되는 아이도 있습니다. 이것이 기저귀를 떼도 된다는 신호입니다. 생후 2년 후반~3년이 기저귀를 떼는 적절한 시기이지만 개인차가 있으니 서두르지 말고 지켜보세요.

 마음 — **3년이 되면 세 단어 문장을 말하기 시작한다**

반항기라고 해도 아직 부모에게 어리광을 부리고 싶은 시기입니다. 자기가 하겠다며 해보다가 지치면 "엄마가 해줘" 하며 어리광을 부립니다. 이런 행동을 제멋대로라고 생각하지 말고 마음껏 행동하게 해주세요.

언어 발달에도 개인차가 있습니다. 엄마, 아빠와 대화를 할 수 있는 아이도 있는 반면 단어 몇 개 말하는 게 고작인 아이도 있죠. 엄마, 아빠의 말을 이해하고 몸짓 등으로 의사를 전달하려는 모습을 보이면 문제는 없습니다. 3년이 되면 "멍멍이, 집, 왔다" 등 세 단어 문장을 말할 수 있습니다. 엄마, 아빠는 말을 많이 걸어주고 그림책을 읽어주어 어휘량을 늘려주세요.

2년

표정
어리광을 부리고 싶다! 하지만 내가 직접!

놀이 경험을 쌓아가면서 블록을 조립하고 크레용으로 낙서를 합니다. 공을 들고 굴리거나 던질 수 있습니다.

손
손가락 기능이 몰라보게 발달

손가락을 더 자유롭게 사용할 수 있습니다. 3년이 되면 제대로 숟가락을 쥐고 능숙하게 먹을 수 있게 됩니다.

3년

입
양치질로 충치 예방

3년이 되면 20개의 유치가 모두 납니다. 충치가 되지 않도록 꼼꼼하게 양치질하는 습관을 들이세요.

다리
한층 고도의 움직임이 가능하다

다리의 기능이 한층 발달합니다. 3년 가까이 되면 디딤대에서 뛰어내리는 등의 역동적인 움직임도 가능합니다.

2~3년의 식사

- 다양한 식재료를 먹이자.
- 단것을 지나치게 먹지 않게 하자!

아침밥을 꼭 먹이고 생활 리듬을 일정하게

아침밥을 먹으면 생활 리듬이 갖추어집니다. 기분에 따라 먹거나 먹지 않는 경우가 있는데, 식재료를 다양하게 사용하고 영양을 골고루 섭취할 수 있도록 합니다. 너무 단 간식은 피하세요.

2~3년 아이의 생활
어떻게 생활하고 있을까?

이렇게 성장해요!
☝ 신장 82.0cm ★ 체중 12.8kg
촬영일/2년 0개월 14일째

"빨리 하라"는 말은 금기!
엄마, 아빠의 '기다리는 자세'가 자립을 촉진한다

2~3년 때는 무엇보다도 밖에 나갔다 오면 손을 씻게 하고, 목욕을 한 뒤에는 잠옷을 입게 하는 등의 생활 습관을 몸에 배게 해야 합니다. 이때 중요한 것은 엄마, 아빠의 '기다리는' 자세입니다. 아기 때는 엄마가 모든 걸 대신해주었지만 이젠 아이 스스로 해나갈 수 있도록 도와주어야 합니다. 그러려면 많은 인내가 필요하죠. 아이가 스스로 옷을 갈아입으려면 엄마가 입혀줄 때보다 시간도 많이 걸리고 바쁠 때에는 지켜보고 기다리는 일이 여간 힘이 드는 게 아닙니다. 답답하다고, 시간이 없다고 엄마가 자꾸 대신해주다 보면 자립이 더뎌 유치원이나 초등학교에 들어가서 더 애를 먹게 됩니다. 또 이 시기의 아이는 뭐든 스스로 해보고 싶어 하는데 제지를 당한다면 짜증이 늘 수도 있습니다. 인내심을 발휘해서 이 시기를 극복해나가세요.

더욱더 활발해진다! 공원이나 밖에서 노는 것을 무척 좋아한다

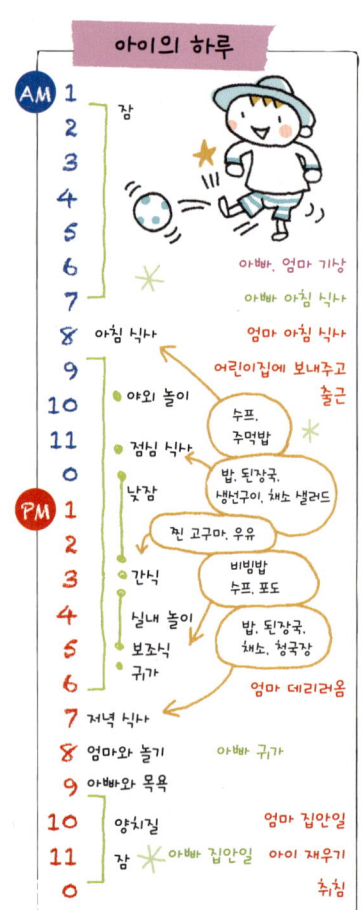

아이의 하루

바람을 가르며 달리면 기분이 좋다
걸음마를 시작한 것은 1년 2개월 무렵. 지금은 다다닥 뛰어다녀요. 의외로 빨리 뛰어서 뒤쫓아 가는 엄마가 힘들 정도예요.

손과 발을 사용해서 올라간다
더욱더 활발해져서 놀이기구를 타고 올라가는 것도 잘해요. 올라갈 때는 엄마가 뒤에서 잡아주지만 미끄럼틀을 탈 때는 혼자서 내려가죠.

다다닥

초보 엄마의 육아 일기
드디어 왔다! 말로만 듣던 제1차 반항기에 엄마는 우울

드디어 2년이 되었어요. 이도 상하 16개가 나고, 체구는 작지만 종일 뛰어다니고…… 성장을 실감하는 나날이에요. 그러던 어느 날, 아들이 보고 있던 DVD가 끝났기에 TV를 껐더니 "더 볼 거야!!" 하며 앙탈을 부렸어요. 또 목욕을 시키기 위해 옷을 벗기려고 하자 울면서 거부하고 나를 때리고 할퀴면서 저항했어요. 아기일 때는 목욕을 좋아했는데……. 지금까지는 볼 수 없었던 격렬한 저항. 이것이 제1차 반항기인가. 성장의 과정이라고는 하지만 좀 우울해졌어요.

집에 돌아오면 양치질 & 손 씻기
밖에서 돌아오면 바로 화장실로 가서 세면대 앞에 놓인 디딤대에 올라 손을 씻어요. 입안을 물로 헹굴 수도 있게 되었죠.

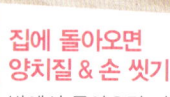
아푸아푸

손님이 오면 현관에서 인사
손님이 오면 현관에 서서 "안녕하세요" 하며 머리 숙여 인사를 해요. 손님들이 기특하다고 칭찬해 준답니다.

꾸벅

2~3년은 이런 느낌!

이제 아기가 아냐!

엄마를 유심히 보고 흉내 낸다
엄마가 부엌에서 하는 일에 관심을 갖는 시기로 남자아이든 여자아이든 소꿉장난을 좋아합니다. 3년이 가까워지면 장난감 부엌칼로 자석 채소를 싹둑 자릅니다.

마음
소꿉장난 놀이도 하고 친구와 주고받기도!

좋아하는 것이 분명해진다
1년 때는 보거나 손에 쥐기만 하던 장난감 차도 "붕붕" 소리를 내면서 원하는 대로 갖고 놉니다. 아이에 따라서 자동차, 기차, 동물 등 좋아하는 대상이 분명해집니다.

조금씩 친구와 함께 놀게 된다
다른 아이에 대한 관심이 증가하고, "이거 줄까?" "고마워" 하며 간단한 대화를 주고받을 수 있습니다. 단, 아직 장난감을 갖고 싸우는 시기이니 엄마, 아빠가 옆에서 도와주어야 합니다.

단추 채우기에 열중! 엄마, 아빠는 옆에서 지켜보자
3년쯤 되면 손가락을 더욱 자유롭게 사용할 수 있고 단추를 채우고 싶어 하는 아이도 있습니다. 좀처럼 되지 않아 짜증을 내는 일도 있지만 옆에서 지켜보세요.

몸
놀이를 통해 몸을 사용하는 법을 배우는 시기

크레용으로 원을 그린다
2년이 넘으면 원을 그릴 수 있게 됩니다. 시작하는 점과 끝나는 점을 만나게 하는 것은 의외로 어려운 일인데, 손을 사용하는 능력이 발달했다는 증거죠. 세 손가락으로 물건을 쥐는 아이도 있지만 4년 무렵까지 물건을 쥐고 들 수 있으면 됩니다.

한쪽 발로 선다
평형 감각이 발달하고 중심을 잡을 수 있어 잠깐이지만 한쪽 발로 설 수 있게 됩니다. 균형을 잃었을 때 자세를 바로잡는 연습이 되므로 안전한 곳에서 하게 하세요.

생활
할 수 있는 일이 점점 더 늘어나서 자신감이 생긴다

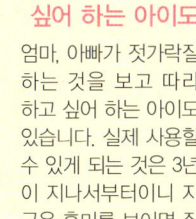

젓가락을 사용해보고 싶어 하는 아이도
엄마, 아빠가 젓가락질 하는 것을 보고 따라 하고 싶어 하는 아이도 있습니다. 실제 사용할 수 있게 되는 것은 3년이 지나서부터이니 지금은 흥미를 보이면 쥐게 해보세요. 목 안을 찌르지 않도록 주의!

세발자전거 데뷔
공원에 세발자전거를 타고 가는 아이가 많아집니다. 다리에 힘을 넣는 요령을 체득하기 전에는 페달을 앞으로 밀어서 밟기가 어렵습니다. 처음에는 엄마, 아빠가 뒤에서 밀어주면서 도와주세요.

엄마를 흉내 내어 세탁물을 갠다
세탁물을 개면서 엄마의 일을 도와주기도 합니다. 수건을 반으로 접거나, 둘둘 마는 등 최선을 다해 도와주죠. 부모가 기뻐하는 모습을 보고 더욱더 도와주려 하는 것도 이 무렵입니다.

먼 곳을 향해 공을 던질 수 있다
굴리거나 앞에 떨어뜨리기만 했던 공을 생후 3년 정도 되면 어깨와 팔을 크게 움직여서 던질 수 있습니다. 던지기 쉽도록 한 손으로 쥘 수 있는 작은 공을 마련해주세요.

PART 1 · 0~3세 월령별 · 아기의 발육·발달, 생활과 걱정되는 일

2~3년 궁금한 점 Q&A

 **장난감을 뺏겨도 빼앗아 오려고 하지 않아요**

 아이의 마음을 엄마, 아빠가 대변해주세요

아이의 그런 모습을 보면 부모는 안타까울 거예요. 하지만 기본적으로는 지켜봐주어야 합니다. 이 무렵에 얌전하다고 해서 나중에 단체 생활을 할 때 따돌림을 당하는 것은 아닙니다. 다만 평소에 자신의 마음을 표현하지 못하는 아이라면 그 마음을 대변해주거나, 아이가 '기분 나쁜 마음'을 표현하면 "그렇지 기분 나쁘지" 하며 받아들여주세요. 그리고 자신의 물건을 소중히 여길 수 있도록 이름을 써주고 "이거 ○○의 것이지. 예쁘다" 하며 확인을 시켜주세요.

 기저귀를 떼었는데 동생이 태어나자 바지에 오줌을 싸요

 **엄마와의 애착 관계를 확인하면 원래대로 돌아갑니다**

동생이 태어나서 엄마를 독차지할 수 없게 된 것은 아이에게는 충격적인 사건입니다. 기저귀를 채워달라며 자기에게도 관심을 가져달라는 마음을 표현하고 있는 것입니다. 그 마음을 알아주고 안심을 시켜주세요. 엄마와의 애착 관계를 확인하면 원래대로 돌아갑니다!

퇴행 현상

'엄마를 빼앗길 것 같다', '나도 좀 봐줘' 어리광을 피우고 싶은 마음

지금까지는 자신이 절대적으로 보호받고 있었는데, 동생이 태어나자 그 위치를 위협받으니 불안해지는 것이 당연합니다. 지금까지 할 수 있었던 것을 "안 한다"고 하거나 갑자기 어리광을 부립니다. 이런 현상을 '퇴행 현상'이라고 합니다. 무리하게 자립을 시키려고 하지 말고 부모와의 애착 관계를 느끼게 해주세요.

 **원하는 것을 "사 줘" 하며 크게 울어요!**

 부모가 아이에게 지지 않는 단호한 태도를 보여주세요

아이는 울면서도 자신과 부모의 힘 관계를 파악하고 있습니다. 우는 모습이 안쓰러워 '이번에만' 하고 사주면 아이는 같은 행동을 반복할 거예요. 부모가 그 장소를 벗어나 빨리 걸어가면 아이는 불안해져 쫓아오기 마련입니다. 그리고 쇼핑을 갈 때는 무엇을 살 것인지 약속해두고 그것 이외는 사지 않는 부모의 단호한 태도를 보여주는 것이 좋습니다.

우리 집은 이렇게 극복했다!

1. 가능한 한 첫아이를 우선한다.
2. "형(오빠)이니깐"라는 말은 금기.
3. 뭔가를 해내면 칭찬! 하지 않아도 야단은 금기.

어리광을 피우고 싶은 마음을 받아들여주면 '엄마는 자기를 좋아한다'는 자신감이 생겨 동생을 소중히 여기게 됩니다.

 **숟가락이나 크레용을 아직도 움켜쥐어요**

 **세 손가락으로 쥐는 것은 3~4년 무렵**

숟가락으로 먹거나 크레용으로 낙서를 할 수 있게 되는 시기입니다. 부모는 아이가 하나를 할 수 있게 되면 좀 더 능숙하게 하기를 기대하겠지만 이 시기에는 움켜쥐는 것이 당연합니다. 크레용을 세 손가락으로 올바르게 쥐게 되려면 더 시간이 지나야 합니다. 빨라도 3~4년 정도로 생각하세요. 능숙하게 사용하려면 그보다 더 시간이 필요합니다.

 TV나 비디오의 적당한 시청 시간은

 한 번 볼 때 20~30분, 1일 최장 2시간

TV나 비디오를 계속 보게 되면 사람들과 함께 시간을 보내지 못하고 몸을 움직일 기회가 줄어듭니다. 일방적으로 정보를 받아들이기만 하기에 발달에 영향을 미칠 수도 있으니 아이를 혼자 놀게 하기 위해서 장시간 TV를 보게 하는 것은 삼가야 합니다. 하루에 길어도 2시간이란 말이 있지만, 아이가 집중할 수 있는 시간을 생각해보면 한 번 볼 때 20~30분이 적당합니다. 가능하다면 엄마, 아빠도 함께 보고 노래를 부르거나 춤을 추면 아이에게 도움이 됩니다.

 친구를 때리거나 떠밀어요

 **말로 표현을 못해서 손이 나오는 시기예요**

말을 할 수 있어도 하고 싶은 말을 정확하게 표현할 수 없으면 거친 행동을 하는 경우가 있습니다. 엄마, 아빠는 그때마다 주의를 주면서 성장하기를 기다리세요. "○○는 이렇게 말하고 싶었던 거지"라고 엄마, 아빠가 아이의 마음을 대신 말해주면 표현의 폭이 넓어집니다. 친구들과 사이좋게 지내는 법을 가르쳐주는 것도 중요합니다.

 **"바보" 등 거친 말을 쓰네요**

 반응을 보이지 않으면 하지 않게 돼요

의미를 알고 말하는 것이 아니라 우연히 동네 형이나 오빠가 하는 말을 기억해두었을 거예요. 그런데 "바보"라고 했더니 엄마, 아빠가 당황하는 얼굴을 보이는 등 반응이 강하자 재미있게 생각하는 거고요. 야단을 쳐도 소용이 없으니 "바보"라고 말해도 못 들은 척하세요. 반응이 없으면 재미가 없어져 그만둘 수 있습니다.

 **양치질 대신에 불소 용액을 사용해도 되나요**

 **조금씩 양치질 습관을 길러주세요**

양치질을 심하게 싫어하면 일시적으로 불소 용액을 사용해도 됩니다. 하지만 불소 용액으로는 깨끗하게 이를 닦을 수 없으니, 충치를 예방하기 위해서는 양치질 습관을 들여야 합니다. 한번 양치질을 싫어하게 되면 양치질을 해주기가 어렵습니다. 자리에 앉히고 직접 칫솔을 들게 하고, 노래를 부르면서 입을 헹구게 하는 등 즐거운 분위기에서 이 닦는 습관을 들이세요.

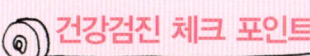 **건강검진 체크 포인트**

문진표와 발달 선별 검사지를 미리 작성하여 검진을 받으면 대기 시간을 절약할 수 있습니다.(53쪽 참고)

2~3년

★ **청력과 시력 검사**
집에서 확인을 하고 문진표를 작성해서 가요. 그림은 시력 검사 용지의 하나.

★ **이가 나는 모양**
유치가 다 나오는 시기이므로 양치질을 하는 방법이나 충치, 치열 등을 확인한다.

★ **언어 이해**
자기 이름이나 두 단어 문장을 말할 수 있는가가 포인트. 위, 아래, 앞, 뒤를 이해할 수 있는지를 발달의 기준으로 삼는다.

화장실에서 오줌을 눌 수 있도록
1년을 목표로 서두르지 않고 연습!
기저귀 떼기

Column 4

신생아 시절부터 계속 사용해온 기저귀.
기저귀 떼기를 생각할 무렵이 되면 드디어 아기 시절도 끝나갑니다.
진행 방법을 미리 살펴보고 아이와 함께 천천히 시작해보세요.

기저귀 떼기에 성공하는 5step

시작하기 전에

1. 엄마가 화장실에서 시범을 보여준다
화장실이 무엇을 하는 곳이며 어떻게 해서 오줌을 누는 것인지 우선 엄마가 시범을 보여주세요.

2. 화장실을 즐거운 공간으로 만든다
화장실은 무섭고, 기분 나쁜 곳이라는 이미지를 갖지 않게 하기 위해 화장실에 좋아하는 장난감을 놓는 것도 괜찮은 방법입니다. 엄마와 함께 노래를 부르는 것도 좋아요! '화장실은 즐거운 곳'이란 생각을 갖게 하세요.

3. '어느 정도 시간을 두고 오줌을 누는지' 확인한다
1시간마다 오줌을 눈다면 아직 시작할 때가 아닙니다. 2시간이 지나도 기저귀가 젖어 있지 않다면 슬슬 시작할 때입니다.

드디어 시작

4. 변기나 유아용 변기에 앉게 해본다
오줌이 나오지 않더라도 변기에 앉혀보세요. 이때 엄마는 아이의 몸을 만져주어 안심을 시키고, 보조 변기 등을 사용해서 앉아서 볼일을 보는 것을 무서워하지 않도록 합니다. 억지로 시켜서는 안 됩니다.

5. 능숙하게 해내면 칭찬을 해준다
엄마에게 칭찬을 받으면 아이는 기분이 좋아집니다. 열심히 하면 아낌없이 칭찬을 해주어 아이가 적극적으로 '해보자'는 마음이 들게 하세요. 물론 제대로 못했다고 해서 화를 내서는 안 됩니다.

기저귀 떼기는 언제부터 시작?

2~3시간마다 오줌을 누게 되면

신경 전달이 발달해야 하기에 기저귀를 떼는 시기는 개인차가 큽니다. 화장실에 가는 연습을 시작하는 기준은 2~3시간 간격으로 오줌을 누게 되었을 때입니다. 기저귀를 갈아주고 나서 2~3시간 지나도 젖어 있지 않으면 유아용 변기이나 보조 변기에 앉게 해보세요. 우연히 오줌이 나오는 경우가 있습니다. 그렇게 '오줌이 나오는' 경험을 반복하면 아이는 오줌이 나올 때의 상쾌한 기분을 느낄 수 있게 됩니다.
어느 날, 갑자기 다짜고짜 화장실에 데리고 가서는 안 됩니다. 우선 엄마가 오줌을 누는 모습을 보여주며 흉내를 내게 하고, 화장실을 즐겁게 갈 수 있도록 재미있게 꾸며놓으세요. 그리고 화장실 연습을 할 때는 엄마와 신뢰 관계가 깊어야 합니다. 실패를 해도 화를 내서는 안 되며 잘했을 때는 아낌없이 칭찬을 해서 아이를 기분 좋게 해주세요. 기저귀 떼는 일은 시간이 걸리게 마련이니 '언젠가는 기저귀를 떼게 된다'고 믿고 즐겁게 해나가세요.

기저귀 떼기 Q&A

Q. 성공하기 쉬운 계절이 있나요
땀이나 호흡으로 배출되는 수분이 많아서 오줌을 누는 간격이 길어지는 여름이 좋습니다. 얇은 옷을 입기에 세탁을 하는 수고가 덜어지는 것도 포인트.

Q. 기간은 어느 정도 걸리나요
화장실 연습 기간은 1년이 기준. 서두르지 말고 천천히 연습을 시키세요. 생후 2~3년 때 언어를 이해할 수 있게 되면 짧은 기간에 성공하는 경우도 있습니다.

Q. 밤 기저귀를 졸업하지 못해요
밤중에 오줌을 싸는 것은 오줌을 억제하는 항이뇨 호르몬과 관계가 있습니다. 수면 중의 배설은 별개라고 생각하고, 밤에 오줌을 싸는 것은 신경을 안 써도 됩니다.

Q. 변을 보게 하는 것이 더 어렵다는 말이 사실인가요
오줌보다 변이 마려운 것이 느끼기 쉽지만 '응가는 기저귀가 아니면 못하는' 아이가 많습니다. 스스로 엉덩이를 닦을 수 있는 것은 생후 5년 정도가 되고 나서입니다.

Q. 화장실에서 오줌을 누지 않고 놀고 있어요
처음에는 놀이로 생각해도 되는데, 혼자서 화장실에는 가지 않게 하세요. 넘어지거나 물로 인해 사고가 날 수 있습니다. 잘못해서 안쪽에서 문을 잠그는 경우도 있으니 주의하세요.

엄마들의 기저귀 떼기 DATA

Q. 언제부터 시작했나요

- 12개월 전 **2%**
- 아이가 말을 하게 되고 나서 **5%**
- 따뜻해지면 **8%**
- 유치원 들어가기 전 **11%**
- 무대답 **13%**
- 1년~1년 6개월 **28%**
- 2년 **33%**

생후 1년 전부터 도전한 아이는 2%. '2년' 때 기저귀 떼기를 시작한 아이가 가장 많았으며, 기저귀를 떼는 시기는 다양했습니다.

PART 2

이것만 알아도 쉬워진다!
아이 돌보기의 기본기

안기, 기저귀 갈기, 목욕 시키기 ······.
작고 여린 몸을 가진 아이가 눈앞에 있으면
처음에는 만지는 것도 겁이 납니다.
우선 기본을 익히고 매일 아이를 돌봐주다 보면
요령이 생기고 마침내 능숙해집니다.

차근차근
배워가자!

여러 가지 안는 법

아이와 엄마의 몸을 밀착시켜라!

안기는 돌보기의 기본! 아이 안는 법을 익히면 엄마, 아빠, 아이 모두가 편안해집니다.

저월령 시기의 기본
옆으로 안기

여러 가지 상황에서 아이를 안아주어야 합니다. 처음에 익혀야 할 것은 기본인 옆으로 안기. 아이는 엄마, 아빠가 안아주면 좋아하니 요령을 터득해서 마음껏 안아주세요.

우선 말을 걸어주고 나서

아이가 울면 안아줍니다. 우선 말을 걸어 안심을 시킨 뒤 안아주세요.

1 목 아래에 손을 넣는다

한쪽 손을 목 아래로 천천히 넣습니다.

위에서 보면 이런 느낌

2 가랑이 사이에 손을 넣는다

다른 한쪽 손은 가랑이 사이에서부터 엉덩이, 허리 아래로 넣습니다. 손바닥으로 엉덩이 전체를 감싸듯이 하면 안정적입니다.

3 후두부와 엉덩이를 받치며 안아 올린다

머리와 엉덩이를 받쳤으면 천천히 안아 올립니다. 아이와 엄마의 몸이 가능한 한 떨어지지 않도록 하면 엄마의 팔이나 허리에 부담이 가지 않습니다.

4 손을 천천히 움직여서 팔 전체로 머리와 몸을 지탱한다

손을 천천히 움직여서 엄마의 팔꿈치 안쪽에 아이의 머리와 목을 올려놓습니다. 다리 쪽의 손은 엉덩이를 확실하게 받쳐주세요.

목을 가누게 되면 OK
세워 안기

목을 가눌 수 있게 되면 세워 안기에 도전! 평소와 다른 풍경이 보이기 때문에 아이도 신선한 느낌을 받습니다. 목을 완전히 가누지 못하더라도 후두부를 확실하게 지탱하면 세워 안기를 해도 됩니다. 트림을 시킬 때나 칭얼거릴 때 시도해보세요.

우선 말을 걸어주고 나서
옆으로 안기와 마찬가지로 말을 걸어주고 나서 안아줍니다. 반드시 한마디라도 해주는 것이 좋습니다.

1 겨드랑이 밑으로 손을 넣는다

아이와 마주 본 뒤 몸을 가까이 붙이고 양 겨드랑이 밑에 손을 넣습니다. 엄지손가락은 겨드랑이 위쪽에, 다른 네 손가락은 아래쪽에 넣습니다.

2 후두부를 받치고 안아 올린다

네 손가락과 손바닥 전체로 아이의 등에서부터 머리, 후두부를 확실하게 받쳐주고 안아 올립니다.

3 손을 움직여서 팔 전체로 등과 엉덩이를 받쳐준다

한쪽 손을 밑으로 내리고 팔 전체에 아이의 엉덩이를 올려놓습니다. 다른 한쪽 손도 조금씩 움직여서 목부터 머리를 받쳐주면 완성!

엄마와 아이 둘 다 편한 안기의 포인트

- ✓ 자신의 몸에 아이를 바싹 끌어당긴다.
- ✓ 아이의 후두부, 등, 엉덩이를 받쳐준다.

아이를 안을 때는 아이와 가능한 한 몸을 밀착시키고, 엄마, 아빠 쪽으로 끌어당깁니다. 후두부, 등, 엉덩이를 받쳐주면 안정적이며 엄마와 아이가 모두 편합니다!

방향 전환
좌우로 바꿔 안기

젖을 줄 때나 엄마가 아이를 안고 있는 팔이 저릴 때 등 아이의 방향을 바꿔야 할 때가 있습니다. 아기가 목을 가누지 못해 몸이 흐느적거리는 시기에는 겁이 날 수도 있지만 '익숙해지는' 것이 제일 좋은 방법입니다!

엉덩이를 축으로 회전시킨다

아이를 안고 있는 상태에서 방향을 바꾸고 싶을 때는 '엉덩이를 축으로 회전'시키는 것이 기본입니다.

1. 등을 받쳐주던 팔을 움직여서 후두부 뒤로

등 전체를 받치고 있던 손을 움직여서 목과 후두부를 받칩니다.

2. 엉덩이를 축으로 해서 반대쪽으로 바꿔 안는다

엄마와 아이의 몸을 밀착시킨 채 엉덩이를 축으로 해서 후두부를 받치고 있던 엄마의 손을 반대쪽으로 회전. 방향 전환!

3. 등, 엉덩이를 받치면서 자세를 조정한다

엉덩이를 받치던 팔에 아이의 머리를 올리고, 머리를 받치던 손은 엉덩이와 등을 받치기 위해 이동합니다.

손목 건초염에 걸리지 않는 포인트

- ☑ 손목만으로 아이의 머리를 받치지 않는다.
- ☑ 아이의 머리를 팔꿈치 안쪽에 올려놓는다.
- ☑ 수유 쿠션 등을 활용한다.

손목 건초염을 예방하기 위해서는 손목에 불필요한 힘이 들어가지 않도록 아이의 머리를 엄마의 팔꿈치 안쪽에 올려놓는 것이 요령입니다. 둘의 몸이 되도록 떨어지지 않도록 수유 쿠션 등으로 높이를 조절하세요.

성공!

수유 자세
세워 안기 → 옆으로 안기

세워 안다가 옆으로 안는 방법도 알아두세요. 아이를 얼러주다가 젖을 주기 위해 옆으로 안는 등 평소에 아이를 돌봐줄 때 종종 필요한 방법입니다.

Before

아이의 등을 받치고 있던 엄마의 손을 위로 올립니다. 목과 후두부가 흔들리지 않도록 받쳐주는 것이 포인트.

1
등을 받쳐주던 손을 올려서 후두부를 고정한다

2
엉덩이를 축으로 회전시킨다

아이와 엄마의 몸이 떨어지지 않도록 주의하면서 엉덩이를 축으로 몸을 옆으로 돌립니다. 아이의 머리를 엄마의 팔에 올리면 옆으로 안기 완성!

잠이 들었을 때
옆으로 안기 → 내려놓기

재우기 위해 아이를 요 등에 내려놓아야 하는 경우가 많습니다. 아이의 몸을 떼어낼 때는 '천천히 살짝' 하는 것이 요령.

Before

1
등을 받쳐주던 팔을 움직여서 후두부를 고정한다

아이의 등에 대고 있던 엄마의 손을 위로 올립니다. 머리가 흔들리지 않도록 머리와 후두부를 확실하게 받쳐주세요.

2
엉덩이, 등, 머리의 순서로 내려놓는다

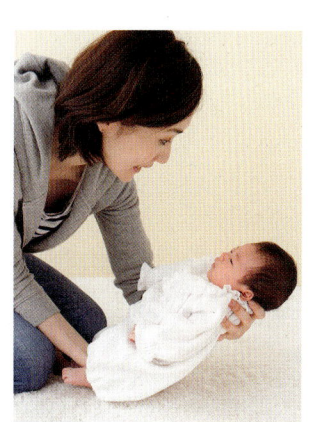

우선 엉덩이를 바닥에 내려놓고 아이의 몸을 천천히 눕히면서 등, 머리 순서로 내려놓습니다. 아이 몸을 갑자기 떨어뜨려 놓으면 안 됩니다!

3
받쳐주던 손을 빼낸다

엉덩이를 받쳐주던 손을 아이의 몸 아래에서 조심스럽게 빼냅니다. 자고 있을 때는 목 아래의 손은 천천히 빼내세요.

PART 2 이것만 알아도 쉬워진다! • 아이 돌보기의 기본기

기저귀 갈기

'자주 갈아주는 것'이 기본!

아이의 몸과 접촉하며 깨끗하게 해주는 교감의 시간이니 말을 걸어 주면 좋아요.

친환경적인 천 기저귀

빨아서 계속 사용할 수 있는 천 기저귀. 흡수력은 종이 기저귀보다 못하지만 배설했을 때 바로 젖었다고 느끼기 때문에 아이가 '불쾌하다'는 감각을 기르기 쉽습니다.

Before

기저귀 커버와 기저귀를 준비한다
아이의 체형에 맞는 기저귀 커버에 원통형(천) 기저귀를 준비해놓습니다.

천(원통형) 기저귀 접는 방법

접기 전의 원통형 천 기저귀. 오줌의 양에 맞춰서 접는 방법(두께)을 바꿉니다.

오줌의 양이 많아지면 / **저월령일 때**

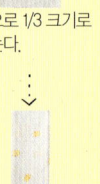
옆으로 1/3 크기로 접는다.

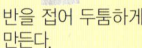
반을 접어 두툼하게 만든다.

옆으로 반을 접어서 정방형으로.

색종이처럼 네 모서리를 중앙을 향해 접어서 작은 정방형으로.

절반으로 접어 장방형으로.

천 기저귀의 처리

① 변은 화장실에 버리고 묽은 변은 화장지 등으로 닦아낸 뒤 빤다.
② 손을 씻은 뒤 세제나 표백제를 넣은 물에 1~2일 담갔다가 세탁한다.

1 배설물을 깨끗하게 닦아낸다

기저귀 커버를 펼쳐놓고 천 기저귀의 깨끗한 부분으로 변이나 오줌을 닦아냅니다. 성기나 주름진 곳이나 살이 접힌 부분은 부드럽고 꼼꼼하게 닦습니다.

2 새 기저귀를 댄다

배설물이 남아 있으면 엉덩이를 닦는 수건으로 닦아내세요. 기저귀를 커버에서 떼어내고 새 기저귀를 엉덩이에 댑니다.

3 기저귀 커버의 벨트를 잠근다

커버의 벨트를 잠글 때는 한쪽으로 치우치지 않게 좌우 대칭으로. 허리를 너무 조이지도 헐겁지도 않게 잠가야 합니다.

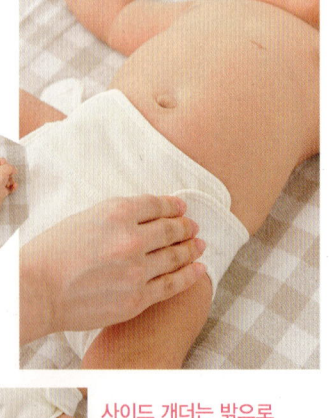

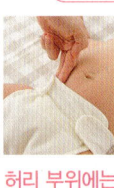

허리 부위에는 손가락 2개 정도 들어갈 수 있도록
허리 부위가 헐거우면 변이나 오줌이 샐 수 있습니다. 손가락 2개가 들어갈 수 있을 정도로 조절하세요.

사이드 개더는 밖으로
사이드 개더는 밖으로 내놓아서, 안의 기저귀가 삐져나오지 않도록 합니다.

역시 간단 종이 기저귀

1회용 기저귀이니만큼 쓰기 편하고 흡수성이 뛰어나서 외출이나 취침 등 오랜 시간을 채워둘 수 있습니다. 배설물이 잘 새지 않으며 아이도 불쾌감을 느끼기 어렵지만 바로바로 교환해주어야 합니다.

종이 기저귀의 처리

변은 화장실에 버린다. 엉덩이를 닦은 종이 등은 종이 기저귀 안에 버린다.

앞에서부터 돌돌 말아서 좌우의 테이프로 고정시킨다.

1. 새 기저귀를 밑에 깐다

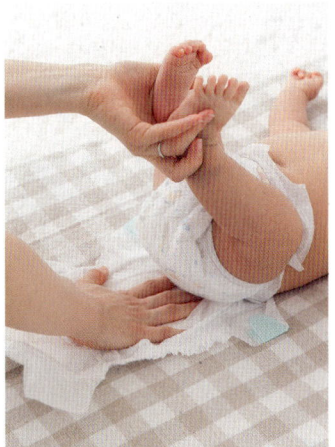

새 종이 기저귀를 차고 있던 기저귀 밑에 펼쳐 깝니다.

2. 배설물을 깨끗하게 닦아낸다

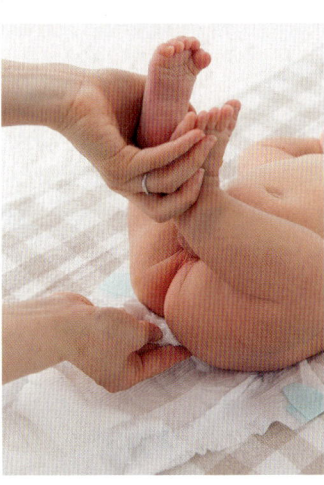

특히 주름진 곳이나 살이 접힌 부분에 변이 남아 있을 수 있으니 꼼꼼하게 닦아냅니다. 오줌이 나왔을 때는 성기나 엉덩이를 닦아주세요.

음낭 / 주름진 곳이나 살이 접힌 부위 / 성기

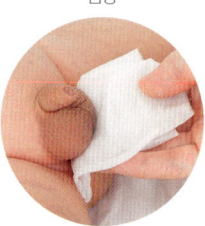 

3. 새 기저귀를 댄다

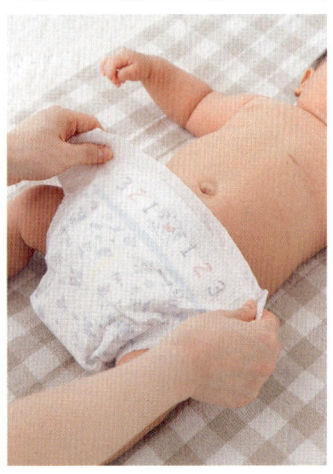

차고 있던 기저귀를 벗겨내고 새 기저귀를 댑니다. 습진이 걸리지 않도록 엉덩이를 확실하게 말린 뒤에 대는 것이 포인트.

4. 테이프로 잠근다

허리 부분에 달려 있는 눈금을 참고로 테이프로 잠급니다. 기저귀가 한쪽으로 치우치면 배설물이 샐 수 있으니 좌우를 균등하게 맞춰서 잠그세요.

허리 부위는 손가락 2개가 들어갈 수 있도록
허리가 조이지 않도록 손가락 2개가 들어갈 수 있도록 합니다.

사이드 개더는 밖으로
배설물이 새지 않도록 사이드 개더는 밖으로 내놓고 세워둡니다.

PART 2 이것만 알아도 쉬워진다! 아이 돌보기의 기본기

신생아 목욕시키기

생후 1개월 무렵까지는 아기 욕조 사용

처음에는 조심스럽게 가슴을 졸이며 씻기겠지만 곧 익숙해지니 걱정하지 마세요!

목욕

매일 5~10분

신생아는 신진대사가 활발하고 피지 분비가 왕성하기 때문에 피부에 노폐물이 많이 생깁니다. 1개월까지는 감염 예방을 위해 아기 욕조를 이용해서 매일 몸을 씻어주세요. 1개월 건강 검진이 끝나면 가족과 함께 욕조에 들어갈 수 있습니다.

공복일 때, 젖을 먹은 직후를 피해서

1 갈아입힐 옷을 준비한다

목욕을 시킨 뒤에 허둥대지 말고 바로 갈아입힐 수 있도록 옷이나 기저귀를 펼쳐놓습니다. 목욕용 수건도 펼쳐놓으세요.

여름 38~40도 / 겨울 40~42도

2 물의 온도를 확인한다

목욕물은 뜨거워도 안 되며 너무 미지근해도 안 됩니다. 온도계가 없을 때는 엄마, 아빠가 팔꿈치를 담가 확인하세요. 조금 따뜻한 정도가 적당합니다.

3 다리부터 욕조에 넣는다

Start

갑자기 온수에 몸을 담그면 아이가 놀랄 수도 있으니 "기분 좋지"라고 말을 걸어주며 발부터 천천히 욕조에 넣어주세요.

무서워하면 천을 몸에 걸쳐준다

얼굴, 머리, 몸 순서로 씻어준다

씻는 방법은 '깨끗한 곳부터 노폐물이 쌓인 곳으로'

4 얼굴을 닦아준다

물기를 짠 거즈로

얼굴을 씻길 때는 노폐물이 적은 부위부터 거즈로 닦아줍니다. 습진이 있는 경우에는 비누로 씻어주세요.

5 머리를 씻어준다

비누로 거품을 내서

냄새나 습진이 걱정될 때는 비누나 샴푸로 거품을 내서 손이나 거즈에 묻혀서 씻어주고 깨끗하게 헹구어주세요.

> 목은 엄지손가락과
> 집게손가락으로

> 배는 원을 그리듯이

6 목, 가슴, 배, 가랑이를 씻어준다

몸도 비누로 거품을 내서 씻어줍니다. 목이나 겨드랑이 아래, 사타구니 등 잘록한 부분이나 주름이 진 곳은 손가락을 넣어서 씻어주세요.

> 사타구니는 주름진 부분을 꼼꼼하게

7 손과 발을 씻어준다

아이가 손을 오므리고 있으면 부드럽게 펼쳐서 씻어줍니다. 손가락, 발가락을 하나씩 씻어주고 손목이나 발목의 주름진 곳도 꼼꼼하게 씻어주세요.

8 등, 엉덩이를 씻어준다

한쪽 손을 아이의 겨드랑이 밑에 넣고, 손목에 아이의 턱을 올려놓듯이 안은 다음 등과 엉덩이를 씻어줍니다.

9 Finish 끝으로 따뜻한 물을 몸에 끼얹어준다

5~10분 정도에 끝낸다

아이를 바로 눕히고 준비해둔 따뜻한 물을 몸에 천천히 끼얹어 목욕을 끝냅니다.

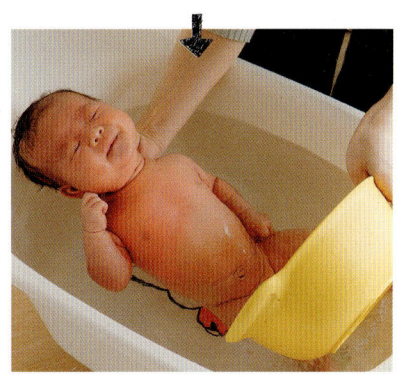

10 수건으로 몸을 닦아준다

수건이나 목욕 가운으로 아이의 몸을 감싸고 두 손으로 살짝 눌러주듯이 물기를 닦아냅니다. 겨드랑이 아래나 목의 주름도 잊지 말고 닦아주세요.

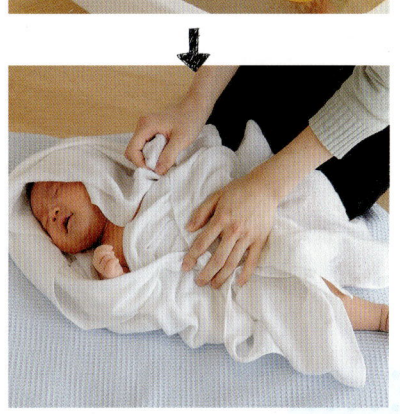

목욕에 관한 Q&A

Q 목욕할 때 응가를 하면 어떻게 하나요

A 젖을 준 직후에는 목욕을 시키지 않아야. 미리 따뜻한 물을 준비하세요

젖이나 분유를 먹이면 변을 보기 쉬우니 젖을 주고 난 바로 뒤에는 목욕을 시켜서는 안 됩니다. 사전에 따뜻한 물을 준비해두고 응가를 하면 아이를 세면기로 옮겨서 따뜻한 물로 씻어주세요.

Q 아빠가 돌아온 후 밤늦게 목욕을 시켜도 될까요

A 일정한 생활 리듬을 갖게 하기 위해서는 밤늦게 목욕을 시키지 않는 편이 좋아요

목욕을 늦게 하게 되면 잠도 늦게 자게 됩니다. 엄마가 힘들겠지만 가능한 한 낮에 목욕을 시켜주세요. 매일 같은 시간에 목욕을 시켜야 생활 리듬을 일정하게 갖추기 쉽습니다.

아기 욕조를 졸업하면

엄마·아빠와 함께 목욕하기

1개월이 지나면 아기 욕조는 졸업. 엄마 혼자 목욕을 시킬 때는 순서를 빨리 익혀서 스킨십을 즐기세요.

생후 1개월이 지나면
함께 목욕

1개월이 되고 배꼽이 완전히 마르면 엄마, 아빠와 함께 목욕을 할 수 있습니다. 시간대는 너무 늦은 시간이 아니라면 밤이라도 상관없습니다. 물의 온도는 아이에게 맞춰서 조금 따뜻하게.

Before 욕실에 따뜻한 물을 뿌려서 냉기를 없앤다.

욕실, 탈의실, 거실에 필요한 물건을 갖다놓는다
엄마 혼자 목욕을 시킬 때는 미리 필요한 물건을 갖추어 놓는 것이 중요합니다. 장소 별로 필요한 물건을 준비해두세요.

1 엄마의 몸을 씻는다

스펀지 침대에서 기다리고 있다♪

먼저 엄마가 모든 준비를 해놓습니다. 아이는 목욕 의자 등 욕실 안이나 탈의실에서 기다리게 할 때는 문을 열어 놓고 얼굴이 보이도록 하세요.

2 아이를 씻긴다

아이를 안고 얼굴부터 아래 방향으로 씻깁니다. 한 손으로 씻어주기 때문에 비누나 거즈 등 필요한 물건은 손이 닿는 곳에 놓아둡니다.

3 욕조에 넣어 몸을 따뜻하게 해준다

미끄러지지 않도록 주의하면서 욕조에 함께 들어가 몸을 따뜻하게 해줍니다. 단, 아이는 현기증을 일으킬 수 있으니 겨울이라도 욕조에 오래 있어서는 안 됩니다.

엄마들의 목욕 DATA

Q 입욕 시간은
평균 14.2분
아이가 피로를 느끼지 않도록 입욕은 15분 안에 끝내는 집이 대부분이었습니다.

Q 목욕 담당은

- 휴일만 아빠 24%
- 엄마 45%
- 입욕과 옷 갈아입히기를 엄마와 아빠가 분담 31%

낮에 목욕을 시키는 집이 많았으며, 담당은 '엄마'라는 대답이 절반. 저녁 이후에 입욕과 옷 갈아입히기를 엄마, 아빠가 분담해서 하는 집도 30%가량 되었습니다.

4 수건으로 몸을 닦아준다

한기를 느끼기 전에 신속하게!

탈의실에 준비해둔 수건으로 아이의 몸을 감싸고, 엄마도 몸에 물기를 닦아내고 거실로 갑니다. 확실하게 물기를 닦아내세요.

5 마무리&수분 보급
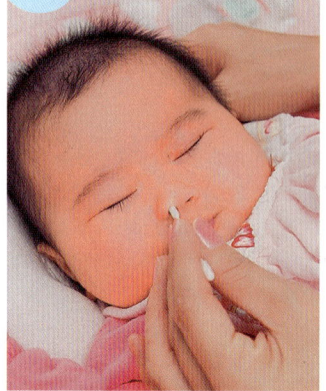

아이가 안정을 찾으면 귀나 코 등을 꼼꼼하게 살펴보고 물기나 이물질 등을 닦아줍니다. 끝으로 젖이나 분유 등으로 수분을 공급해주세요.

목욕을 마친 뒤나 이물질이 있을 때

눈·귀·코 등을 닦아주자

눈·귀·코는 의외로 먼지나 이물질이 쉽게 쌓이니 깨끗하게 닦아주세요.

요령을 알면 걱정할 필요 없다
아이 몸 관리

코나 귀 등 신체의 작은 부위는 목욕을 한 뒤에 세심한 관리가 필요합니다. 몸의 건강 상태도 확인할 수 있기 때문이죠. 처음에는 어떻게 해주어야 할지 감이 안 잡히겠지만, 점점 익숙해집니다.

거즈
아이 몸을 닦아줄 때의 필수품. 엄마의 손가락에 말아서 사용해도 됩니다.

면봉
부위나 목적에 맞춰서 아이용과 어른용을 구별해서 사용합니다.

아이용과 어른용

눈 | 눈머리에서부터 눈꼬리 쪽으로 닦는다

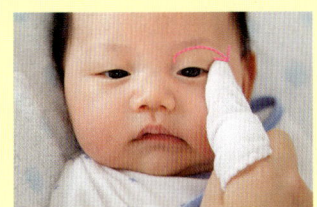

눈을 닦아줄 때는 눈머리에서 눈꼬리 쪽으로. 엄마의 집게손가락에 거즈를 말아서 부드럽게 닦아줍니다. 물티슈로 닦아주어도 됩니다.

코 | 입구에 있는 이물질을 면봉으로 제거한다

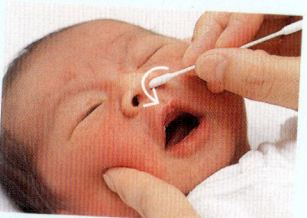

아이의 얼굴을 잡고 코의 입구에서 면봉을 돌려서 이물질을 제거해 줍니다. 위험하니 면봉을 안에 넣어서는 안 됩니다!

배꼽 | 배꼽이 마를 때까지 목욕 후에는 탯줄의 뿌리까지 소독을 해줍니다.

탯줄의 변화는?

생후 4일째
피가 어렴풋이 번져 있고 진물이 있다.

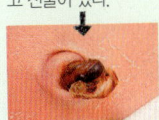
생후 7일째
탯줄이 말라서 딱딱해졌다.

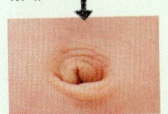
생후 1개월 무렵
탯줄이 떨어지면 배꼽이 깨끗해진다.

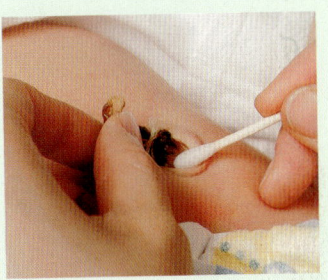

탯줄을 뿌리까지 꼼꼼하게 소독한다

배꼽에 진물이 있는 상태일 때는 소독을 해주어야 합니다. 탯줄을 잡고 안에까지 면봉을 넣어 뿌리까지 꼼꼼하게 소독을 해줍니다. 탯줄은 조금 당겨도 아프지 않습니다.

귀 | 귓밥뿐만 아니라 귓바퀴나 뒤쪽도 청결하게

뒤쪽	귓바퀴	귓구멍 입구
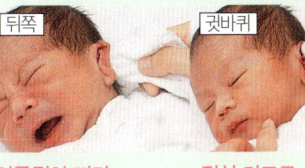	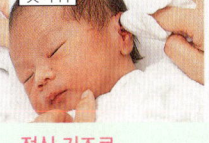	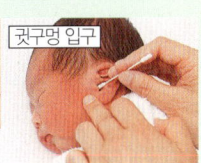
이물질이 끼기 쉬우니 잊지 말고	**적신 거즈로 닦는다**	**면봉으로 귓구멍 입구를 청소한다**
귀의 뒤쪽도 이물질이 끼기 쉬운 곳입니다. 잊지 말고 적신 거즈로 닦아주세요.	거즈 손수건을 적셔서 귓바퀴 구석구석을 깨끗하게 닦아줍니다. 손이 들어가지 않는 곳은 면봉을 사용하세요.	면봉을 깊이 넣으면 귓속이 다칠 수 있습니다. 입구 주변만 깨끗하게 닦아주면 됩니다.

손톱 | 바로바로 자라니 일주일에 한 번은 확인하자

손톱 끝이 하얗게 보일 정도로 자라면 잘라주세요. 손가락 안쪽에서 보았을 때 살에서 튀어나온 부분을 자르면 OK.

PART 2 이것만 알아도 쉬워진다! ● 아이 돌보기의 기본기

127

아이 속옷 & 옷 고르기, 입히기

무엇을 어떻게 입히면 좋을까?

아이는 체온 조절 기능이 미숙하기 때문에 옷이나 담요 등으로 조절해주어야 합니다.

영아기는 앞섶을 여미는 옷으로 고르는 법

아이의 옷은 내복+배내옷이 기본. 여러 가지 소재나 디자인이 있는데, 영아기 때는 땀을 흡수하는 면 소재에 입히기 쉬운 앞섶을 여미는 옷이 기본입니다.

땀을 흘리면 너무 두껍게 입힌 것
무엇을 몇 벌 입혀야 할까

신생아 | 엄마, 아빠 + 1벌
1개월까지는 체온 조절을 제대로 못하기 때문에 '엄마, 아빠보다 1벌 더' 입히는 것이 기본. 이불 등 몸을 덮어주는 것도 1장 필요합니다.

생후 1개월 이후 | 엄마, 아빠와 똑같이
1개월이 지나면 손발의 움직임이 점점 활발해지기 때문에 엄마, 아빠와 똑같이 입혀도 됩니다.

생후 4개월 무렵~ | 엄마, 아빠와 똑같이 아니면 1벌 적게
몸 뒤집기 등 몸을 더욱 활발하게 움직이게 되면 엄마, 아빠와 똑같이, 아니면 1벌 적게 입힙니다. 등을 만져봐서 땀에 젖어 있으면 조절을 해주세요.

땀을 흡수하는 소재
아이는 땀을 많이 흘리기 때문에 땀을 확실하게 흡수하는 면 100% 소재의 옷을 입히세요.

앞섶을 여미는 디자인
목을 가누기 전에는 앞섶을 여미는 옷을 입히면 옷 입히기가 서툴러도 걱정할 필요가 없습니다.

라벨이나 솔기가 밖으로 나와 있다
라벨이나 솔기가 피부에 직접 닿는지 확인하세요.

신장, 체중을 참고로
사이즈 선택

신장	월령	몸무게
50cm	신생아	3kg
60cm	3개월	6kg
70cm	6개월	9kg
80cm	12~18개월	11kg
90cm	24개월	13kg

아이 옷은 대충 큰 것을 사서 입혀서는 안 된다! 딱 맞는 사이즈를 입히자

움직이기 쉬워야 하며 보온, 땀 흡수 등을 생각하면 아이에게는 딱 맞는 옷을 입혀야 합니다. 성장 속도는 개인차가 있으니 월령이나 체중 증가 정도를 참고로 해서 작아지기 전에 옷을 새로 마련하세요.

계절에 따라 바꾸는
소재 선택

소재	봄	여름	가을	겨울
거즈		▪		
면	▪	▪	▪	
플라이스 편직물			▪	▪
스무스 니트				▪
플란넬, 에어 니트			▪	▪
파일 직물		▪		

면 100%라고 해도 직조법, 신축성, 보온성은 다양하다

아이에게 입히는 옷은 면 100%를 권합니다. 부드럽고, 흡수성이 뛰어나기 때문입니다. 플라이스 편직물은 1년 내내, 무명은 봄과 여름, 스무스 니트는 겨울에 입히는 등 계절에 따라 다양한 면 소재의 내복을 입히세요.

입히는 방법
소매를 접어두면 편하다

목을 가누기 전의 아이는 옷을 갈아입히기가 힘듭니다. 미리 옷을 겹쳐놓는 등 준비를 해두고 순서대로 입히다 보면 금세 익숙해질 것입니다.

Before 두 벌을 겹쳐놓는다

내복과 옷 등 두 벌을 입힐 때는 겹쳐서 소매를 끼워 놓으면 한 번에 옷을 갈아입힐 수 있습니다.

3 안쪽 내복의 겉쪽에 있는 끈을 묶는다

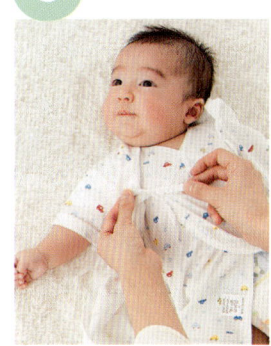

내복의 앞섶을 당겨서 단정하게 입힌 뒤 겉쪽 끈도 묶습니다.

1 소매를 끌어당겨서 팔을 집어넣는다

소매 안으로 엄마의 손을 넣고, 아이의 손을 잡아서 꿰어 넣습니다. 손이 아니라 옷을 끌어당기는 것이 포인트.

4 겉쪽 내복의 끈을 묶고 스냅단추를 채운다

겹쳐놓은 겉쪽 내복의 끈을 묶고 아래쪽 스냅단추를 채우면 완성!

2 안쪽 내복의 안쪽 끈을 묶는다

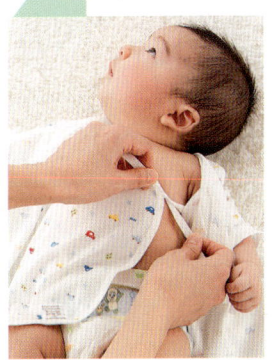

양쪽 소매에 팔을 꿰고 나면 내복 안쪽에 있는 끈을 묶습니다. 꽉 묶지 말고 조금 느슨하게.

옷 갈아입히기 Q&A

Q 언제 갈아입혀야 하나요
- ✓ 목욕, 입욕할 때
- ✓ 땀을 흘렸을 때
- ✓ 젖을 주거나 기저귀를 갈아주면서 더럽혀졌을 때

A 아이는 신진대사가 왕성하므로 목욕을 시킨 뒤에는 옷을 갈아입힙니다. 젖이나 분유, 오줌 등으로 더러워지거나 땀을 흘렸을 때도 갈아입히세요.

Q 양말도 신겨야 하나요

A 기본적으로는 필요 없어요!
추운 계절에 외출할 때나 실내에서도 기온이 낮아 혈액 순환이 제대로 되지 않아 발이 자색을 띨 때는 양말을 신기세요.

Q 상하 세트 옷은 언제부터

A 옷을 쉽게 갈아입힐 수 있는 6개월 무렵부터
엄마가 시기를 봐서 결정해도 됩니다. 다만 앉아 있을 수 있는 6개월쯤에는 옷이나 기저귀를 갈아입히기가 쉬워집니다.

Q 아이가 더운지 추운지는 어떻게 판단하나요

A 손과 발로 판단하는 것이 아니라 몸을 만져보세요
아이의 목덜미나 등을 만져보고 판단합니다. 손과 발이 차가워지는 경우도 있지만, 아이가 손과 발의 혈관을 확장·수축시켜서 체온을 조절하고 있기 때문입니다. 손발이 차다고 해서 아이가 추운 것은 아닙니다.

햇볕이 잘 들고 안전한 곳에

아이의 잠자리를 마련하자

퇴원을 한 날부터 하루의 대부분을 보내는 아이의 잠자리는 쾌적한 공간에 배치하세요.

밖 기온과의 차이는 5℃ 이내
쾌적한 환경이란

아이 침대는 실온이나 습도가 적당하게 유지되고, 부드러운 햇빛이 들어오고, 조용한 곳에 배치합니다. 생후 1개월이 지난 경우에는 엄마, 아빠가 쾌적하게 느끼는 환경이라면 괜찮습니다.

실온 여름 27~28℃ / 겨울 20~22℃
습도 50~60%

쾌적하게 지낼 수 있는 포인트 5

1. 햇볕이 잘 들어와야 한다.
2. 직사광선이 들어오면 안 된다.
3. 바람이 잘 통해야 한다.
4. 에어컨 바람을 직접적으로 쐬면 안 된다.
5. 벽이나 선반에서 물건이 떨어져서는 안 된다.

태어난 지 얼마 안 된 아이는 체온 조절을 제대로 할 수 없습니다. 밖 기온과의 차이는 5도 이내가 적절하며, 습도를 50~60%로 유지하는 방에서 지내도록 하세요. 안전한 곳이어야 한다는 점은 두말할 필요가 없겠죠.

NIGHT
아이 침대파와 곁에 두는 파가 반반

높이가 있어서 먼지에 대한 대책도 되는 침대에서 재우든, 엄마 곁에 재우든 엄마, 아빠가 볼 수 있는 곳에서 재우세요. 에어컨 바람을 직접적으로 쐬지 않고, 바람이 잘 통하는 곳이라면 OK.

3개월 무렵부터 놀이 매트에서 지내게 해도 된다

3개월 무렵부터는 낮에 깨어 있는 시간이 길어지고 놀면서 지낼 수 있는 곳이 필요해지니 거실 등에 놀이 매트를 깔아두고 놀게 하세요.

DAY
함께 이동할 때는 유아용 이동 침대가 인기

낮에는 엄마와 함께 거실 등에서 지냅니다. 유아용 이동 침대가 있으면 이동하기가 편합니다.

모유 or 분유
수유의 모든 것

처음 '수유'를 하다 보니 모유가 부족한 건지
어떤지 알 수 없고, 모든 게 서툴기 마련입니다.
아이도 젖을 제대로 빨지 못하고
엄마도 젖을 제대로 주지 못하고…….
하지만 천천히 익숙해지면 문제없습니다.

PART 3

힘들어도 인내심을
가지고 도전!

모유·분유의 역할

모유·분유가 아이의 영양원

아이에게 영양을 공급하기 위해 수유를 하다 보면 다양한 문제가 생기지만 이때뿐이라고 생각하고 즐기세요.

아이에게 이상적인 영양원은 모유

뼈, 근육, 장기 등 아이의 몸을 튼튼하게 만드는 이상적인 영양분은 모유입니다. 모유에는 단백질, 지방, 비타민 등의 성분이 골고루 함유되어 있을 뿐 아니라 소화·흡수가 잘되기 때문에 성장 과정에 있는 아이의 소화 기관에도 부담을 적습니다.

아이의 성장에 따라서 영양분이 변화해가는 것도 모유의 장점입니다. 처음에는 모유만으로 성장할 수 있도록 단백질이나 미네랄이 대량으로 함유되어 있지만 조금씩 줄어듭니다. 지방의 양은 변하지 않지만 유당의 양은 증가해서 성장에 필요한 칼로리가 유지됩니다.

모유의 원료는 영양이 높은 엄마의 혈액

모유는 엄마의 혈액으로 만들어집니다. 유방으로 들어간 혈액은 복수의 유선엽으로 되어 있는 유선에서 유즙으로 변하는데, 이때 혈액 중의 단백질이나 백혈구 등은 흡수되지만 빨간색의 적혈구는 흡수되지 않기 때문에 색깔이 하얗습니다. 바꾸어 말하면 엄마가 섭취한 음식의 영양분이 혈액이 되고, 그 혈액이 모유로 바뀌는 것입니다.

면역 물질이 아이를 병으로부터 지켜준다

면역 물질에는 세균이나 바이러스가 체내에 침입해서 병이 되는 것을 방지하는 작용이 있습니다. 모유에는 면역 물질인 면역 불로글린 A나 락토페린 등 감염 방어 기능을 지닌 단백질이 많이 함유되어 있는데, 이 면역 물질이 아이의 체내에 들어가면 장의 벽을 덮어서 병원균으로부터 지켜줍니다. 장내를 건강하게 유지하는 비피더스균을 증가시키거나 몸 자체의 면역 기능을 높여주는 효과도 있습니다.

특히 출산한 뒤 며칠만 나오는 노란빛을 띠는 초유에는 면역 물질이 농축되어 있습니다. 엄마가 지니고 있는 면역 물질을 아이에게 건네주기 위해서도 초유는 반드시 아이에게 먹이는 것이 좋습니다.

아이와 친밀해지는 시간 ♥

모유가 잘 나오도록 하려면

유선포, 소엽, 유관, 유구, 유선엽

- 영양을 균형 있게 섭취한다
- 몸을 따뜻하게 유지해서 혈류를 좋게 한다
- 꽉 죄지 않는 속옷을 입는다

중요한 것은 식생활과 혈류입니다. 균형 있게 영양을 섭취하고 가벼운 체조나 입욕을 하고, 몸을 꽉 조이지 않는 속옷을 입어서 혈류를 좋게 하세요.

면역 기능 외에도 아이에게 좋은 점이 많다

모유는 영양 외에도 많은 이점이 있습니다. 가령 분유로 자란 아이와 비교하면, 모유만으로 자란 아이는 유아 돌연사 증후군이나 알레르기 증상이 발생할 가능성이 낮고 장래에 비만이 될 가능성도 낮다는 점이 밝혀졌습니다. 또한 젖을 빨 때 입이나 턱을 움직임으로써 뇌의 발달이 촉진된다는 연구 결과도 있습니다.

모유는 엄마가 섭취한 음식에 따라 미묘하게 맛이 변하기 때문에 이유식을 시작하기 전부터 여러 가지 음식의 맛을 경험할 수도 있습니다. 더욱이 아이가 젖을 빨 때 느끼는 안심감은 그 무엇과도 바꿀 수 없을 겁니다. 울면서 젖을 달라고 하면 엄마가 젖을 주는 과정을 되풀이하면서 엄마에 대한 신뢰감을 키울 수 있습니다.

단, 엄마가 지나치게 다이어트를 하거나 선크림을 사용하면 비타민 D 함유량이 적어지니 주의하세요.

주목 · 모유가 아이에게 좋은 점
- 알레르기를 일으킬 수 있는 위험이 줄어든다.
- 장래에 비만이 될 위험이 줄어든다.
- 지능과 신경 발달을 향상시킨다.
- 이유식을 시작하기 전부터 여러 가지 음식의 맛을 느낄 수 있게 해준다.
- 유아 돌연사 증후군의 위험이 줄어든다.
- 엄마와의 신뢰 관계를 형성해준다 등

주목 · 모유가 엄마에게 좋은 점
- 산후 자궁 수축이 좋아진다.
- 임신 전의 체중으로 빨리 돌아갈 수 있다.
- 폐경 전에 유방암, 난소암, 자궁체암에 걸릴 위험이 낮아진다.
- 정신적으로 평온해진다.
- 돈이 들지 않고 경제적이다 등

엄마의 몸에도 유익하다

모유로 아이를 키우면 아이의 몸과 마음에만 좋은 점이 있는 것이 아니라 엄마에게도 이점이 많습니다. 우선 산후 몸의 회복이 빠릅니다. 젖을 주면 자궁 수축이 좋아지고 칼로리가 소비되기 때문에 몸 상태와 체중이 임신 전으로 회복되는 속도가 빠르며, 장기적으로 보면 골다공증, 유방암, 난소암에 걸릴 위험이 낮아진다는 연구 결과도 있습니다.

그리고 모유는 분유처럼 아이가 마시기 편하게 조제할 필요가 없으며, 언제 어디에서든 아이가 원하면 줄 수 있기에 편리하고 경제적입니다. 수유에 의해 분비되는 호르몬에는 엄마의 마음을 편안하게 해주는 효과가 있다는 사실도 밝혀지고 있습니다. 또한 수유를 할 때마다 아이와 일체감을 느끼고 엄마가 된 기쁨을 실감할 수 있을 것입니다.

언제 분유를 줘야 할까

모유가 나오지 않을 때나 부족할 때

모유로 아이를 키우는 것이 좋다는 점은 알고 있지만 엄마의 몸 상태에 따라 모유가 나오지 않거나, 나오더라도 부족할 때가 있습니다. 혹은 엄마가 산후 바로 일을 해야 하는 등 상황에 따라 모유를 줄 수 없는 경우도 있습니다. 그럴 때 분유가 필요합니다. 아이의 발육 상태나 상황에 따라 분유만으로 키우거나 모유를 먹이고 난 뒤 분유를 추가로 주며 키우세요.

분유의 성분은 모유에 가깝다

분유를 주려고 해도 '모유에 비해 영양이 떨어지지 않을까?' 걱정하는 사람들이 있습니다. 하지만 현재의 분유는 다양한 연구 끝에 최대한 모유에 가까운 성분으로 만들어져 있으며, 영양 면에서는 모유에 뒤떨어지지 않습니다. 엄마 외의 다른 사람도 줄 수 있는 등 모유에는 없는 이점도 있으니 필요할 때는 분량, 물의 온도, 위생 등에 주의해서 분유를 먹이세요.

엄마 외에 다른 사람도 줄 수 있다

엄마 이외의 사람도 줄 수 있다는 점이 분유의 최대 장점입니다. 엄마가 지쳐 있을 때나 외출할 때 등에는 아빠나 할머니가 아이에게 분유를 주면 애정이 깊어질 수 있을 것입니다.

수유의 방법과 타이밍이 포인트!

모유 먹이는 법

아이가 젖을 제대로 빨아야 수유가 수월해집니다.

처음에는 '울 때마다' 젖을 준다

갓 태어난 아이에게는 '젖을 달라는 신호가 오면' 젖을 주는 것이 수유의 기본입니다. 특히 0~2개월 무렵에는 수유 간격이 1시간인 경우도 흔하므로 모유로 키우고 싶다면 끈기 있게 울 때마다 몇 번이고 젖을 주어야 합니다. 차츰 아이가 젖을 빠는 요령이 생기고 젖도 잘 나오게 될 것입니다. 3~4개월 무렵이 되면 아이에 따라 적당한 수유 간격이 일정해지고 길어집니다.

젖을 줄 때는 아이를 안는 법과 자세가 중요합니다. 아이가 젖을 빠는 법이 달라지거나 젖이 나오는 양에 영향을 미치기 때문입니다. 우선 아이와 엄마가 편안한 방법과 자세를 찾아야 합니다. 가끔 아이를 안는 법을 바꾸어보면 평소와는 다른 유선이 자극되어 젖의 분비가 좋아지거나 젖 트러블을 예방할 수도 있습니다.

젖을 주는 법
유륜까지 물게 하는 것이 요령

Before
손을 씻고 청결하게
감염 예방을 위해 젖을 주기 전에 비누로 손을 씻습니다. 손가락 사이나 손목까지 깨끗하게.

아이에게 말을 걸면서 안아준다
아이가 울면서 젖을 달라고 하면 우선 말을 걸어 안심을 시키고 안아줍니다.

젖 먹기를 원하는 4가지 포인트

- 왠지 꼼지락거리면서 뭔가를 원하는 듯……
- 안아주면 젖을 찾는다
- 손가락을 빤다
- 입을 빠끔빠끔거린다

울기 전에 젖을 주는 것이 이상적이므로 '배가 고프다'는 아이의 신호를 찾아내세요.

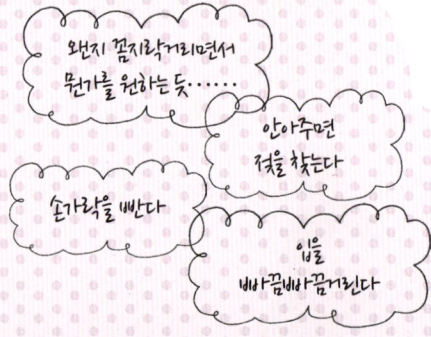

1 유륜까지 '확실하게' 물린다

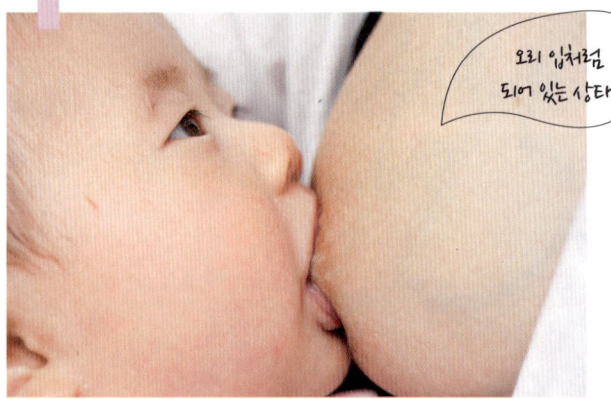

오리 입처럼 되어 있는 상태

유방을 밑에서 들어 올리듯이 해서 젖꼭지를 아이 입에 물려줍니다. 유륜이 보이지 않을 정도로 깊이 물게 하는 것이 포인트. 오리 입처럼 윗입술이 위로 젖혀 있는 상태면 OK!

2 아이 입에서 젖꼭지를 떼어낸다

아이가 자연스럽게 입을 떼거나 움직임을 멈추면 다른 쪽 젖을 물립니다. 아이의 입 쪽에 엄마의 손가락을 넣어 옆으로 밀든지, 유륜 옆을 누르면 입을 떼어내기 쉽습니다.

3 반대쪽 젖도 물린다

자세를 바꾸어서 반대쪽 젖도 줍니다.

수유 시에 마신 공기를 내뱉는 것이 트림이다

모유나 분유를 먹는 법이 서툰 아이는 공기도 함께 마시게 됩니다. 그 공기를 내뱉는 것이 트림으로, 공기를 내뱉지 않으면 편하게 자지 못하거나 먹었던 모유나 분유를 토해내기도 합니다. 아이의 입이 위보다 높은 위치에 오도록 안아주면 트림이 나오기 쉽습니다. 단, 아이에 따라서는 좀처럼 트림을 하지 않는 경우도 있는데, 그럴 때는 안는 법을 바꾸어보세요. 그래도 트림이 나오지 않으면 무리하지 말고 그대로 눕히고 상태를 지켜보세요.

젖을 주는 3가지 포인트

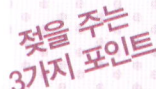

1 원활한 수유를 위해
젖이 잘 나오지 않는 쪽부터 아이에게 물린다.

2 젖꼭지만 물리지 않도록
유륜까지 확실하게 물게 한다.

3 엄마가 힘들지 않도록
자신에게 맞는 자세를 선택한다.

트림 시키는 법
트림이 나오기 쉽게 자세를 잡아주자

세워 안는다
아이의 배가 엄마의 어깨에 닿을 정도로 안아 올리고, 등을 부드럽게 쓰다듬어줍니다. 배가 눌러지므로 트림이 나오기 쉽습니다.

무릎에 앉힌다
엄마의 넓적다리에 옆으로 앉힙니다. 엄마의 팔로 아이의 가슴을 받쳐 주고 몸을 기울어지게 해서 등을 가볍게 토닥여줍니다.

엄마와 마주 보게 앉힌다
아이의 양 겨드랑이에 손을 넣고 엄지손가락 이외의 네 손가락으로 목을 받쳐 엄마와 마주 보게 합니다. 상체는 세운 자세를 유지합니다.

트림이 나오지 않을 때는

상반신을 높여서 눕힌다
트림이 좀처럼 나오지 않을 때는 상반신 쪽을 높여서 몸을 조금 기울어지게 눕힙니다. 토했을 때는 토사물이 기관에 막힐 수 있으니 잠시 상태를 지켜보세요.

수유 자세
원활한 수유를 위한 자세를 잡아주자

세워 안은 자세
아이가 엄마와 마주 보도록 넓적다리에 앉힙니다. 목을 확실하게 받쳐주고 정면에서 젖을 물게 합니다.

옆으로 안은 자세
아이의 몸을 옆으로 눕히고, 머리를 엄마의 팔이나 쿠션에 올려서 안습니다. 몸을 젖꼭지의 정면을 향하게 하는 것이 포인트.

풋볼 자세
아이의 목과 후두부를 받쳐주고, 엄마의 겨드랑이에 끼웁니다. 높이는 쿠션 등으로 조절합니다. 유선염 예방에 좋은 자세입니다.

누운 자세
아이와 엄마가 마주 보고 옆으로 누워서 몸을 밀착시켜서 마시게 합니다. 얼굴의 정면에서 젖꼭지를 물 수 있도록 높이를 조절합니다.

분유 타는 법 · 먹이는 법

> 모유가 부족할 때 대신 줄 수 있는

모유가 부족할 때나 엄마가 모유를 주기 어려울 때 없어서는 안 되는 분유. 올바른 활용법을 알아두세요.

모유가 부족할 때나 나오지 않을 때는 분유를 준다

아이가 성장하기 위해서는 모유를 반드시 먹어야 합니다. 하지만 모유가 잘 나오지 않거나 엄마가 아파서 모유를 줄 수 없을 때가 있습니다. 그럴 때를 위해 만들어진 것이 분유입니다. 분유는 우유를 원료로 아이에게 맞게 조정해서 만든 것이며, 모유처럼 아이가 성장하는 데 필요한 탄수화물, 단백질, 지질, 미네랄, 비타민 등의 영양소가 균형 있게 배합되어 있습니다. 제조 회사에 따라 맛이 다르지만, 성분의 차이는 거의 없습니다. 모유가 부족하거나 엄마 이외의 사람이 수유를 할 필요가 있을 때는 분유를 이용하세요. 또한 부족한 모유 대신 분유를 주는 혼합 수유를 하는 경우에는 먼저 모유를 주고, 나중에 분유를 먹입니다.

분유 타는 법
아이를 기다리게 하지 말고 자연스럽게

1 분유를 계량해서 젖병에 넣는다
젖병에 딸려 있는 계량 숟가락을 사용해 적정량을 잰 뒤 깨끗한 젖병에 넣습니다. 이때 숟가락 위쪽으로 올라온 분유는 평평하게 깎아냅니다.

2 따뜻한 물을 정량의 1/3가량 넣는다
한 번 끓인 70도 이상의 물을 1/3가량 젖병에 넣습니다.

3 분유를 녹이고 정량까지 따뜻한 물을 추가한다
젖병을 돌리듯이 흔들어서 분유를 녹이고 난 뒤 70도 이상의 물을 정량이 될 때까지 넣습니다.

4 젖병을 흔들어서 녹인다
젖꼭지를 끼우고 뚜껑을 꼭 닫은 뒤에 젖병을 흔들어서 전체적으로 섞어서 녹입니다.

5 피부 온도가 될 때까지 식힌다
분유의 온도는 '피부 온도' 정도가 적당합니다. 흐르는 물이나 물을 담아놓은 그릇에 젖병을 넣고 식힙니다.

6 먹이기 전에 온도를 확인한다
엄마의 팔 안쪽에 분유를 조금 떨어뜨려서 온도를 확인합니다. 뜨겁지도 차갑지도 않은 정도면 OK.

분유 먹이는 법

편한 자세로 눈을 보면서 먹이자

옆으로 안고 수유하는 자세

분유를 줄 때 아이를 안는 법은 기본적으로 모유 수유와 같습니다. 옆으로 안고 수유하는 자세, 눈을 맞추고 말을 걸어주면서 먹이세요.

입을 크게 벌리고

모유 수유 시 유륜까지 물리듯이 젖병의 젖꼭지가 보이지 않을 정도로 깊이 물게 합니다.

트림도 모유 수유 때와 같은 방법으로 시킨다

젖병 씻는 법

깨끗하게 씻어서 말리기

1 전용 솔로 젖병을 씻는다

젖병의 재질에 맞는 솔로 씻습니다. 유리 제품에는 나일론, 플라스틱 제품에는 스펀지를 사용합니다.

2 젖꼭지도 깨끗하게

젖꼭지는 더러워지기 쉽습니다. 가느다란 전용 솔을 사용해서 구석구석 깨끗하게 닦아줍니다.

3 확실하게 헹군다

흐르는 물로 헹구어줍니다. 젖병 바닥이나 위쪽의 구부러진 부분에 세제가 남아 있기 쉬우니 확실하게 헹구세요.

4 확실하게 말린다

젖병 건조기 등 위생적인 곳에서 완전히 말립니다. 생후 1개월까지는 건조한 뒤 소독을 해서 사용하세요.

분유에 대해 궁금한 점 Q&A

Q 규정량을 넘어도 원하는 만큼 먹여도 되나요

A 체중이 지나치게 증가한다면 그만 먹이고 상태를 지켜보세요

아이의 월령이나 체격, 배고픈 정도에 따라서 규정량 이상을 먹여도 상관없습니다. 다만 체중이 지나치게 증가했을 때는 모유를 먹이든지 아니면 분유를 주지 않고 달래면서 상태를 지켜보세요.

Q 규정량을 다 먹지 못해요

A 우선 체중의 변화를 확인하세요

모유가 부족해서 분유를 더 주고 있다면 체중을 확인해보세요. 순조롭게 증가하고 있다면 모유가 잘 나와서 모유만으로 충분한지도 모릅니다. 분유 100%의 경우에도 체중이 증가하고 있다면 남겨도 걱정할 필요 없습니다.

Q 젖병을 싫어해요

A 젖꼭지의 재질이나 구멍 형태를 바꿔보세요

젖꼭지의 재질이 아이와 맞지 않는 경우가 있습니다. 다른 재질의 젖꼭지로 바꾸면 젖병을 잘 물곤 합니다. 아이를 안을 때의 각도, 분유 제조 회사 (맛), 분유의 온도를 바꾸어보는 방법도 있습니다.

젖꼭지 재질
- **실리콘 고무** 무미 무취로 내구성이 좋다. 한편 냄새나 색깔이 배기 쉬운 결점이 있다.
- **천연 고무** 실리콘보다 부드럽고 탄력이 있는데 고무 냄새가 좀 난다.

젖꼭지 구멍
- **O자형** 제조 회사에 따라 구멍의 크기는 S, M, L, 맞는 것을 선택.
- **Y자형** 둥근 구멍보다 많은 양이 나온다. 2~3개월 이상 사용.
- **+자형** 빠는 힘에 의해 분유가 나오는 양이 바뀐다. 과즙용으로도 OK

Q 딴청을 부리며 먹고, 먹는 양이 들쭉날쭉해요

A 흔히 볼 수 있는 일로 체중이 증가하고 있다면 걱정할 필요 없어요

3개월쯤 되면 포만감을 느낄 수 있게 되고, 주위에 대한 관심이 많아져서 딴청을 부리며 먹는 경우가 있습니다. 그리고 식욕에 따라 먹는 양이 달라지는 것은 어쩔 수 없으니 체중이 적당하게 증가하고 있다면 걱정하지 않아도 됩니다.

Q 젖병 소독은 언제까지 해야 하나요

A 생후 1개월까지는 소독을

신생아는 저항력이 약하기 때문에 생후 1개월까지는 젖병을 소독해 사용해야 합니다. 손가락 빨기가 시작되면 깨끗이 씻어두고 소독은 하지 않아도 됩니다.

모유에 대해 궁금한 점 Q&A

모유로 아이를 키울 때는 불안하고 궁금한 점이 수두룩합니다. 그런 엄마들의 질문에 소아과 전문의가 대답했습니다.

양이 부족한 걸까요

Q 모유가 잘 나오지 않아도 계속 먹여야 할까요 (2개월)

A 모유를 계속 먹이고 싶으면 횟수를 늘려서 먹이세요

생후 2~3주, 6주, 3개월쯤에는 아이가 급격하게 성장하는 시기이므로 모유가 부족해질 수 있습니다. 하지만 계속 모유로 아이를 키우고 싶으면 모유가 잘 나오도록 몇 번이고 자주 젖을 물려야 합니다.

\POINT/
아이에게 젖을 자주 물리면 그만큼 잘 나오게 됩니다.

CHECK
① 하루에 8회 이상 젖을 먹는다.
② 하루에 오줌은 6~8회, 변은 3~8회 본다.
③ 활기차고 피부에 탄력이 있으며 혈색이 좋다.
④ 체중이 일주일에 140~210g 늘어난다.

Q 모유를 먹고도 분유를 주면 또 먹어요 (1개월)

A 필요 이상으로 먹는 시기일지도 모릅니다

생후 1개월쯤 되는 아이는 젖을 반사적으로 빨기 때문에 필요 이상으로 먹기 쉽습니다. 체중이 1일 50~60g 이상 증가한다면 많이 먹는 것이니 분유를 주지 말고 모유만 주세요.

Q 모유량이 충분한지 어떻게 알 수 있나요 (0개월)

A 수유나 오줌 횟수, 체중 증가를 확인하세요

모유가 부족한 것이 아닌지 불안하면 왼쪽 CHECK 항목을 참고해 수유, 오줌, 변의 횟수, 아이의 상태, 체중 증가 등을 확인하세요. 걱정이 되는 항목이 있다면 분유를 더 주기 전에 먼저 소아과에 가서 상담하세요.

Q 수유 후 1시간 정도 우는데, 모유가 부족하기 때문인가요 (1개월)

A 수유 자세나 젖꼭지를 물고 있는 모양을 확인하세요

아이가 젖을 제대로 빨지 못하는 경우일 수 있습니다. 아이를 안는 법이나 자세, 젖을 무는 방법이 올바른지 확인하세요. 수유에 익숙해질 때까지 수유 간격이 짧은 경우가 많은데, 충분한지 어떤지 여부는 체중 증가 등으로 확인합니다.

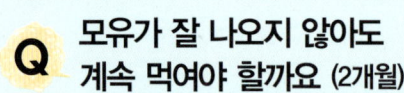
젖이 안 나와요

Q 유방이 팽팽해지지 않는 것은 젖이 조금 나오기 때문인가요 (1개월)

A 계속 젖을 먹이면 팽팽해지지 않아도 젖이 잘 나오게 돼요

처음에는 팽팽하던 유방도 산후 9일째쯤부터 팽팽한 느낌이 없어지는 경우가 많습니다. 또한 계속해서 젖을 주면 평소에는 팽팽하지 않아도 아이에게 빨리는 자극으로 팽팽해집니다!

Q 좌우의 젖이 나오는 양이 다를 때는 어떻게 하나요 (1개월)

A 적게 나오는 쪽의 수유 횟수를 늘리세요

대부분 좌우 젖의 양이나 팽팽한 정도는 차이가 나게 마련입니다. 한쪽에만 응어리가 생기거나 한쪽의 유선이 막히는 경우도 흔합니다. 수유 시에는 젖이 잘 나오지 않는 쪽의 젖부터 물리세요. 아이가 빨아주면 젖이 잘 나오게 됩니다.

Q 한쪽만 빨고 나서 꾸벅꾸벅 졸아요 (0개월)

A 한쪽 젖만 먹어도 OK! 다음에는 먹지 않았던 쪽부터

한쪽 젖만 먹고 자도 상관없습니다. 다음에 젖을 줄 때는 먹지 않은 젖부터 물리세요. 다만 젖을 주지 않으면 팽팽해져 통증이 올 때는 팽팽해지지 않을 정도로 가볍게 짜내세요.

Q 울 때마다 젖을 물렸더니 체중이 점점 증가해요 (3개월)

A 공복 외의 문제로 우는 것이 아닌지 유심히 살펴보세요

모유로 아이를 키우면 2~3개월쯤까지는 체중이 쭉쭉 늘어가게 마련입니다. 다만 아이는 어리광을 부리고 싶거나, 불안해서 등 공복 이외의 문제로 우는 경우도 있습니다. 울더라도 젖을 주지 말고 안아주면 안정이 되는지 상태를 살펴보세요.

Q 밤마다 젖을 달라고 칭얼대요 (6개월)

A 편하게 젖을 줄 수 있는 방법을 찾으세요

젖은 밤에 잘 나오니 밤에 원할 때는 주세요. 엄마가 힘들겠지만 옆에 누워서 젖을 주는 등 되도록 편하게 수유할 수 있는 방법을 찾으세요.

수유 간격은요

Q 3시간 이상 자고 있을 때는 깨워서 젖을 물려야 하나요 (1개월)

A 유방에 통증이 느껴질 정도면 깨워도 됩니다

1일 8회 이상 젖을 준다면 기본적으로는 깨우지 않아도 됩니다. 다만 유방이 팽팽해져서 아플 때는 깨워서 먹여도 상관없습니다. 수유 간격이 길어질 때마다 유방이 아프면 산부인과 등에 가서 상담을 해보세요.

Q 젖을 주어야 할 때를 알 수 없어요 (0개월)

A '원하는 것 같을 때 주는 것'이 이상적이에요

울기 전에 '젖을 원하는 것 같다'는 생각이 들면 젖을 주세요. 생후 1개월쯤까지는 수유 간격이 1~2시간밖에 안 되는 경우가 많습니다. 반대로 틈만 나면 잠을 자서 수유 횟수가 적을 때는 깨워서라도 1일 8회 이상 젖을 주어야 합니다.

\POINT/
0~2개월쯤의 수유 횟수는 1일 8회 이상을 목표로.

유방이 아파요

Q 유선염이란? 걸렸을 때 대처법은 (3개월)

A 아이가 제대로 젖을 빨게 하는 것이 제일 좋은 방법!

유선염이란 젖꼭지에 난 상처에 세균이 들어가거나 유선에 모유가 쌓이고 응어리가 되어 염증이 난 상태입니다. 아이를 바르게 안고 제대로 젖을 물게 해야 합니다. 무엇보다도 젖꼭지에 상처가 나지 않고 응어리가 생기지 않도록 제대로 젖을 빨게 해야 합니다.

Q 유방에 응어리가 생겨서 열이 나요 (1개월)

A 응어리를 가볍게 눌러주면서 수유하세요

응어리가 있는 유방부터 젖을 먹이고 응어리를 가볍게 눌러주면서 젖을 주세요. 수유를 한 뒤에도 응어리가 남아 있는 경우에는 젖을 짜내세요. 그래도 응어리가 없어지지 않으면 아이를 안는 방법이나 젖을 먹이는 방법을 바꾸어봅니다.

Q 젖꼭지를 뜯겼어요 (2개월)

A 올바른 방법으로 젖을 주고 있는지 확인하세요

아이를 안는 법이나 젖꼭지를 물리는 법이 올바른지 확인을 합니다. 젖꼭지에 모유를 바르고 랩을 씌워서 보습을 하면 빨리 낫습니다. 심하게 아플 때는 젖을 짜내서 먹이고 젖꼭지를 쉬게 해주세요.

모유·분유와 작별을 하는 날
엄마들의 최대 관심사
젖은 언제 어떻게 떼는 걸까

젖을 떼는 시기는 사실 아이와 엄마에게 달려 있다

이유식이 완료기에 들어가면 영양을 주는 모유의 역할은 끝나고, 아이의 정신 안정제와 같은 역할을 할 뿐입니다. 젖을 떼는 시기는 엄마와의 관계나 아이의 상태, 엄마의 마음 등 다양한 요소를 생각한 뒤에 결정하세요. 자연스럽게 아이가 젖을 원하지 않게 되는 것이 이상적입니다.

젖을 떼는 단계

1 젖을 주는 시간을 줄인다

1회 수유 시간을 10분에서 5분으로 줄이듯이, 조금씩 줄여서 모유의 분비량을 억제합니다. 하루 수유 횟수는 그대로 유지해도 됩니다.

2 젖을 주는 횟수를 줄인다

2~3일 수유 시간을 줄였으면 다음에는 하루에 젖을 주는 횟수를 3회에서 2회로 줄입니다. 이러면 모유의 분비량이 더욱 감소합니다.

3 3일간 젖을 주지 않는다

횟수를 줄이고 나서 일주일 정도 지나면 3일 동안 젖을 주지 않습니다. 장난감 등으로 놀게 하고 울어도 절대로 젖을 주지 않습니다.

4 젖을 짜낸다

3일 동안 젖을 주지 않았으면 젖을 짜냅니다. 막힌 유관을 뚫어주면 다음에 임신했을 때도 젖이 자연스럽게 나옵니다.

그 밖에 궁금한 점

Q 수유 중 감기나 두통일 때 시판 약을 먹어도 되나요 (0개월)

A 먹어도 되는 약이 꽤 있지만, 처방 약을 먹는 쪽이 안심

감기약이나 두통약 등 대부분의 시판 약은 그 성분이 모유에 함유되어 나와도 극히 미약하기 때문에 수유 중 먹어도 됩니다. 다만 주의 사항에 '효과가 지속한다'와 같이 적혀 있는 약은 먹지 않는 편이 좋습니다. 필요한 경우에는 병원에서 처방 받은 약을 먹으세요.

Q 젖꼭지를 물어서 아파요! 물지 않게 하는 방법은 (7개월)

A 바짝 끌어당겨서 젖을 주세요

이가 나기 시작하는 무렵이나 7~8개월 무렵, 갑자기 젖을 거부하는 시기에 일시적으로 젖꼭지를 무는 경우가 있습니다. 이럴 때는 아이를 바짝 끌어당기면 호흡을 하기 어려워져 입을 뗍니다.

모유 수유에 좋은 음식

- 밥
- 건더기가 많은 국
- 생으로 먹는 채소 등

Q 생리를 다시 시작하면 모유의 맛이나 질이 떨어지나요 (10개월)

A 맛은 일시적으로 변화

배란 전이나 생리 1~2일째는 호르몬 밸런스가 변해서 일시적으로 맛이 바뀌거나 젖이 적게 나올 수도 있습니다. 질은 변하지 않으니 계속해서 젖을 줘도 상관없습니다.

Q 수유 중에 몸을 뒤로 젖히는데 왜 그런가요 (2개월)

A 젖의 양을 조절하고 있는 것이 아닐까요

아이가 젖을 세게 빨아서 갑자기 모유가 많이 나왔을 수 있습니다. 너무 많이 나올 때는 잠시 쉬었다가 다시 젖을 주세요. 반대로 젖을 더 달라고 젖꼭지를 당겨서 자극하고 있을 수도 있습니다.

Q 주위를 두리번거리며 집중해서 젖을 먹지 않아요 (4개월)

A 조용한 곳에서 젖을 먹여보세요

3~4개월이 되면 주위에 대한 관심이 많아져서 수유 시 집중하지 않는 아이도 있습니다. TV를 끄는 등 조용한 상태에서 수유하면 집중할 수 있습니다. 아니면 배가 부른 것인지도 모르니 젖을 그만 주고 상태를 살펴보세요.

Q 엄마가 먹는 음식이 모유에 어느 정도 영향을 미치나요 (0개월)

A 먹은 음식에 따라 달라요

엄마의 식사는 모유의 맛에 영향을 미치지만 성분에는 거의 영향을 미치지 않습니다. 그보다 젖이 잘 나오도록 밥, 건더기가 많은 국 등을 골고루 먹어 필요한 영양을 섭취하는 것이 중요합니다.

PART 4

어른과 똑같은 음식을 먹을 수 있게 하는 '연습 기간'
이유식 & 유아식 진행 방법

모유, 분유 등 액체만 먹을 수 있던 아이가
딱딱한 음식을 먹을 수 있습니다!
하지만 갑자기 엄마, 아빠와 똑같은 음식은 먹을 수 없습니다.
아이의 씹는 힘이나 소화 능력에 맞게 부드럽고 적당한 크기로 만든
이유식 & 유아식으로 조금씩 익숙해지게 해야 합니다.

※ 꿀꺽 삼켜 먹는 시기는 5~6개월 무렵, 우물우물 먹는 시기는 7~8개월 무렵,
끊어 먹는 시기는 9~11개월 무렵, 직접 먹는 시기는 1년~1년 6개월 무렵입니다.
유아식은 이유식 완료 뒤부터 3년이 되었을 때까지입니다.
※ 1작은술은 5㎖, 1큰술은 15㎖ 1컵은 200㎖입니다.
※ 재료는 기재된 것이 없으면 1회분입니다. 그리고 분량은 껍질과 씨를 제거한 무게를 나타냅니다.
※ 전자레인지의 가열 시간은 600W가 기준이며, 종류에 따라 가감하세요.

이유식도 문제없다!

> 6개월~1년에 걸쳐 천천히 진행한다

이유식의 기초 지식

젖과 분유를 떼고 음식을 먹는 세계로 한 발 내딛는 것이 이유식. 이유식의 역할과 기본을 알고 준비하세요.

이유식은 '스스로 밥을 먹는 능력'을 기르는 연습

이유란 모유와 분유로 자란 아이가 서서히 고형식으로 영양분을 섭취할 수 있도록 연습하는 것입니다. 이유식은 5~6개월쯤에 시작해서 1년~1년 6개월쯤 끝나는데, 액체만 먹다가 형태가 있는 음식을 입에 넣는 것은 아이에게 굉장한 변화입니다. 걸쭉한 죽, 으깬 채소 등 액체에 가까운 부드러운 음식부터 시작하세요.

하루에 1~2번만 먹을 때는 '이유식에 익숙해지게 하는 것'이 제일 중요한 목적입니다. 모유와 분유로 영양을 취하고 있으니 생각한 대로 진행되지 않아도 걱정할 필요는 없습니다. 아이의 상태를 보면서 느긋하게 해나가세요. 무엇보다도 중요한 것은 웃는 얼굴로 즐겁게 이유식을 먹는 것입니다. 이제부터 식생활의 기본을 만드는 시기이니 반드시 먹여야 한다는 생각에 사로잡혀 엄한 표정이 되지 않도록 주의하세요. 음식을 통해 아이와 소통하면서 아이 스스로 먹겠다는 의욕을 갖게 하는 것이 중요합니다.

아이의 발달에 맞춰서 4단계로 나눈다

아이의 발달과 성장에 맞춰서 이유식은 바뀝니다. 아이는 이유 과정을 거치면서 음식을 씹는 힘, 삼키는 힘, 소화하고 흡수하는 힘이 강해지고, 손가락 기능과 마음까지 발달해갑니다. 이 책에서는 아이의 발달에 맞춰서 꿀꺽 삼켜 먹는 시기, 우물우물 먹는 시기, 끊어 먹는 시기, 직접 먹는 시기 등 4단계로 나누고 있습니다. 각 시기마다 해당되는 월령이 있는데, 이것은 어디까지나 하나의 기준에 불과할 뿐 왔다 갔다 하면서 진행해가는 것이 이유식입니다. 월령뿐 아니라 아이의 상태를 살펴보면서 아이에게 맞는 속도로 진행해나가세요.

생후 5~6개월 무렵
이유식 시작

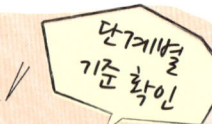
단계별 기준 확인

☑ **생후 5~6개월이 되었다**
빨라도 5개월, 알레르기가 걱정이 되는 아이도 6개월쯤 되면 이유식을 시작하세요.

☑ **목을 가누고 기대고 앉아 있을 수 있다**
순조롭게 성장하고 발달하고 있는 증거입니다. 앉아 있을 수 있으면 이유식을 받아먹을 수 있습니다!

☑ **엄마, 아빠가 먹는 모양을 보고 먹고 싶어 하는 표정을 짓는다**
입을 우물거리거나 침이 많아지는 아이도 있습니다. 입을 움직이는 것은 씹는 운동을 할 준비가 갖추어진 것을 뜻합니다.

☑ **몸 상태와 기분이 좋은 날에**
이유식의 첫 숟가락은 아이의 상태가 좋은 날에 주세요. 수유 횟수 중 1회를 이유식으로 바꾸어서 시작합니다.

→

생후 7~8개월 무렵
우물우물 먹는 시기

☑ **수분을 줄인 끈적끈적한 상태의 이유식을 입을 우물우물거리며 먹을 수 있다**
처음에는 부드러운 덩어리가 섞여 있는 잼 상태의 음식으로 익숙해지게 하고, 서서히 잘게, 얇게 썬 음식으로 바꾸어갑니다.

☑ **주식과 반찬을 합쳐서 1회에 아이 공기 절반 이상을 먹는다**
이 시기의 식사량은 주식+채소+단백질 반찬으로 유아용 공기의 절반 이상이 기준입니다. 개인차가 있으니 조금 많거나 적어도 상관없습니다.

☑ **1일 2회의 이유식을 즐겨 먹는다**
이유식의 시간을 정하고 가능한 한 매일 같은 시간에 하루에 2번 주세요. 두 번째 이유식은 4시간 이상 간격을 두고 줍니다.

식재료의 종류를 조금씩 늘리자

이유식은 덜 발달한 아이의 장에 부담이 적은 쌀죽 1숟가락부터 시작합니다. 탄수화물에 익숙해지면 서서히 채소나 과일 그리고 단백질(두부, 흰살생선)을 줍니다. 이유식 시기는 미각이 길러지기 시작하는 시기이기도 하므로 단맛, 신맛, 짠맛, 쓴맛 그리고 입에 맞는 맛 등 다양한 맛을 체험하면서 미각이 발달됩니다. 3단계인 끊어 먹는 시기부터는 영양 균형에도 신경 써서 여러 가지 식재료와 메뉴를 시도해 보세요. 그래도 이 시기에는 먹지 않거나, 거부하는 일이 종종 있습니다. 지나치게 신경을 곤두세우지 말고 2~3일 식사로 영양 균형이 잡히면 된다고 생각하세요.

조리법도 중요합니다. 섬유질 채소는 잘게 자르고, 퍼석퍼석해지기 쉬운 고기나 생선은 걸쭉하게 만드는 등 엄마의 솜씨에 따라 한결 먹기 쉬워집니다. 엄마, 아빠가 맛있게 먹는 모습도 보여주세요.

'먹는 즐거움'을 느낄 수 있는 분위기를 만들어주자

이유식은 아이의 몸을 자라게 할 뿐 아니라 마음도 성장시킵니다. 보고, 만지고, 입으로 가져가고, 혀로 맛보고, 꼭꼭 씹어서 넘기고……. 이처럼 이유식을 먹을 때 아이의 오감은 활발하게 활동합니다. 때로는 접시에 손을 뻗쳐서 뒤섞거나 이유식을 잡고 던지는 경우도 있습니다. 엄마는 힘이 들겠지만 사실 이것도 성장의 한 과정으로 음식의 온도나 감촉, 모양 등을 손으로 느끼고, 음식에 맞게 먹는 법을 학습하고 있는 것입니다. 엄한 표정을 짓지 말고 어느 정도 아이의 호기심을 채워주세요. 다만 이유식 시간이 노는 시간이 되어서는 안 됩니다. TV는 끄고 장난감은 치워놓는 등 아이가 먹는 데 집중할 수 있는 환경을 만들어주세요. 엄마, 아빠가 함께 식사를 하는 것도 효과적입니다. 온 가족이 식탁에 앉아 즐겁게 먹으면 아이도 음식을 소중히 여기고 즐길 수 있게 됩니다.

이유식의 기본 규칙

1 싱겁게, 지방분은 적게

지나친 염분과 지방분은 아이의 장에 부담을 줍니다. 처음에는 간을 하지 말고, 이유식이 어느 정도 진행된 뒤에도 맛은 싱겁게, 지방분은 적게 합니다.

2 단백질은 순서를 지켜서

단백질은 몸을 만드는 중요한 영양소인데, 아이가 소화하기 어려운 것도 많이 함유되어 있는 것도 있으니 고기보다 달걀을 먼저 주는 등 순서에 주의하세요.

3 아이의 상태에 맞춰서 진행하자

이유식의 진행 정도는 개인차가 큽니다. 아이가 먹는 모습이나 변의 상태를 보면서 식재료의 종류나 굳기, 조리 방법에 주의하면서 진행해나가세요.

생후 9~11개월 무렵 / 끊어 먹는 시기 /

☑ **두부 정도의 부드러운 덩어리를 입을 움직여서 먹는다**
갑자기 딱딱한 음식을 주면 꿀꺽 삼켜버리는 습관이 있으니 입을 움직여서 먹고 있는지 관찰하며 조절하세요.

☑ **1회에 밥과 반찬 합쳐서 아이 공기 한 그릇을 가볍게 먹는다**
이 시기의 식사량은 주식과 반찬을 합쳐서 유아용 공기 1개 분량 정도가 기준입니다.

☑ **바나나 얇게 썬 것을 먹이면 잇몸으로 끊어 먹는다**
아직 이가 나지 않은 아이도 잇몸이 딱딱해져서 잘 익은 바나나와 같은 부드러운 음식은 잇몸으로 잘게 끊어 먹을 수 있게 됩니다.

생후 1년~1년 6개월 무렵 / 직접 먹는 시기 /

☑ **아침, 점심, 저녁을 확실하게 먹는다**
매일 정해진 시간에 식사를 함으로써 식전에 소화 효소가 분비되어 체내 리듬이 생기고 규칙 바른 생활을 할 수 있게 됩니다.

☑ **고기 완자 정도로 딱딱한 음식을 잇몸으로 으깨 먹는다**
식재료를 다져서 만든 고기 완자가 기준. 잇몸으로 으깰 수 있는 정도로 만들어주세요.

☑ **직접 손으로 집어 먹는다**
손으로 집어 먹는 행위는 눈과 손과 입의 협조 운동, 뇌가 발달한 증거이기도 합니다. 적극적으로 손으로 집어서 먹을 수 있는 메뉴를 준비하세요.

이유식 완료~3년 무렵 / 유아식으로 /

☑ **필요한 영양의 대부분을 식사로 섭취한다**
식사로 부족한 영양은 간식으로 보충합니다. 영양 있는 간식을 준비해주세요.

☑ **앞니로 음식을 잘게 끊어서 잇몸으로 물어 먹을 수 있다**
앞니에 더해서 앞쪽 어금니가 나오고 섬유질이 많은 식재료도 으깨어서 먹을 수 있게 됩니다.

☑ **컵으로 우유나 분유를 먹을 수 있다**
유제품은 1일 300~400㎖를 기준으로 먹이세요. 컵으로 우유를 마실 수 있으면 이유식은 졸업입니다!

단계별 이유식

발달에 맞춘 4단계

꿀꺽 삼켜 먹는 시기 (5~6개월 무렵)

영양 균형의 기준

모유·분유	이유식	
90%	10%	전반
80%	20%	후반

모유나 분유를 원하는 만큼 주고 1개월을 기준으로 이유식을 1일 2식으로 늘리세요.

이유식은 1일 1회

이 무렵의 아이
- ✓ 몸을 받쳐주면 앉아 있을 수 있다.
- ✓ 혀를 앞뒤로만 움직일 수 있다.
- ✓ 이가 아직 나지 않은 아이가 대부분

OK? NG?

OK
- 쌀죽부터 시작
- 빵(밀)은 6개월부터
- 부드럽게 으깰 수 있는 채소라면 무엇이든지!
- 두부, 도미, 멸치 치어 등을 1숟가락부터

NG
- 달걀, 유제품, 고기, 삶은 콩 등은 아직 주지 않는다.

씹는 기능은?

꿀꺽 삼켜서 먹는다

입 주변의 근육이 발달하지 않았기 때문에 끈적끈적한 이유식을 윗입술로 안으로 넣은 다음 혀를 이용해 목구멍 안으로 밀어 넣어 삼키는 것이 고작입니다. 약간만 까칠까칠해도 토해냅니다.

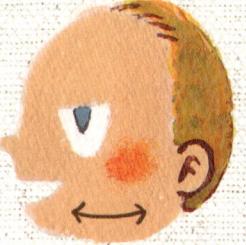

숟가락으로 선을 그을 수 있는 끈적끈적한 포타주 정도가 기준. 익숙해지면 수분을 줄여서 케첩 정도로 묽게 만들어서 줍니다.

먹을 때의 자세는?

엄마의 무릎에 앉혀서 먹기 쉬운 자세로

제대로 앉아 있을 수 없는 시기에는 엄마의 무릎에 앉히고, 몸을 조금 뒤로 기울어지게 하세요. 입에서 잘 흘러나오지 않고 꿀꺽 삼키기 쉬워집니다. 등을 기댈 수 있는 가구나 바운서에 앉혀도 됩니다.

우물우물 먹는 시기 (7~8개월 무렵)

영양 균형의 기준

모유·분유	이유식	
70%	30%	전반
60%	40%	후반

식사량을 늘려가세요. 모유는 원하는 만큼, 분유는 1일 5회가 기준.

이유식은 1일 2회

이 무렵의 아이
- ✓ 안정되게 앉아 있을 수 있다.
- ✓ 혀를 앞뒤뿐만 아니라 상하로도 움직인다.
- ✓ 아래쪽 앞니가 2개, 나기 시작하는 아이도 있다.

OK? NG?

OK
- 에너지원은 밥, 빵 그리고 면 종류도 주자.
- 참치, 가다랑어 등 빨간 살 생선도 OK
- 유제품, 닭가슴살, 삶은 콩도 OK
- 달걀노른자는 1숟가락부터, 노른자 1개~달걀 1/3개까지

NG
- 등 푸른 생선, 돼지고기, 소고기는 아직 주지 않는다.

씹는 기능은?

혀로 위턱 쪽에 밀어붙여 으깨어서 먹는다

혀를 앞뒤, 상하로 움직일 수 있습니다. 혀로 위턱 쪽에 밀어붙여 으깨어서 먹습니다. '혀로 으깨어서 침과 섞어 맛을 보고 먹을 수 있는' 것이 이 시기의 목표입니다.

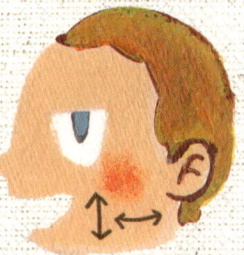

처음에는 잼 상태의 부드러운 덩어리가 조금 섞이는 정도가 좋습니다. 부드러운 연두부를 숟가락으로 떠서 주면 혀와 턱으로 으깨는 연습이 됩니다!

먹을 때의 자세는?

식사의 기본자세를 확실히 익히게 하자

혼자 앉을 수 있게 되면 다리가 바닥 등에 닿는 의자를 준비하세요. 혀로 밀어서 으깨어 먹을 수 있으려면 아이가 턱이나 혀에 힘을 넣을 수 있는 자세를 취하도록 하는 것이 중요합니다.

진행표

이유식이 시작되면 6개월~1년에 걸쳐서 점점 식사량이나 식재료의 종류가 늘어갑니다.
아이의 진행 상태에 맞춰서 서두르지 말고 천천히 진행하세요.

끊어 먹는 시기 (9~11개월 무렵)

모유·분유	이유식	
35~40%	60~65%	전반
30%	70%	후반

영양의 중심이 모유·분유에서 이유식으로 역전!
영양이 균형 잡힌 음식을 먹자.

이유식은 1일 3회

이 무렵의 아이
- ☑ 기엄기엄 기고, 잡고 서기를 할 수 있다.
- ☑ 손으로 움켜쥐려고 한다.
- ☑ 혀가 앞뒤, 상하 그리고 좌우로도 움직인다.
- ☑ 위쪽 앞니가 나기 시작하는 아이도 있다.

OK
- 지금까지의 식재료에 더해서 전갱이처럼 등 푸른 생선, 소고기, 돼지고기를 줘도 된다.
- 달걀(가열한 것)은 1일 1/2개까지 OK

NG
- 튀김은 튀김옷을 입히지 않고 튀긴 음식만. 치킨이나 채소 튀김 등은 아직 주지 않는다.

으깨는 힘은 약하지만 성인과 거의 같은 방법으로 씹는다

입 주변의 근육이 발달해서 혀를 앞뒤, 상하좌우로도 움직일 수 있습니다. 혀로 으깰 수 없는 것은 잇몸으로 으깨어서 먹고 덩어리가 큰 것은 앞니로 끊어 먹으면서 한입의 분량을 기억합니다.

손가락으로 으깰 수 있는 바나나 정도가 기준. 잇몸으로 으깨어서 먹는 데 적당합니다. 당근 등 딱딱한 채소는 5mm 크기로 깍둑썰기나 얇게 썰어서 부드럽게 조리합니다.

손으로 집어서 먹기 쉬운 자세로

손으로 집어서 먹기 쉬운, 조금 앞으로 기울어진 자세를 잡을 수 있도록 의자와 테이블의 위치를 조절합니다. 발은 힘을 줄 수 있게 '발 받침대'에 올려놓습니다. 식탁 아래에 종이 등을 깔아놓으면 음식을 흘려도 청소하기가 쉽습니다.

직접 먹는 시기 (1년~1년 6개월 무렵)

모유·분유	이유식
20~25%	75~80%

영양의 대부분을 이유식으로 섭취. 우유 또는 분유는 1일 300~400㎖ 기준.

이유식은 1일 3회

이 무렵의 아이
- ☑ 걸음마를 시작한다.
- ☑ 숟가락이나 포크를 사용하려고 한다.
- ☑ 혀를 자유자재로 움직이고, 입 주위의 근육도 발달한다.
- ☑ 1세 무렵에 위아래 앞니가 난다.

OK
- 옅은 맛으로 먹기 쉽게 조리하면 엄마, 아빠와 똑같은 식재료를 먹을 수 있다.
- 치킨, 채소 튀김 등도 OK

NG
- 생선회, 떡, 깨, 견과류, 염분, 당분, 지방이 많은 식품은 ✕

성인과 같이 자유자재로 입을 움직인다

표정이 다양해지고 씹는 힘도 강해집니다. 식감이 다른 음식을 준비해서 모양에 따라 씹는 법을 바꾸는 연습을 시켜주세요. 앞니로 음식을 자르고 적극적으로 손으로 집어 먹습니다.

손가락이나 포크로 가볍게 으깰 수 있는 고기 완자 정도의 부드러운 음식이 기준. 앞니로 한입 분량을 잘라 먹을 수 있기에 이를 사용하는 감각도 익힐 수 있습니다.

아이가 먹기 쉽도록 높이를 조절해주자

발을 디딤대 등에 확실하게 디디고 올바르게 앉게 합니다. 무릎이 테이블에 닿는 위치로 높이를 조절하고, 아이가 먹기 쉬운 상태로 만들어주세요. 기본적으로 손으로 집어 먹게 하고 엄마는 옆에서 도와주는 역할을 합니다.

PART 4 어른과 똑같은 음식을 먹을 수 있게 하는 연습 기간 • 이유식 & 유아식 진행 방법

젖, 분유 이외의 맛에 도전!

꿀꺽 삼켜 먹는 시기 (5~6개월 무렵)

드디어 이유식 시작! 아이의 새로운 식생활은 죽 한 숟가락부터. 천천히 시간을 두고 익숙해지게 하세요.

아이의 기분이 좋은 날에 시작하자

생후 5~6개월에 들어서 기대어 앉아 있게 되면 슬슬 이유식을 시작해보세요. 늦어도 6개월 안에는 시작하는 것이 좋습니다. 되도록 아이가 기분이 좋은 날을 선택해서 수유 횟수 중 1회를 이유식으로 바꾸어봅니다. 처음 주는 음식으로는 알레르기 위험성이 적고 소화가 잘되는 쌀죽(10배 죽)이 좋습니다. 그대로 삼켜 먹을 수 있도록 부드럽게 갈아서 만들어주세요. 내뱉더라도 숟가락으로 받아서 몇 번이고 입에 넣어주면 조금씩 침과 섞여서 삼키기 쉬워집니다.

일주일 뒤 쌀죽에 익숙해지고 안정적으로 먹을 수 있으면 채소를 줍니다. 떫은맛이 적고 끈적끈적하게 조리할 수 있으면 어떤 채소이든 상관없습니다. 채소에 익숙해지면 단백질원 식품을 주세요. 저지방에 알레르기를 일으킬 위험성이 적은 두부가 좋습니다. 처음 새로운 식품을 줄 때는 1숟가락만 주고 상태를 보면서 조금씩 양을 늘려가세요.

꿀꺽 삼키기 쉬운 부드러운 페이스트 상태로 만들어주자

플레인 요구르트와 같이 부드러우면서 떠먹기 쉬운 상태가 기본입니다. 채소는 껍질을 벗기고 데쳐서 씨를 제거하고, 섬유질이 부담을 주지 않도록 페이스트 상태로 만들어주세요. 그래도 먹기 힘들어하면 수분을 더 넣어서 묽게 하거나 약간 걸쭉하게 만들어서 줘보세요. 1개월 정도 지나 죽, 채소, 두부에 익숙해지면 2회식으로 늘립니다. 2회째 이유식은 1회째의 절반 이하를 줘도 됩니다. 2회 식사에 익숙해지면 양을 늘려갑니다. 수분량도 조금씩 줄이고 마요네즈와 같은 상태로 만들어주세요.

시간표 예

1회식	2회식	
🍼	🍼	06:00
🥣+🍼	🥣+🍼	10:00
없음	없음	13:00
🍼	🥣+🍼	14:00
🍼	🍼	18:00
🍼	🍼	22:00

오전 또는 오후 수유 중 1회를 이유식으로. 2회째 이유식은 1회째 이유식을 먹고 난 뒤 3~4시간 이상 지나서 주세요.

시작할 무렵의 진행 방법

에너지원 식품 그룹
예) 곱게 갈아서 만든 쌀죽 — 5~6숟가락까지 늘린다

비타민, 미네랄원 식품 그룹
예) 체로 거른 단호박 — 늘려간다

단백질원 식품 그룹
예) 곱게 간 두부

'10배 죽' 한 숟가락부터 시작해서 2~3주 동안 채소, 단백질원 식품을 주자.

※1숟가락은 계량 숟가락의 작은 숟가락(5ml).

죽의 단맛으로 채소를 먹기 쉽게
시금치죽

재료
- 시금치 잎(앞부분) ········· 10g
- 10배 죽 ········· 30g

※10배 죽은 쌀1:물9, 또는 쌀1:물10의 비율로 만든 것.

만드는 법
시금치를 데쳐서 가는 체에 내려 거른 다음 10배 죽에 섞어서 그릇에 담는다.

딱딱한 줄기 부분은 떼어내고, 잎의 부드러운 부분만 사용하면 한결 먹기 쉽다.

빨간색과 흰색의 조화가 산뜻
토마토와 흰 살 생선 퓌레

재료
- 토마토 ········· 10g
- 흰 살 생선(도미 등) ········· 10g

만드는 법
1. 토마토는 데친 다음 껍질을 벗기고 체에 걸러서 씨를 제거하고 그릇에 담는다.
2. 흰 살 생선을 삶아 익힌 뒤 체에 걸러서 토마토 위에 올린다.

토마토를 포크로 찍어서 불에 살짝 구우면 간단하게 껍질을 벗길 수 있다.

부드러운 감촉이 꿀꺽 삼켜 먹는 시기에
단호박과 두유 포타주

재료
- 단호박(껍질째) ········· 15g
- 두유 ········· 1큰술

만드는 법
1. 단호박은 랩에 싸서 전자레인지에 약 30초 가열하고, 껍질을 벗겨서 체로 거른다.
2. 전자레인지로 약 10초 데운 두유를 더해서 섞는다.

체에 거른 단호박과 두유는 절구에 넣어 부드럽게 될 때까지 갈아서 걸쭉해지게.

PART 4 어른과 똑같은 음식을 먹을 수 있게 하는 연습 기간 • 이유식 & 유아식 진행 방법

1일 2회 이유식으로 식생활 리듬을

우물우물 먹는 시기 (7~8개월 무렵)

식사 리듬이 갖추어지고 있으니 부드러운 음식을 혀로 으깨어 먹는 연습을 시키세요.

여러 가지 식재료를 사용해 먹을 수 있는 음식을 늘리자

1일 2회의 이유식에도 익숙해질 무렵입니다. 이유식은 가능한 한 매일 정해진 시간에 먹이세요. '공복 → 다 먹는' 사이클이 생겨 생활 리듬이 갖추어집니다.

닭 가슴살, 달걀, 빨간 살 생선 등 먹을 수 있는 단백질원 식품이 한층 더 늘어납니다. 1회 분량에 유의하면서 여러 가지 식재료에 도전해보세요. 달걀은 완전히 익힌 노른자부터 먹여보세요. 노른자에 익숙해지면 흰자를 조금씩 줍니다. 피부나 변의 상태를 보면서 양을 늘려가세요.(달걀노른자에 알레르기 반응을 보이는 아이도 있으니 주의!) 죽이나 빵 등 에너지원 식품, 채소나 과일 등 비타민, 미네랄원 식품이 3가지 영양원을 균형 있게 섭취할 수 있도록 의식적으로 메뉴를 구성하세요.

이 시기에 인기가 좋은 메뉴는 '혼합 죽'. 식재료를 부드럽게 푹 삶으면 혀로 으깨기가 쉽고, 채소나 단백질원 식품을 더해주면 영양 균형도 만점입니다. 다만 식사 때마다 잡탕 죽을 먹이면 식생활이 단조로워지니 채소나 고기, 생선을 따로 조리해서 각각의 맛이나 식감의 차이를 느낄 수 있는 단품식도 가끔 경험을 시켜주세요.

혀로 으깰 수 있는 부드러운 연두부 정도로

혀를 앞뒤, 상하로 움직일 수 있어 그대로 삼킬 수 없는 덩어리는 혀로 으깨어 먹게 됩니다. 혀와 위턱으로 쉽게 으깰 수 있는 두부와 같은 부드러운 음식을 기준으로 삼으세요. 그리고 살짝 간을 해도 되지만 1회 염분량은 0.8g 이하입니다.

이 시기에 특히 주의해야 할 것은 천천히 먹어야 한다는 점입니다. 엄마는 많이 먹기를 바라니까 무심코 숟가락을 입안에 자주 넣어주게 됩니다. 하지만 음식을 연이어 계속 주면 씹을 시간이 없어서 그대로 삼켜 먹는 습관이 들어버립니다. 꿀꺽 목 안에 넘겼는지 확인하고 나서 다음 숟가락을 주세요. 그리고 이유식이 딱딱하면 혀로 으깨지 못하고 통째로 삼키든지 토하게 됩니다. 아이가 몇 초 동안 우물우물 입을 움직이고 있는지도 확인하세요. "맛있지.", "더 먹을래?" 등의 말을 걸어주면서 즐겁게 밥을 먹게 하세요.

시간표 예

🍼	06:00
🥣+🍼	10:00
없음	13:00
🥣+🍼	14:00
🍼	18:00
🍼	22:00

1회째 식사와 2회째 식사는 4시간 이상 간격을 둡니다. 처음 주는 식재료는 1회째의 식사 때 시도해보세요.

우물우물 먹는 시기의 1회당 분량

에너지원 식품	곡물	죽 50~80g
비타민, 미네랄원 식품	채소, 과일	20~30g
단백질원 식품	생선, 고기	10~15g
	두부	30~40g
	달걀	노른자 1개~달걀 1/3개
	유제품	50~70g

*단백질원 식품은 1종류를 선택했을 경우

가늘게 썬 다시마로 맛 향상 ♪
브로콜리와 가늘게 썬 다시마 무침

재료
- 브로콜리 … 30g
- 연두부 … 30g
- 가늘게 썬 다시마(있으면) … 약간

만드는 법
1. 브로콜리는 부드럽게 데친 다음 잘게 썬다. 두부는 살짝 데친 다음 잘게 으깬다. 가늘게 썬 다시마는 잘게 찢어놓는다.
2. 전부 그릇에 넣고 무친다.

바나나의 달콤한 향기로 식욕 증진!
당근 & 바나나 빵죽

재료
- 당근 … 20g
- 바나나 … 10g
- 식빵(껍질 제외) … 10g
- 우유 … 40㎖

만드는 법
1. 당근은 껍질을 벗기고 푹 삶아서 잘게 으깬다.
2. 냄비에 잘게 찢은 식빵, 바나나, 우유를 넣어 가열하고, 바나나를 으깨면서 끓인다. 끈적끈적해지면 그릇에 담아서 ①을 얹는다.

매끄러운 실국수 비빔
조린 단호박 & 닭 가슴살과 실국수 비빔

재료
- 단호박(껍질째) … 20g
- 닭 가슴살 … 10g
- 맛국물 … 1/3컵
- 실국수 … 15g

만드는 법
1. 실국수는 부드럽게 삶아서 찬물로 식힌 뒤 물기를 없애고 잘게 썬다.
2. 냄비에 맛국물을 넣고 끓이다가 닭 가슴살을 넣고 가볍게 삶은 뒤 일단 꺼내어 잘게 썬다.
3. 같은 냄비에 껍질을 제거한 단호박을 넣어 끓이다가 부드러워지면 포크 등으로 으깬 뒤 ②의 닭 가슴살을 다시 넣는다.
4. ①을 그릇에 담고, ③을 붓는다.

> 손으로 집어 먹는 것은 모두가 거치는 과정

끊어 먹는 시기(9~11개월 무렵)

이유식이 영양의 중심인 시기. 다양한 음식을 보고, 만지고, 맛보며 아이의 식생활도 한층 확대됩니다.

1일 3회식, 영양 균형에도 신경을 쓴다

끊어 먹는 시기가 되면 드디어 이유식을 1일 3회로 진행합니다. 정해진 시간대에 3회를 먹여서 규칙적인 생활 리듬을 갖추게 하세요. 영양의 대부분을 이유식으로 섭취하게 되므로 에너지원 식품, 비타민, 미네랄원 식품, 단백질원 식품 등 영양소가 골고루 함유되도록 균형 잡힌 식단을 짜는 것이 중요합니다. 아이가 먹지 않는 음식도 많아져서 부모 속을 끓이기도 하지만, 이 무렵 싫어하는 이유는 먹기 어려워서입니다. 지금은 여러 가지 식재료에 익숙해지게 하는 것만으로도 의미가 있으니 아이가 먹지 않더라도 낙담할 필요는 없습니다. 싫어할 것 같은 식재료는 잘게 썰거나 끈적끈적하게 만들어서 줘보기도 하는 등 몇 번이고 시도해보세요.

특히 이 시기부터 의식적으로 철분을 섭취시켜야 합니다. 9개월 이후가 되면 모유에 함유된 철분의 양이 감소하기 때문에 젖을 좋아하는 아이에게는 철분 결핍성 빈혈이 일어납니다. 아이 때 발생하는 빈혈은 뇌의 발육에도 악영향을 미친다고 하니 콩이나 달걀, 녹황색 채소, 톳, 빨간 살 생선이나 간 등 철분이 풍부한 식재료를 적극적으로 이용하세요.

손으로 집어 먹을 수 있는 음식으로 식사에 대한 의욕을 키워주자

이 무렵에는 손가락 기능이 발달하고 손가락 끝이 센서가 되어 음식의 온도나 감촉을 알아내게 됩니다. 그릇 안에 손을 넣어 음식을 마구 휘젓거나 음식을 집어서 바닥에 내던져서 엄마의 이맛살을 찌푸리게 하곤 하죠. 그야말로 '노는 건지 먹는 건지' 알 수 없는 시기입니다. 엄마는 힘들겠지만 아이가 순조롭게 성장하고 있다는 증거 중 하나로, 손으로 만지면서 음식물의 모양이나 감촉 등을 알아가는 것입니다. 어느 정도는 아이가 자유롭게 행동하도록 해주세요. 식탁 의자 밑에 돗자리나 종이 등을 깔아놓으면 흘린 음식들을 청소하기 쉽습니다. 손으로 집어 먹기 쉬운 음식으로 식단을 짜는 것도 중요합니다. 음식을 눈으로 보고, 손으로 집어서 입으로 가져가는 눈과 손과 입의 협조 운동이며, 숟가락이나 포크를 사용하는 전 단계로서도 중요한 과정입니다. 데친 채소나 달걀 프라이, 빵 등 간단한 음식도 좋습니다. 작은 손으로 집어 먹기 쉽도록 한입 크기로 만들어주어 아이가 '스스로 먹고 싶어 하는 마음'을 응원해주세요.

🕐 시간표 예

🍼	06:00
🥣+🍼	10:00
없음	13:00
🥣+🍼	14:00
🥣+🍼	18:00
🍼	자기전

2회째 이유식 뒤 4시간 이상 간격을 두고 3회째 이유식을 줍니다. 3회식에 익숙해지면 일반적인 식사 시간에 밥을 주세요.

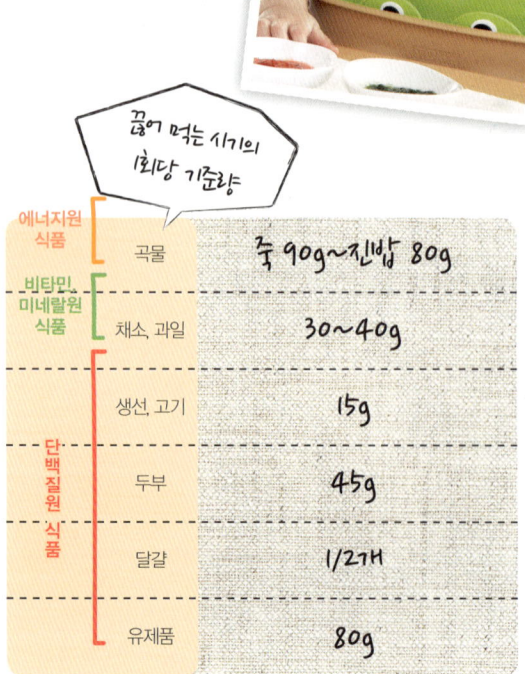

> 아작아작

> 끊어 먹는 시기의 1회당 기준량

에너지원 식품	곡물	죽 90g~진밥 80g
비타민 미네랄원 식품	채소, 과일	30~40g
단백질원 식품	생선, 고기	15g
	두부	45g
	달걀	1/2개
	유제품	80g

*단백질원 식품은 1가지를 선택했을 경우

참기름 향이 식욕을 돋우는 본격 요리
양배추와 돼지고기 우동 볶음

재료
- 양배추 ········· 25g
- 파(잘게 썬 것) ········· 5g
- 돼지고기(간 것) ········· 15g
- 우동 면 ········· 60g
- BF 수프 ········· 1/4컵
- 전분 가루, 참기름 ········· 약간

만드는 법
1. 양배추는 5mm 크기로 잘게 썰고, 우동 면은 1.5cm 길이로 잘라서 삶아 익힌다.
2. 프라이팬에 참기름을 넣고 중간 불로 가열하고, 파를 살짝 볶은 뒤 ①의 양배추를 넣고 볶다가 잘게 썬 돼지고기를 넣고 더 볶는다.
3. ②에 수프를 넣어 양배추가 부드러워질 때까지 끓이고, 전분 가루에 물을 타 걸쭉하게 만든 다음 ①의 면에 붓는다.

손으로 먹기 쉽다!
당근 프렌치 토스트

재료
- 당근 ········· 40g
- A [푼 달걀 ········· 1/4개
-    [우유 ········· 40㎖
- 식빵 ········· 1장
- 버터 ········· 3g

만드는 법
1. 당근은 껍질을 벗기고 부드럽게 삶은 뒤 갈아서 볼에 넣고 A와 섞는다.
2. ①에 식빵을 담갔다가 버터를 녹여 놓은 프라이팬에 양쪽 면을 약한 불로 굽고, 먹기 쉽게 8쪽으로 자른다.

이탈리아풍의 색깔이 보기에도 좋다
토마토 참치 감자 스튜

재료
- 감자 ········· 40g
- 토마토 ········· 20g
- 양파 ········· 5g
- 강낭콩 ········· 5g
- 참치 통조림 ········· 15g

만드는 법
1. 감자는 껍질을 벗기고, 토마토는 껍질과 씨를 제거하고 양파와 함께 7mm 깍두기 모양으로 자른다. 강낭콩은 잘게 잘라놓는다.
2. 냄비에 ①, 물기를 제거한 참치, 물 1/3컵을 넣고 채소가 부드러워질 때까지 끓인다.

스스로 먹는 시기 (1년~1년 6개월 무렵)

손 또는 숟가락으로 먹는다

혼자서 먹으려는 의욕이 강해집니다. 음식을 흘리더라도 그냥 지켜보다가 능숙하게 먹으면 아낌없이 칭찬해주세요.

엄마, 아빠의 음식을 약간 부드럽고 싱겁게 해서 다 함께 식사를

혀를 자유자재로 움직이지만 씹는 힘은 아직 충분하지가 않습니다. 발달 속도에 맞추어 적당히 딱딱하고 알맞은 크기의 음식을 준비해서 씹는 연습을 시키세요. 또한 음식을 맛있게 먹기 위해서는 씹는 힘뿐만 아니라 씹는 힘을 조절하는 힘도 필요합니다. 부드러운, 쫄깃한, 아삭한 등 여러 가진 식감을 체험시켜서 음식의 모양에 맞춰 씹는 힘을 조절하는 힘을 익히게 하세요. 부드러운 고기 완자, 약간 딱딱한 데친 채소 등 잇몸으로 씹을 수 있을 정도의 메뉴로 확실하게 씹어 먹는 연습을 시키세요.

대부분의 식품을 사용할 수 있는 시기이므로 성인이 먹는 음식을 약간 싱겁고 부드럽게 만들어주면 됩니다. 음식을 만들기가 편해지고 밥, 국, 반찬으로 된 기본적인 식단을 준비할 수 있어 자연스럽게 영양 균형도 갖추게 됩니다. 게다가 엄마, 아빠가 먹는 음식과 똑같이 생긴 것을 주면 아이도 기분이 좋아집니다. '엄마, 아빠와 같은 음식을 먹는다'는 즐거운 마음이 아이의 식욕을 높여줍니다. 아이가 능숙하게 밥을 먹으면 아낌없이 칭찬해주고 가족이 함께 기쁨을 나누는 식사 시간을 가지세요.

아이가 스스로 먹는 것을 지켜보고, 엄마는 도와준다

손으로 먹을 수 있는 음식을 주고, 되도록 아이가 직접 먹게 하세요. 숟가락을 원하면 쥐어주어도 됩니다. 한 번에 너무 많은 양을 넣어 목이 막히거나 흘리는 경우도 있지만 모든 것이 학습입니다. 점점 자신의 입에 맞는 양을 기억하고 숟가락을 능숙하게 사용할 수 있게 됩니다. 엄마는 지켜보다가 숟가락을 입에 넣어주는 정도만 도와주세요.

발달에 따라 흥미의 대상이 확대되니 아이가 식사를 즐겁게 할 수 있도록 새로운 식감이나 맛, 다양한 색깔의 음식, 귀여운 모양 등 다양한 방법을 시도해봅니다. 밥을 다 먹으면 잘했다며 아낌없이 칭찬을 해주세요! 기분이 좋아지고 아이의 식욕이 한층 더 강해집니다.

손으로 능숙하게 먹을 수 있게 되고 스스로 먹는 습관이 배면 이유식을 마칠 시기가 온 것입니다. 아이의 성장에 맞추어서 이유식을 끝내고 유아식으로 옮겨가세요.

냠냠

직접 먹는 시기의 1회당 기준량

에너지원 식품	곡물	진밥 90g~밥 80g
비타민, 미네랄원 식품	채소, 과일	40~50g
단백질원 식품	생선, 고기	15~20g
	두부	50~55g
	달걀	1/2~2/3개
	유제품	100g

* 단백질원 식품은 1가지를 선택했을 경우

시간표 예

🍚	07:00
간식 🍙+🥛	10:00
🍚	12:00
간식 🍙+🥛	15:00
🍚	18:00

아침, 점심, 저녁을 성인과 같은 시간대에 주세요. 아침과 점심, 점심과 저녁 사이에 1회식 간식을 주어 영양을 보충시킵니다.

참치의 맛을 살린 간단한 파스타
참치 & 양파 파스타

재료
- 참치 살 ···················· 1큰술
- 양파 ························ 30g
- 스파게티 ··················· 40g
- 올리브유 ···················· 약간

만드는 법

① 참치는 기름이나 즙을 완전히 짜낸다. 양파는 가늘게 썬다.

② 스파게티는 2~3cm 길이로 자르고, 삶아 익힌 후 체에 밭쳐 물기를 뺀다.

③ 프라이팬을 중간 불로 가열해 달궈지면 기름을 넣고 양파를 볶는다. ①의 참치를 넣고 1분 정도 볶고, ②를 넣고 전체가 고루 섞이도록 볶는다.

채소와 치즈를 밥과 함께 둥글게 말다
당근 치즈 가쓰오부시 김밥

재료
- 당근 가로·세로 1cm×길이 10cm ················ 2개
- 양배추 잎 ··················· 1장
- 슬라이스 치즈 ··············· 약간
- 가쓰오부시 ·················· 약간
- 밥 ························· 80g
- 구운 김 ···················· 1/2장

만드는 법

① 당근은 껍질을 벗겨 부드럽게 데쳐 자르고, 가쓰오부시를 뿌리고 반으로 자른 슬라이스 치즈로 만다.

② 양배추는 부드럽게 데치고 절반으로 잘라 ①을 1개씩 감는다.

③ 김을 절반으로 잘라 각각의 밥을 올려 펴고, 가운데에 ②를 올리고 단숨에 말아서 먹기 쉽게 자른다.

담백하고 즙이 많은 한입 튀김
브로콜리 민스

재료
- 브로콜리 ······ 20g(작은 송이 6개)
- A
  - 소고기(잘게 썬 것) ······· 20g
  - 양파(잘게 썬 것) ··········· 5g
  - 전분, 우유 ············ 각 1큰술
- 밀가루, 푼 달걀 ········ 각 1큰술
- 빵가루(곱게 빻은 것) ··· 2~3큰술
- 식물성 식용유 ·············· 적당량

만드는 법

① 브로콜리는 송이별로 뜯어내어 부드럽게 데치고, 물기를 뺀 다음 밀가루를 뿌린다.

② 골고루 섞은 A에 브로콜리를 담갔다가 밀가루, 달걀, 빵가루에 굴려서 튀김옷을 입힌다.

③ 프라이팬에 기름을 1cm 높이까지 붓고 중간 불로 가열한 뒤 ②를 넣고 튀긴다.

건강한 식생활의 기초 만들기

유아식 시기 (이유식 완료~3년 무렵)

식생활의 토대를 다지는 중요한 시기. 다양한 식재료나 맛을 경험하게 하고, 미각의 폭을 넓혀주세요.

2년까지는 이유식의 연장이라고 생각하고 맛을 싱겁게

이유식을 마쳐도 바로 일반적인 식사를 할 수 있는 것은 아닙니다. 유아식으로 이행해서 식생활의 토대를 만들어가세요. 유아식은 전반기와 후반기로 나누는데 2년까지를 전반기, 3~5년까지를 후반기라고 합니다. 전반기는 이유식의 연장으로 생각하고 지방분이나 염분을 억제한 음식을 만들어줍니다. 엄마, 아빠가 먹는 음식의 1/2 정도로 간을 맞추면 됩니다. 그리고 이유식 때와 마찬가지로 날달걀이나 생선회 등은 주지 않습니다. 아직 면역력을 충분히 갖추지 못한 유아기에는 식품 위생에 주의해야 합니다.

또한 1년 6개월~2년의 아이는 직접 하고 싶은 마음은 강한데 제대로 되지 않아 짜증을 많이 내는 시기입니다. 식사할 때도 '자기 손으로 먹고 싶다', '숟가락을 사용하고 싶다'라고 생각하지만 제대로 되지 않을 때가 많습니다. 그래서 투정을 부리며 먹지 않거나 앙탈을 부리거나 먹다 말고 놀이에 집중하는 아이도 있습니다. 이런 때에 "그러면 안 돼!", "어서 먹어!"라고 꾸짖으면 역효과가 납니다. 어지럽혀도 되는 환경을 갖추어놓고, 충분히 하고 싶은 대로 했다는 생각이 들 만큼 시간이 지나면 식탁을 치우세요.

다양한 식감을 느낄 수 있는 메뉴로 씹는 힘을 길러주자

1년 6개월 무렵에는 어금니가 나기 시작하고, 2년 때 유치가 거의 다 납니다. 어금니가 나면 앞니로 잘라서 잇몸과 어금니로 으깨는 연습을 시작합니다. 섬유가 많은 채소나 고기 등도 어금니로 으깨어 먹을 수 있으니 다양한 모양과 식감의 메뉴를 마련해서 아이의 먹는 힘을 길러주세요. 유아식 전반기에는 손으로 집어 먹는 음식을 중심으로 만들어주고 숟가락으로 먹는 연습도 시켜주세요.

음식을 가리는 일이 많아지는 시기이지만, 식재료를 알 수 없게 섞거나 갈아서 만들어주기만 해서는 안 됩니다. 때로는 식재료의 색깔이나 모양을 알 수 있게 조리해주는 것도 중요합니다. 무엇을 먹고 있는지, 무엇을 먹었는지를 아는 것도 중요하기 때문이죠. 함께 장을 보러 가서 조리 전의 식재료를 보여주거나, 음식 만들 때 간단한 일을 도와주도록 하는 것도 좋습니다. 싫어하는 식재료도 자기가 고른 것이라면 열심히 먹어보자는 의욕이 생기기도 합니다. 부엌이나 슈퍼마켓, 텃밭 등에서 다양한 체험을 하게 함으로써 아이가 음식에 흥미를 가질 수 있게 하세요. 식사를 통해 몸만이 아니라 마음도 길러갑니다.

맛있다

COLUMN
유아기의 '식사'와 '간식'의 관계

이유아에게 필요한 에너지나 영양소는 체중 1kg당 성인의 2~3배입니다. 하지만 위가 작고 3회 식사로는 필요한 영양소를 전부 섭취할 수 없기에 간식이 필요합니다. 간식은 영양을 보충하는 가벼운 식사라고 생각하고, 평소에 덜 먹는 채소나 과일로 만든 음식, 에너지 보급이 되는 고구마나 주먹밥 등이 바람직합니다.

식어도 맛있기에 도시락으로도
연어 비빔밥

재료(성인 2인+유아 1인분)

밥	300g
A [소금	1/2작은술
설탕	1큰술
식초	1½큰술
연어	50g
소금, 맛술	약간씩
달걀	1개
호박	30g

만드는 법

① A를 섞은 뒤 따뜻한 밥에 넣고 섞어 그대로 식힌다.

② 연어에 소금과 맛술을 뿌리고 랩으로 감싸서 전자레인지에 약 1분 가열한 뒤 뼈와 껍질을 제거해서 살을 발라놓는다.

③ 달걀은 풀어서 소금을 조금 뿌린다. 예열된 프라이팬에 붓고 저어 스크램블드에그처럼 만든다.

④ 호박을 가늘게 채 썰어 살짝 익힌다.

⑤ ①에 ②, ③, ④를 넣고 고루 섞는다.

아삭아삭한 식감을 즐기자
연근 카레 달걀 샐러드

재료(성인 2인+유아 1인분)

연근	100g
달걀	1개
마요네즈	1/2큰술
카레 가루	약간
상추	2~3장
방울토마토	3개

만드는 법

① 연근은 껍질을 벗기고 얇게 썬 뒤 4등분하고, 식초를 조금 뿌린 물에 2~3분 담가서 떫은맛을 뺀 뒤 물기를 제거한다.

② 냄비에 물을 끓여서 식초를 조금 넣은 뒤 ①을 넣고 부드러워질 때까지 데쳐서 물기를 없앤다.

③ 달걀은 완숙으로 삶아서 껍질을 벗긴 후 볼에 넣고 흰자가 잘게 부서질 정도로 포크로 으깬다.

④ ③에 ②, 마요네즈, 카레 가루를 넣어 잘 섞는다.

⑤ ④를 담은 뒤 절반으로 자른 방울토마토를 올린다.

밥이 술술 넘어가는 중국풍 반찬
소고기 아스파라거스 굴 소스 볶음

재료(성인 2인+유아 1인분)

소고기	100g
술, 녹말가루, 식용유	각 1/2큰술
후춧가루	약간
양파	1개
아스파라거스	1개
A [굴 소스	2작은술
간장	1작은술
물	2큰술

만드는 법

① 소고기는 1cm 크기로 잘라 술, 후춧가루, 녹말가루, 식용유를 넣어 가볍게 주물러놓는다. A는 섞어놓는다.

② 양파는 한 입 크기로 자르고, 아스파라거스는 뿌리 부분을 1cm 잘라 버린 뒤 껍질을 벗기고 비스듬히 가늘게 썰어놓는다.

③ 프라이팬에 ①의 소고기를 넣고 가열해서 색이 변하면 꺼낸다.

④ ③의 프라이팬에 식용유를 넣고 양파를 볶다가 아스파라거스, A를 넣어 2~3분 볶은 뒤 ③을 넣고 함께 볶는다.

달걀, 유제품 등을 먹여도 될까?
엄마 판단으로 제외시키면 안 된다
식품 알레르기

영유아기에 알레르겐(알레르기성 질환의 원인이 되는 항원)이 되기 쉬운 식품은 무엇일까?
만약 '식품 알레르기'로 진단받은 경우에는 시간을 두고 느긋하게 대응해나가세요.
필요 이상으로 두려워해서는 안 됩니다!

주의해야 할 식품 목록 식품 목록

의무적으로 표시해야 하는 특정 원재료 7품목

달걀
흰자에 함유되어 있는 '오봄코이드'가 알레르기를 일으키는 주요 원인이 된다.

유제품
가열하지 않은 우유는 물론이며 성분 조정유, 유제품도 의무적으로 표시해야 한다.

밀가루
빵, 파스타, 우동 등에 폭넓게 사용된다. 어린 시절부터 섭취하는 경우가 많아져서 알레르기도 증가하고 있다.

메밀
극히 소량의 메밀가루에도 격렬한 알레르기 반응을 일으키는 경우가 있다. 이유식 시기에는 주지 않는다.

땅콩
격렬한 알레르기 증상을 일으키는 경우가 있으니 주의해야 한다.

새우
호흡기 증상을 포함해서 격렬한 알레르기 증상을 일으키는 경우가 있다! 직접 먹는 시기 전에는 주지 않는다.

게
중증인 경우에는 격렬한 알레르기 증상을 보인다. 피부에 닿기만 해도 두드러기가 나는 경우도 있다.

특정 원재료에 준하는 18품목
전복, 오징어, 이크라(연어나 송어 알을 소금에 절인 음식), 연어, 고등어, 소고기, 돼지고기, 닭고기, 콩, 호두, 오렌지, 키위, 복숭아, 사과, 바나나, 송이버섯, 참마, 젤라틴

식품 알레르기란
특정 식품의 단백질이 원인

섭취한 식품을 몸이 '이물질'로 판단해서 공격을 하여 가려움증 등 증상이 나타나는 것이 식품 알레르기입니다. 영유아기의 3대 알레르겐은 '달걀', '우유·유제품', '밀'입니다. 이 밖의 식품에서도 알레르기 반응이 일어나는 경우가 있습니다. 알레르기 반응을 일으키는 원인은 단백질입니다. 영유아기는 소화 기능이 미숙해서 단백질을 제대로 분해하지 못하기 때문에 달걀이나 우유 등을 '해롭다'고 감지하고 몸에서 내쫓으려고 다양한 증상이 나오는 것입니다.

다만 영유아기의 식품 알레르기는 성장하면서 개선되는 경우가 대부분이니 식품 알레르기라고 진단받은 경우에도 낙담하지 마세요! 아이의 성장을 지켜보면서 느긋하게 대응해나가면 됩니다. 알레르겐이 될 가능성이 있는 식품은 가공품 등에 의무적으로 표시해야 하므로 식품을 선택할 때는 원재료 표시를 확인하세요.

식품에 의한 주요 알레르기 증상

습진 변비 설사

두드러기 쇼크 증상

구토 콧물 천명음

설사나 구토 등 소화기 계통의 증상이나 두드러기 등 피부 증상, 숨소리가 쌕쌕거리는 호흡기 계열 증상도 있으며, 여러 가지 증상이 동시에 나타나는 경우도 있다. 중증이면 아나필락시스 쇼크를 일으킬 수도 있습니다.

처음 먹는 식재료는 조금씩 준다
증상이 보이면 자신이 판단해서 제외시키지 말고 의사에게 상담을!

단백질은 몸에 반드시 필요한 영양소입니다. 무턱대고 식단에서 제외를 시키면 성장에 나쁜 영향을 미칠 수 있습니다. 섭취시키는 순서를 지키고 적은 양부터 주기 시작해서 익숙해지게 하세요. 걱정이 되는 식재료는 오전에 시도해봅니다. 만약 알레르기 증상이 나오면 바로 병원에 가서 진찰을 받을 수 있기 때문입니다. 의사에게 상담을 한 후에 식단에서 제외를 시키세요.

칭찬하기와 야단치기, 의외로 어렵다!
생활 습관 & 규칙

일찍 자고 일찍 일어나기, 양치질 등 생활 습관과 사람으로서
기본적으로 지켜야 할 규칙 등을 가르쳐주어야 할 시기입니다.
하루하루를 기분 좋게 보내기 위한 생활 습관뿐만 아니라 아이에게
선과 악, 예의를 가르쳐주는 일도 부모의 중요한 역할입니다.
'균형 잡힌 부모'가 되기 위해 노력하세요.

좋은 습관은 영유아기부터!

PART 5

아이 때부터 규칙적인 생활을

일찍 자고 일찍 일어나는 생활 습관

아이가 건강하게 자라기 위해서 반드시 필요한 습관. 엄마의 육아도 편해집니다.

낮밤을 구별할 수 있으면 일찍 자고 일찍 일어나게 하자

생후 3~4개월쯤 되면 낮에 깨어 있는 시간이 많아지고, 밤에 길게 잠을 자게 됩니다. 아이가 잠에서 깰 때까지 그대로 놓아두는 엄마도 있는데, 주행성 동물인 인간은 밝을 때 일어나고 어두워지면 자는 습관을 몸에 익혀야 합니다. 이것이 인생의 첫 학습입니다. 아이가 낮과 밤을 구별할 수 있게 되면 생활 리듬을 일정하게 만들어주세요. 아침 일찍 일어나게 하고, 이유식, 낮잠, 놀이, 목욕 등을 규칙적으로 시켜줍니다. 아이가 크고 나면 생활 리듬을 개선하기 어려우며, 아이의 장래를 위해, 육아를 좀 더 편하게 하기 위해 이 시기가 중요합니다.

사람은 일찍 자고 일찍 일어나는 것이 이상적인 생활 리듬입니다. 이와 같은 인간 본래의 자연스런 리듬으로 생활하면 체력과 기력이 충전됩니다. 게다가 아이를 빨리 재우면 부모들은 부부만의 시간이나 취미 시간을 더 가질 수 있습니다. 휴식 시간을 갖게 되면 육아의 피로를 풀 수 있습니다. 이와 같이 많은 이점이 있는 '일찍 자고 일찍 일어나기'를 당장 시도해보세요.

일찍 자고 일찍 일어나는 생활을 위한 7계명

1 아침 햇볕을 쬐자
아침에 일어나면 창가에 가서 햇볕을 쬐게 하세요. 아이 때는 가능한 한 아침 7시, 늦어도 8시에는 일어나는 습관을 길러주세요.

2 아침에 수유나 이유식을 확실하게
아침 식사는 수면 중에 저하된 체온을 올려주고, 몸에 활기를 주는 워밍업 효과가 큽니다! 식사는 정해진 시간에 주세요.

3 TV 시청은 1일 2시간
TV를 보는 시간이 길면 아이가 자극을 강하게 받아 밤에 잠을 제대로 못 자게 됩니다. TV 시청 시간을 줄이고 몸을 충분히 움직이는 놀이를 하게 하세요.

4 낮잠은 오후 3시까지
늦게까지 낮잠을 자면 이유식, 목욕 시간 등이 늦어지고 취침 시간도 늦어집니다. 낮잠은 오후 3시까지만 자게 하세요.

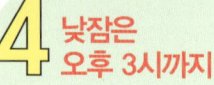

5 되도록 일찍 목욕을 시키자
목욕을 하고 나면 올라갔던 체온이 다시 내려가기 때문에 잠을 제대로 못 자게 됩니다. 취침 전에 목욕을 할 때는 미지근한 물로 목욕을 시켜주는 편이 좋습니다.

6 밤 8~9시에는 잘 준비를
방을 어둡게 해서 안정된 환경을 만들어주세요. 자기 직전에는 '아이를 위로 던지는 놀이' 등 흥분이 되는 놀이는 삼가세요.

7 엄마, 아빠도 일찍 자고 일찍 일어나자
부모의 생활 리듬이 아이의 생활에 미치는 영향은 큽니다! 어쩔 수 없이 밤에 늦게 자게 될 때는 아이를 먼저 재우세요.

성장 호르몬에 의해 '잠을 자는 아이는 자란다'

뼈를 자라게 하고 근육을 발달시키는 성장 호르몬이 분비되는 시기는 낮과 밤의 리듬이 생기는 생후 3~4개월 무렵입니다. 특히 밤 10시~다음 날 새벽 2시 사이의 취침 중에 다량으로 분비됩니다. "잠을 자는 아이는 자란다"는 말이 그야말로 사실인 것이죠. 아이가 건강하게 성장하기 위해서는 깊고 충분히 잠을 자야 합니다.

반대로 밤에 제대로 자지 못하면 성장 호르몬의 분비량이 감소하여 성장에 영향을 미칠 수 있습니다. 영유아기에 9시간 반보다 적게 자는 날이 이어지면 체력이 저하되고, 주의력이나 집중력이 부족해지고, 초조해하며 가만히 있지 못하는 증상을 보일 수 있습니다. 훗날 갑자기 감정이 폭발하는 아이가 될 수 있으니 수면 리듬을 제대로 갖추게 하는 것이 부모의 중요한 역할입니다.

생활 리듬 Q&A

Q. 아빠의 귀가를 기다리다 보면 밤에 늦게 자게 돼요

A. 아침에 아빠와 함께 있는 시간을 갖고 일찍 자게 하세요

발육에 반드시 필요한 성장 호르몬은 밤에 깊이 잘 때 분비됩니다. 게다가 늦게 자고 일찍 일어나는 생활을 하게 되면 체온 리듬이 무너져서 오전 중에 멍하니 있게 됩니다. 아이의 성장과 올바른 생활 습관을 위해서도 아빠는 조용히 집에 돌아와서 쉬고, 아침에 아이와 함께 있는 시간을 가지세요.

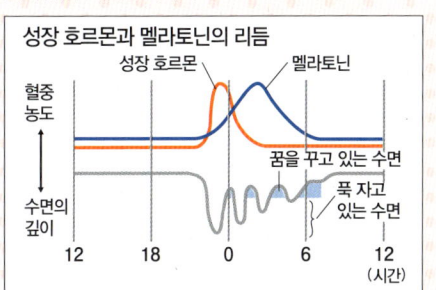

성장 호르몬은 잠이 들고 첫 깊은 수면 때에 한번에 분비된다. 잠을 오게 하는 멜라토닌은 어두워지면 분비되기 시작하고, 수면이 깊어지면 양이 점점 늘어난다.

Q. 낮잠 시간이 일정하지 않은데, 시간을 확실히 정해놓아야 하나요

A. 밤에 재우기가 힘들다면 시간을 조절하세요

밤 수면에 영향을 미치지 않는다면 낮잠 시각이나 길이가 매일 같아야 할 필요는 없습니다. 하지만 밤에 쉽게 잠이 들지 않으면 낮잠 때문일 수 있으니 시간을 조절하는 편이 좋습니다. 밤에 푹 잔다면 낮잠 시간을 딱히 정해놓지 않아도 됩니다.

Q. 여행이나 친가나 외가에 가서 일찍 자고 일찍 일어나는 생활 리듬이 흐트러졌다면

A. 우선 아침에 일찍 깨우는 일부터 시작하세요

여행이나 친가나 외가에 갔을 때 늦게 자고 늦게 일어나는 것은 걱정하지 않아도 됩니다. 집에 돌아오고 나서 원래의 생활 리듬으로 돌아가면 됩니다. 우선 아침에 항상 일어나던 시간에 일어나게 하세요. 좀처럼 잠을 자지 않는 아이는 재우고 싶어도 뜻대로 되지 않기 때문입니다.

잠을 잘 때 아이는

뇌와 몸이 휴식

인간은 주행성 동물입니다. 낮에 뇌를 활발하게 움직이기 위해서는 밤에 푹 자서 뇌와 몸을 쉬게 해주어야 합니다. 밤에 휴식을 충분히 취하지 못하면 낮에 뇌의 기능이 둔해집니다. 잠이 부족하면 몸이 늘어지고 의욕이 생기지 않는 것은 성인이나 아이나 마찬가지입니다.

기억의 정리·정착

밤에 잠을 잘 때 뇌는 낮에 있었던 일이나 배운 일을 떠올리며 "이것은 기억해두자" "이것은 잊어버리자"와 같이 정리를 합니다. 이런 과정을 통해 뇌는 필요한 일을 기억하고 정착시킵니다. 매일 새로운 발견이 이어지는 아이는 기억을 정리하기 위해서도 충분히 잠을 자야 합니다.

멜라토닌 분비

수면을 촉진시키는 '멜라토닌'도 수면 중에 분비됩니다. 멜라토닌에는 효소의 독소로부터 몸을 지켜주고 노화나 암화를 억제하는 기능뿐 아니라 성적인 성숙을 억제하는 기능도 있습니다. 따라서 영유아기에 잠을 제대로 자지 않으면 나중에 첫 생리가 빨라지는 등 지나치게 성적으로 조숙해질 수 있습니다.

성장 호르몬의 분비

성장 호르몬은 밤 10시~다음 날 새벽 2시 사이에 분비됩니다. 특히 새벽 0시 전후의 수면 중에 분비량이 정점에 이릅니다. 성장 호르몬은 뼈를 자라게 하고 근육을 키워주고, 다친 신경을 회복시켜주는 기능이 있습니다. 이 때문에 "아이는 자면서 자란다"고 말하는 것입니다.

> 매일 이를 닦아 충치 예방을

이가 나는 순서·양치질하는 법

충치가 되지 않게 유치를 관리해야 합니다. 충치 예방법을 제대로 알아두세요.

이제 막 나온 유치는 충치가 될 위험이 높다!

유치는 영구치로 바뀌기 전까지 몇 년밖에 쓰지 않는 '기간이 한정된' 치아입니다. 그렇다고 해서 충치가 되어도 상관없는 것이 아닙니다. 유치가 충치가 되면 입안에 충치의 원인균이 늘어나서 영구치까지 충치가 되고 맙니다. 그리고 충치의 고통 때문에 음식을 한쪽 어금니로만 씹거나, 제대로 씹지 않고 삼켜버리는 일도 있습니다. 그렇게 되면 턱이 제대로 성장하지 못하고 치아의 배열이나 위아래 이의 맞물림 상태에도 영향을 미칩니다. 또한 유치가 일찍 빠져버리면 올바른 위치에 영구치가 나지 않는 경우도 있습니다.

유치는 장래의 건강이나 얼굴 생김새에 큰 영향을 미칩니다. 하지만 유감스럽게도 막 나온 치아는 에나멜질이 약해서 충치가 되기 쉽습니다. 치아를 보호하기 위해서는 매일 관리를 해주어야 합니다. 침 속에 있는 미네랄 성분은 에나멜질을 강하게 하며, 또한 치약의 불소 성분도 에나멜질을 강하게 합니다. 꼼꼼하게 관리를 하면 할수록 튼튼해지는 것이 아이 치아의 특징이니 올바른 양치질로 중요한 유치를 보호해주세요.

이가 나는 순서는?

2개 — 5~6개월 무렵 아래의 앞니
나는 시기는 개인차가 크다. 월령은 하나의 기준으로서 참고한다.

4개 — 10개월 무렵 위의 앞니
위의 앞니가 나온다. 위의 앞니부터 먼저 나는 아이도 있다.

8개 — 1년 무렵 상하 8개로
1년쯤 되어 처음 이가 나오는 아이도 있다.

12개 — 1년 6개월 무렵 첫 어금니가 나온다
앞니 4개에서 조금 떨어진 곳에 어금니가 난다.

18개 — 2년 무렵 송곳니가 나온다
이와 이 사이의 이물질에 주의하며 이를 닦아주자.

20개 — 2년 6개월 무렵 상하 20개의 유치 완성!
맨 끝에 나는 제2 어금니는 초등학교를 졸업할 무렵까지 사용하는 치아다.

아프지 않게 이를 닦는 법

칫솔을 쥐는 법도 중요. 연필을 쥐듯이 가볍게 쥐고 부드럽게 닦아주세요.

양치질을 해줄 때는 우선 엄마의 손을 아이의 얼굴에 고정시킵니다. 칫솔을 쥔 손을 아이의 볼에 딱 붙여서 고정시킵니다. 그리고 이를 닦아주는 힘이 강하지 않는지 자신의 손등에 칫솔질을 해서 조정하세요!

윗니

칫솔을 쥔 손은 아이의 볼에 고정시키고, 상순소대(잇몸과 윗입술의 연결 부위)를 손가락으로 눌러서 보호합니다.

아랫니

칫솔을 쥔 손의 새끼손가락과 넷째 손가락을 아이의 볼과 턱에 고정시킵니다.

아래 어금니

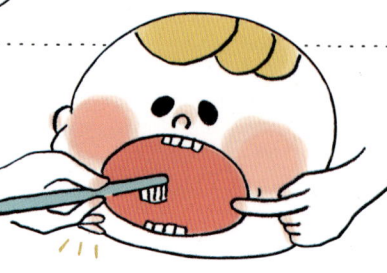

칫솔을 쥔 손은 아이의 아래턱에 고정. 또 다른 손으로 입술 옆을 보호합니다.

아이의 치아 무엇이든 Q&A

발육에도 큰 영향을 미치는 아이의 치아. 치아에 관한 질문이나 의문점에 답해줍니다!

Q 치열이 바른 아이가 되기 위해서는
A 아이 때부터 '씹는' 연습을 시키세요
치열을 바르게 하고 싶으면 먼저 턱뼈를 발달시켜야 합니다. 턱은 '씹는 동작'을 제대로 해야 성장합니다. 다양한 식재료로 이유식을 만들어 꼭꼭 씹어서 먹게 하세요.

Q 충치는 엄마에게 감염된다는 말이 사실인가요
A 사실! 뮤턴스균의 감염에 주의하세요
충치균은 음식을 입으로 옮기거나 침을 통해 감염됩니다. 그중에서도 주의를 해야 할 것은 충치의 주범인 뮤턴스균. 숟가락을 함께 사용하거나 물병 등을 돌려 먹지 마세요.

Q 치약을 사용해도 괜찮나요
A 적은 양을 사용하세요
입을 헹구지 않을 때는 칫솔에 참깨 1개 정도의 양을 바릅니다. 입을 헹군다면 3mm 정도의 양을 바릅니다. 불소가 함유된 치약을 쓰세요.

Q 불소란
A 치아를 튼튼하게 해주는 중요한 요소
갓 나온 유치의 얇고 약한 에나멜질을 튼튼하고 강하게 해주는 것이 불소입니다. 충치균의 산에 지지 않는 에나멜질을 만들고, 초기의 충치균을 막아내는 힘도 있습니다.

Q 자기 전에 주는 모유가 충치균이 될 수 있나요
A 낮에 제대로 관리를 해주었다면 별 문제 없어요
모유에 함유된 당분에는 치석이 되기 어려운 성분이 있어 젖만 먹는 시기에는 충치가 되지 않습니다. 하지만 이유식을 시작하면 낮에 치아 관리를 확실하게 해주어야 합니다.

Q 충치균과 생활 리듬이 관계가 있나요
A 물론이죠! 계속 뭔가를 먹어서는 안 돼요
식사나 간식 등을 계속 먹으면 입안이 줄곧 산성을 띠게 됩니다. 치아로부터 미네랄이 녹아나와 충치균이 되기 쉽죠. 식사 시간은 규칙 바르게!

Q 아프지 않게 이를 닦을 수 있는 칫솔은
A 솔이 부드럽고 앞부분이 작은 것을 사용하세요
다양한 칫솔이 시판되고 있으니 몇 종류를 구입해서 써보세요. 엄마의 손톱이나 손등을 가볍게 긁어보고 부드러운 칫솔을 첫 칫솔로 사용하세요.

이가 1개 났을 때부터 칫솔로 닦아주자

유치가 1~2개일 때는 거즈로 닦아주기만 해도 깨끗해지지만, 이가 늘어나면 이와 이 사이에 낀 이물질은 거즈로 닦아내지 못합니다. 그리고 거즈로 닦아주는 것에 익숙해지면 칫솔을 싫어하게 되는 경우도 있으니 처음 이가 났을 때부터 칫솔로 닦아주는 편이 좋습니다. 이가 나기 시작하는 시기는 뭐든지 입에 넣고 싶어 할 때입니다. 이 시기에 칫솔에 익숙해지면 앞으로 양치질을 싫어하지 않게 됩니다. 양치질은 처음에는 1일 1회, 아이의 기분이 좋을 때 해주세요. 익숙해지면 아침, 저녁으로 두 번을 해줍니다. 어금니가 나면 특히 자기 전에 꼼꼼하게 이를 닦아주세요.

칫솔은 '엄마가 닦아주는 칫솔'과 '아이가 사용하는 칫솔'을 2개 준비하세요. 아직 스스로 깨끗하게 이를 닦을 수는 없지만, 나중에 직접 닦기 위한 연습이 됩니다. 월령에 맞는 안전한 칫솔을 선택에서 아이에게 쥐어주세요. 치아의 수가 늘어나면 이를 닦는 순서를 정해서 닦아주고, 이쪽저쪽 왔다 갔다 하며 닦아주면 안 됩니다. 아프지 않게 부드럽고 신속하게 닦아주어야 합니다. 이 닦기를 싫어할 때는 말을 걸거나 노래를 불러주며 달래는 등 엄마의 지혜로 극복해서 이 닦는 습관을 자연스럽게 몸에 배게 하세요.

> 넘쳐나는 애정이 교육의 토대다

칭찬하기·야단치기

칭찬하는 방법과 야단치는 방법의 기본 노하우를 배워봅시다.

'칭찬'과 '야단'은 예절 교육을 위한 수단 중 하나

인간 사회에는 수많은 규칙이 있습니다. '타인의 생명을 빼앗아서는 안 된다'라는 대원칙부터 일상적인 식사 예절까지 다양합니다. 사람들은 그런 규칙을 아이 때부터 조금씩 배워갑니다. 이런 규칙을 가르쳐주는 것이 '예절 교육'이며 그 중요한 수단이 '칭찬'과 '야단'입니다.

부모는 아이를 칭찬함으로써 원하는 행동을 더 많이 하게 하고, 계속 그 행동을 하게 합니다. 원하지 않는 행동이 있으면 야단을 쳐서 그 행동의 횟수를 줄이거나 그만두게 합니다.

"아이에게 말해봤자 소용없는 게 아닐까?"라고 생각하는 엄마도 있겠지만, 갓 태어난 아이도 스스로 '배우겠다'는 생각을 갖고 있습니다. 생후 9개월쯤 되면 뭔가에 손을 뻗치려고 할 때 엄마의 얼굴을 슬쩍 훔쳐보고는 빙그레 웃고 있으면 손으로 잡고, 엄한 얼굴을 하고 있으면 손을 집어넣습니다. 엄마의 표정을 읽고 '이것은 해도 된다', '이것은 하면 안 된다'는 규칙을 배워가는 것입니다.

하지만 사회의 규칙은 쉽게 몸에 익힐 수 없습니다. 생후 1년 미만의 아이라면 기억 용량에 한계가 있으며 이해력도 낮기 때문에 아무리 야단을 쳐도 같은 일을 되풀이합니다. 또한 개인차도 있습니다. 한 번 야단을 치면 딱 그만두는 아이가 있는가 하면, 몇 번을 말해도 계속하는 아이도 있습니다. 짜증을 내는 아이, 풀이 죽는 아이 등 반응도 다양합니다. 아이 때의 예절 교육은 반복해서 말해주는 데 의미가 있습니다. 예절 교육의 효과는 기대하지 말고, 아이에게 부모의 가치관을 부드럽게 전해주면서 그 아이의 개성에 맞추어서 야단을 치고, 칭찬을 해주는 방법을 찾아내세요.

신뢰 관계를 쌓는 것이 중요하다!

- **야단** — '절대로 해서는 안 되는 일'을 가르치기 위해서는 '야단'을 쳐야 합니다. 하지만 '야단'이 효과를 발휘하기 위해서는 안정된 토대가 필요합니다.
- **칭찬** — 칭찬을 받으면 자신에 대한 신뢰가 생깁니다. 자신감이 있어야 부정적인 메시지(야단)도 받아들일 수 있습니다.
- **생활 리듬** — 충분히 자고, 규칙 바른 생활을 하면 아이의 마음은 안정이 됩니다. 안정이 되어야 뭔가를 배울 수 있습니다.
- **애정, 돌봄** — 가장 중요한 토대는 수유, 기저귀 갈기, 목욕 등 아이를 돌봐주는 일. 엄마와의 따뜻한 관계가 마음의 기초를 만듭니다.

칭찬·야단의 기본

1. '칭찬'과 '야단'으로 사회 규칙을 가르쳐주자

인간 사회에는 규칙이 있으며 '하면 안 되는' 것이 있습니다. '해서는 안 되는 일', '해도 되는 일', '적극적으로 해야 하는 일'이 무엇인지 엄마, 아빠의 반응을 보면서 알게 됩니다. '칭찬'과 '야단'은 사회 규칙을 가르치기 위한 중요한 수단입니다.

2. '야단을 칠 때'의 대원칙은 '위험할 때'와 '타인의 권리를 빼앗을 때'

아이 때는 야단을 쳐서라도 가르쳐야 하는 것이 두 가지 있습니다. 하나는 위험한 일입니다. 다칠 위험이 있는 행동은 무슨 일이 있어도 그만두게 해야 합니다. 또 다른 하나는 타인의 권리를 빼앗는 일입니다. 가령 친구를 밀쳐서 장난감을 빼앗는 것과 같은 행동입니다. 이런 모습을 보면 단호하게 야단을 쳐야 합니다.

칭찬

칭찬이란 아이와 기쁨을 공유하는 것

아이를 칭찬하는 일은 일반적으로 우리가 생각하는 '칭찬'과 성격이 조금 다릅니다. 보통 '칭찬'이라고 하면 어떤 목표를 이루어냈을 때나 남에게 감사를 받을 만한 일을 했을 때 "잘했다"며 위에서 평가를 해주는 듯한 느낌입니다. 이런 식으로 생각하면 아이가 앉기에 성공했을 때나 숟가락을 쥘 수 있게 되었을 때와 같이 뭔가를 해냈을 때 칭찬을 해주는 데 그치게 됩니다. 하지만 아이를 칭찬한다는 것은 기쁨이나 즐거움과 같은 긍정적인 감정을 공유하는 것입니다. 이것은 부모와 자식 관계뿐만 아니라 사람들과 소통할 때도 상당히 중요한 일입니다. "응가를 했네", "맛있게 다 먹었네", "기분이 아주 좋네"와 같이 일상에서 사소한 일을 해냈을 때 기뻐해주는 것입니다. 자신의 존재나 행동을 엄마가 기뻐해준다고 아이가 느낄 수 있으면 그것이 바로 '칭찬받은' 것입니다.

야단

야단만 쳐서는 안 된다! 야단치는 횟수는 적게

야단은 사회 규칙을 가르치기 위해서는 빼놓을 수 없는 방법입니다. 아이를 키우다 보면 부모가 아이에게 엄한 말로 주의를 주어서 행동을 제지해야 할 때가 있습니다. 위험한 일을 했을 때, 남의 물건을 빼앗을 때, 다른 아이를 다치게 했을 때 등 이런 경우에는 엄격한 태도로 야단을 쳐야 합니다. 하지만 야단을 치기 위해서는 아이와 따뜻한 애정 관계가 확립이 되어 있어야 합니다. 만약 '지나치게 야단을 친다'는 생각이 들면 '야단을 치는 것 외에 다른 방법이 없을까?'라고 생각해보세요. 환경을 바꾸어주거나, 하는 법을 가르쳐주거나, 잠시 기다려주거나, 간섭하지 않거나, 기분 전환을 시켜주거나, 수면 시간이나 놀이 시간을 늘려주거나 등 여러 가지 방법이 있습니다. 이런 방법들이 대부분의 경우 야단을 치는 것 이상의 효과가 있습니다. 하루 종일 엄마가 화만 내면 엄마

는 물론 아이도 힘들어집니다. 다양한 방법으로 아이를 교육시키고 정말 해서는 안 되는 일을 했을 때만 야단을 치세요.

3 당장 결과를 바라지 말고 끈기 있게 가르친다

예절 교육의 최종 목표는 사회의 규칙을 아이가 '자신의 규칙'으로서 몸에 배게 하는 것입니다. 하지만 이것은 아직 먼 훗날의 일입니다. 야단을 쳐도 울기만 하고 다시 똑같은 일을 되풀이하더라도 '나쁜 일을 했다'고 느끼고 있다면 지금은 그 정도로 충분합니다.

4 성장에 맞춰서 '칭찬'과 '야단'도 바뀌어야 한다

예절 교육은 아이가 성장해서 집을 떠나는 날까지 이어지는 길고 긴 작업입니다. 그렇기 때문에 부모의 교육 방법도 바뀌어가야 합니다. 1년 미만의 아이에게는 효과를 기대하지 말고 반복해서 일러주어야겠지만, 3년의 아이라면 시킨 대로 할 때까지 지켜보는 편이 좋습니다.

부부의 성생활은?

하고 싶지 않은 엄마가 다수?
산후의 섹스

산후 직후에는 몸도 마음도 약해집니다. 게다가 처음 해보는 육아에 눈코 뜰 새 없이 바빠서 "성생활은 아예 생각이 없다!"는 것이 엄마들의 솔직한 심정인 듯합니다. 하지만 훗날의 부부 관계를 생각하면 역시 성생활은 중요합니다. 산후의 성생활에 대해 살펴봅니다.

산후 성생활 시 체위

뒤로 하는 측와위
둘 다 옆으로 누워 남성이 뒤에서 삽입. 얕게 삽입되므로 몸에 부담이 되지 않습니다. 남성은 격렬하게 움직이지 않고 부드럽게.

부담을 주지 않는 좌위
깊이 삽입을 할 수 없는 좌위는 남성의 움직임을 억제할 수 있습니다. 회복한 지 얼마 안 된 성기나 자궁에도 부담이 되지 않습니다.

측와위는 마주 보고 해도 된다
옆으로 누워 마주 보는 체위. 역시 얕게 삽입됩니다. 서로 안고 있는 상태이기에 여성은 안심할 수 있으며 산후 불안정한 시기에도 좋습니다.

산후 직후에는 무리하면 안 된다!

서로를 배려하는 것이 중요하다

산후의 성생활은 1개월 건강 검진 때 의사가 괜찮다고 하면 시작합니다. 처음에는 상처가 신경 쓰이거나 아파서 삽입할 수 없는 경우도 있습니다. 하지만 자궁이나 상처의 회복 정도를 의사가 확인해서 "괜찮다"고 진단을 내렸다면 걱정할 필요가 없습니다. 회음 절개한 상처가 벌어지는 일은 없으니 안심해도 됩니다. 하지만 아이가 우선인 나날 속에서 성욕이 사라졌다는 사람이 많은데, 이는 출산 후 호르몬의 변화에 의한 것이며 대부분의 엄마가 느끼고 있습니다. 그런데 성생활은 부부의 중요한 소통이기도 합니다. 출산을 계기로 성생활에 대한 공포감이나 혐오감을 갖지 않도록 몸이나 마음 상태를 남편에게 전달하고 이해를 시키세요. 산후 성생활을 재개할 때는 얕게 삽입하고 몸에 부담이 가지 않는 체위를 시도하세요. 그리고 생리가 다시 시작되지 않은 채 임신을 하는 경우도 있으니 당장 임신을 원하지 않는 경우에는 확실하게 피임을 해야 합니다.

산후 성생활 데이터

Q 성행위 빈도는

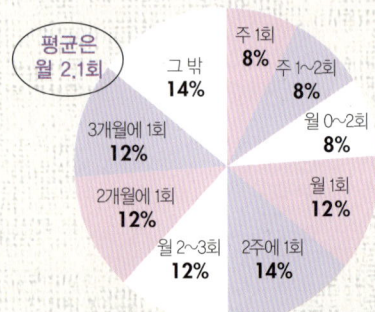

평균은 월 2.1회
그 밖 14%
주 1회 8%
주 1~2회 8%
월 0~2회 8%
월 1회 12%
2주에 1회 14%
월 2~3회 12%
2개월에 1회 12%
3개월에 1회 12%

평균 횟수는 월 2.1회라는 결과가 나왔다. "남편과 앞으로도 금슬 좋게 지내기 위해서도 성행위가 중요하다"가 대부분 엄마들의 공통된 생각이다. 내키지 않아도 남편이 원하면 들어주는 경우도 있다.

Q 성행위를 재개한 것은 언제

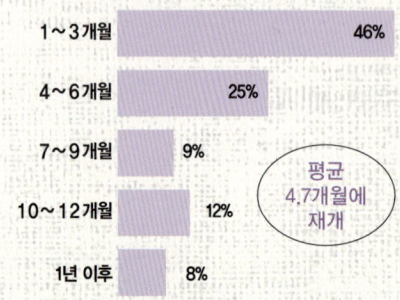

1~3개월 46%
4~6개월 25%
7~9개월 9%
10~12개월 12%
1년 이후 8%

평균 4.7개월에 재개

산후는 육아에 쫓겨 사는 나날. 엄마는 성욕이 없어도 "남편이 성욕을 참지 못한다", "섹스리스 부부가 되고 싶지 않다", "바람피우는 것을 예방하기 위해서" 등의 이유로 재개하는 경우가 많다.

Q 재개할 때 걱정이 되는 것은

1위 통증이나 위화감이 없을까
"아플 것 같아 겁이 났다", "경련이 일어나는 느낌이었다" 등 산후 첫 성행위에는 모두 두근두근.

2위 상처가 벌어지지 않을까
"그런 일은 없다"고 하지만 회음 절개한 상처가 신경 쓰이는 엄마가 많다.

3위 아이가 깨지 않을까
성행위는 집중력이 중요하다. "아이가 깨지 않을까 하는 생각이 들어 기분이 가라앉아서 결국 첫 번째 성행위는 도중에 단념했다"는 사람도 있다.

4위 제대로 할 수 있을까
"제대로 못해서 남편이 어떻게 생각할지 불안했다", "언제 성욕이 돌아오는 건지 초조했다"라는 의견도 있다.

5위 체형의 변화
체형이 원래대로 돌아오지 않는다, 유두 색깔이나 모양이 신경 쓰인다 등 이전의 모습이 아닌 자신을 내보이는 것은 용기가 필요하다.

PART 6

병으로부터 아이를 지킨다!
알아두어야 할 예방 접종

육아에 조금 익숙해졌을 무렵에 시작되는 예방 접종.
간염, DTaP, 소아마비, 폐렴구균, 뇌수막염…….
예방 접종의 종류를 다 기억해두기도 어렵고 일정을 관리하기도 힘들지만,
담당 의사와 상담해서 확실하게 예방 접종을 해나가세요.
무서운 병으로부터 아이를 지키는 첫걸음입니다.

놓치지 말고
꼼꼼히 관리해요!

예방 접종의 기초 지식

3년까지 국가 예방 접종 11, 기타 접종 2

종류도 많고 접종시기와 횟수도 다양하지만 아이를 병으로부터 지키기 위해 기본 사항을 알아두세요.

	대상 감염병	백신 종류 및 방법	접종 횟수
국가 예방 접종	결핵	BCG(피내용)	1
	B형 간염	HepB	3
	디프테리아·파상풍·백일해	DTaP	5 (5차는 만 4~6세 사이)
	폴리오	IPV	4 (4차는 만 4~6세 사이)
	b형 헤모필루스 인플루엔자	Hib	4
	폐렴구균	PCV(단백 결합)	4
		PPSV(다당질)	–
	홍역·유행성이하선염·풍진	MMR	2 (2차는 만 4~6세 사이)
	수두	Var	1
	A형 간염	HepA	2
	일본뇌염	IJEV(사백신)	5 (4차는 만 6세, 5차는 만 12세)
		LJEV(생백신)	2
	인플루엔자	IIV(사백신)	매년
		LAIV(생백신)	매년
기타 선택 예방 접종	결핵	BCG(경피용)	1
	로타 바이러스	RV1	2
		RV5	3

예방 접종이 왜 필요한가

감염에 의한 질병은 면역이 약한 아기에게는 치명적일 수 있습니다. 따라서 이런 병에 감염되지 않도록 또는 설사 감염이 되더라도 쉽게 나을 수 있도록 면역력을 갖게 해줘야 합니다. 이것이 바로 예방 접종입니다.

예방 접종은 병원성을 약하게 하거나 독성을 없앤 병원체를 체내에 넣어서 가볍게 병에 걸린 상태를 만들어 면역력을 갖게 하는 원리입니다. 예방 접종으로 인해 여러 가지 질병이 발생이 억제되긴 했지만 그렇다고 그 병원균이 완전히 없어진 것은 아닙니다. 따라서 감염병이 다시 유행할 가능성이 있습니다. 예방 접종은 아이를 지켜줄 뿐만 아니라 병이 전염되지 않게 억제하여 사회 전체를 건강하게 지켜줍니다.

어린이 국가 예방 접종 지원 사업은

우리나라에서는 만 12세 이하 모든 어린이의 국가 예방 접종 지원 백신의 접종 비용을 전액 지원합니다. 해당 어린이는 국가에서 지정한 병의원, 보건소에서 무료로 접종받을 수 있습니다. 지정 병원이 아닌 경우 무료 접종이 불가능할 수 있으므로 '어린이 국가 예방 접종 지정 의료 기관'인지 여부를 확인하는 것이 좋습니다.

예방 접종 도우미 사이트에서 지정 의료 기관을 확인할 수 있으며, 지정 의료 기관이라면 접종자의 주소지와 상관없이 어디에서나 무료로 접종받을 수 있습니다.

아이가 받아야 할 예방 접종

월령	0개월	1개월	2개월	4개월	6개월	12개월	15개월	18개월	24개월	36개월
	BCG (피내용) 1회									
	HepB 1차	HepB 2차			HepB 3차					
			DTaP 1차	DTaP 2차	DTaP 3차		DTaP 4차			
			IPV 1차	IPV 2차	IPV 3차					
			Hib 1차	Hib 2차	Hib 3차	Hib 4차				
			PCV 1차	PCV 2차	PCV 3차	PCV 4차				
								고위험군에 한하여 접종		
						MMR 1차				
						Var 1차				
						Hep A 1~2차				
						IJEV(사백신) 1~3차				
						LJEV(생백신) 1~2차				
						IIV(사백신) 매년 접종				
									LAIV(생백신) 매년 접종	
	BCG (경피용) 1회									
			RV1 1차	RV1 2차						
			RV5 1차	RV5 2차	RV5 3차					

※2017년 9월 현재 질병관리본부 예방접종관리과에서 제공하는 표준 예방 접종 일정표(2017년)

예방 접종 도우미를 이용하세요!

질병관리본부(WCDC)에서 운영하는 웹 사이트 '예방 접종 도우미'를 이용하면 좀 더 편리하게 아이의 예방 접종 관리를 할 수 있습니다. 예방 접종 관련 각종 정보는 물론 주변의 병의원 정보를 손쉽게 얻을 수 있습니다. 또 아이의 생년월일만 입력하면 예방 접종 시기를 알려주는 일정표를 제공하여 예방 접종 시기를 쉽게 관리할 수 있으며 '우리 아기 등록하기'에 아이 정보를 입력하면 예방 접종 내역 조회 및 각종 예방 접종증명서 발급도 가능합니다.

예방 접종 도우미 사이트(nip.cdc.go.kr/)를 이용하면 아이 예방 접종 관리를 쉽게 할 수 있어요!

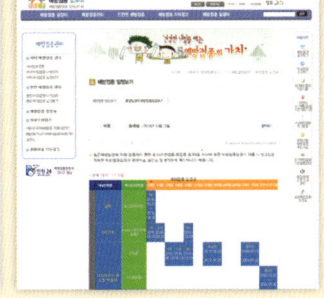
상단 메뉴에서 예방 접종 관리→자녀 예방 접종 관리→예방 접종 일정보기 메뉴에서 생년월일을 입력하면 자동으로 일정표를 작성해 보여주어 편리합니다.

예방 접종 관리→의료 기관 찾기 메뉴에서 무료 접종이 가능한 '어린이 국가 예방 접종 지정 의료 기관'을 쉽게 검색할 수 있습니다.

> 잘 모를 때는 의사에게 상담을

예방 접종 스케줄 · 예방 접종 받는 법

예방 접종을 받는 날을 정할 때는 4가지 포인트를 확인하고 담당 의사에게 상담하세요.

예방 접종 계획은 0개월부터 준비한다

생후 3년까지 받아야 할 예방 접종 중 대부분이 18개월 안에 받게 되어 있으며, 결핵(BGC) 접종은 생후 4주 이내에 받아야 합니다. 받아야 할 예방 접종의 수도 많고 첫 예방 접종이 늦어버리면 이후 예방 접종 일정이 제대로 지켜지기 어렵습니다. 따라서 아이가 태어나고 2주 정도에는 예방 접종 일정을 계획해야 합니다. 앞쪽의 표준 일정표를 보고 예방 접종 일정을 잡아봅시다. 아이나 보호자의 몸 상태가 안 좋거나 하면 예정대로 접종을 할 수 없어 접종 계획을 다시 잡아야 하는데 이때는 꼭 의사와 상담해야 합니다.

예방 접종 계획을 세울 때나 변경할 때는 보건소나 소아과에서 상담하자

접종 스케줄을 짤 때나 일정을 변경할 때, 혹은 제때 접종을 받지 못했을 때 등은 보건소나 소아과에서 상담을 하는 것이 좋습니다. 아이의 건강 상태나 체질 등을 고려한 조언을 받을 수 있습니다. 소아과를 선택할 때는 '어린이 국가 예방 접종 지정 의료 기관'인지를 확인하고 아이가 병이 났을 때 믿고 진찰을 받을 수 있는 곳인지 확인하세요.

point 1
시기가 오면 바로 접종을 받는다

예방 접종 중에는 접종 권장 시기가 정해져 있는 경우가 있습니다. 그때 접종을 하지 않으면 쉽게 병에 걸릴 수 있으며, 일단 걸리면 심각한 증상이 생길 수 있기 때문입니다. 접종할 수 있는 시기가 되면 바로 접종을 하세요.

point 2
'우선순위'를 정해놓고 접종을 받는다

- ☑ 중증화되기 쉬운 병
- ☑ 유행하는 병

저월령일 때도 걸리고 중증화되기 쉬운 병에 대한 예방 접종부터 합니다. 생후 2~3개월부터 가능한 것은 서둘러 받으세요. 계절이나 지역에 따라 유행을 예측할 수 있는 병도 유행하기 전에 예방 접종을 받으세요.

point 3
동시 접종을 받자

동시 접종이란 같은 날에 여러 가지 백신을 접종하는 것입니다. 생후 3년 전까지 완료해야 할 예방 접종을 하나씩 받는다면 20여 차례 보건소나 병원을 가야 합니다. 효율적으로 접종을 받기 위해서는 의사와 상담해서 동시 접종을 받아야 합니다.

point 4
다음에 받을 수 있는 예방 접종 날짜를 확인한다

접종과 접종 사이에 최소한 지켜야 하는 간격이 정해진 접종들이 있습니다. 백신의 종류와 날짜를 확인하고 효율적으로 받을 수 있도록 스케줄을 짜세요.

알아두면 유익한

예방 접종의 기본 용어

이상 반응
예방 접종에 의한 면역 반응 이외의 증상이 나타나는 것. 열이 나거나 접종 부위가 붓거나 합니다. 대체로 2~3일 정도면 가라앉습니다. 심각한 증상이 나타나는 경우는 극히 드물며 예방 접종이 원인이라고 할 수 없는 경우도 있습니다.

아나필락시스
예방 접종에 함유된 성분에 의해 접종 후 30분 이내에 강한 알레르기 반응이 일어나는 것. 혈압 저하나 호흡 곤란 등이 생길 수도 있기에 바로 대응할 수 있도록 접종을 받은 뒤에는 잠시 상태를 지켜보세요.

예방 접종
시뮬레이션

예방 접종은 어떻게 실행되고 필요한 것은 무엇일까? 사전 준비부터 접종을 받기까지의 흐름을 알아두면 안심할 수 있습니다.

Mom — 쉽게 벗을 수 있는 신발을
아이의 안정을 위해 보호자가 아이를 안은 상태로 예방 접종을 할 경우도 있으므로 예방 접종 당일에는 장식이 없는 편안한 복장이 좋습니다. 또 짐도 많고 아이도 안고 가야 하니 신발도 굽이 없는 단화가 좋습니다.

사전 준비

예방 접종 일정을 확인

예방 접종 수첩이나 준비한 일정표를 보고 예방 접종 가능 월령을 확인한 후 일정을 잡습니다. 이때 날씨도 고려하는 것이 좋아요. 아무래도 맑고 화창한 날이 아이도 엄마도 컨디션이 좋겠지요? 가까운 지정 병원을 찾아 정해놓는 것도 잊지 마세요. 또 접종 후에는 목욕을 삼가야 하는 경우가 많으므로 접종 전날 목욕을 시키는 것이 좋습니다.

집에서

체온을 재고 몸 상태를 확인한다

접종 당일, 아이의 몸 상태 등 달라진 점이 없는지 확인합니다. 만약을 위해 체온은 집에서도 재어봅니다.

의료 기관에서

1. 신분증과 산모수첩(예방 접종 기록 확인용)을 지참하고 방문하여 예방 접종 예진표를 작성한다. 이때 예진표에 '다음 접종 사전 알림 수신'에 동의하면 다음 접종 일자를 알려주는 휴대폰 문자 서비스를 제공받을 수 있어 편리하다.

2. 아기의 체온을 잰다. 37.5℃ 미만이라면 접종이 가능한 상태지만 그 이상이라면 의사와 상담해야 한다.

3. 예진표를 참고로 의사와 상담한다.

4. 의사가 진찰 후 접종 여부를 판단하고 접종한다.

5. 접종 후 바로 귀가하는 게 대부분이지만 이상 반응이 일어나는지 확인하기 위해 30분 정도 대기했다가 귀가하는 경우도 있으므로 의사의 지시를 따른다.

Baby — 소매나 바지 밑단을 걷어 올리기 쉬운 복장으로
검온, 진찰, 접종이 순조롭게 진행될 수 있는 옷을 입히세요. 소매나 바지 밑단을 걷어 올리기 쉬운 옷을 입혀 데려가세요.

귀가 후

외출을 하지 않고 상태를 지켜보자

접종 후 3일 정도는 이상 반응이 없는지 좀 더 주의 깊게 살펴야 합니다. '예방 접종 도우미' 사이트에서 예방 접종 내역이 전산에 입력되어 있는지 확인하는 것도 잊지 마세요.

2개월부터 15개월까지 4회 접종
b형 헤모필루스 인플루엔자(Hib)

- **예방하는 병**: 세균성 뇌수막염 등 Hib 감염증
- **횟수**: 4회
- **접종 시기**: 2, 4, 6개월에 4~8주 간격을 두고 기초 3회 접종 후 12~15개월에 추가 1회 접종
- **주의해야 할 포인트**: 첫 접종이 지연되어 7개월 이후 시작한다면 총 3회, 12개월 이후 시작한다면 총 1회밖에 접종하지 못함

- **이상 반응**: 접종 후 2일째까지 16%의 비율로 발열 증상이 보이거나, 접종 부위가 붓거나 응어리가 생기는 경우가 있다.
- **진찰이 필요한 경우**: 접종 부위가 아프거나 팔꿈치 아래 부분이나 팔 전체가 부었을 때

2개월부터 접종할 수 있으며 1년 전까지 3회 받는다

Hib가 일으키는 세균성 뇌수막염 등을 예방합니다. 0~1년 아이가 걸리기 쉬우므로 접종할 수 있는 2개월이 되면 가능한 한 빨리 접종을 시작해서 1년 전까지 세 번 접종을 받으세요. 동시 접종을 받으면 이른 시기에 끝낼 수 있습니다. 다만 접종을 '생후 7개월 이상~1년 미만', '1년 이후'에 시작한 경우에는 접종 횟수가 각각 달라지니 주의하세요.

세균성 뇌수막염은 생명을 위협하는 무서운 병

Hib는 겨울에 유행하는 '인플루엔자'와는 전혀 다른 세균입니다. 중증화되기 쉬우며 아이의 생명을 빼앗을 수 있는 병을 발생시킵니다. 특히 세균성 뇌수막염에 걸리면 몸이 축 늘어지거나 경련을 일으키고, 사망률은 약 5%, 후유증이 남을 확률은 25%라고 합니다. 후두개염을 일으킨 경우에는 개가 짖는 것과 같은 특징적인 기침을 하고, 단시간에 악화되어 호흡 곤란 상태에 빠집니다. 이런 무서운 병을 예방하기 위해 이른 시기에 접종해야 하는 백신입니다.

Hib와 같이 세균성 뇌수막염 예방
폐렴구균

- **예방하는 병**: 세균성 뇌수막염 등 폐렴 구균 감염증
- **횟수**: 4회
- **접종 시기**: 2, 4, 6개월에 4~8주 간격을 두고 기초 3회 접종 후 12~15개월에 추가 1회 접종
- **주의해야 할 포인트**: 첫 접종이 지연되어 7개월 이후 시작한다면 총 3회, 12개월 이후 시작한다면 총 1~2회밖에 접종하지 못함

- **이상 반응**: 약 10%의 비율로 38°C 이상의 열이 나는 경우가 있다.
- **진찰이 필요한 경우**: 38°C 이상의 열이 나거나 고열이 이어져서 축 늘어져 있을 때

Hib와 동시 접종으로 2개월부터 받자

폐렴구균이 일으키는 세균성 뇌수막염 등은 월령이 낮은 아이가 걸릴수록 위험하므로 서둘러서 접종을 받아야 합니다. 2개월부터 접종을 시작해서 6개월까지 3회를 완료하기 위해서는 Hib나 DTaP-소아마비 혼합 등의 백신과 동시 접종으로 받는 것이 좋습니다.

2년 이하의 영유아가 걸리면 중증화

2년 무렵까지 아이가 걸리기 쉽고 폐렴구균이 들어간 부위에 따라 세균성 뇌수막염, 폐렴, 중이염, 균혈증 등을 일으킵니다. 이중에서 아이가 걸리면 중증이 되는 것이 세균성 뇌수막염. 걸리는 빈도는 Hib보다 낮지만, 폐렴구균이 원인인 세균성 뇌수막염은 사망률과 후유증이 남을 확률이 Hib보다 높습니다. 그렇기 때문에 Hib와 같이 이른 시기에 접종해서 예방하는 것이 중요합니다.

엄마가 B형 간염 보균자가 아니어도 접종 권장

B형 간염

정기 접종

- **예방하는 병**: B형 간염
- **횟수**: 3회
- **접종 시기**:
  - 생후 바로, 1개월, 6개월, 총 3회 접종.
  - 그 외 항체 생성 여부에 따라 추가 접종 가능
- **주의해야 할 포인트**:
  - 엄마가 B형 감염이면 출생 후 12시간 이내 접종

- **이상 반응**: 아주 드물게 접종 부위가 붓는 경우가 있다.
- **진찰이 필요한 경우**: 거의 없다.

모자 감염을 예방하기 위해서는 생후 바로 접종

엄마가 B형 간염 표면항원(HBsAg) 양성인 경우에는 출생 후 12시간 이내에 B형 간염 면역글로블린(HBIG) 및 B형 간염 백신을 동시에 접종합니다. 엄마가 B형 간염 보균자가 아니더라도 출생 당일에 바로 접종하는 것이 좋습니다.

단체생활로 전염될 수도 있다

B형 간염은 B형 간염 바이러스에 의해 간염을 일으키고 간경변이나 간암이 될 수도 있는 병입니다. 엄마가 B형 간염 보균자면 출산 시 모자 감염이 될 가능성이 높으므로 출생 후 바로 예방해야 합니다.

백신은 접종 횟수가 다른 2종류

로타 바이러스

선택 접종

- **예방하는 병**: 로타 바이러스 감염증 (주로 구토와 설사)
- **횟수**: RVI는 2회, RV5는 3회
- **접종 시기**:
  - RVI는 생후 2, 4개월에 2회
  - RV5는 생후 2, 4, 6개월에 3회
- **주의해야 할 포인트**:
  - 백신은 2종류인데 섞어서 마실 수는 없으니 둘 중 1종류만 마신다.

- **이상 반응**: 아주 드물지만 장중첩증 이상 반응이 보고된 바 있어 장중첩증의 과거력이 있는 경우는 금기이다.

1회째는 생후 2개월에 하는 것이 이상적

로타 바이러스 백신은 생백신으로 마시는 유형입니다. 2회 마시는 로타릭스와 3회 마시는 로타텍 중 1종류를 선택합니다. 로타 바이러스 감염증은 처음 걸렸을 때의 증상이 가장 심하므로 저월령 때 걸리면 중증화되기 쉬우니 되도록 빨리 예방하는 것이 중요합니다. 접종 기간이 짧기 때문에 다른 정기 접종과 동시 접종으로 받도록 스케줄을 짜고 2개월 때부터 받는 편이 좋습니다.

구토, 설사를 일으키며 감염력이 강한 것이 특징

로타 바이러스 감염증은 로타 바이러스가 원인이며, 매년 초봄에 유행하는 급성 위장염입니다. 감염력이 강하고 감기와 같은 증상부터 시작해서 이윽고 격렬한 설사와 구토, 복통, 발열이 일어납니다. 심할 때는 물처럼 묽고 하얀 변이 나오는 경우도 있으며, 1일 10회 이상 설사를 해서 아이가 탈수증을 일으킬 수도 있습니다. 중증이 되면 경련이나 뇌염 등 합병증을 일으키기도 합니다.

DTaP, 소아마비

정기 접종

예방하는 병	디프테리아, 백일해, 파상풍, 소아마비
횟수	5회 / 4회
접종 시기	• DTaP는 2, 4, 6개월에 3회 접종, 15~18개월에 4차 접종, 만 4~6세 5차 접종 • 소아마비는 2, 4, 6개월에 3회 접종, 만 4~6세에 4차 접종
주의해야 할 포인트	• 만 11~12세에 디프테리아와 파상풍의 혼합 백신을 추가 1회 접종

4종 또는 5종 혼합 백신으로 접종 횟수 줄어 부담 경감

DTaP 3종에 소아마비까지 혼합된 4종 백신과, Hib까지 혼합된 5종 백신이 만들어져 사용 중입니다. 접종 횟수를 줄여서 아이에게 부담을 덜 주기 위해서입니다.

이상 반응	접종 부위가 빨갛게 붓거나 응어리가 생길 수 있다. 횟수를 거듭할수록 이상 반응이 나오기 쉽다.
진찰이 필요한 경우	접종 부위가 아프거나 팔꿈치 아랫부분이 폭넓게 붓거나 팔 전체가 부었을 때, 접종 후 24시간 이내에 발열했을 때

4가지 병을 예방한다

디프테리아
디프테리아균이 목, 코, 눈 등의 점막에 감염되어 일어납니다. 심하면 호흡 곤란, 신경 마비나 심근염, 신경염 등이 일어나고, 사망할 수도 있는 무서운 병입니다. 예방 접종 덕분에 지금은 거의 볼 수 없게 되었습니다.

백일해
백일해는 호흡기 감염 질환으로 엄마에게 면역성을 이어받을 수 없기에 갓 태어난 아기라도 걸릴 수 있습니다. 월령이 낮을수록 위험하며 합병증을 일으켜서 생명을 위협할 수도 있습니다. 지금도 유행을 하는 경우가 있으니 이른 시기에 예방 접종을 받아야 합니다.

파상풍
파상풍균에 감염되어 걸립니다. 균이 발생시키는 독소 때문에 경련이나 근육 경직 등이 일어나고, 생명을 잃는 경우도 있습니다. 파상풍균은 흙 안에 있는데 상처를 통해 감염됩니다. 감염이나 발증을 막기 위해서는 예방 접종을 받는 것이 최선의 방법입니다.

소아마비(회색질 척수염)
폴리오 바이러스가 입에 들어가서 감염됩니다. 걸린 사람의 0.1~2%에게 손과 발에 마비 증상이 남거나 사망하는 경우도 있습니다. 예방 접종을 하고 나서부터 우리나라에서는 1983년 이후 발생하지 않고 있습니다.

피내용과 경피용 2종류

결핵 BCG

- **예방하는 병**: 결핵
- **횟수**: 1회
- **접종시기**: 생후 4주 이내
- **주의해야 할 포인트**: 경피용과 피내용 2가지 방식이 있으며, 경피용은 9개의 바늘이 달린 스탬프를 상완 2곳에 찍는다.

- **이상 반응**: 접종 부위가 빨갛게 되거나 곪는 등 100명 중 1명은 접종 후 1~3개월 사이에 접종한 팔 부위의 림프절이 붓는 경우가 있는데 몇 개월 지나면 낫는다.
- **진찰이 필요한 경우**: 국소 궤양 형성이나 주위 화농 림프절염 등이 관찰될 경우 바로 예방 접종을 받은 의료 기관에 보고한다.

생후 4주 이내에 접종받는 것을 목표로 한다

결핵을 예방하는 생백신, 경피용의 경우 바늘이 달린 스탬프를 찍어 백신을 피부 속에 투여합니다. 생후 3개월이 지난 경우에는 투베르쿨린 피부 반응 검사 후 접종을 해야 합니다.

사람이 감염원이 되어 아이에게 전염된다

결핵은 결핵균에 의해 감염됩니다. 원인 불명의 발열이 몇 주일 동안 계속되고, 안색이 나빠지거나 식욕이 떨어집니다. 심해지면 중증인 속립결핵으로 진행되거나 결핵성 뇌수막염이 병발할 가능성이 있고, 2014년에는 3만4천8백여 명이 발생했습니다. 예방 접종이 보급되었지만, 결핵 환자가 매년 생기고 있습니다. 아이의 경우에는 대부분 결핵에 걸린 사람에게 전염되니 감염을 막기 위해서는 BCG 예방 접종을 받아야 합니다.

3가지를 한꺼번에!

MMR

- **예방하는 병**: 홍역, 풍진, 유행성이하선염(볼거리)
- **횟수**: 2회
- **접종시기**: 12~15개월에 1차, 만 4~6세에 2차

- **이상 반응**: 접종 후 7~10일 사이에 5~20%의 아이가 가볍게 열이 나는 경우가 있다. 발진을 일으키거나 림프절이 붓는 경우도 있다.

1년이 되면 바로 접종을 받자!

MMR은 홍역과 풍진, 볼거리를 동시에 예방하는 백신입니다. 모두 감염력이 강하지만 특히 홍역은 지금도 유행하는 경우가 있으며, 걸리면 위험하며 죽을 수도 있습니다. 풍진도 걸리면 합병증을 일으킬 수 있는 병입니다. 생후 1년이 되면 바로 무료 접종을 받으세요. 그리고 확실하게 면역이 되기 위해서는 초등학교에 입학하기 전에 2회째 접종을 받아야 합니다.

걸리면 위험한 홍역, 합병증이 걸릴 수 있는 풍진 뇌수막염의 원인인 볼거리

홍역은 마진 바이러스가 원인이며 고열이 이어지고, 전신에 발진을 일으킵니다. 그리고 중이염, 기관지염, 폐렴, 뇌염 등을 병발해서 후유증을 남기거나 목숨을 잃는 경우도 많은 위험한 병입니다.
풍진은 풍진 바이러스가 원인이며 목의 림프절이 붓고, 발열, 발진이 나타납니다. 홍역처럼 위험하지는 않지만 뇌염을 병발하거나 임신 초기에 걸리면 태아에게서 선천적 기형을 유발할 수 있습니다.
유행성이하선염(볼거리)은 멈프스 바이러스 감염으로 발생하는 병입니다. 열이 나거나 귀 밑이 붓는 등 증상은 가볍지만 뇌수막염이나 고환염을 일으키는 경우가 많으며, 뇌염을 일으키기도 합니다.

추가 접종도 잊지 말고 챙기자

수두

예방하는 병	수두
횟수	1~2회
접종 시기	12~15개월 1회, 집단생활에서 수두가 유행하는 경우가 많으므로 만 4~6세에 추가 접종을 선택적으로 권장

이상 반응	약 10%의 비율로 38도 이상의 열이 나는 경우가 있다.
진찰이 필요한 경우	38도 이상의 열이 나거나 고열이 이어져서 축 늘어져 있을 때

수두와 대상포진을 예방! 수두 이렇게 치료해요

피부병소의 세균 감염을 줄이기 위해 목욕을 자주 시키며, 항히스타민제를 경구 투여하거나 칼라민 로션을 바르는 등 대증요법이 이용되고 있습니다. 해열제로는 라이증후군을 일으킬 수 있는 아스피린 대신 아세트아미노펜을 사용합니다. 환자의 나이, 이전 건강 상태, 감염의 범위와 치료 시기에 따라 중한 경우에는 항바이러스제의 투여가 필요합니다.

※ 라이 증후군(Reye syndrome)
원인은 알려지지 않았으나, 인플루엔자나 수두 등 바이러스 질환에 걸린 소아에게서 발생하며 아스피린 등 살리실산 제제의 복용과 관련이 있을 것으로 추측됩니다. 급성 뇌증과 함께 간의 지방병변을 초래하는 질환으로 심한 구토와 함께 경련, 혼수, 사망에 이를 수 있어요.

감염력이 강하고 합병증을 일으킬 수도 있다

수두는 수두대상포진 바이러스가 원인이며, 감염력이 매우 강하고 엄마에게 물려받은 면역력에 따라 달라지지만 신생아도 걸립니다. 증상은 비교적 가볍지만 발열이 지속되거나 전신에 발열이 일어나서 완치될 때까지 1~2주일 걸립니다. 뇌염이나 폐렴 등을 병발해서 사망하는 경우도 있습니다. 그리고 수두에 자연 감염된 뒤에는 바이러스가 신경절에 숨어 있다가 나중에 과로나 스트레스 등으로 면역력이 떨어졌을 때 대상포진이 되어 나타나기도 합니다.

위험한 일본뇌염 백신으로 예방

일본뇌염

예방하는 병	일본뇌염
횟수	생백신 2회, 사백신 5회
접종 시기	• 생백신의 경우 12개월 이후 1차 접종 후 1년 뒤 2차 접종 • 사백신의 경우 12개월 이후 1차 접종, 7~30일 간격으로 2차 접종, 1년 뒤 3차 접종, 만 6세 이후 4차 접종, 만 12세 이후 5차 접종
주의해야 할 포인트	• 사백신과 생백신의 교차 접종은 허용하고 있지 않다

이상 반응	거의 없지만 약 10%는 접종 부위가 빨갛게 되거나 가볍게 붓는 경우가 있다. 아주 드물게 발열이나 발진을 일으키는 경우도 있다.
진찰이 필요한 경우	고열이 이어지거나 경련을 일으켰을 때

고열이나 두통, 구토를 동반

원인은 일본뇌염 바이러스로 작은 빨간집모기에 물렸을 때 걸립니다. 감염되어도 증상이 나타나지 않는 경우가 많지만, 약 250명 중에 1명은 증상을 나타내며, 40도 이상의 고열, 두통, 구토 증세를 보이고, 이윽고 의식 장애나 경련을 일으킵니다. 사망률도 30%로 높으며 완치되어도 45~70%의 사람들에게 후유증이 남는 무서운 병입니다.

유행하기 전에 가족 모두가 접종을

인플루엔자

선택 접종

예방하는 병	인플루엔자
횟수	매년
접종 시기	• 매년. 유행하기 전인 10~12월에 접종
주의해야 할 포인트	• 바이러스를 배양할 때 달걀을 사용한다. 백신을 정제했을 때 달걀의 성분은 제거되지만, 달걀 단백질 알레르기가 있는 경우에는 접종을 받기 전에 의사에게 상담을 하자.

이상 반응	드물게 접종 부위가 빨갛게 붓거나 발열을 하는 경우가 있는데 2~3일이면 낫는다.
진찰이 필요한 경우	접종 후 어느 정도 시간이 지난 뒤 알레르기 반응(아나필락스 쇼크)이 일어났을 때

본격적으로 유행하기 전에 접종을 받는다

인플루엔자 바이러스는 여러 가지가 있기 때문에 백신은 다음 해에 유행하는 유형을 예측해서 만듭니다. 그렇기 때문에 예방 접종을 해도 걸리는 경우가 있지만, 증상은 자연 감염이 되었을 때보다 가볍습니다. 아이는 가족에게 전염되어 인플루엔자에 걸리는 경우가 대부분입니다. 매년 겨울철에 유행을 하기 시작하니 그 전에 가족 모두가 예방 접종을 받아두세요.

아이가 걸리면 위험하다

인플루엔자 바이러스가 기침이나 재치기로 퍼져서 감염됩니다. 겨울에서 초봄에 이르기까지 유행을 하고, 고열이 며칠 동안 지속되며 콧물이나 기침, 두통, 설사, 관절통 등을 일으킵니다. 고열은 일단 내려갔다가 다시 급하게 올라가는 것이 특징입니다. 체력이 약한 영유아나 노인은 폐렴이나 기관지염, 인플루엔자뇌증 등 합병증을 일으킬 수도 있습니다. 게다가 아이는 열이 높아졌을 때 열성 경련을 일으키기도 합니다.

예방 접종에 관해 궁금한 점

예방 접종에 관한 엄마들의 가벼운 의문점이나 불안을 깨끗하게 해결해드립니다!

동시 접종을 하면 무엇 때문에 이상 반응이 일어났는지 모르지 않을까요

 원인을 알아내는 것보다 이상 반응이 감소되는 이점을 생각하세요

접종을 각각 받은 뒤 접종 부위에 반응이 나왔을 경우에는 어떤 백신 때문인지 알 수 있지만 그 이외의 이상 반응은 구별할 수 없습니다. 동시 접종을 해도 이상 반응이 더 많이 일어나지는 않지만 따로따로 받아서 접종 횟수가 늘어나게 되면 그만큼 더 부작용이 일어날 수 있습니다. 동시 접종을 받으면 접종 횟수가 줄어들고 효율적으로 접종을 받을 수 있다는 것이 이점입니다.

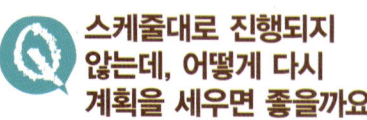 스케줄대로 진행되지 않는데, 어떻게 다시 계획을 세우면 좋을까요

 **유행 질병과 중증화되기 쉬운 병을 우선적으로**

유행 질병과 걸리면 중증화되기 쉬운 병의 예방 접종을 우선적으로 하세요. 담당 의사와도 상담을 해서 동시 접종도 일정에 넣으면서 이른 시기에 받는 것이 중요합니다.

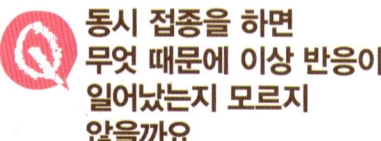 체구가 작게 태어난 아이의 접종은

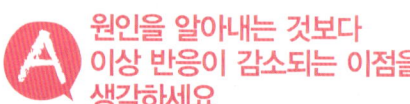 **발육과 관계없이 받을 수 있는 월령이 되면**

작게 태어난 아이도 예방 접종은 출생일로부터 계산해서 접종할 수 있는 월령이 되면 받을 수 있습니다. 작게 태어나면 체내의 면역력이 충분하지 않은 경우가 많으며, 병에 걸리면 중증화되기 쉽습니다. 백신이 몸에 부담이 되는 경우는 없으니 작게 태어난 아이일수록 적극적으로 예방 접종을 받아서 병을 예방하는 것이 중요합니다.

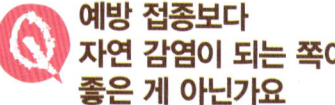 예방 접종보다 자연 감염이 되는 쪽이 좋은 게 아닌가요

 자연 감염이 되면 중증화되거나 후유증, 합병증을 일으킬 수 있어요

자연 감염이 되면 증상이 심각해지기 쉬우며 후유증이 생기거나 합병증을 병발해서 생명이 위협받을 수 있습니다. 예방 접종을 해도 1회 접종으로는 충분히 항체가 생기지 않거나 시간이 지나면 항체가 작아져서 병에 걸리는 경우도 있습니다. 그래도 예방 접종을 받으면 자연스럽게 걸리는 것보다 훨씬 증상이 가볍습니다.

연이어서 백신을 접종받으면 아이에게 부담이 되지 않을까요

 접종을 연이어 받아도 부담이 없도록 만들어져 있어요

예방 접종은 다량의 바이러스나 병원균을 체내에 넣는 것이 아니기 때문에 잇달아 접종을 받아도 아이의 몸에 부담이 되지 않습니다. 예방 접종을 받아야 하는 병은 월령이 낮은 아이일수록 걸렸을 때 증상이 심각해지는 경우가 많습니다. 자연 감염이 되기 전에 예방을 하기 위해서 월령이 낮은 시기에 잇달아 접종을 받게 되어 있습니다.

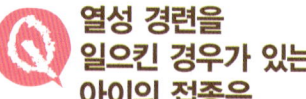 열성 경련을 일으킨 경우가 있는 아이의 접종은

 3개월 이상 지나면 받아도 돼요

대부분 열성 경련인 경우가 많아 양성 경과를 취하지만 개인적으로 경련의 과거력이 있는 소아라면 의사와 상담해서 접종을 받으세요.

부작용이 걱정되는데 접종을 받지 않으면 안 될까요

 **부작용보다 자연 감염이 되는 쪽이 위험해요**

접종 뒤에 접종 부위가 붓거나 열이 나는 등 가벼운 부작용이 나타나는 경우가 있지만, 대부분 며칠 지나면 가라앉습니다. 위험한 증상을 일으키는 경우는 아주 드물며, 그런 때에도 예방 접종 때문인지 확실하게 모르는 경우가 많습니다. 부작용보다 자연 감염이 되어 중증화되거나 후유증이나 합병증이 일어날 수 있는 위험이 한층 높습니다.

PART 7

위험을 미연에 방지!
안전사고 대책과 응급 처치

안전사고 대책의 기본은 아이의 발달 과정을 예측해서
사고가 일어나지 않는 환경을 만드는 것입니다.
아이가 삼킬 수 있는 작은 물건이
바닥에 떨어져 있지 않은지, 화상을 입을 만한 물건이
놓여 있지 않은지…… 등 아이의 입장이 되어 살펴보세요.
기본적인 응급 처치를 알아두는 것도 중요합니다!

아이의 생활을 안전하게!

> 어제 안전했다고 오늘도 안전한 것은 아니다!

실내 안전사고 대책

언제 일어날지 모르는 안전사고. 집 안에 위험한 곳이 없는지 확인하고, 안전 대책을 세우는 것이 중요!

아이의 눈과 마음이 되어 실내의 위험 요소를 확인하자

- ☑ 물이 들어 있다.
- ☑ 불·김이 난다.
- ☑ 턱이 있다.
- ☑ 작은 물건이 있다.
- ☑ 미끄러지기 쉽다.

아이가 성장함에 따라 위험한 공간이 확대됩니다. 아이의 눈과 마음이 되어 종종 실내를 살펴보세요.

사고는 반드시 일어난다고 생각하고 '아이를 지켜보지 않아도 안전한 환경'을

아이가 크게 다치거나 생명을 잃는 불행한 사고가 해마다 수없이 일어나고 있습니다. 게다가 그런 사고 중 대부분은 '잠깐 한눈을 팔았을 때'나 '부주의했을 때'와 같은 상황에서 일어나고 있습니다.

아이가 안전사고를 당하는 일은 생각하기도 싫지만 24시간 내내 아이를 지켜볼 수는 없습니다. 안전사고를 확실

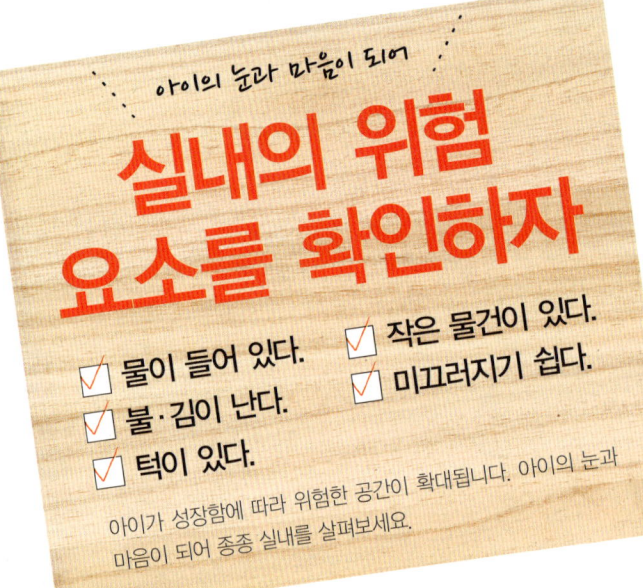

세면실 세탁실

이물질을 삼키거나 세탁기에 들어가는 사고에 주의!
헤어핀이나 면도기, 화장품 병 등 위험한 물건을 꺼내놓지 않습니다. 세탁기 주변에는 디딤대가 될 만한 물건을 놓지 않습니다.

화장실

변기 물에도 익사할 수 있다
아이는 10cm의 수심에서도 익사할 수 있습니다! 물이 적어도 변기에 머리가 들어가면 빠져나올 수 없어 익사할 수 있습니다. 화장실에 혼자 들어가지 못하도록 문을 잠가둡니다.

계단

계단 입구와 출구에 안전문을 만들어둔다
기어 다닐 수 있게 되면 계단도 올라가므로 잠깐 한눈을 팔았을 때 계단에서 굴러 떨어질 수 있습니다. 계단 입구와 출구에는 안전문을 설치해두세요.

거실

'안전사고가 자주 일어나는 공간'은 잘 정리를 해둔다
삼킬 수 있는 작은 물건이나 화상을 입을 수 있는 전자 기기 등은 아이의 손이 닿지 않는 곳에 치워둡니다. 아이의 발달에 맞춰서 위험한 곳이 없는지 항상 살펴보세요.

베란다

추락 방지책을 만든다
아이가 베란다에 나가지 못하도록 출입구에 안전문을 설치하고 창문은 잠가둡니다. 난간 주변에는 디딤대가 될 만한 물건을 절대 놓지 않습니다.

하게 방지하기 위해서는 '아무리 주의해도 사고가 일어난다'는 생각을 갖고 있어야 합니다. 그런 생각을 갖고 '아이에게서 눈을 떼도 안심할 수 있는 환경'을 갖추어야 합니다.

'아이가 다음에 할 수 있는 일'을 예측하고 예방책을 세우자

안전사고를 예방하기 위해서는 구체적으로 안전 대책을 세워야 합니다. 과거에 일어난 사례를 참고해서 대책을 세웁니다. 그리고 일반적인 발달 단계에 따라 아이가 할 수 있는 행동을 예측해서 대책을 세워야 합니다. '아직 가만히 누워만 있는 시기이니까'라고 생각하고 소파에 누여놓았던 아이가 갑자기 몸을 뒤집어서 굴러 떨어지는 사고가 많이 발생합니다. 아이는 나날이 성장을 하기 때문에 '지금 아이의 발달 상태'에만 중점을 두고 돌보면 안 됩니다. '다음 발달 단계'까지 예측해서 미리 대책을 세워놓아야 아이를 사고로부터 지킬 수 있습니다.

발달 단계별★일어나기 쉬운 사고

아이의 발달 정도에 따라 다르다!

아이에게 일어나기 쉬운 사고는 아이의 발달 단계에 따라 달라집니다. 지금 아이가 무엇을 할 수 있는지를 알아두고 대책을 세워야 하며, 다음에 할 수 있는 일을 예측해서 예방을 해두어야 합니다.

신생아·몸 뒤집기 시기
☐ 아이를 떨어뜨린다.
☐ 아이 위에 물건을 떨어뜨린다.
☐ 이불 등이 얼굴을 가려 질식한다.
☐ 바닥에 있는 작은 물건을 입에 넣는다.
☐ 소파, 침대에서 굴러 떨어진다 등

이동하지 못하는 시기이지만 손과 발을 움직이다가 뜻하지 않는 사고를 당하거나, 엄마, 아빠의 부주의로 사고가 발생하는 경우가 있습니다. 몸 뒤집기를 시작하면 작은 물건을 삼키거나 굴러 떨어지는 사고에 특히 주의하세요.

앉아 있기·기엄기엄 기는 시기
☐ 넘어져서 머리를 부딪친다.
☐ 문턱, 현관에서 넘어진다.
☐ 뜨거운 것을 만져서 화상을 입는다.
☐ 작은 물건이나 액체를 마신다 등

자유롭게 움직일 수 있게 되면 넘어지기, 화상, 이물질 삼킴 등 다양한 사고에 대비해서 대책을 세워야 합니다. 그리고 머리가 무거워서 균형을 잃고 잘 넘어지니 턱이 있는 곳을 주의하세요.

잡고 서고, 걷는 시기
☐ 욕조에 머리부터 넘어진다.
☐ 테이블 모서리에 머리를 부딪친다.
☐ 불안정한 물건을 잡았다가 넘어진다.
☐ 작은 물건을 삼킨다 등

흥미가 가는 대로 이동하기에 욕실에 들어가거나 가구 밑에도 기어들어 갑니다. 위험한 곳에는 들어가지 못하도록 안전문을 설치하는 등 안전 대책을 세우세요. 그리고 뭔가를 붙잡고 일어설 때 넘어지는 경우도 있습니다.

걸음마 시기
☐ 넘어져서 머리를 부딪친다.
☐ 그네, 미끄럼틀에서 굴러 떨어진다.
☐ 문이나 서랍에 손가락이 낀다.
☐ 도로에 뛰어나간다 등

행동 범위가 넓어지고 활발하게 움직이고 동작이 빨라집니다. 밖에서 일어나는 사고가 늘어나니 외출할 때 특히 아이에게서 눈을 떼면 안 됩니다. 균형을 잃고 넘어지거나 굴러 떨어지는 일이 많아집니다.

아이의 흥미를 자극하는 위험물이 가득하다
불, 물, 칼, 식기 등 아이가 만지고 싶어 하는 위험한 물건들이 잔뜩 있습니다. 안전하게 치워두고, 부엌 입구에 안전문 등을 설치해서 아이가 들어가지 못하게 합니다.

침대에서 굴러 떨어지는 사고가 많다!
누워만 있는 시기라도 난간이 없는 침대에 재우는 것은 위험합니다. 손과 발을 움직이거나 갑자기 몸을 뒤집어서 떨어지는 일이 있습니다.

익사 사고 예방을 위해 들어가지 못하게 한다 & 욕조 물을 빼놓는다
들어가지 못하게 욕실 문을 잠가놓습니다. 들어갔을 때를 대비해서 항상 욕조에는 물을 빼놓고, 욕조 주변에 디딤대가 될 만한 물건을 놓지 않습니다.

알아두어야 할 응급 처치

사고가 발생했을 때 당황하지 않도록

아무리 주의해도 장담할 수 없는 안전사고·사고가 발생했을 때 허둥대지 않도록 응급 처치도 알아두세요.

넘어졌다·부딪쳤다

먼저 해야 할 일
1. 이름을 부르고 의식을 확인
2. 온몸의 상태를 확인
   - 피가 나지 않는가?
   - 통증을 느끼는 곳은 없는가?

응급 처치
- 상처가 났을 때는 치료를 해준다(182p).
- 손과 발을 축 늘어뜨리고 있거나 만졌을 때 자지러질 듯이 울면 골절이나 탈골일 수 있다. 덧대를 대든지 수건으로 감아서 병원으로 가자.
- 혹이나 멍, 피부 밑 출혈이 있을 때는 싫어하지 않으면 젖은 수건 등으로 잠시 동안 차갑게 해준다.

진찰 기준

상태를 지켜본다
바로 큰소리로 울거나 울음을 그친 뒤에 천연덕스럽게 있다, 달리 달라진 모습이 없다
→ 만일을 대비해서 48시간 상태를 지켜본다.

진료 시간에 진찰을 받으러 간다
기분이 나빠 보인다, 안색이 안 좋다, 평소와 반응이 다르다
→ 가능한 한 빨리 병원에 간다.

구급차를 부른다!
의식이 없다, 안색이 나쁘고 축 처져 있다, 멍하니 있다, 꾸벅꾸벅 졸고 있다, 몇 번이나 토한다, 경련을 일으킨다, 귀나 코에서 피나 액체가 나온다
→ 흔들거나 움직이게 해서는 안 된다.

사고가 일어나기까지 걸리는 시간은 0.5초! 일어날 수 있는 사고를 예측해서 대책을 세워라

아이는 머리가 무거워서 균형을 잡기가 어렵기 때문에 눈 깜짝할 사이에 넘어집니다. 게다가 '위험하다!'는 생각이 들고 사고가 일어나기까지 걸리는 시간은 불과 0.5초 정도. 위험한 곳에 가지 않도록 안전문을 설치하는 등 사고는 발생하기 마련이란 생각을 갖고 안전 대책을 세우세요.

이물질을 삼키는 사고는 100% 일어난다고 생각하고 직경 40mm 이하의 물건은 주의!

아이는 손에 쥔 것은 뭐든지 입으로 가져가서 확인을 하기 때문에 이물질을 삼키는 사고는 반드시 일어납니다. 아이가 삼킬 수 있는 것은 직경 40mm 이하의 물건이므로 손이 닿는 범위에 작은 물건들이 있는지 항상 확인하고 정리해두세요.

목에 이물질이 걸렸다

먼저 해야 할 일
입안을 확인
- 바로 꺼낼 수 있을 것 같다
  → 손가락으로 꺼낸다
- 삼켜버렸다
  → 삼킨 것, 양, 시간을 확인
- 목에 막혔다
  → 호흡, 안색을 확인

응급 처치
- 목에 걸렸을 때

1년 미만
아이를 엄마의 팔에 엎드려 놓은 상태에서 또 다른 손으로 견갑골 사이를 강하게 4~5회 두들겨준다.

1년 이상
엄마가 무릎을 세우고 앉아서 허벅지 위에 아이를 엎드려 놓고 손으로 견갑골 사이를 강하게 4~5회 두들겨준다.

- 뭔가를 삼켰을 때

토하게 해서는 안 된다(토하게 하면 오히려 위험!)
휘발성이 있는 물품(매니큐어, 제광액, 등유, 가솔린), **강산성, 강알칼리성 물품**(표백제, 배수 파이프용 약품, 녹 방지제, 화장실, 욕조용 세제), **전류가 흐르는 물품, 예리한 물품**(버튼 전지, 압정, 바늘, 못, 유리)

진찰 기준

상태를 지켜본다
삼키지 않았다, 입안의 이물질을 꺼내주었더니 아무렇지도 않은 표정을 짓고 있다
→ 만약을 위해 5~6시간은 상태를 지켜본다.

진료 시간에 진찰을 받으러 간다
작은 고형물, 비누, 화장품, 모기향, 종이, 술 등을 삼켜서 토하게 했더니 상태가 이상하다, 많은 양을 삼켰다
→ 되도록 빨리 병원으로

구급차를 부른다!
[독성이 강한 물품(의약품, 담배)] → 가능한 한 토하게 한다
[토하게 해서는 안 되는 것을 삼켰을 때, 고형물이 목에 걸렸을 때, 의식이 없거나 호흡이 곤란해 보일 때]
→ 바로 병원으로!

앗! 물에 빠졌다

먼저 해야 할 일
1. 물에서 꺼낸다.
2. 이름을 부르며 의식을 확인한다.

응급 처치
- 물을 삼켰으면 토하게 한다.
  [엎드려 놓고 견갑골 사이를 빠르게 두들겨준다. 토하지 않을 때는 그냥 둔다.]
- 바로 울면서 의식이 있을 때는 젖은 옷을 갈아입히고 몸을 따뜻하게 해주면서 다독여준다.

진찰 기준
상태를 지켜본다: 물에서 꺼냈더니 바로 큰소리로 울고, 그다음에는 아무렇지도 않은 표정으로 있다. 평소와 다른 점이 없다
→ 만약을 위해 몇 시간은 상태를 지켜본다.

진료 시간에 진찰을 받으러 간다: 기분이 나쁘다, 안색이 좋지 않다, 왠지 모르게 평소의 모습과 다르다. 물을 많이 삼켰다
→ 가능한 한 빨리 병원으로

구급차를 부른다!: 의식이 없다. 호흡이 약하다, 안색이 나쁘고 축 처져 있다, 맥은 뛰지만 호흡을 하지 않는다
→ 구급차를 부르고 흉부 압박(182p)이나 심폐 소생술을 시행한다.

욕실 익사 사고 다발! 수심 10cm에도 익사할 수 있다

2년 미만 아이 익사 사고의 약 80%가 욕조에서 일어납니다. 게다가 부모가 옆에서 닦고 있을 때 많이 발생합니다. 목욕을 할 때는 아이에게 눈을 떼서는 안 되며, 혼자서는 욕조에 들어가지 못하도록 욕실 문을 잠가두는 등 철저하게 사고에 대비하세요. 욕실 이외에서도 아이는 코와 입만 물에 빠지면 수심 10cm에서도 익사할 수 있습니다. 화장실 등 물이 있는 곳에는 가지 못하도록 하세요.

화상을 입었다

먼저 해야 할 일
1. 화상 부위를 확인
2. 차갑게 식혀주면서 피부의 상태, 범위를 확인

응급 처치
- 화상을 입으면 흐르는 물로 20분 이상 식혀준다
  [눈이나 귀 등 흐르는 물로 식혀주기 어려운 부위는 차가운 수건 등을 가능한 한 오랫동안 대준다.]

진찰 기준
상태를 지켜보자: 화상 범위가 10원짜리 동전 이하이며, 피부가 조금 빨갛게 된 정도
→ 충분히 환부를 식혀준다. 독자적인 판단으로 시판되는 연고나 알로에 등을 발라주면 안 된다!

진료 시간에 진찰을 받으러 간다: 화상 범위가 아이의 손바닥보다 클 때, 저온 화상을 입었을 때, 범위는 작아도 물집이 생기거나 피부가 하얗게 또는 검게 변색되어 있을 때
→ 가능한 한 차갑게 식혀주고 빨리 병원으로

구급차를 부른다!: 한쪽 팔이나 발 등 몸의 일부분 또는 그 이상 넓은 범위에 화상을 입었을 때
→ 젖은 수건 등으로 온몸을 감싸서 식혀주면서 바로 병원으로! 옷을 벗기지 않는다!

뜨거운 물품 외에 전기 주전자 등도 주의하자

생후 5개월 무렵까지 발생하는 화상 사고를 살펴보면, 어른이 뜨거운 음료를 마시면서 아이를 안아주다가 아이에게 엎지른 경우가 많았습니다. 아이가 이동할 수 있게 되면 뜨거운 냄비를 엎거나, 주전자나 다리미, 온풍기를 만지는 등과 같은 사고가 늘어납니다. 요즘에는 바닥에 둔 전기 주전자나 전기밥솥에 의한 화상도 증가하고 있습니다. 아이는 피부가 약하기에 화상을 입으면 중증이 되는 경우가 있습니다. 화상을 입을 수 있는 물품이나 기기는 아이 손이 닿는 곳에는 절대 놓지 마세요!

의식이 없을 때 시행하는 흉부 압박

심장이 정지해도 바로 적절한 응급 처치를 하면 살아날 수 있는 확률이 크게 높아집니다. 만일에 대비해서 흉부 압박법을 알아두세요. 우선 구급차를 부르고 도착할 때까지 계속 흉골 압박을 합니다.

1년 미만

압박할 부위를 정한다. 집게손가락을 아이의 한쪽 젖꼭지에 대고 가운데손가락과 넷째 손가락을 구부린 곳이 압박 포인트.

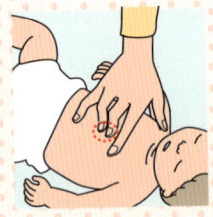

▽▽▽

가운데손가락과 넷째 손가락을 똑바로 세우고 2초에 3회 정도의 템포로 가슴의 1/3이 들어갈 정도로 강하게 계속 누른다.

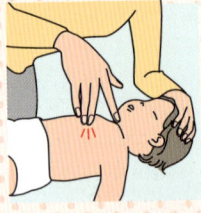

1년 이상

흉부의 하반부에 손바닥을 대고 2초에 3회 정도의 템포로 가슴의 1/3이 들어갈 정도로 강하게 계속 눌러준다.

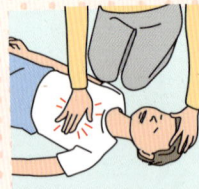

> 심폐 소생술을 익혀놓았다면 기도 확보나 인공호흡도 동시에 해준다

심폐 소생술을 익혀두었을 때는 기도 확보나 인공호흡도 해준다. 심장 마사지와 함께 해주면 소생할 확률이 한층 높아진다.

코피가 났을 때

얼굴을 약간 밑으로 향하게 하고 10분 정도 엄지손가락과 집게손가락으로 콧방울을 강하게 누른다. 코피가 멈추지 않으면 옆으로 눕히고 물티슈나 젖은 면 등으로 콧구멍을 막고 20분 정도 콧방울을 강하게 누른다.

출혈이 있을 때

상처에 청결한 거즈를 대고, 손가락이나 손바닥으로 5~10분 정도 강하게 압박한다. 출혈량이 많을 때는 완전히 지혈을 하고 병원으로 간다.

입안에 상처가 났을 때

환부를 닦아내고 거즈 등을 대고 꽉 물게 하든지, 강하게 압박해서 지혈을 한다. 치아가 부러진 경우에는 마르지 않도록 치아를 젖은 수건으로 싸든지 우유에 담가서 서둘러 치과에 간다. 이를 부딪쳐서 흔들릴 때도 바로 치과로 간다.

눈·코·귀에 이물질이 들어갔을 때

눈에 이물질이 들어가면 눈구석 밑을 누르고 눈물로 내보내든지 수돗물로 씻어낸다. 코에 이물질이 들어가면 실 등을 이용해서 재채기를 나게 해서 밖으로 내보낸다. 이물질이 코나 귀 안쪽 깊이 들어가면 무리해서 꺼내지 말고 이비인후과로 간다.

손가락이 끼었을 때

흐르는 물이나 얼음 등으로 식힌다. 1~2일 지나고 나서 부으면 병원에 간다. 환부가 검푸르게 변색되었을 때는 골절이나 내출혈일 수 있으니 고정시키고 병원에 간다.

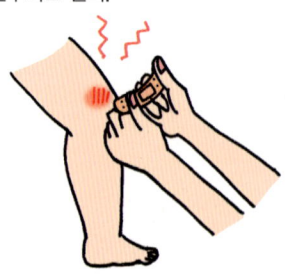

베이거나 긁혔을 때

베인 상처는 환부를 꾹 눌러서 지혈하고, 긁힌 상처는 환부를 흐르는 물로 씻어낸 뒤 보습용 반창고를 붙인다. 환부에서 배어나오는 액체에는 상처를 치료하는 성분이 함유되어 있으니 소독약을 사용하지 않는다.

PART 8

고통을 조금이라도 덜어주고 싶다!
병과 간호

가능한 한 병에 걸리는 일 없이 키우고 싶지만,
감기 한 번 걸리지 않고 아이가 자랄 수는 없습니다.
병은 '조기 발견' '조기 치료'가 철칙!
아이에게 '평소와 다른 점'이 느껴지면
정성껏 돌봐주어서 조금이라도 편하게 있게 해주세요.
반드시 건강해지는 날이 옵니다.

꼼꼼한 관찰이 필요해요!

> 아이의 고통을 덜어주고 싶다!

아이가 아플 때의 간호법

열이 난다, 기침을 한다, 설사를 한다…… 아이가 아플 때는 적절한 간호로 고통을 조금이라도 덜어주세요.

열이 있을 때

몸 상태를 확인하고 수분 공급을!

아이의 정상 체온은 36.5~37.5℃로 성인보다 조금 높습니다. 열이 나면 우선 아이의 몸 상태를 확인해야 합니다. 고열이라도 기분이 좋고 수분도 섭취하면 진료 시간 내에 병원을 가서 진찰을 받아도 됩니다.

그런데 축 처져 있고, 반응이 느리고, 호흡이 힘들어 보이고, 안색이 나쁘고, 수분을 섭취하지 못하면 열이 높든 낮든 바로 병원을 가야 합니다.

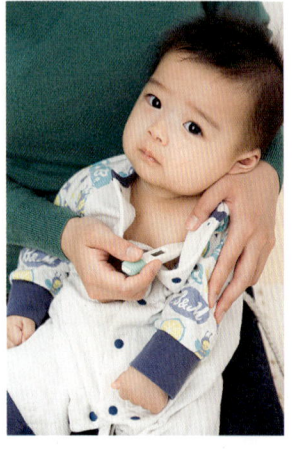

1 '혹시 열?'이란 생각이 들면 체온을 잰다

체온계를 아이의 겨드랑이 밑에 정확하게 대어 잽니다. 땀을 흘리면 피부의 표면 온도가 내려가니 체온을 재기 전에 수건으로 겨드랑이 밑을 닦습니다.

3 열이 있을 때는 자주 수분을 공급해준다

열이 계속 나면 땀 등으로 몸의 수분이나 미네랄이 감소해서 탈수증을 일으키는 경우가 있습니다. 자주 수분을 공급해주세요. 모유, 보리차 등 아이가 마실 수 있는 것을 틈나는 대로 원하는 만큼 줍니다.

○ **가능한 한 먹인다**
모유・분유, 끓인 물, 보리차, 엽차, 채소 수프, 유아용 경구용 수액

✗ **먹이지 않는다**
성인용 이온 음료, 유아용이 아닌 주스 등

2 열이 나기 시작할 때는 몸을 따뜻하게 해주고, 완전히 오르고 나면 차갑게

열이 나기 시작할 때는 체온을 올리기 위해 혈관이 수축하고, 안색이 하얘지고, 손발이 차가워집니다. 아이가 추워 보일 때는 따뜻하게 해주고, 열이 완전히 올라서 얼굴이 빨갛고 땀을 흘리기 시작하면 조금 얇은 옷을 입히세요.

목 뒤나 겨드랑이 밑 등을 차갑게 해주면 해열 효과가 있습니다.

4 안정을 유지하자

아이가 열이 있을 때는 실내 온도나 습도에 주의를 기울이고(실온은 23~25℃, 여름에는 25~28℃) 조용히 쉴 수 있는 환경을 만들어주세요. 땀을 흘리면 수시로 옷을 갈아입히세요.

설사를 했을 때, 토했을 때

> **POINT**
> - 열이 내린 뒤 다시 악화되는 일도 있다. 계속 안정을 취하게 하자.
> - 열 이외의 증상이나 몸 상태를 살펴보면서 틈틈이 수분을 섭취하게 해주고 1~2일은 상태를 지켜본다.
>
> **진찰 기준**
> - 3개월 이내의 아이가 발열했을 때
> - 식욕이 없고 축 늘어졌을 때
> - 수분을 섭취하지 않을 때
> - 3일 이상 열이 이어질 때 등

> **POINT**
> **토했을 때**
> - 수분 보급은 구토가 가라앉고 나서
> - 구토를 또 할 수 있으니 대비한다.
>
> **설사를 할 때**
> - 설사를 할 때마다 엉덩이를 깨끗하게 닦아준다.
> - 식욕이 있다면 소화가 잘되는 것은 먹여도 된다.
>
> **진찰 기준**
> 오줌이 나오지 않는다. 적다, 축 처져 있으면 바로 병원에 간다. 구토나 설사가 길어지면 다시 진찰을 받으러 간다.

틈틈이 수분을 섭취시켜서 탈수증을 예방!

설사나 구토를 하면 몸에서 수분이 많이 빠져나가서 탈수증이 일어나기 쉽습니다. 평소보다 자주 수분을 섭취시키세요. 다만 구토 증세가 있을 때는 한 번에 많이 먹이면 토할 수 있으니 상태를 보면서 조금씩 몇 번에 걸쳐서 먹입니다.

밖에 나가도 되는 걸까

열이 내려도 2~3일은 집에서 생활한다

열이 내려도 체력이 떨어져 있기 때문에 2~3일은 외출하지 않고, 몸을 심하게 움직이는 놀이도 삼가세요. 실내에서 조용히 놀게 하는 등 느긋하게 지내게 합니다.

욕조에 들어가도 되는 걸까

기분이 좋으면 OK, 장시간 입욕은 NG

칭얼대거나 활기가 없을 때는 따뜻한 물에 적신 수건으로 몸을 닦아주세요. 기분이 좋으면 욕조에 가볍게 몸을 담그게 해도 상관없는데, 오래 몸을 담그면 체력이 소모되어 안 됩니다.

1 탈수증이 일어나지 않도록 수분 보급을

모유나 분유 외에 몸에 흡수가 잘 되는 유아용 경구용 수액을 먹이세요. 심하게 구토를 할 때는 숟가락 등으로 조금씩 먹입니다.

- ☑ 상태를 보면서 조금씩 수분 공급
- ☑ 한 번에 많이 먹지 못할 때는 수유 간격을 짧게
- ☑ 신맛이 나는 음식이나 감귤류는 구토를 유발하니 먹이지 않는다.

2 집 안에 균이 퍼지지 않도록 옷과 변을 깨끗하게 치우고 손을 청결히 한다

바이러스나 세균 중에는 감염성이 강한 것도 있으니 기저귀나 토사물이 묻은 옷 등을 치운 다음에는 반드시 손을 씻습니다. 토사물이 묻은 옷은 따로 세탁합니다.

이유식을 줘도 되는 걸까

증상이 있을 때는 소화가 잘되는 것을

이유식은 소화가 잘되는 것으로 만들어서 조금씩 줍니다. 경우에 따라서는 초기 단계의 이유식을 만들어줍니다. 구토 증세가 있을 때는 무리하게 먹이지 말고 식욕이 돌아오기를 기다리세요.

토했을 때

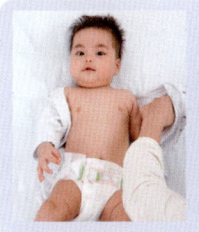 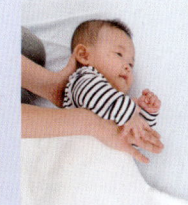

옷이나 침구를 갈아준다

토사물이 묻은 옷은 바로 갈아입힙니다. 토한 뒤에는 입 주변과 입 안을 젖은 거즈로 닦아주세요.

옆으로 눕힌다

토사물 때문에 기도가 막힐 수 있으니 주의해야 합니다. 구토 증세가 가라앉아도 얼마 동안은 얼굴을 옆으로 향하게 하고 눕힙니다.

설사할 때

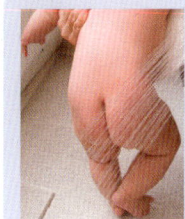

엉덩이를 청결하게 유지한다

설사 변은 자극이 강하기 때문에 바로 기저귀를 갈아줍니다. 물을 잔뜩 적신 거즈로 닦아주든지, 좌욕이나 샤워로 씻어주세요.

기침을 하거나 쌕쌕거릴 때

기침을 할 때는 환기를 시키거나 습도 등 환경을 조정하면 증상이 완화됩니다.

POINT
- 아이가 편한 자세로 있게 한다.
- 습도와 환기
  (기침을 쉽게 할 수 있게 해준다.)

진찰 기준
잠을 못 잘 정도로 기침을 하거나 쌕쌕거릴 때는 병원에 간다. 호흡이 곤란할 정도로 기침을 할 때는 바로 병원으로!

1 습도를 50~60%로 유지, 목이 편해지는 환경 조성

실내가 건조하면 기도의 점막도 말라서 기침을 하게 됩니다. 실내에 세탁물 등을 널어두어 습도를 유지하세요. 때때로 창문을 열어서 환기를 해주세요.

2 재울 때는 상반신을 조금 높게 해주자

잘 때도 자꾸 기침을 하거나 기침으로 호흡이 곤란해 보일 때는 이불 밑에 수건이나 방석을 넣어서 상반신을 조금 높여주면 호흡하기가 편해집니다.

3 등을 가볍게 다독여 가래가 떨어뜨린다

가슴에서 그렁그렁 소리가 나는 것은 기관지에 가래가 달라붙어 있기 때문입니다. 등을 다독여주면 그 진동으로 가래가 떨어지기 쉽습니다.

콧물이 심할 때

콧물로 코가 막히면 젖을 빨 때 힘듭니다. 콧물 제거기를 이용해 콧물을 제거하세요.

POINT
- 콧물이 나오면 그대로 두지 말고 그때그때 닦아준다.
- 콧물의 상태, 색깔, 냄새 등을 확인한다.

진찰 기준
콧물이 계속 흘러서 잠을 못 자거나, 젖이나 분유를 먹지 못해서 탈수증이 걱정될 때

1 고통스러워 보이면 콧물을 제거한다

코를 풀 수 있게 되는 것은 빨라도 생후 2년 즈음입니다. 그 전까지는 콧물 제거기로 콧물을 빨아주면 호흡이 편해집니다. 강하게 빨지 않도록 주의합니다. 사용한 뒤 엄마는 입을 헹굽니다.

2 코 밑이 거칠어지지 않도록 보호해준다

콧물이 계속 나와서 자꾸 닦아주다 보면 코 밑이 헐고 빨갛게 되는 경우가 있습니다. 피부가 거칠어지지 않도록 바셀린이나 보습 크림을 발라주세요.

3 코딱지는 억지로 떼어내지 않는다

코딱지가 보이면 떼어내고 싶지만, 억지로 떼어내지 않아도 됩니다. 신경이 쓰인다면 입욕 후 콧구멍이 습해졌을 때 입구 부근만 면봉으로 닦아줍니다.

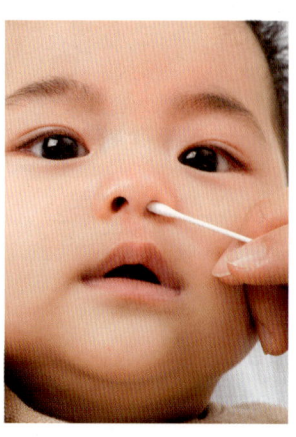

눈곱이 끼었을 때

아이는 눈물을 코로 보내는 비루관이 매우 좁기 때문에 눈곱이 끼기 쉽습니다.

POINT
- 옮기 쉬운 병이 많으니 눈을 청결하게 유지한다.
- 적신 거즈로 닦아서 청결을 유지한다.

진찰 기준
눈곱이 계속 낄 때, 심하게 가려울 때

청결한 거즈를 적셔서 부드럽게 닦아준다

눈 전체에 눈곱이 끼어 있을 때는 멸균 거즈를 적셔서 눈구석에서부터 눈초리까지 닦아줍니다. 눈구석에 낀 눈곱은 누르듯이 닦아주세요.

콧물 제거기로 코를 빨아주는 것도 효과가 있다

코가 막혀 있으면 비루관이 막히기 쉬워져서 눈곱이 끼는 경우도 있습니다. 콧물 제거기로 코를 뚫어줍니다.

가려울 때는 차갑게 해준다

눈을 함부로 비비면 증상이 악화됩니다. 되도록 눈에 손을 대지 않는 편이 좋습니다. 가려워 보이면 차가운 수건을 대어 가려움증을 완화시켜주세요.

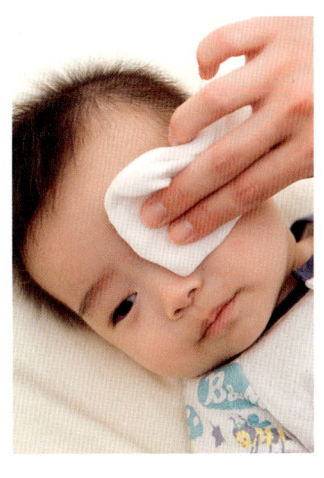

변비가 있을 때

'변비'란 변이 딱딱해서 힘을 줘도 좀처럼 나오지 않는 상태입니다. 우선 식단을 바꾸어보세요.

POINT
- 식단을 바꾼다.
- 관장은 의사와 상담을 하고 나서

진찰 기준
식사나 생활 리듬을 바꾸어 봐도 변이 나오지 않을 때, 아이가 고통스러워 보일 때

1 아이의 배변 리듬으로 나오고 있다면 OK

3일에 한 번밖에 변을 보지 않더라도 상태가 나빠 보이지 않는다면 걱정할 필요 없습니다. 배변 리듬은 월령에 따라 바뀝니다. 우선 그 아이의 배변 리듬을 알아두세요.

2 섬유질이 많은 식사, 수분을 충분히

변비 경향이 있는 아이는 평소에 섬유질이 많은 식사(고구마류, 콩류, 푸성귀 등)를 준비해주고 수분을 충분히 공급시켜줍니다. 요구르트나 올리고당도 효과가 있습니다.

3 아무리 애를 써도 나오지 않는다면 관장이나 마사지를 해준다

면봉 앞부분에 바셀린이나 베이비오일을 바르고 항문에 넣어서 자극을 하는 방법도 있습니다. 처음 변비에 걸렸을 때나 관장을 할 때는 병원에 가는 편이 좋습니다.

아이 체조로 자극을 준다

아이 체조로 고관절을 움직여주면 장의 움직임이 활발해집니다. 목욕을 마치고 난 뒤에 놀이처럼 해주세요.

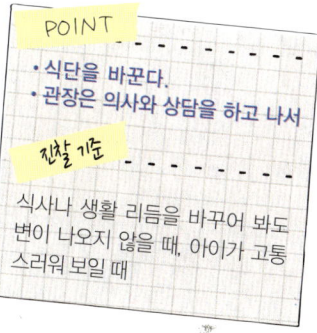

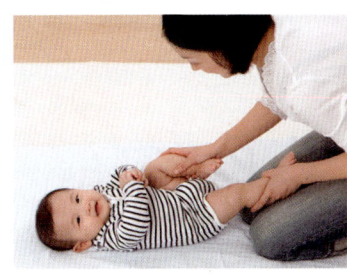

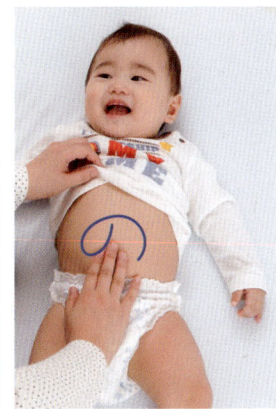

원을 그리듯이 마사지를

배꼽 주변을 원을 그리듯이 가볍게 누르면서 마사지를 해요. 장을 자극하면 연동 운동이 활발해져서 변이 나오기 쉬워집니다.

가루약, 좌약…… 어떻게 사용하나요?

약을 먹이는 법·사용법

약을 먹일 때나 좌약 등을 사용할 때의 요령, 제대로 보관하고 관리하는 방법도 알아봅니다.

아이의 약은 의사의 지시에 따라 사용한다

아이는 몸이 작고 내장이나 면역 기능이 발달하지 않았으므로 병에 걸렸을 때는 소아과의 진단과 약 처방이 필요합니다. 처방되는 약의 종류나 분량은 아이의 증상이나 월령, 체중에 따라 크게 다르기 때문에 의사의 지시대로 정확하게 사용하세요. 자신의 판단으로 증상이 안정되었다고 도중에 복용을 중지하거나, '비슷한 증상'이라고 생각해서 임의로 약을 사용해도 안 됩니다. 가령 항균제는 증상이 없어져도 원인인 세균을 없애기까지 계속 복용하지 않으면 다시 악화되거나 내성이 생기는 경우도 있기 때문입니다.

그리고 아이에게 처방된 약은 성인의 경우와는 달리 증상을 바로 억제하기보다 증상의 고통을 완화시켜서 자연 치유력을 길러주는 것이 대부분입니다. 약을 복용해도 바로 낫는 것이 아니라는 점도 알아두세요.

처방된 약을 효과적으로 복용하기 위해서는 분량이나 시간 등을 정확하게 지키고 올바른 복용법이나 사용법을 알아두어야 합니다. 남은 약은 바로 버리세요.

약을 주기 전에 **준비**

1 횟수, 양을 확인한다
약을 먹이기 전에 약 봉지나 용기에 적혀 있는 주의 사항을 확인합니다. 먹이는 시간, 횟수, 1회량을 확인하고 나서 먹이는 습관을 들입니다.

2 손을 씻어서 청결하게
가루약 등 먹는 유형의 약이라도 약을 만지기 전에 손을 씻으세요. 먹일 때 사용하는 그릇이나 숟가락도 청결하게 보관하고, 약을 사용한 뒤에도 손을 씻습니다.

3 맛(단맛·쓴맛)을 확인
먹는 약이 처방되면 먹이기 전에 엄마, 아빠가 조금 맛을 보세요. 아이가 싫어할 때 이유를 추측할 수 있으며 대처법을 생각할 때 힌트가 될 수 있습니다.

아이가 먹기 쉬운 방법으로 먹여보자

일반적인 기준은 스포이트나 휴대용 물약병
눈금이 있는 스포이트나 휴대용 물약병은 약을 먹일 때 편리합니다. 약국에서 구할 수 있어요.

젖병 꼭지로
계량컵이나 숟가락으로 먹지 못하는 저월령의 아이는 젖병 꼭지에 시럽을 넣고 마시게 합니다. 분유를 싫어하게 되지 않도록 약 전용 꼭지를 사용하세요.

계량컵
1회량의 시럽을 계량컵에 따라서 그대로 먹여도 됩니다. 컵의 바닥에 약이 남아 있을 때는 소량의 물을 타서 다 먹이세요.

작은 그릇
종지 등 작은 그릇에 담아 먹이는 방법도 있습니다. 몇 종류의 가루약을 섞어서 먹여야 할 때 편리합니다. 바닥에 약이 남아 있을 때는 소량의 물을 타서 다 먹이세요.

작은 숟가락
컵이나 스포이트를 싫어하는 아이는 이유식을 시작했다면 숟가락으로 먹이는 방법도 있습니다. 이유용 숟가락이 작은 입에 넣기 쉬워서 편리합니다.

시럽

드라이 시럽

가루약

- 단맛이 있어서 먹이기 쉽다

- 찬물로는 갤 수 없으니 녹여서 먹인다

- 물 등에 타서 먹인다

1 용기를 흔들어서 성분을 균일하게

바닥에 성분이 가라앉아서 농도가 균일하지 않는 경우가 있습니다. 용기를 상하로 천천히 (거품이 나지 않도록) 흔들어서 농도를 균일하게 하세요.

미지근한 물에 녹여서 먹인다

소량의 물에 개면 끈적끈적해지니 미지근한 물에 넣고 녹여서 먹이는 것이 좋아요. 싫어할 때는 더 묽게 녹여서 물약병이나 스포이트를 사용해 먹입니다.

1 물을 조금씩 넣어서 재빨리 갠다

작은 그릇에 1회량을 담고 물을 몇 방울 넣어 손가락으로 갭니다. 귓불 정도로 부드럽게. 딱딱할 때는 스포이트나 젓가락으로 1방울씩 물을 더해줍니다.

2 시선을 수평으로 유지해서 정확하게 잰다

용기를 평평한 곳에 놓고, 눈금을 수평으로 보면서 정확한 1회량을 잽니다. 직접 스포이트로 먹여도 상관없습니다.

아이의 약
O 섞어도 좋은 것 X 안 되는 것

OK
- 정수, 끓여서 식힌 물
- 잼
- 바나나

약은 정수나 끓여서 식힌 물에 녹이거나 섞어서 주는 것이 기본이다. 달고 약의 질에 영향을 미치지 않는 것도 OK.

약에 따라
- 오렌지 주스
- 포도 주스
- 우유
- 이온 음료
- 요구르트
- 아이스크림

약에 따라서는 섞으면 쓴맛이 강해지거나 부작용을 일으키는 경우도 있으니 주의한다.

섞으면 안 됨
- 가루 분유
- 죽
- 우동
- 수프
- 뜨거운 물(한방약 제외)
- 미네랄 워터

분유나 이유식과 섞어 주면 그것을 싫어하게 될 수 있다. 성분을 변질시키는 것도 X.

2 볼 안쪽에 붙인다

갠 약을 볼 안쪽이나 위턱 등에 붙입니다. 맛을 느낄 수 있는 혀에는 붙이지 않습니다. 바로 식은 물 등과 함께 삼키게 합니다.

3 스포이트 등으로 아이의 입에 넣는다

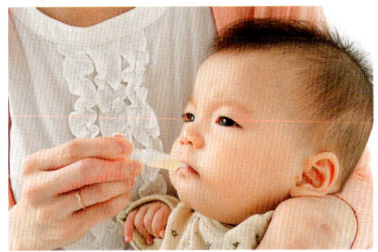

약을 스포이트에 넣어서 토해내기 어렵게 입 안 깊숙이 넣고 삼키게 합니다. 강하게 밀어 넣으면 목이 멜 수 있으니 주의하세요.

좌약

 확실하게 안쪽 깊숙이 집어넣는다

보관 방법
상온에서는 물렁물렁해질 수 있으니 냉장고에 보관한다.

1 필요량에 따라 자른다

'1/2량', '2/3량' 등 사용법이 적혀 있는 경우에는 칼이나 가위 등으로 자릅니다. 자르고 난 뒤 둥그런 모양이 있는 앞부분을 사용합니다.

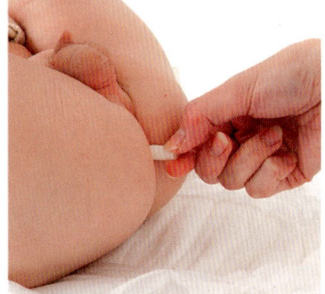

2 앞부분을 조금 둥그렇게 만들어서 삽입

앞부분을 손으로 둥그렇게 만든 다음에 신속하게 집어넣습니다. 항문에 베이비오일이나 바셀린을 바르면 부드럽게 들어갑니다.

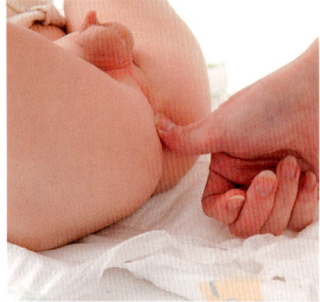

3 항문을 잠시 누른다

좌약을 넣고 손가락으로 잠시 눌러서 밖으로 나오지 못하게 합니다. 특히 설사를 할 때는 변이 나올 수 있으니 주의하세요.

NG 울고 있을 때나 까불며 놀고 있을 때는 삼가자

아이가 울거나 까불며 놓고 있을 때는 좌약을 넣기가 어렵습니다. 조용히 안정을 시키고 나서 약을 사용하세요.

점안약

 변질되기 쉬우니 냉장 보관 & 남은 약은 처분

보관 방법
개봉한 뒤에는 냉장고에 보관. 전용 차광 봉지가 있을 때는 반드시 거기에 넣어서 보관한다. 사용 기간을 지키고 남으면 버린다.

1 아이가 움직이지 않게 몸을 고정시킨다

아이를 바로 누이고 어깨를 두 다리로 눌러서 몸을 고정시킵니다. 팔만 누르면 탈골될 수 있습니다.

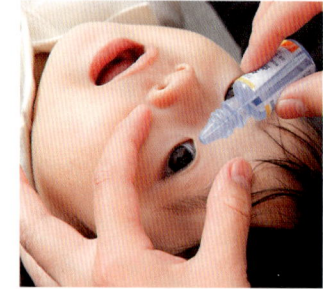

2 눈에 신속하게 한 방울 떨어뜨린다

점안약을 냉장고에서 꺼내서 잠시 손에 쥐어 찬기를 없앤 다음 눈에 한 방울 떨어뜨립니다. 자고 있을 때는 눈구석에 약을 떨어뜨리고 아래쪽 눈꺼풀을 당겨서 넣는 방법도 있습니다.

3 넘쳐 흘러나온 약을 닦아낸다

약이 흘러나오면 휴지 등으로 가볍게 눌러서 닦아냅니다. 가족에게 감염되는 것을 방지하기 위해 거즈보다 한 번 쓰고 버리는 휴지가 좋습니다.

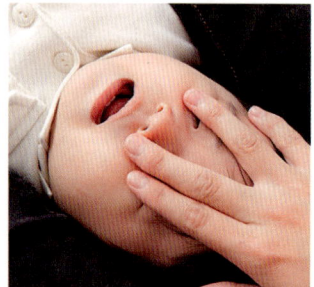

4 눈을 눌러준다

아이가 자연스럽게 눈을 감을 수 있도록 눈을 눌러줍니다. 눈에 약이 스며들 때까지 잠시 그 상태를 유지합니다!

바르는 약

종류나 양, 사용법은 증상이나 바르는 부위에 따라 달라진다

보관 방법
상온에서 직사광선이 닿지 않는 곳에 보관한다.

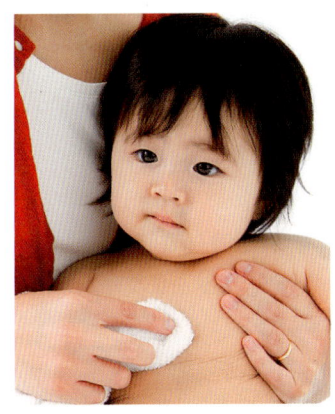

① 바르는 부위를 청결하게

약을 바르기 전에 환부를 깨끗하게 씻어줍니다. 이물질이 있거나 땀으로 젖어 있으면 약 효과가 나지 않거나, 악화 또는 감염될 수 있습니다.

② 적절한 양을 손등에 올려놓는다

엄마의 청결한 손가락으로 사용할 양을 손등에 올려놓습니다. 용기에서 바로 약을 찍어내어 환부에 바르면 잡균이 들어가 번식할 수 있습니다.

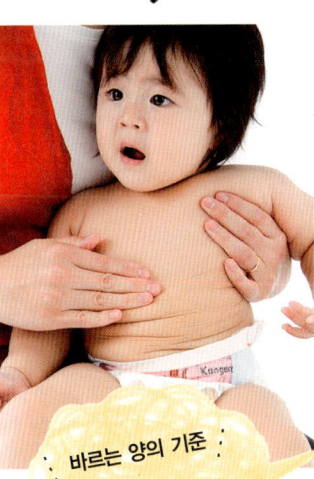

③ 부위나 증상에 맞춰서 얇게 바른다

약을 바르는 부위, 바르는 양, 바르는 법은 의사의 지시에 따릅니다. 환부가 조금 번들거릴 정도로 얇게 펴서 바릅니다.

바르는 양의 기준
집게손가락 한 마디 정도의 양
= 손바닥 두 개 넓이

아이의 가슴이나 배 등 넓은 부위에 바를 때 약의 분량은 엄마의 집게손가락 한 마디 정도가 기준입니다. 이것을 성인의 손바닥 두 개 넓이로 얇게 펴서 바릅니다.

점이약

냉장고에 보관하고 사용 전에 상온으로 만든다

보관 방법
개봉한 뒤에는 냉장고에 보관한다. 개봉한 뒤 1개월 이상 지나거나 치료가 끝난 약은 버린다.

① 약 용기를 손에 쥐어 상온으로 만든다

냉장고에서 꺼낸 약을 바로 사용하면 아이가 현기증을 일으킬 수 있습니다. 손으로 용기를 감싸 상온 상태로 만듭니다.

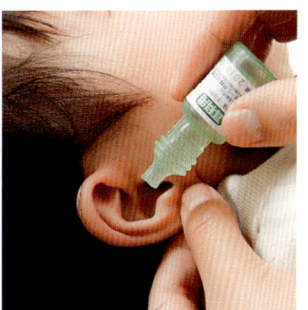

② 아이를 옆으로 누이고 귀에 한 방울 떨어뜨린다

아이를 옆으로 누이고, 지정된 약을 귀에 한 방울 떨어뜨립니다. 자고 있을 때 약을 넣기도 합니다.

③ 약이 귓속에 들어가도록 잠시 옆으로 뉘인다

약이 안에까지 들어가서 흡수되도록 잠시 그 상태를 유지합니다.

PART 8 고통을 조금이라도 덜어주고 싶다! • 병과 간호

> 37.5℃ 이상은 '열이 있는 것'

열이 난다

발열은 대부분이 바이러스나 세균에 의한 감염증이 원인이므로 예방이 최선입니다.

감기

신호
- 기침, 콧물, 코 막힘
- 열이 난다 ● 식욕이 없다
- 기분이 나쁘다

며칠 지나면 좋아지지만, 영유아는 1년에 몇 번이나 걸린다

감기는 주로 바이러스에 감염되어 코나 목 등 상기도에 염증이 생긴 것을 말합니다. 염증이 일어난 부위에 따라 인두염, 후두염, 편도염이라고 합니다. 바이러스는 자세히 분류하면 230종 이상 됩니다. 따뜻한 계절에 활발해지는 바이러스, 추운 계절에 활발해지는 바이러스 등 다양하며, 그렇기 때문에 1년에 몇 번이나 걸리게 됩니다. 특히 영유아는 면역력이 부족하고 외부에서 침입하는 바이러스를 막는 기능이 발달되지 않았기 때문에 자주 감기에 걸립니다. 어린이집이나 유치원 등 단체생활을 하면 바이러스에 감염될 수 있는 기회가 많으며, 다 나았어도 다시 감염되는 경우가 흔합니다. 하지만 아이는 그러면서 면역력을 길러갑니다.

증상은 바이러스나 염증이 발생하는 부위에 따라 조금씩 다르지만, 일반적으로 콧물, 기침, 목 통증 등으로 시작되어 열이 나는 경우도 있습니다. 하지만 고열이 며칠이나 이어지는 경우는 없으며 콧물이나 기침 등도 며칠이 지나면 좋아지는 게 대부분입니다. 그리고 2~3년 이하의 아이는 세균이 원인인 인두염 등도 많이 걸리는데 바이러스가 원인인 감기와는 다릅니다. 사슬알균 감염(201쪽) 등이 대표적인 예입니다.

치료와 관리 | 수분을 충분히 섭취하며 집에서 안정을 취한다

감기에 특효약은 없습니다. 집에서 조용히 쉬며 열이 있을 때는 수분을 충분히 섭취하면서 몸이 지닌 자연 치유력으로 낫기를 기다려야 합니다. 열이나 기침 등 고통을 완화시키는 약이 처방되는 경우도 있지만, 기본적으로는 옆에서 돌봐주기만 하면 낫습니다. 항균 약은 바이러스에 감염되었을 때는 필요 없습니다.

열이 나면 땀을 흘리고 몸에서 수분이나 전해질이 빠져나가 탈수증에 걸릴 수 있으니 수분을 충분히 섭취시키세요. 보통 식욕을 잃게 마련인데 젖이나 분유 등은 수분이 보충되니 아이가 원하는 만큼 줘도 됩니다. 먹을 수 있다면 소화가 잘되는 음식을 조금씩 줍니다.

동시에 중이염(215쪽)이나 염증이 상기도에서 하기도까지 확대되어 기관지염이나 폐렴(202쪽)을 일으키는 경우도 있습니다. 귀가 아프거나 며칠이 지나도 열이 내려가지 않고 이전보다 기침이 심해지면 다시 병원에 가서 진찰을 받으세요.

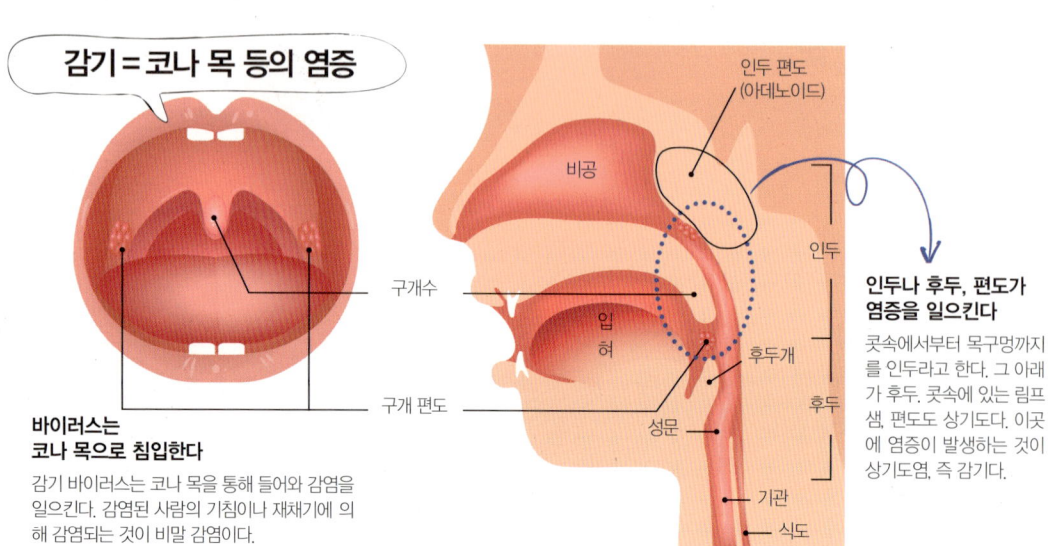

감기 = 코나 목 등의 염증

바이러스는 코나 목으로 침입한다
감기 바이러스는 코나 목을 통해 들어와 감염을 일으킨다. 감염된 사람의 기침이나 재채기에 의해 감염되는 것이 비말 감염이다.

인두나 후두, 편도가 염증을 일으킨다
콧속에서부터 목구멍까지를 인두라고 한다. 그 아래가 후두. 콧속에 있는 림프샘, 편도도 상기도다. 이곳에 염증이 발생하는 것이 상기도염, 즉 감기다.

인플루엔자

신호
- 갑자기 고열
- 열이 내려갔다가 다시 상승
- 기분이 가라앉고 몸이 축 처진다

열이 높고 감기보다 몸 상태가 더 나빠진다

인플루엔자 바이러스는 감염력이 매우 강하며 집단으로 발생하는 것이 큰 특징입니다. 유행하는 시기는 매년 다르지만, 일반적으로 12월 중순부터 시작되어 1~3월에 정점을 이룹니다. 계절성과 신형 인플루엔자가 있으며, 계절성 인플루엔자는 A, B, C 3가지 유형이 있습니다. 세계적으로 유행하는 것은 A형과 B형입니다. 한 시기에 A형과 B형이 동시에 유행하면 두 번 걸리는 경우도 있습니다.

A형은 인플루엔자 바이러스의 항원성이 작게 변화하는데, 때로는 이 항원성이 크게 다른 인플루엔자 바이러스가 나타납니다. 이 바이러스에는 많은 사람들이 면역되어 있지 않기에 급속하게 유행하게 되는데 이것을 신형 인플루엔자라고 합니다.

목의 통증이나 콧물, 기침 등 감기 증후군과 같은 증상도 나타나지만, 갑자기 38℃ 이상의 고열이 나거나 두통, 관절통, 근육통 등 전신에 증상이 강하게 나타납니다. 성인도 그렇지만 아이는 몸이 축 처지게 됩니다. 짜증내고 울고 식욕을 잃고 설사나 구토를 하는 경우도 있습니다.

열이 일단 내려갔다가 다시 고열이 나는 것도 인플루엔자의 특징입니다.

인플루엔자가 무서운 이유는 합병증을 일으키기 쉽기 때문입니다. 기관지염이나 폐렴 등으로 발전할 수 있으며 종종 중증이 되는 경우가 있습니다. 영유아는 급성 뇌염을 일으키기도 합니다. 사망자가 연간 100~200명에 이르며, 목숨을 건져도 심각한 후유증이 남는 경우가 많습니다. 발열 시에 열성 경련을 일으키는 경우도 있습니다.

가장 좋은 대책은 인플루엔자에 걸리지 않는 것, 즉 예방 접종입니다(166쪽 참조). 그리고 유행할 때는 열이 나면 단순한 감기라고 생각하지 말고 바로 소아과에 가서 진찰을 받으세요. 인플루엔자의 항원을 검사하는 신속 진단 키트를 사용해서 그 자리에서 진단을 받을 수 있습니다. 발병 후 2일 이내라면 항바이러스 약의 효과를 기대할 수 있는데, 이 약은 의사에게 사용법을 물어보고 써야 합니다.

치료와 간호
안정을 취하게 하고 수분을 섭취시키면서 신중하게 돌봐준다

무엇보다도 감기에 걸렸을 때와 같이 안정을 취하게 하고 수분을 충분히 섭취시켜줍니다. 감기보다 증상이 더 심하고 완화되기까지 일주일 정도 걸리므로 한층 더 신중하게 돌봐주어야 합니다. 그리고 의사가 정해준 날에 다시 진찰을 받으러 가서 폐렴으로 발전되지 않았는지 확인해야 합니다.

인플루엔자는 고열이 나기 때문에 해열제가 처방되는 경우도 있습니다. 하지만 시판되는 감기약이나 해열제에는 영유아에게 사용하면 안 되는 성분이 들어 있는 것도 있으니 함부로 복용시켜서는 안 됩니다.

열이 내려가도 몸이 완전히 회복된 것이 아닙니다. 체력이 저하되어 있기에 다른 바이러스나 병원균에 감염될 수 있습니다. 아이의 상태를 지켜보면서 조금씩 평소의 생활로 돌아가게 합니다. 경련을 일으키거나, 의식이 흐릿하거나, 행동이 이상하거나 등 상태가 평소와 다를 경우에는 바로 병원으로 데리고 갑니다.

인플루엔자에 걸렸을 때 어린이집에는 언제부터 보내도 되나요

- ☑ 발병 후 5일이 지났다.
- ☑ 해열 뒤 3일이 지났다.

이런 상태라면 OK!

😣		발병
😣		1일째
😊	해열	2일째
😊	1일째	2일째
😊	2일째	4일째
😊	3일째	5일째
가도 된다	4일째	6일째

발열 증상이 나타나면 발병이라고 한다. 날짜를 세는 법은 발열이 시작된 날은 포함시키지 않으며 다음 날부터를 발병 첫째 날로 잡는다. 즉 발병 후 6일째부터 어린이집 등에 갈 수 있다.

돌발진

신호
- 고열이 3~4일 이어진다
- 열이 내려가면 발진이 난다
- 활기가 없다

생후 6~9개월 사이에 걸리는 경우가 많다

생후 6개월 전후부터 1년에 걸쳐서 많이 발생하는 병입니다.
원인은 사람헤르페스바이러스 6형과 7형입니다. 그렇기 때문에 두 번 걸리는 경우도 있습니다. 유행하는 계절이 따로 있는 것은 아니며 1년 중 발생합니다.
증상은 갑자기 38~39℃, 경우에 따라서는 40℃의 고열이 나고 3~4일 지속됩니다. 발열 시에 열성 경련을 일으키는 아이도 있으니 상태를 유심히 지켜보세요.
열이 내려가면 거의 동시에 배를 중심으로 빨간 발진이 나타나기 시작하는데, 가렵거나 아프지는 않습니다. 고열이 나도 기분은 나빠 보이지 않지만, 발진이 생길 때나 생긴 다음에는 짜증을 내거나 변이 묽어지는 아이도 있습니다. 발진이 나타나고 2~3일 뒤부터 서서히 희미해지고, 아무 상처 없이 자연스럽게 없어집니다.
하지만 이런 전형적인 증상이 나타나는 것은 2명 중 1명꼴이며 열만 나거나 발진만 나타나는 경우가 흔합니다. 감염되어도 증상이 나타나지 않는 경우도 있습니다(불현성 감염).

치료와 간호: 안정을 취하며 낫기를 기다린다

조용히 안정을 취하게 하고 자연스럽게 낫기를 기다립니다. 약은 필요 없습니다. 열이 높을 때는 자주 수분을 섭취시켜줍니다. 열이 높아서 고통스러워 보이면 해열제를 처방해주는 경우도 있습니다. 이전에 열성 경련을 일으킨 적이 있는 아이는 경련 약을 사용하기도 합니다.

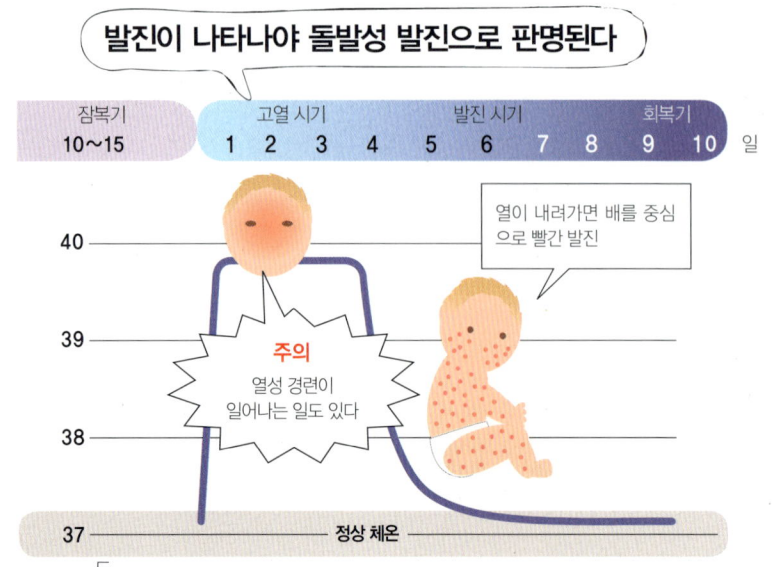

발진이 나타나야 돌발성 발진으로 판명된다

잠복기 10~15 / 고열 시기 1 2 3 4 / 발진 시기 5 6 7 8 / 회복기 9 10 일

열이 내려가면 배를 중심으로 빨간 발진

주의
열성 경련이 일어나는 일도 있다

40 / 39 / 38 / 37 정상 체온
도

볼거리 (유행성이하선염)

신호
- 열이 난다
- 귀 밑, 턱 밑이 붓고 통증이 생긴다

귀 밑이 부풀어 오른다

멈프스 바이러스에 감염되어 이하선이나 악하선이 붓는 병이며, 기침이나 재채기로 옮깁니다. 생후 6개월이 지나면 걸릴 수도 있는데, 4~5세 아이에게 가장 많이 나타납니다. 일단 걸리면 영구 면역이 되기 때문에 두 번 다시 걸리지 않습니다. 2~3주일 잠복 기간을 거쳐서, 귀 밑에서부터 턱에 걸쳐서 볼록하게 부어오릅니다. 동시에 38~39℃의 열이 나는 경우도 있습니다. 1~2일째 가장 많이 붓다가 서서히 가라앉고 열도 2~3일이 지나면 내려갑니다. 감염력이 강한 바이러스이니 이때는 어린이집이나 유치원, 학교 등을 쉬게 합니다.

치료와 간호: 뇌수막염이나 난청 등 합병증에 주의한다

비교적 가벼운 병이지만 멈프스 바이러스가 몸의 다른 부위를 감염시켜서 합병증이 생길 수 있습니다. 무균성 뇌수막염이 가장 많이 발생하며 뇌염을 일으키는 경우도 있습니다. 바이러스가 속귀에 침입하면 난청을 일으키기도 합니다. 대부분이 한쪽 귀만 걸리기에 알아채기 어렵지만 볼거리에 걸린 뒤 1~3주일 뒤 이름을 불러도 뒤돌아보지 않거나, 잘 안 들리는 모양이면 이비인후과에 진찰을 받으세요. 볼이 부어서 제대로 먹지 못할 때는 부드럽게 삼킬 수 있는 수프나 젤리 등을 주고 신맛이 나는 음식은 피합니다.

요로 감염

신호
- 38.5℃ 이상의 열이 난다
- 발열 이외의 증상이 없다
- 기분이 안 좋아 보인다

이유 없는 고열, 잦은 소변, 통증을 느낀다

오줌은 신장에서 만들어져 신우, 요관, 방광을 거쳐 요도로 배출됩니다. 이 요로의 어딘가가 바이러스나 세균에 감염되어 염증을 일으키는 것이 요로 감염입니다. 부위에 따라 신우신염과 방광염 2종류가 있는데, 아이는 증상으로 부위를 특정하기 어렵기에 요로 감염이라고 부릅니다.

방광이나 요도 등에 염증이 생기면 배뇨 횟수가 늘어나고 배뇨 시에 통증을 느끼지만, 아이는 우는 게 고작이고 증상을 표현하지 못하기에 염증이 신우까지 진행되는 경우가 있습니다. 신우신염이 되면 38.5℃ 이상의 고열이 나지만 그 이외의 증상은 보이지 않습니다. 다만 저월령 아이의 경우 40~50% 비율로 방광에 저장되어 있던 오줌이 신장 쪽으로 역류하는 '방광 요관 역류증'을 선천적으로 갖고 태어납니다. 요로 감염을 되풀이하면 전문적인 검사가 필요합니다.

치료와 간호 — **항균 약 복용, 엉덩이를 청결하게**

오줌 검사를 해서 백혈구나 세균이 대량으로 발견되면 요로 감염증으로 진단받습니다. 항균 약으로 치료하면 낫지만, 자주 기저귀를 갈아주는 등 엉덩이를 청결하게 해주어야 합니다.

뇌수막염

신호
- 고열이 이어진다
- 자꾸 토한다
- 기분이 몹시 안 좋고 몸이 축 처져 있다

주된 증상은 고열·구토·두통

뇌수막염은 뇌나 척추를 감싸고 있는 뇌수막에 염증이 생기는 병입니다. 바이러스 감염에 의해 발생하는 것이 바이러스성(무균성) 뇌수막염이며, 세균에 의해 발생하는 것이 세균성(화농성) 뇌수막염입니다. 둘 다 고열, 잦은 구토, 두통(아이의 경우에는 기분이 몹시 안 좋게 보인다)이 발생하며, 목 뒤가 경직되어 앞으로 숙여지지 않고, 안아줄 때나 기저귀를 갈아줄 때 통증을 호소합니다. 의식 장애, 경련 등이 일어나는 경우도 종종 있습니다.

뇌염은 뇌에 염증이 생기는 병이며 증상은 뇌수막염과 같습니다.

치료와 간호 — **바로 병원으로! 입원해서 검사, 치료를**

바이러스성 뇌수막염은 이삼일에서 열흘 정도 지나면 낫지만, 세균성 뇌수막염이나 뇌염은 증상은 같아도 한층 더 심각하며 걸리자마자 활기를 잃게 됩니다. 서둘러서 항균제나 스테로이드제로 치료해야 하는데, 10~20명 중 1명은 죽고, 낫더라도 후유증이 남기 쉬우니 방심해서는 안 됩니다.

아이가 평소와 상태가 전혀 다르면 밤중에라도 병원으로 달려가야 합니다. 기본적으로 입원해서 검사받고 치료를 받습니다.

가와사키병

신호
- 고열이 5일 이상 이어진다
- 목의 림프절이 붓는다
- 온몸에 빨간 발진이 생긴다

증상이 5가지 이상 생기면 가와사키병으로 진단

가와사키병은 온몸의 혈관이 염증을 일으키는 병이며, 원인은 밝혀지지 않았지만 생후 5년 미만, 특히 1년 전후에 발병하는 경우가 많습니다.

증상은 다양하지만 다음 6가지 중 5가지 이상의 증상이 보이면 가와사키병으로 진단합니다.

① 원인 불명의 발열이 5일 이상 이어진다.
② 발열과 동시 또는 조금 전에 목의 림프절이 붓고 아프다.
③ 온몸에 빨간 발진이 생긴다.
④ 손과 발이 부어오른다.
⑤ 입술이나 혀가 새빨개지고 혓바늘이 돋는다.
⑥ 눈이 충혈된다.

치료와 간호 — **관동맥류가 발견되면 퇴원해도 정기 검사를**

합병증으로 심장 혈관에 관상동맥류가 생기는 경우가 있습니다. 병원에서 검사를 하고 가와사키병으로 진단받으면 바로 치료를 시작해야 합니다. 관동맥류는 발병한 지 7일째쯤부터 커지기 시작해서 2~3주일에 정점에 이릅니다. 관동맥류가 발견되면 퇴원한 뒤에도 약을 먹고 정기적인 검사를 해야 합니다.

헤르판지나

신호
- 갑자기 고열이 난다
- 목 안에 수포가 생긴다
- 목에 통증을 느낀다

영유아가 여름에 걸리기 쉬우며 목에 통증을 느낀다

영유아가 여름에 쉽게 걸리는 병입니다. 원인은 주로 콕사키A군 바이러스인데, 콕사키B군이나 에코 바이러스도 원인이 됩니다. 이 바이러스는 감염력이 강하며 주로 기침이나 재채기로 옮기 때문에 어린이집이나 유치원에서 여름마다 유행하는 경우가 많습니다. 그리고 원인이 되는 바이러스가 여러 가지가 있으므로 한여름에 두 번 걸리는 경우도 있습니다.

증상은 갑자기 고열이 발생하거나 목에 통증을 느끼게 됩니다. 열은 대부분의 경우 38~39℃ 정도이며 2~3일이 지나면 내려가는데 목이 아파서 고생을 합니다. 목 안이 붓고 수포가 5~10개 이상 생기는 경우도 있습니다. 수포가 터지기 쉽고 쓰라리기 때문에 아이가 젖이나 분유, 밥을 못 먹게 됩니다.

치료와 간호: 수분 보급과 부드럽게 넘길 수 있는 식사를

열은 며칠 사이에 내려가고 자연스럽게 낫습니다. 수분을 자주 섭취시키고 집에서 조용히 지내게 하세요. 목이 아프기 때문에 차가운 젤리나 부드러운 음식을 먹입니다. 수분을 전혀 받아들이지 않을 때는 링거액으로 보급해주어야 하니 반드시 병원에 가서 진찰을 받습니다.

가벼운 병이지만 드물게 뇌수막염이나 심근염을 일으키는 경우가 있습니다. 구토나 두통 증세를 보이고 활기가 없거나 몸이 축 늘어져 있으면 바로 소아과에 가서 진찰을 받습니다. 발열 시에 열성 경련을 일으키는 아이도 있습니다.

피부 발진이 동반되는 감염증은 왜 여름에 많을까

열	증상
사슬알균 감염 39℃가 넘는 열	목 염증, 빨갛고 작은 발진
헤르판지나 39℃가 넘는 열도	목 안에 생긴 수포가 아프다
수두 38℃대의 열이 많다	가렵고 수포가 온몸에 난다
수족구병 37℃대의 열이 많다 (열이 나지 않는 경우도)	손, 발, 입안에 빨간 수포가

인두 결막열

신호
- 갑자기 고열
- 목이 붓고 아프다
- 눈 충혈, 눈곱

고열이 4~6일 이어지고, 목과 눈에 증상이

아데노 바이러스가 원인이며 발열, 목에 염증, 결막염 증상이 나타나는 병입니다. 초여름부터 초가을에 걸쳐서 유행하기 쉬운데, 1년 중 발생합니다. 생후 5년 이하의 영유아가 주로 걸리는데 바이러스의 유형에 따라 성인도 감염됩니다.

이전에는 '수영장 결막염'이라고 불렸는데, 실제 감염 경로는 기침이나 재채기 또는 감염된 아이가 사용한 수건, 변을 처리한 사람의 손가락 등으로 옮는 경우가 많으며, 수영장 물로 감염되는 일은 지금은 거의 없습니다.

인두 결막열이란 이름처럼 목이 붓고 아픈 인두염과 흰자위나 눈꺼풀 뒤쪽이 빨개지고 눈곱이 생기는 결막염이 이 병의 특징입니다. 목이 아프고 39~40℃의 열이 4~6일 동안 이어집니다. 아데노 바이러스에 의한 열은 고열이 되기 쉬우며 오래 지속되지만 시간이 지나면 열이 내려가고 자연스럽게 낫습니다.

영유아는 아데노 바이러스에 의해 인두염이나 편도염도 자주 걸립니다. 소아과에서 목이나 눈을 통해 바이러스를 검출하는 간이 진단 키트를 사용해서 검사를 해줍니다.

치료와 간호: 안정과 수분 공급, 감염력이 강하므로 가족도 주의한다

바이러스에 의해 발생하는 병이기 때문에 기본적으로 점안약 등을 이용해서 고통을 완화시키는 대증 요법으로 치료합니다. 의사의 지시대로 약을 사용하고 자연스럽게 낫기를 기다리세요. 집에서 안정을 취하게 하고 수분을 충분히 공급해줍니다. 모유나 분유는 평소와 같이 먹이고, 식사는 부드러운 음식 위주로 줍니다.

감염력이 강한 바이러스이므로 수건 등은 따로 사용합니다. 아이를 돌본 다음에는 꼭 손을 씻습니다. 눈곱도 휴지 등으로 닦아주고 기저귀는 종이 기저귀를 사용하고 한 번 쓰고 버립니다. 아데노 바이러스는 1개월 이상 변이나 침에서 나오기 때문에 치유되고 나서도 일정한 기간 동안 감염에 주의해야 합니다.

{ 경련 을 일으키면 }

몇 분 안에 진정되는 열성 경련이 대부분이니 침착하게 대처한다

경련의 원인은 다양하지만 아이들은 열성 경련이 대부분입니다. 고열이 나는 병에 걸려서 열이 올라갈 때 경련이 일어나는 것이 특징입니다. 영유아의 8~10%에게 열성 경련이 발생하며, 부모나 형제에게 열성 경련의 가족력이 있는 경우가 많습니다. 한 번 발생하고 마는 경우가 많고 후유증도 없으며 생후 5년 이후에는 일어나지 않게 됩니다.

뇌수막염이나 뇌염일 경우에도 발열을 동반하는 경련이 일어납니다. '자꾸 토하고', '목이 경직되어 구부러지지 않는' 증세를 보입니다. 열이 없어도 탈수증이나 설사할 때 경련을 일으키는 경우도 있습니다. 자지러질 듯 울 때 발생하는 분노 경련도 있는데, 이것은 걱정할 필요가 없습니다.

아이가 경련을 일으키면 엄마, 아빠는 동요되기 마련인데 열성 경련은 생명에 지장은 주지 않으니 침착하게 대처하세요. 경련은 신속하게 대처해야 하는 증상입니다. 특히 처음 경련을 일으켰을 때는 바로 병원으로 가야 합니다.

진찰 기준

 **낮**
담당 의사에게 전화해서 진찰을 받는다.
진료 시간 외라면 구급차를 부른다.

 **야간**
응급실을 가든지 구급차를 부른다.

‼ **위급!**
- 경련이 5분 이상 이어진다.
- 짧은 시간에 경련을 반복한다.
- 경련을 한 뒤 의식이 돌아오지 않는다.
- 6개월 미만 아이의 경련.

경련을 일으키면

1 아이를 옆으로 누인다
평평한 곳에 누이고, 옷을 느슨하게 풀어주고 편안히 있게 해줍니다. 토사물이 기도를 막을 수 있으니 목을 한쪽으로 돌려줍니다. 몸이 경직되어 있을 때는 몸과 목을 함께 옆으로 누입니다.

2 경련이 일어나는 시간을 잰다
열성 경련은 2~3분, 길어도 5분 이내에 진정됩니다. 경련이 시작되면 당황하지 말고 지속 시간을 잽니다. 경련이 5분 이상 이어지면 구급차를 부릅니다.

3 경련이 좌우 대칭으로 일어나는지 유심히 지켜본다
열성 경련은 몸이나 손발, 눈동자 등의 움직임이 좌우 대칭으로 일어납니다. 경련을 일으킬 때는 몸이 경직되는 모습, 손과 발이 떠는 모양, 눈동자의 움직임 등을 유심히 살펴보고 진찰할 때 의사에게 전달합니다.

경련을 일으킨 뒤에는

1 눈을 마주 보면서 확인한다
'경련 후 수면'이라고 해서 깊이 잠이 드는 경우가 많은데, 잠이 깨어 울거나 할 때는 의식이 분명한지 눈을 마주 보고 확인을 합니다. 눈을 맞추지 못하고 의식이 흐릿할 때는 바로 병원으로 갑니다.

2 열을 잰다
경련이 진정되면 열을 재고, 몇 도 정도였을 때 경련이 일어났는지 확인합니다. 정상 체온을 알아두고 진찰을 받을 때 정상 체온과 경련 시의 체온을 의사에게 전해주세요.

3 바로 진찰을 받는다
아이가 경련을 일으켰을 때 그 원인을 알기가 힘듭니다. 처음 경련을 일으켰을 때는 원인을 알기 위해 담당 의사에게 연락을 하세요. 연락이 되지 않으면 구급차를 불러 당장 병원으로 갑니다.

NG
- 경련을 일으킬 때 몸을 흔들면 안 된다!
- 입안에 물건이나 손가락을 넣으면 안 된다!

피부에 발진이 생겼다

열의 유무가 구별 포인트!

피부 발진은 아이가 아플 때 흔히 나타나는 증상입니다. 우선 열을 재어보세요.

홍역

신호
- 발열, 기침, 콧물
- 눈 충혈, 눈곱
- 온몸의 발진

감기와 비슷한 증상으로 시작되어 열이 다시 올라가면서 발진한다

홍역의 원인은 바이러스이며 잠복기는 10~12일입니다. 감염력이 상당히 강하며 감염된 아이의 기침이나 재채기에 의해 감염됩니다. 기침을 통해 입 밖으로 튀어나와 공기 중에 떠돌아다니던 바이러스에 의해 감염되는 공기 감염도 있습니다.

아이는 엄마가 항체(면역)를 갖고 있으면 태내에서 물려받지만, 이 효과는 생후 6개월 정도가 지나면 사라집니다. 그 이후에는 면역이 없는 아이는 거의 100% 감염됩니다. 예방 접종이 보급되어 홍역에 걸리는 아이가 줄어들었지만 감염되면 1000명에 1명이 사망하는 무서운 병입니다.

처음에는 38℃ 안팎의 발열, 기침, 콧물 등 감기와 비슷한 증상을 보이지만, 동시에 눈곱, 눈 충혈 등 결막염 증상도 나타납니다. 3일가량 열이 지속된 뒤 볼 안쪽에 코플릭 반점이라고 하는 하얀 반점이 생기는데, 이것이 홍역의 특징적인 증세입니다.

발열한 지 3~4일 지나면 열은 일단 조금 내려가는데, 반나절 정도 지나면 다시 올라가고 39℃ 이상의 고열이 납니다. 동시에 빨갛고 작은 발진이 목이나 얼굴에 나기 시작해서 이윽고 온몸으로 퍼집니다. 그리고 발진이 서로 달라붙어 불규칙한 모양이 되고 적갈색으로 변합니다. 기침, 콧물, 결막염 증세도 한층 심해지고 이 시기가 가장 고통스럽고 체력이 소모됩니다. 발열한 지 7~10일쯤 되면 드디어 열이 내려가고 온몸의 상태가 좋아집니다.

치료와 간호

합병증에 주의하면서 신중하게 간호한다

홍역도 심각한 병이지만 무엇보다도 합병증이 무섭습니다. 가장 많이 발생하는 합병증은 폐렴과 중이염이지만, 홍역에 걸린 사람 중 100명에 1~2명은 뇌염을 일으킵니다. 폐렴이나 뇌염은 저월령일수록 위험합니다. 일반적으로 열이 내려갈 시기인데 고열이 계속되고 경련을 일으키면 밤중이라도 병원으로 달려가야 합니다.

병을 앓는 동안은 무엇보다도 안정을 취해야 합니다. 수분도 자주 섭취시켜주어야 하며, 합병증이 일어나지 않는지 아이의 상태를 주시하면서 신중하게 간호하세요. 열이 높아 아이가 축 처져 있고 수분을 제대로 섭취하지 못할 때는 탈수증이 발생할 수 있으니 해열제를 적절하게 사용해서 열을 내려주어야 합니다.

회복을 해도 1개월 정도는 무리하지 말고 조용히 지내게 합니다.

발진이 생기는 것은 열이 나고부터 4~5일쯤

일단 내려간 열이 다시 오르고, 귀 뒤나 정수리, 이마 등에 붉은 발진이 나타나며, 다음 날에는 전신으로 퍼져 나갑니다. 기침이나 콧물, 눈 충혈도 한층 강해집니다.

첫돌 기념 선물로 MMR 백신을!

홍역 바이러스의 감염력은 매우 강하고, 항체가 없는 사람은 거의 100% 전염됩니다. 소아과에서 홍역으로 진료받는 아이의 절반은 생후 1~2년 아이이며, 그 대부분이 예방 접종을 받지 않았다고 합니다. 시간 날 때 예방 접종을 받을 생각이었는데 차일피일 미루다가 걸리고 만 경우가 대부분이죠. 홍역에 효과가 있는 약은 없습니다. 백신을 접종해서 예방하는 방법 외에는 없으니 첫돌 때는 MMR 백신(홍역, 볼거리, 풍진의 혼합 백신)을 반드시 접종시키세요.

풍진

신호
- 발진
- 귀 뒤나 목 림프절이 붓는다
- 미열(열이 없는 경우도 있다)

아이에게는 가벼운 병이지만 임신부는 요주의

원인은 풍진 바이러스이며 봄에서 초여름에 걸쳐서 재채기나 기침 등에 의해 감염됩니다. 첫돌~초등학교 저학년 아이에게 흔히 보이는 병이지만, 요즘에는 나이에 따른 차이가 없으며 성인이나 1년 미만의 유아도 걸립니다. 그리고 감염되어도 증상이 나타나지 않는(불현성 감염) 경우도 있는데, 검사하면 항체가 있는지 없는지 여부는 알 수 있습니다.

잠복 기간은 2~3주일이며 37~38℃ 정도의 미열이 나든지 거의 나지 않는 경우도 있습니다. 발열 며칠 전부터 귀 뒤나 목 뒤의 림프절이 붓고 발열과 동시에 온몸에 빨갛고 작은 발진이 생깁니다. 발진은 2일 정도면 사라지고 열도 2~3일이면 내려갑니다.

아이에게는 가벼운 병이지만 풍진 항체가 없는 임신부가 임신 초기에 감염되면, 드문 경우이지만 선천성 풍진 증후군(CRS)이라고 해서 난청, 백내장, 선천성 심질환 등 장애를 지닌 아이가 태어날 수 있습니다. 다만 임신 주기에 따라 달라지니 산부인과에 가서 상담을 해보세요.

치료와 간호: 상태를 지켜보면서 집에서 안정을

집에서 조용히 지내게 합니다. 특별히 치료는 하지 않지만, 홍역이나 돌발성 발진인지 확인하고 합병증이 생길 위험이 없는지 살펴보기 위해 반드시 병원에 가서 진찰을 받습니다. 드물게 합병증으로 뇌염을 일으키는 경우가 있기 때문에 풍진으로 진단을 받았어도 열이 3일 이상 계속되거나 몸이 축 처져 있을 때는 서둘러서 다시 진찰을 받으세요.

발진이 생겨야 풍진이란 사실을 알기도

발진이 돋기 며칠 전부터 귀 뒤나 후두부 아래, 목 등의 림프선이 붓지만, 실제로는 발진이 나타나고 나서 알아차리는 경우가 많습니다. 열은 발진과 거의 동시에 납니다.

수족구병

신호
- 손바닥, 발등이나 발바닥, 입안에 빨간 수포
- 미열(열이 없는 경우도 있다)

유아가 많이 걸리며 여름에 유행한다

헤르판지나(196쪽)와 같이 영유아가 여름에 많이 걸립니다. 헤르판지나와 조금 유형이 다른 콕사키A군, 엔테로 바이러스 71형, 에코 바이러스 등 다양한 바이러스에 의해 발병되기 때문에 몇 번이나 걸리는 경우도 있습니다.

증상은 손바닥, 발등, 발바닥, 입안 등에 빨간 수포가 생깁니다. 원인이 되는 바이러스에 따라 수포가 나타나는 모양이 다르며 팔꿈치나 엉덩이, 성기 주변에 발생하기도 합니다. 37~38℃의 열이 나며 전혀 열이 나지 않는 경우도 있습니다. 이 점이 헤르판지나와 다른 점이며 열은 1~2일 사이에 내려갑니다.

입안에 수포가 생겨 통증이 생기고 식욕이 떨어집니다. 손과 발의 수포는 통증은 없지만 가끔 아프거나 가려울 때가 있습니다. 가벼운 병이지만 헤르판지나와 같이 드물게 뇌수막염이나 심근염을 일으키는 경우가 있으니 고열 또는 구토 증세를 보이거나 활기가 없거나 몸이 처져 있을 때는 바로 병원으로 가세요.

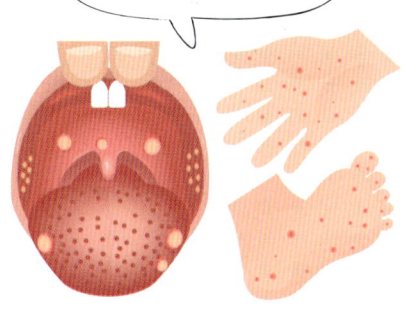

이름 그대로 손, 발, 입안에 작은 수포가!

입안의 수포는 헤르판지나와 비교하면 앞쪽에 생깁니다. 손과 발 외에 팔꿈치나 엉덩이, 성기 주변에 나는 경우도 있습니다.

치료와 간호: 수분을 충분히 섭취하게

바이러스에 의한 병이므로 집에서 안정을 취하면 자연스럽게 낫습니다. 약은 필요 없지만 설사를 하는 경우에는 정장제를 처방받기도 합니다.

입안에 수포가 생기면 쓰라려서 밥을 먹지 않으려고 하겠지만 수분을 확실하게 섭취시키세요. 일주일 정도 안정을 취하면 낫습니다.

수두

신호
- 빨간 발진에서 수포로
- 몹시 가렵다
- 미열(열이 나지 않는 경우도)

수포가 온몸으로 퍼지고 터진 뒤 딱지가 생긴다

수두 대상포진 바이러스가 원인이며, 매우 감염력이 강한 병입니다. 주로 기침이나 재채기에 의한 비말 감염으로 전염되는데, 홍역과 같이 공기 전염으로도 걸립니다. 겨울에서 봄에 걸쳐서 많이 발생한다고 하지만 최근에는 1년 내내 발생합니다.

10세 이하의 아이에게 주로 발생하는데, 1~5세 아이들이 가장 걸리기 쉽습니다. 어린이집이나 유치원에서 1명이 걸리면 순식간에 다른 아이들에게도 전염됩니다. 그리고 엄마에게 수두 항체가 없으면 생후 얼마 되지 않은 아기도 걸릴 수 있으며, 엄마로부터 항체를 물려받은 경우에도 항체량이 적으면 걸립니다. 성인도 면역이 없으면 걸리고, 아이보다 훨씬 심각한 증세를 보입니다.

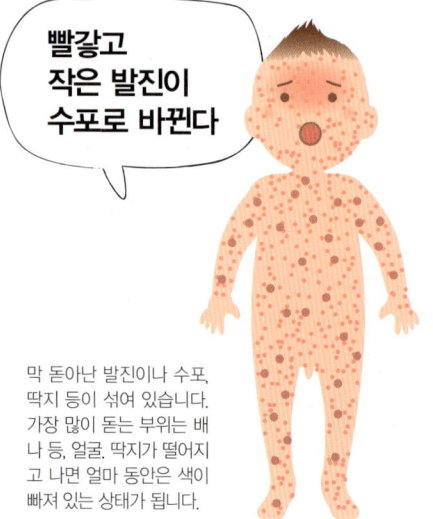

빨갛고 작은 발진이 수포로 바뀐다

막 돋아난 발진이나 수포, 딱지 등이 섞여 있습니다. 가장 많이 돋는 부위는 배나 등, 얼굴. 딱지가 떨어지고 나면 얼마 동안은 색이 빠져 있는 상태가 됩니다.

잠복 기간은 10~21일이며 가벼운 발열과 빨갛고 작은 발진이 나타납니다. 발진은 처음에는 가슴이나 등에 생기고 몇 시간이 지나면 수포가 되어 몹시 가려워집니다. 2~3일이 지나면 수포 → 농포 → 딱지가 되어 온몸으로 퍼지고, 딱지가 떨어진 뒤에는 한동안 색이 빠져 있는 상태가 되지만 10일~2주일이 지나면 깨끗해집니다.

치료와 간호

발병 후 2일 이내라면 항바이러스제가 유효

일반적으로 건강한 소아의 수두 치료에 항바이러스제를 권장하지 않으나, 13세 이상이나 만성 질환을 가진 경우 항바이러스제 치료의 대상이 됩니다. 아이는 발진이 나면 가려워서 긁어버리는 경우가 많은데 긁으면 곪아서 한동안 상처가 남을 수도 있으니 긁지 못하게 해야 합니다. 가려움증을 억제하기 위해 경구용 항히스타민제를 사용하는 경우도 있습니다. 수두 환자와 접촉했을 때 3일(72시간) 이내에 백신을 맞으면 발진을 막을 수 있습니다. 예방 접종을 해도 20% 정도는 수두에 걸리지만, 자연 감염을 한 경우보다 증세가 훨씬 가볍습니다. 예방 접종은 생후 1년부터 가능합니다.

걸리고 나서 낫기까지
수두의 경과

발열
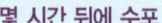
37도 정도의 열, 나른하고 식욕 저하, 가벼운 두통 등이 나타난다. 단, 영유아는 이런 초기 증세를 느끼지 못하는 경우가 많다. 열은 3일쯤 되면 내려간다.

거의 동시에 발진
발열과 거의 동시에 빨갛고 작은 발진이 가슴이나 등에 나타난다. 처음에는 벌레에 물린 자국이나 땀띠와 비슷하게 생겨서 잘 알 수 없다.

몇 시간 뒤에 수포
발진은 몇 시간 뒤에 수포가 되고 몸 전체에 퍼진다.

수포가 농포로
수포는 이윽고 고름같이 탁한 액을 지닌 농포가 된다.

3~4일 뒤에 딱지로
이윽고 딱지가 되어 떨어진다. 잇따라 발진이 생기고 그것이 전부 수포, 농포, 딱지가 되고, 딱지가 떨어지기까지 1~2주일 정도 걸린다.
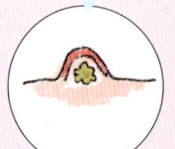

딱지가 떨어진 뒤에는 한동안 탈색된 상태가 된다
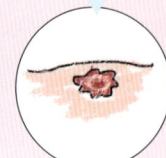

사슬알균 감염

신호
- 갑자기 고열
- 발진 ● 딸기 혀
- 목이 새빨개지고 아프다

3년 이하의 아이는 목만 아픈 경우도 있다

사슬알균이란 용혈성 연쇄 구균의 약칭으로, 누구나 일상적으로 콧구멍이나 목에 지니고 있는 세균입니다. 사슬알균 감염은 의학적으로는 'A군 용혈성 연쇄구균 인두염'이라 부르며, 증상은 목이 새빨개지고 아픕니다. 생후 4~7년 아이들에게 많이 나타나며 2~3년 아이나 성인도 걸리는 경우가 있습니다. 다만 생후 1년 이내 아이는 잘 걸리지 않습니다.

체내에 이 균을 지닌 사람의 기침이나 재채기를 통해 전염되며, 감염력이 강하고 가을에서 봄에 걸쳐 유행합니다. 잠복 기간은 3일 정도이며 39~40℃의 고열과 목에 통증이 오고, 목 안이 피가 번져 있는 듯이 새빨갛게 됩니다. 목의 림프절이 붓거나 구토, 설사를 동반하는 경우도 있으며, 기침이나 콧물은 심하지 않습니다.

그리고 딸기 혀라고 해서 혀 표면이 딸기처럼 빨갛고 오돌토돌해지거나 온몸에 빨갛고 작은 발진이 생기기도 합니다. 이런 경우에는 인두염이 아니라 '성홍열'이라고 하는데, 이런 증상은 유아나 초등학생에게 보이고, 3년 이하의 영유아는 열이나 발진도 나지 않으며 목의 통증만 나타나는 경우가 많습니다.

치료와 간호 — 처방된 항균 약을 다 먹는 것이 중요하다

소아과 외래에서 신속 진단 키트를 사용해 사슬알균이 있는지 없는지 조사할 수 있습니다. 사슬알균이 있으면 주로 페니실린 계열의 항균 약을 사용해서 치료합니다. 복용하고 1~2일 지나면 열이 내려가고 목의 통증도 완화되는데, 다 나았다고 생각해서 마음대로 항균 약 복욕을 그만두면 안 됩니다. 사슬알균이 완전히 사라지지 않고 재발할 수 있기 때문입니다. 재발하게 되면 급성 신염이나 체내에 생긴 항체가 자신의 세포를 공격하는 류마티스 열이 생길 수 있습니다.

간호를 해줄 때는 처방된 항균 약을 완전히 다 먹게 하는 것이 무엇보다 중요합니다. 만약에 열이 내려가지 않으면 바이러스에 의한 인두염일 수도 있으니 다시 병원에 가서 진찰을 받습니다.

항균 약을 다 복용하고 나면 가벼운 신염 등이 일어나지 않는지 오줌 검사 등으로 확인하는 병원이 많으니 의사의 지시에 따라 병원에 가서 검사를 받으세요.

전염성 홍반

신호
- 양 볼에 빨간 발진
- 팔이나 허벅지에 레이스 형태의 빨간 발진

태아에게 영향을 미칠 수도 있다

휴먼파르보 바이러스 B19라는 바이러스가 원인이며, 5~10세 아이에게 주로 발생하는데, 면역이 없으면 성인도 걸리는 경우가 있습니다. 임신 중의 여성이 처음 감염되면 태아에게 영향을 미치는 경우도 있으므로 주의해야 합니다. 겨울에서 봄에 걸쳐서 주로 발생하며 어린이집이나 유치원, 초등학교 등에서 유행하는 경우도 있습니다. 기침이나 재채기 등에 의해 전염되는데, 감염력은 그다지 강하지 않으며 감염되어도 20~30%는 증상이 나타나지 않습니다(불현성 감염).

증상을 살펴보면 양 볼에 사과처럼 빨간 발진이 생기고 1~2일 뒤에 팔이나 허벅지 등에 레이스 형태의 홍반이 나타납니다. 화끈거리거나 다소 가려운 경우가 있습니다. 열은 나지 않으며, 나더라도 미열에 그칩니다.

치료와 간호 — 생후 3~4일은 일시적으로 체중이 준다

집에서 안정을 취하면 자연스럽게 낫습니다. 발진은 며칠 안에, 길어야 10일 정도 지나면 사라지는데, 자외선을 쬐면 더 빨개지거나 사라진 발진이 다시 나타나는 경우도 있으니 주의하세요.

양 볼에 사과처럼 빨간 발진이

양 볼에 뺨을 맞은 것 같은 모양의 발진이 나타납니다. 1~2일 뒤에는 팔이나 허벅지에도 레이스 형태의 홍반이 나타나고 다소 화끈거립니다.

> 월령이 낮을수록 호흡 곤란에 주의를!

힘들게 기침을 한다

처음에는 감기처럼 보여도 계속 기침을 한다면 다른 병이 우려되니 소아과 상담을 받으세요.

기관지염·폐렴

신호
- 발열
- 잦은 호흡
- 괴롭고 습한 기침
- 식욕이 없고 힘들어 보인다

바이러스성과 세균성이 있으며 세균성은 증상이 심각하다

기관지염은 바이러스가 원인인 경우가 많으며 폐렴은 바이러스 외에 세균, 마이코플라즈마가 원인인 경우도 있습니다.

콧물, 기침, 재채기 등 감기 증상에 이어서 일어나는 경우가 많으며, 38~40℃의 열이 나고 습한 가래가 섞인 기침을 괴롭게 하는 것이 특징입니다. 이런 증상이 나타나면 바로 병원에 데리고 가야 합니다. 호흡 상태나 몸 상태가 나쁘면 입원 치료를 하게 되고, 가벼운 경우에는 통원 치료를 하게 됩니다.

치료와 간호 | **호흡 상태와 몸 상태에 주의한다**

바이러스가 원인인 경우에는 안정을 취하는 것이 제일 좋은 치료법입니다. 수분을 자주 섭취하고 실내의 습도를 높여서 가래가 나오기 쉬운 환경을 만들어주세요. 괴롭게 기침을 하는 시기는 처음 4일 정도이며 1주일 정도 지나면 좋아집니다.

일반적으로 바이러스에 의한 기관지염이나 폐렴은 그다지 악화되지 않지만 세균이 원인이라면 증상이 심각해지고 호흡 상태가 급격하게 나빠지는 경우가 있습니다. 병원에서 검사를 해서 세균 감염에 의한 것인지 확인하세요.

세기관지염

신호
- 발열
- 쌕쌕, 그릉그릉 소리를 내며 고통스럽게 기침을 한다
- 호흡하기가 힘들어 보인다

생후 6개월 미만의 아이는 특히 주의

폐 안에서 복잡하게 나뭇가지 모양으로 갈라진 기관지의 말단 부분인 세기관지에 염증이 생긴 병입니다. 2년 이하의 영유아, 특히 6개월 안팎의 아이가 겨울에 주로 걸립니다. 원인은 영유아의 절반 이상이 RS 바이러스 때문입니다.

열, 콧물, 기침 등 감기 증상에서 시작해서 점차 기침이 심해지고, 호흡할 때 쌕쌕거리거나 그릉그릉하는 소리(천명)가 나는 경우도 있습니다. 호흡이 잦고 얕으며 콧방울을 실룩거리면 호흡 곤란 증상인데, 월령이 낮을수록 급속하게 악화되기 쉬우니 서둘러서 병원에 가세요.

치료와 간호 | **호흡 곤란이 심할 때는 입원 치료**

호흡 곤란이 심할 때는 입원해서 치료를 받게 됩니다. 호흡 상태가 나쁘지 않으면 통원 치료를 하게 되는데, 갑자기 악화되는 경우가 있으니 곁을 떠나지 말고 상태를 지켜보세요.

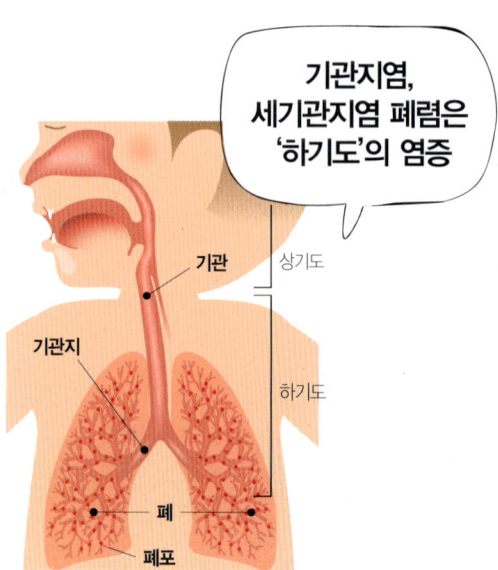

기관지염, 세기관지염 폐렴은 '하기도'의 염증

크루프 (급성 후두염)

신호
- 발열
- 독특한 기침
- 목이 쉰다, 목소리가 제대로 나오지 않는다
- 호흡이 잦다

후두에 염증이 생기고 독특한 기침을 괴롭게 한다

목 안에서 기관과 식도가 갈라지는 지점까지를 후두라고 합니다. 크루프 증후군은 이 후두, 특히 목 입구 쪽에 염증이 생기는 병입니다.

초기에는 콧물, 기침이 나고 목이 아프지만, 성문 밑이 붓기 때문에 목이 쉬고 목소리가 제대로 나오지 않습니다. 목구멍이 빨개지고 아프기 때문에 아이는 식욕을 잃게 됩니다. 일반적으로 높은 열이 나지만, 열이 나지 않는 경우도 있습니다.

개가 짖는 듯한 컹컹거리는 소리가 나는 기침 또는 쇳소리가 나는 기침을 하는 것이 특징으로, 이런 소리를 들으면 누구라도 일반적인 증세가 아니라고 느낄 정도입니다. 그리고 후두부는 상기도에서 가장 좁은 부분이며 이곳에 염증이 생기기 때문에 더욱 기도가 좁아지고 영유아는 호흡 곤란이 일어나서 입술이나 손톱이 보라색으로 변하는 청색증을 일으키는 경우도 종종 있습니다. 이때는 당장 병원으로 가야 하며, 입원 치료가 필요합니다.

치료와 간호: 2년 이하의 아이라면 잠시도 눈을 떼서는 안 된다

증상을 완화하는 약을 복용시키고 호흡이 힘들어 보일 때는 흡입 치료를 해주면서 회복되기를 기다립니다. 보통 1주일 정도 지나면 자연스럽게 낫는데 2년 이하의 아이는 목구멍 경련을 일으키거나 호흡 곤란 증세를 보이는 경우도 있으니 잠시도 눈을 떼서는 안 됩니다.

기침을 심하게 하니 수분을 조금씩 몇 번에 걸쳐서 섭취시키세요. 또 공기가 건조하면 기침이 심해지니 실내에 세탁물을 널거나 가습기를 사용해서 습도를 높이세요.

지나치게 기침을 심하게 할 때는 증상을 완화시키기 위해 가래를 삭이는 작용이 있는 거담약이 처방되는 경우도 있는데, 의사의 지시대로 복용시킵니다.

백일해

신호
- 기침, 콧물, 재채기
- 미열(열이 나지 않는 경우도 있다)
- 마른기침을 격렬하게 계속한다

숨이 멈출 정도로 괴로운 기침을 계속한다

원인은 백일해균이며, 감염된 사람의 기침이나 재채기로 옮습니다. 감염력이 강하고 항체가 없으면 100% 감염되며 발병합니다. 태아기에 엄마에게 받은 항체로는 예방 효과를 기대할 수 없으며 신생아도 걸릴 수 있습니다.

잠복 기간은 7~10일 정도입니다. 우선 기침, 콧물, 재채기 등 감기와 비슷한 증상이 나타나며, 열은 나지 않거나 미열에 그칩니다. 기침이 좀처럼 가라앉지 않으며 갈수록 더 심해지는데 특히 밤이 되면 격렬하게 기침을 하게 됩니다. 이런 상태가 1~2주일 이어지고, 이윽고 숨을 들이쉴 틈도 없이 짧은 기침을 수십 회 계속한 뒤 끝으로 '흡' 하는 소리를 내며 숨을 들이쉽니다. 이것이 백일해 특유의 발작으로 마치 숨이 멎을 것 같은 느낌이 듭니다. 이 발작을 하지 않을 때는 비교적 생기가 있는 것도 특징입니다.

1년 미만의 아이는 호흡 곤란이나 무호흡 발작을 일으키고, 안색이 보라색이 되는 청색증을 일으키는 경우도 있습니다. 백일해균이 폐에 들어가면 폐렴을 일으킬 수도 있습니다.

치료와 간호: 되도록 빨리 치료를 받아야 한다

병원에서는 백일해균에 효과가 있는 항균제를 사용해서 치료합니다. 하지만 증상이 진행되면 항균제로는 기침을 억제하기 어렵기에 월령이 낮은 아이는 입원해서 치료받는 경우도 있습니다. 약이 효과를 보기 위해서도 되도록 빨리 의사에게 치료를 받는 것이 중요합니다.

기침이 심하고 구토를 하게 되니 수분을 자주 섭취시킵니다. 숟가락으로 조금씩 물을 떠서 몇 번에 걸쳐서 주세요. 그리고 실내의 습도도 충분히 올려놓으세요.

백일해는 명칭대로 증상이 100일 가까이 지속됩니다. 기침이 심한 시기에는 체력 소모가 커서 합병증을 일으키거나 월령이 낮은 아이는 죽을 수도 있습니다. 아이를 위해서 생후 2개월부터 받을 수 있는 DTaP 예방 접종을 반드시 해주세요.

탈수증에 주의하자!

구토·설사를 한다

구토나 설사는 탈수증으로 이어질 수 있어요. 탈수증이 의심되면 바로 병원으로!

급성 위장염 (바이러스성)

신호
- 갑자기 구토와 설사
- 묽은 변이 여러 번 나온다
- 발열(열이 나지 않는 경우도 있다)

가을에서 겨울에 걸쳐 많이 발생하며 갑자기 구토와 설사를 한다

바이러스성 위장염의 원인인 바이러스는 여러 가지가 있지만, 가을에서 초봄에 걸쳐서 유행하는 노로 바이러스와 한겨울에 유행하는 로타 바이러스가 대표적입니다. 아데노 바이러스로 인한 위장염은 주로 여름에 생기지만 일 년 내내 발생합니다. 한결같이 감염력이 강하며 어린이집이나 유치원 등에서 집단으로 전염되기 쉽고, 가족 중에 누군가가 걸리면 바로 아이에게 전염됩니다.

갑자기 구토와 설사를 하고 열이 나는 경우도 있습니다. 특히 설사가 심해서 기저귀 밖으로 새어나올 정도로 묽은 변을 하루에 수차례 혹은 십여 차례 누게 됩니다. 노로 바이러스로 인해 설사가 심한 증세는 1~2일 안에 진정되고 자연스럽게 회복됩니다.

로타 바이러스는 흰색 또는 크림색의 설사가 나오는 것이 특징인데, 꼭 그런 색깔의 변이 나오는 것은 아닙니다. 노로 바이러스에 비해 증상이 심하며 설사가 일주일 정도 이어지는 경우도 있습니다.

치료와 간호
탈수증이 예방을 위해 수분 공급

바이러스에 의해 위장염이 걸리면 반나절 동안 구토 증세가 심하게 나타납니다. 이때는 식사는 물론 물도 먹이지 말고 구토 증세가 조금 진정되면 수분을 섭취시키세요. 전해질을 보충하는 경구용 수액이 좋습니다. 모유나 분유도 아이의 상태를 지켜보면서 조금씩 줍니다. 정장제나 구토약이 처방되는 경우도 있습니다.

감염력이 강하기 때문에 기저귀나 옷은 별도로 세탁하고, 아이를 돌보기 전이나 후에는 반드시 손을 씻습니다.

급성 위장염 (세균성)

신호
- 갑자기 구토와 설사
- 혈변이나 점액변이 나온다
- 발열(열이 나지 않는 경우도)

병원균에 따라 증상이 다르며, 고열이 나는 경우도 있다

세균에 감염되어 일어나는 위장염이며, 음식을 통해 발생하면 식중독이라고 합니다. 원인균으로는 살모넬라균, 캄필로박터균, 장염비브리오, 포도구균, 병원성 대장균 등이 있습니다.

증상은 발열, 구토, 설사인데 원인균에 따라 조금씩 다릅니다. 예로 고열이 나는 경우도 있으며, 열이 전혀 나지 않는 경우도 있습니다. 변도 혈변 외에 녹색 점막변, 검은 변, 물과 같은 변이 나오기도 합니다. 이런 변이 나오거나 강한 복통이나 고열이 있을 때는 서둘러서 병원에 가야 합니다. 바이러스성 위장염보다 중증이 되는 경우가 많으며 입원을 해야 하는 경우도 있습니다.

치료와 간호
수분 보급이 중요, 증세를 보이면 바로 병원으로

정장제나 구토약이 처방됩니다. 설사는 병원체를 배출하려는 자연스런 몸의 반응이므로 강한 설사약은 쓰지 않습니다. 바이러스에 의한 급성 위장염 때와 같이 자주 수분을 보급해주고 상태를 유심히 지켜보세요. 물을 마시지 못하고 몸이 축 처져 있는 등 탈수증 증세가 보일 때는 바로 다시 병원에 데리고 갑니다.

장중첩증

신호
- 울다가 그쳤다가를 반복한다
- 딸기 젤리 형태의 혈변이 나온다(관장을 해야 나오는 경우도 많다)

장과 장이 겹친 상태이며, 괴사하는 경우도 있다

장의 일부가 장 속에 들어가버리는 병이며 생후 4개월부터 2년 무렵에 주로 발생합니다. 남자아이가 여자아이보다 2배 정도 발생하기 쉽습니다.

특징적인 증상은 아이가 불에 덴 듯이 울었다가 뚝 그쳤다가를 반복합니다. 이것은 장이 겹친 부분이 막혔기에 장의 연동 운동이 일어나면 통증이 강해지고, 끝나면 통증이 가라앉기 때문입니다. 하지만 이런 증상이 꼭 나타나는 것은 아닙니다. 그리고 장 속에 들어간 장이 조여지거나 점액이 벗겨져서 출혈을 하기 때문에 딸기 젤리 형태의 혈변이 나옵니다. 이것도 중요한 신호이지만 병원에서 관장을 해야 혈변이 나오는 경우도 있으며, 집에서 반드시 볼 수 있는 증상은 아닙니다.

오랫동안 방치해두면 장의 혈류가 방해를 받아 주변 세포가 괴사할 수 있으니 아이가 계속해서 배가 아픈 것 같으면 밤중이라도 지체 없이 병원으로 가야 합니다. 이런 경우에는 소아과와 소아외과가 있는 종합병원에 가는 편이 좋습니다.

치료와 간호: 고압 관장으로 원래 상태로 되돌린다

문진과 초음파 검사로 진단이 가능합니다. 발병 후 24시간이 지나지 않았으면 조영제, 공기, 생리 식염수 등을 고압으로 항문에 주입해서 장 속에 들어가 있는 장을 원래 상태로 되돌립니다. 대부분 이 방법으로 치유가 되는데, 다만 그날 중에 재발할 수 있으니 입원해서 상태를 지켜보는 경우가 있습니다.

고압 관장으로 치유가 되지 않으면 발병한 지 오래되어서 장이 괴사해 있을 가능성이 높으며, 이런 경우에는 개복 수술이 필요합니다.

비후성 유문 협착증

신호
- 젖을 먹을 때마다 토한다
- 분수 모양으로 토한다
- 체중이 늘지 않거나 준다

십이지장 통로가 좁아졌다

비후성 유문 협착증은 위의 출구인 유문 근육이 두꺼워져 십이지장으로 통하는 부위가 좁아져 있는 상태입니다. 그렇기 때문에 모유나 분유를 마셔도 십이지장으로 이동하지 못하고 입으로 역류해 나옵니다. 원인은 모르지만 생후 2~3주일부터 2개월 사이에 일어나는 경우가 많으며, 남자아이 특히 첫째 아이에게 많이 발생합니다.

아이의 위는 호리병을 세워놓은 듯한 모양이기 때문에 성인에 비해 토하기가 쉽습니다. 종종 토해도 아이의 기분이 좋고 체중이 순조롭게 증가한다면 걱정할 필요는 없습니다. 하지만 점차 토하는 횟수가 증가하고, 젖을 먹을 때마다 토하고 분수 모양으로 세차게 토한다면 비후성 유문 협착증인지 의심해봐야 합니다. 체중이 늘지 않거나 태어났을 때보다 줄어드는 경우도 있으며, 탈수 증세를 일으키기도 합니다.

치료와 간호: 수술하면 낫고 젖도 먹일 수 있다

초음파 검사로 진단이 가능합니다. 치료법은 의사와 상담해서 결정하는데, 일반적으로는 수술을 권합니다. 5일 정도 입원해서 수술하면 재발되지 않습니다. 수술이 끝나면 비교적 빨리 젖도 줄 수 있습니다.

급성 위장염 뒤에 일어나는 유당 불내증

급성 위장염을 일으키면 위의 점막이 상처를 입고, 일시적으로 유당을 소화·흡수하는 산소가 나오지 않게 되며 계속 설사가 이어지는 경우가 있습니다. 이것이 유당 불내증입니다. 위장염이 치유되어도 설사가 계속되는 경우는 다시 진찰을 받아야 합니다. 유당 불내증이란 진단을 받으면 유당이 함유되지 않은 분유나 유당을 분해한 식품을 주어야 합니다. 유당을 섭취하지 않으면 장의 점막이 재생되고 유당 분해 효소도 회복됩니다.

> 부모 체질이 유전된다

알레르기

아토피성 피부염이나 기관지 천식은 알레르기 체질과 관련된 병입니다. 각각의 증상에 대해 알아두세요.

아토피성 피부염

신호
- 짓무른 살갗에 빨간 습진
- 귀밑이 갈라진다
- 치유가 되어도 바로 도진다

강한 가려움증을 일으키는 만성 습진

아토피성 피부염은 유전적으로 알레르기를 일으키기 쉬운 체질을 지닌 사람에게 일어나는 만성 습진입니다. 특정 식품이나 먼지, 진드기 등 알레르겐이 체내에 흡입되어 피부에 알레르기 반응이 일어나고 습진이나 염증을 일으킵니다.

특히 아이 때는 피부가 약해서 알레르겐에 의해 염증이 발생하기 쉽습니다. 이때 가려워서 긁으면 피부가 상처를 입어 방어 기능이 파괴되고, 그렇게 되면 피부를 통해 다양한 알레르겐이 침입해 아토피성 피부염이 되는 것입니다.

생후 2~3개월 이후에 얼굴이나 머리에 빨간 습진이 생기면서 피부가 짓물러지면 아토피를 의심해야 합니다. 그 뒤 점점 몸 아래로 빨간 습진이 내려오고 목이나 배, 등, 가랑이, 팔다리 관절 등으로 확대됩니다. 아이 때는 귀밑이 갈라지기도 합니다.

유아 습진과 비슷하기 때문에 처음에는 아토피인지 알기가 쉽지 않은데, ① 좋아졌다가 나빠지기를 반복하는 만성 습진 ② 몹시 가렵다 ③ 대부분의 경우 알레르기가 원인(아토피 소인을 갖고 있다) ④ 습진이 생기는 모양이 특징적이다 등 4가지 특징으로 판단합니다.

치료와 간호: 약과 함께 피부를 청결하게, 보습 관리도

무엇보다도 피부의 방어 기능을 회복시켜주어야 하며, 그러기 위해서는 긁어서는 안 됩니다. 가려움증을 덜어주는 스테로이드 외용약을 단계적으로 사용해서 염증을 억제합니다. '스테로이드는 부작용이 일어날까 겁이 난다.'며 적게 사용하거나 상태가 좋아졌다고 해서 사용을 중지하면 피부 상태가 악화되어 원래의 상태로 돌아가니 반드시 의사의 지시대로 사용해야 합니다. 심하게 가려울 때는 경구용 항히스타민제나 항알레르기 약이 처방됩니다. 아토피성 피부염은 제대로 치료하면 낫습니다. 좋아졌다가 나빠지기를 반복하면서 시간을 들여서 고쳐가는 병이라는 점을 알고 있어야 합니다.

집에서는 피부를 항상 청결하게 유지시켜주고, 보습 관리를 해주어야 합니다. 목욕이나 샤워로 땀이나 이물질을 깨끗하게 씻어내고, 물기는 수건으로 누르듯이 부드럽게 닦아냅니다(강하게 문질러 닦아내서는 절대 안 됩니다!). 그다음에 보습제를 발라 줍니다.

아토피성 피부염이 음식물 알레르기로 일어나는 경우는 그다지 많지 않습니다. 다만 아토피성 피부염이란 진단을 받으면 검사를 하고 원인이 음식물인 경우에는 의사의 지시에 따라 그 음식물을 식단에서 제외시킵니다. 하지만 개인적인 판단으로 달걀이나 우유를 제외시켜서는 안 됩니다.

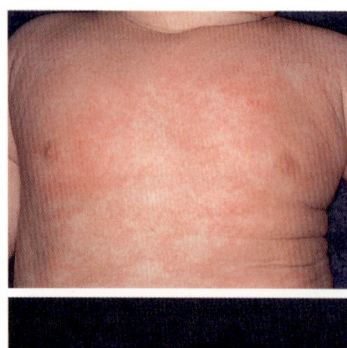
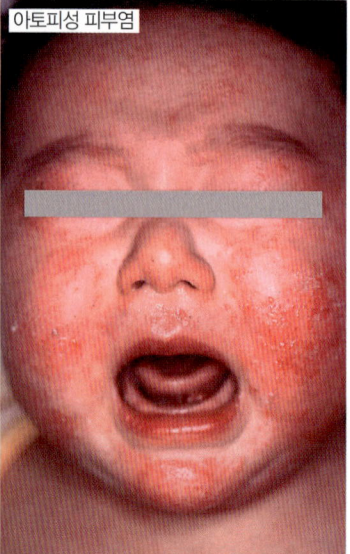
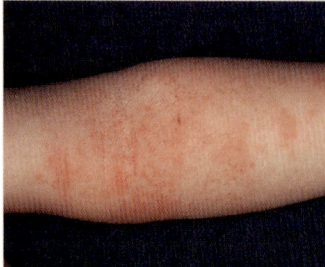

얼굴, 가슴, 배, 팔꿈치나 무릎 등 관절 안쪽 등에 몹시 가려운 습진이 발생.

기관지 천식이란

영유아의 기관지 천식은 알레르기성이 대부분이다

천식은 기도나 기관의 점막에 염증이 생기는 질환으로, 발작성 호흡 곤란 상태가 반복되는 것이 특징입니다. 호흡을 할 때 휴휴, 쌕쌕 하는 소리가 납니다. 가래가 끓고 가벼운 천식 발작은 금세 회복되는데, 중증은 호흡을 할 수 없는 상태에 이르기도 합니다.

영유아의 천식은 90%가 알레르기성입니다. 원인이 되는 물질은 아이에 따라 다른데, 집먼지 진드기가 대표적입니다. 감기나 기온의 변화, 스트레스, 피로 등이 천식 발작을 일으키는 원인이 되기도 합니다.

천식이라는 진단을 받으면 약 사용법이나 천식 발작을 일으킬 때의 대처법은 물론, 일상생활을 어떻게 보내야 하는지 등에 대해 전문의에게 지도를 받으세요. 적절한 치료를 시작하고 생활 환경에 신경을 쓰면 성장하면서 낫는 것이 영유아 천식의 특징입니다.

그리고 영유아가 기관지염에 걸려도 호흡을 할 때 천식 발작과 같이 쌕쌕 소리가 나는 경우가 있으며, 이를 천식 기관지염이라고 합니다. 이것은 천식이 아니라 급성 기관지염입니다.

기관지 천식과 천식 기관지염의 차이

	기관지 천식	천식 기관지염
큰 차이	기도나 기관지에 만성적인 염증이 생긴다. 기관지의 근육이 알레르기 반응으로 수축하기 때문에 호흡하기가 괴로워진다.	기관지가 감염되어 염증이 생긴다. 기관지에 가래 등의 분비물이 달라붙어 좁아져서 쌕쌕거린다.
증상	호흡을 하면 휴휴, 쌕쌕 하는 소리(천명)가 난다. 특히 숨을 내쉴 때 고통스럽고 휴 하는 소리가 난다. 호흡 속도가 빠르다.	영유아는 원래 기관이 좁은 데다가 염증이 생겨 더욱 좁아져서 공기가 드나들 때마다 천명음이 난다. 가래도 제대로 뱉어내지 못하기에 계속해서 천명음을 내게 된다. 일반적으로 호흡 곤란 증세는 없다.
치료	치료약은 알레르기를 억제하는 항알레르기약, 염증을 억제하는 스테로이드약을 흡입한다. 발작 시에는 기관지 확장약을 사용한다.	증상에 따라서는 기관지 확장약을 사용한다.

괴롭게 기침할 때는

1. 상반신을 일으켜 세우고 수분을 섭취시킨다

기침으로 괴로워할 때는 상반신을 조금 일으켜 세워주면 편해집니다. 가래가 묽어지도록 수분을 섭취시킵니다. 기침을 하면서 토해내지 않도록 '조금씩' 수분을 섭취시킵니다.

2. 방의 공기를 깨끗하게, 적절한 습도를 유지한다

아이가 생활하는 방은 틈틈이 창문을 열어 환기를 시켜줍니다. 어른들은 집 안에서 담배를 절대 피워서는 안 됩니다. 괴롭게 기침을 할 때는 습도를 높여줍니다. 세탁물을 방 안에 널거나 가습기를 사용합니다.

3. 가슴이나 등을 가볍게 두들겨준다

호흡을 할 때 쌕쌕 소리가 나는 것은 기도에 가래가 달라붙어 있기 때문입니다. 아이를 안아서 상반신을 일으켜 세우고 손가락을 모아서 가슴이나 등을 가볍게 두들겨주면 가래가 쉽게 떨어집니다.

피부 질환

> 아이의 피부는 약해서 자극받기 쉽다

아이의 피부는 가벼운 자극에도 상처 입기 쉽습니다. 전염성 피부병에도 주의하세요!

유아 습진

신호
- 얼굴이나 몸에 빨간 습진
- 두피나 눈썹에 노란 딱지

유아 지루성 습진과 신생아 여드름이 대표적인 질환

생후 2개월 정도까지는 태내에서 엄마에게 물려받은 호르몬이 남아 있기 때문에 피지 분비가 왕성하고, 피지량이 많은 부위에 습진이 발생하기 쉽습니다. 이것을 총칭해서 유아 습진이라고 하며, 가장 많은 것이 '유아 지루성 습진'입니다. 얼굴이나 목, 몸 등에 빨간 습진이 생기고, 두피나 눈썹 주위에 노란 피지나 비듬과 같은 것이 달라붙습니다.

또한 생후 2개월 정도까지의 아이에게 발생하는 '신생아 여드름'은 이마나 볼 등에 빨간 발진이 생깁니다.

치료와 간호 — 비누로 깨끗하게 씻기고 보습을

1일 1회는 비누로 이물질이나 피지를 깨끗하게 씻어주세요. 비누 거품을 충분히 내서 거품으로 감싸듯이 씻어냅니다. 그다음에 따뜻한 물에 적신 거즈로 부드럽게 닦아내는데, 문지르지 않도록 주의합니다.

지루성 습진은 딱지를 떼어내지 않으면 계속 반복되기 때문에 베이비오일 등으로 불렸다가 목욕을 시키면서 떼어냅니다. 크기가 작아도 지루성 딱지

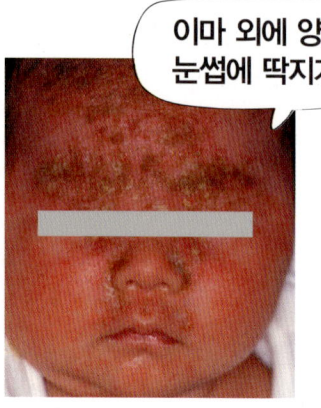

> 이마 외에 양쪽 눈썹에 딱지가!

가 있을 때는 소아과에 가서 진찰을 받는 것이 좋습니다.

땀띠

신호
- 땀을 흘린 뒤 가려워한다
- 붉은 좁쌀만 한 발진이 가득 나 있다

땀이 나오는 구멍이 막혀서 염증을 일으킨다

아이의 작은 몸에는 성인과 같은 수의 땀구멍이 있습니다. 작은 몸에 땀구멍이 가득 있기 때문에 땀을 많이 흘리게 됩니다. 땀을 많이 흘리면 피부가 불어서 땀구멍이 막히고 땀이 나오지 못해 쌓이면서 염증을 일으키게 되는데, 이것이 땀띠입니다.

주로 목 주변, 이마, 겨드랑이, 손과 발의 접히는 부위 등 땀이 많이 나는 곳에 발생합니다. 손으로 긁어서 세균에 감염되면 '다발성 한선 농양'이나 전염성 농가진(210쪽)이 되는 경우도 있습니다.

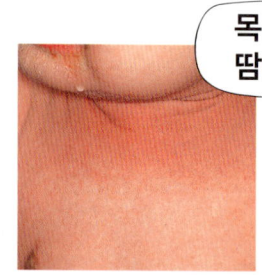

> 목 주변에 땀띠가 가득!

무더운 시기에 옷깃이 닿는 목 부분에 땀띠가 생긴다. 우선 땀을 깨끗하게 씻어주고 나서 약을 발라준다.

치료와 간호 — 땀을 흘리면 씻어주고, 물기를 완전히 닦아준다

통기성이 좋은 속옷을 입히고, 땀을 흘리면 옷을 갈아입힙니다. 자주 샤워를 시켜주고, 에어컨을 적절하게 사용하고, 목욕을 한 뒤에는 물기를 완전하게 없애주는 등 땀이 땀구멍을 막지 않도록 해야 합니다.

증상이 가벼운 경우에는 이런 간호로 쉽게 낫지만, 땀띠가 넓게 퍼졌을 때나 몹시 가려울 때는 서둘러서 피부과에 데리고 갑니다.

기저귀 발진

신호
- 엉덩이가 빨개진다
- 작고 빨간 습진이 생긴다
- 피부가 벗겨지고 문드러진다

기저귀를 대었던 부위에 빨간 습진이 생기거나 문드러진다

기저귀를 댄 부위나 항문 주위가 빨갛게 붓고, 오톨도톨한 빨간 습진이 생깁니다. 악화되면 범위가 넓어지고, 피부가 벗겨지고 문드러지며, 엉덩이에 손을 대면 무척 쓰라려 합니다.
아이는 소변과 대변을 자주 보기 때문에 기저귀 안이 상당히 습해집니다. 기저귀를 자주 갈아주지 않으면 습기로 인해 피부가 붇고, 대변과 소변에 있는 소화 효소와 암모니아가 자극해서 염증을 일으킵니다. 특히 설사 변은 자극이 강하므로 주의해야 합니다.

치료와 간호 — 자주 기저귀를 갈아주고 엉덩이를 씻어준다

자주 기저귀를 갈아주어 엉덩이를 청결하게 유지해주고 물기를 없애줍니다. 엉덩이가 젖으면 따뜻한 물에 적신 거즈로 부드럽게 닦아주고, 변을 보았을 때는 미지근한 물로 씻어주세요. 설사를 했을 때는 특히 꼼꼼하게 엉덩이를 닦아주어야 합니다.
물기를 닦아내고 확실하게 말린 다음에 처방된 약을 바르고, 바셀린 등 유분이 많은 보습제를 환부에 발라줍니다. 어렴풋이 빨개져 있거나 습진이 2~3개 있는 정도라면 적절한 간호로 회복되는데, 이미 빨개져 있거나 습진이 퍼져 있을 때는 소아과에 가서 진찰을 받습니다. 초기라면 발진 크림 등을 바르면 낫는데, 염증이 넓게 퍼졌을 때는 약한 스테로이드 연고가 처방됩니다.

칸디다 피부염

신호
- 빨간 습진이 생긴다
- 피부가 벗겨진다
- 기저귀가 닿지 않는 부위도 빨개진다

칸디다균이란 곰팡이의 일종이 원인

칸디다균은 입안이나 변 속에 항상 있는 진균(곰팡이)인데 건강한 피부는 감염되지 않고 피부의 저항력이 떨어지면 균이 침투해서 염증을 일으킵니다. 칸디다균은 고온 다습한 곳을 좋아하므로 엉덩이, 등, 겨드랑이, 음부 등 땀이 많이 나는 습한 부위에 발병합니다. 아이의 경우 기저귀 속에서 칸디다균이 번식을 하는 경우가 많으며, 특히 기저귀 발진을 일으켜서 피부가 약해져 있을 때 주의해야 합니다. 변 속에 있는 칸디다균이 약해진 피부에 침투해서 빨간 습진이 넓게 생깁니다. 진행이 되면 전체적으로 새빨개지고 주변 피부가 레이스 형태로 벗겨지는 경우도 있습니다. 기저귀 발진과 비슷하지만 칸디다 피부염은 기저귀가 닿지 않는 사타구니 안쪽까지 빨개지는 것이 특징입니다. '기저귀 발진이 좀처럼 낫지 않는다.'는 생각이 들면 칸디다 피부염이 합병되었을 가능성이 큽니다.
그리고 칸디다균이 입안에 감염되는 경우도 있습니다(구강 칸디다증). 등이나 겨드랑이 안쪽에도 생기며 땀띠로 착각하기 쉽습니다.

기저귀 발진과 칸디다 피부염의 차이는

기저귀 발진	칸디다 피부염
1. 발생 부위	
기저귀가 닿는 부위와 항문 주변. 기저귀가 직접 닿지 않는 부위에는 잘 생기지 않는다.	기저귀가 닿지 않는 부위에도 생긴다. 겨드랑이, 목 둘레 등 습해지기 쉬운 곳에도 생긴다.
2. 습진의 모양	
빨간 습진이 생기고 심해지면 전체가 새빨개진다. 피부가 벗겨지고 문드러진다.	빨간 습진이 생기고 심해지면 주변 피부가 레이스 모양으로 벗겨진다.
3. 치료약	
아연화연고, 약한 스테로이드 연고	항진균약

치료와 간호 — 항진균약으로 치료, 엉덩이를 청결·건조하게

칸디다균 피부염은 전문가가 아니면 진단하기 어려우므로 의심스러운 증상이 나타나면 반드시 소아과에 가서 진찰을 받습니다. 기저귀 발진이라고 생각해서 스테로이드 연고를 바르면 오히려 칸디다균을 증가시키게 됩니다. 곰팡이의 일종이기에 항진균약을 사용해서 치료합니다. 일단 회복되어도 재발할 수 있기 때문에 지시된 기간 동안 약을 계속 사용해야 합니다. 무엇보다도 기저귀 발진에 걸렸을 때와 같이 엉덩이를 청결하고 건조하게 유지해주어야 합니다. 기저귀가 젖으면 바로 빼낸 뒤 엉덩이를 미지근한 물로 씻어 완전히 물기를 제거한 뒤 새 기저귀를 채워줍니다.

전염성 농가진

신호
- 수포가 갑자기 나타난다
- 긁으면 바로 터지고 잇따라 수포가 증가한다

수포 속의 균이 손가락에 묻어서 온몸으로 퍼져간다

원인균은 황색 포도상구균과 A군 용혈성 연쇄구균인데, 아이들은 주로 황색 포도상구균에 의해 발생합니다. 6~7월의 고온 다습한 시기가 되면 증가합니다(A군 용혈성 연쇄구균은 계절과 상관없습니다).

황색 포도상구균은 콧속이나 피부, 목, 변 등에 늘 있는 세균이며, 아토피성 피부염이나 벌레에 물리거나, 땀띠 등이 생기면 그 부위부터 확대되어가는 경우도 있습니다. 아이에게 많이 발생하지만 성인도 걸립니다.

처음에는 피부에 가려움증을 유발하는 수포가 한두 개 생깁니다. 이 속에는 균이 가득 들어 있으며, 이것을 긁으면 바로 터집니다. 긁어서 손가락에 묻은 균이 다른 부위의 피부에 옮겨서 수포를 만들고 순식간에 온몸으로 확대됩니다. 형제에게 전염될 가능성도 있으니 수포를 1개라도 발견하면 바로 소아과에 가야 합니다.

치료와 간호
먹는 약과 바르는 약으로 완전히 치료된다

병원에 가면 검사를 해서 원인균을 알아내고 항균 약을 처방해줍니다. 요즘에는 항균 약에 내성이 있는 황색 포도상구균(MRSA)도 있기 때문에 검사를 받는 것이 중요합니다. 그리고 완전히 낫기 위해서는 바르는 약뿐만 아니라 내복약도 필요합니다.

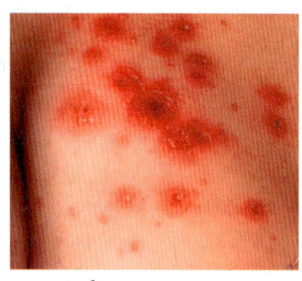

전염성 농가진의 수포는 크기가 다양하며 부드러워서 터지기 쉽습니다.

집에서는 환부에 약을 바르고 거즈와 붕대로 덮어줍니다. 광범위하게 수포가 확대되면 약을 바른 뒤 린트 천(붕대용 메리야스천)에 항생제 연고를 발라서 붙입니다. 그 위에 거즈를 대고 붕대로 감아 고정시킵니다. 절대 반창고를 붙여서는 안 되는데, 오히려 균이 증식될 수 있기 때문입니다. 그리고 환부를 긁을 때를 대비해서 아이의 손톱을 잘라주세요.

적절하게 치료하면 일주일 정도 지나면 회복되는데, 신생아 등은 황색 포도상구균이 만들어내는 독소가 온몸으로 퍼져서 'SSSS(포도상구균성 열상 피부 증후군)'를 일으킬 수 있으니 주의해야 합니다.

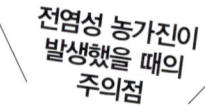

전염성 농가진이 발생했을 때의 주의점
- 수포가 1개라도 있으면 바로 소아과에 간다
- 긁을 때를 대비해서 손톱을 짧게 잘라준다
- 약을 바르고 완전하게 덮어준다

전염성 연속종

신호
- 표면이 반질반질한 작은 구진이 생긴다
- 구진 가운데가 약간 들어가 있다

아프지도 가렵지도 않지만 감염력이 강하다

전염성 연속종 바이러스에 감염되어 생기는 구진입니다. 일반적인 사마귀와는 달리 광택이 있어 반들반들 빛이 나며, 조금 딱딱하고 크기는 1~2mm 정도입니다. 구진의 가운데가 약간 들어가고, 구진 안에 하얀 심이 있으며 그 속에 바이러스가 들어 있기 때문에 비벼서 터지면 다른 부위도 감염되어 퍼지게 됩니다. 아프지도 가렵지도 않지만 감염력이 강하고 수영장의 물이나 몸을 닦은 수건, 목욕탕 물 등으로도 감염되는 경우가 있습니다.

치료와 간호
핀셋으로 떼어내거나 자연 치유되기를 기다린다

한두 개 생겼을 때 피부과에 가서 핀셋으로 떼어내도 되는데, 통증이 있으므로 많이 생겼을 때는 이 방법을 쓰기가 어렵습니다. 그냥 방치해두면 자연스럽게 치유되는데 6개월에서 1년 이상 걸립니다. 의사와 상담한 뒤 치료법을 결정하세요.

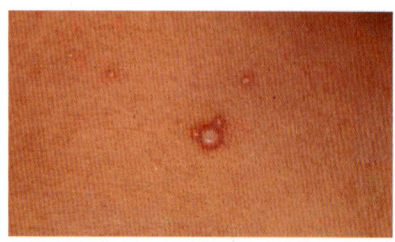

표면에 광택이 있으며 가운데가 약간 들어가 있는 것이 전염성 연속종의 특징.

접촉성 피부염

신호
- 뭔가에 닿아서 붉은 발진이 생긴다

이른바 피부병, 붉어지고 가려움증이 특징

외부 물질과 접촉해서 피부에 붉은 발진이 생기고 가렵습니다. 사람에 따라 피부염을 일으키는 물질이 다른데, 식물이나 금속, 과즙, 고무, 의류 소재 등에 의해서도 발생합니다.

아이들은 주로 침이나 땀, 오줌, 과즙 등에 의한 자극으로 발생합니다. 입 주위나 볼에 침이 묻어 빨개지거나 목 주위가 문드러집니다. 습진 외에 수포가 생기는 경우도 있습니다. 원인이 되는 물질을 제거하면 회복됩니다.

치료와 간호 — 스테로이드제나 항염증제로 가려움증을 억제

접촉성 피부염에 걸리면 환부를 깨끗하게 씻고 항염증제를 바릅니다. 증상이 심한 경우에는 피부과에서 스테로이드제를 처방받아 1~2회 바르면 대부분 치유되니 부작용을 걱정할 필요는 없습니다. 가려움증이 강하기에 계속 긁으면 피부가 손상되고 더 심각해질 수 있습니다.

피부염이 발생하기 쉬운 입 주위나 손 등은 식사를 한 뒤에 젖은 거즈로 닦아주거나 물로 씻어주세요.

두드러기

신호
- 빨갛게 부어오른 경계가 뚜렷한 습진
- 몹시 가렵다

가려움증을 동반하는 발진이 갑자기 생기고 짧은 시간 안에 없어진다

갑자기 몸 이곳저곳에 발진이 생기고 가려워집니다. 발진은 크기가 다양하며 빨갛게 부풀어 올라서 주위 피부와 뚜렷하게 차이가 나는 것이 특징입니다. 그냥 방치해두면 2~3시간, 길어야 하루가 지나면 없어집니다. 아이에게는 알레르기성 두드러기가 많이 발생하는데, 특정 식품이나 동식물에 접촉하거나 약제 등에 의해 생깁니다.

치료와 간호 — 의심스런 음식물을 먹었으면 의사에게 말한다

두드러기가 생기면 피부과나 소아과를 방문해 의심이 가는 음식물이나 약을 먹었으면 의사에게 말하세요. 병원에서는 항히스타민제를 처방합니다. 집에서는 물기를 짜낸 차가운 수건을 환부에 대면 가려움증이 완화됩니다.

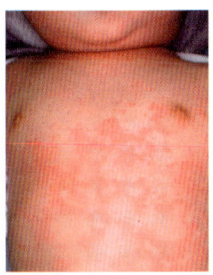

빨갛게 부풀어 오른 크기가 다양한 두드러기

벌레 물림

신호
- 손과 발 등이 갑자기 가렵고 아프다
- 빨갛게 붓는 경우가 많다

벌레에 따라 증상이 다르다

모기, 벌, 파리매, 벼룩, 쐐기 등에 쏘이거나 물리거나, 털을 만지면 여러 가지 증상이 나타납니다. 빨갛게 붓거나, 물집이 생기거나, 통증이나 가려움증을 느끼는 등 증상은 다양합니다. 모기에 쏘이는 경우가 가장 많은데 아이는 피부가 약하고 면역력이 낮아서 모기에 물리면 쉽게 부어오르고 응어리가 생기곤 하니 주의해야 합니다. 특히 벌을 주의해야 하며 쏘이면 쇼크 증상을 일으키는 경우도 있습니다. 이때는 구급차를 불러 빨리 병원에 가야 합니다.

치료와 간호 — 시판 약으로 낫지 않을 때는 소아과에 간다

뭔가에 쏘였다는 생각이 들면 해당 부위를 물로 씻어주든지, 물기를 짜낸 차가운 수건을 대줍니다. 시판 약을 발라주어도 됩니다. 심하게 부어오르거나 진물 등이 생기면 소아과에 갑니다.

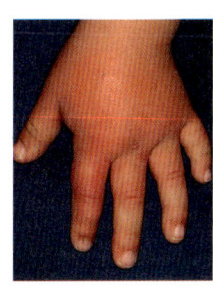

모기에 물려서 부어오른 손등

반점

신호
- 선천성 피부 이상
- 자연스럽게 없어지는 것과 없어지지 않는 것이 있다

색깔에 따라 원인이 다르며, 없어지는 것과 없어지지 않는 것이 있다

반점은 피부에 있는 색소 세포나 모세혈관 등이 선천적인 이상 증세를 보이거나 증식해서 생기는 것이며, 색깔에 따라 '빨간 반점', '파란 반점', '검은 반점', '갈색 반점'으로 나뉩니다.

빨간 반점은 피부의 얕은 부위에서 혈관이 증가하거나 두꺼워진 '혈관종'입니다. 파란·검은·갈색 반점은 진피의 멜라닌 색소가 침착되어 생기는 것이며, 깊은 위치에 있는 것은 파랗게 보이고, 얕은 위치에 있는 것은 검게 보이고, 중간에 있으면 갈색으로 보입니다. 반점의 원인은 아직 분명하게 밝혀지지 않았지만, 태아기에 어떤 이상이 발생했기 때문이라고 추측하고 있습니다. 다만 유전이나 임신 중의 생활과는 관계가 없습니다.

출생 직후에는 알 수 없지만 시간이 지나면서 두드러지게 보이게 됩니다. 다만 반점의 종류에 따라 생후 6개월~1년 사이에 없어지는 것도 많습니다.

빨간 반점

연어반 ▶ 눈썹이나 이마의 중앙, 미간, 윗입술에 희미하게 나타나는 빨간 반점. 1년 6개월 정도 지나면 자연스럽게 없어지는데, 없어지지 않는 경우에는 레이저 치료를 하면 희미해집니다.

포토와인 모반 ▶ 머리나 얼굴, 손과 발 등에 선명하게 나타나는 빨간 반점. 자연스럽게 없어지지 않는데, 레이저 치료는 연령이 낮을수록 효과적입니다.

딸기 혈관종 ▶ 출생 며칠 뒤부터 나타나는 외부로 돌출되는 빨간 반점. 6개월 정도를 정점으로 작아지고, 5~6년쯤에는 없어지기 때문에 원칙적으로는 경과를 지켜보는 것이 좋습니다.

파란 반점

오타 모반 ▶ 얼굴의 한쪽이나 눈 주변, 관자놀이에 생기는 파란 반점. 성장하면서 색이 진해집니다. 레이저 치료로 효과를 보고 있습니다.

이소성 몽고반점 ▶ 엉덩이 이외의 부위에 생기는 몽고반점에는 면적이 넓은 반점이나 색깔이 진한 반점이 있으며, 자연스럽게 사라지지 않는 반점도 있습니다. 눈에 잘 띄는 부위에 생기면 레이저 치료를 받습니다.

갈색 반점

편평 모반 ▶ 편평한 갈색 반점이며, 10~20%의 사람이 지니고 있습니다. 나이를 먹으면서 선명해지고 레이저 치료도 그다지 효과가 없습니다.

카페오레 반점 ▶ 편평 모반의 일종으로, 직경 1.5cm 이상의 반점이 6개 이상 있는 경우 카페오레 반점이라고 부릅니다. 유전성 질환인 렉크링하우젠병일 수도 있으므로 바로 진찰을 받아야 합니다.

검은 반점

색소성 모반 ▶ 점이 대표적입니다. 큰 점이나 털이 나 있는 점은 악성화하는 경우도 있으니 피부과에 가서 진찰을 받습니다.

치료와 간호

이른 시기에 레이저 치료를 받으면 효과가 있다

자연스럽게 없어지지 않는 반점은 레이저 치료로 거의 소멸시키거나 희미해지게 만들 수 있습니다. 검은 반점 등은 수술로 제거하지만 기본적인 치료법은 레이저 치료입니다. 다만 반점에 심각한 병이 숨어 있는 경우도 있으니 피부과에 가서 검사를 받으세요.

레이저 요법이란

- 레이저 요법은 환부에 레이저를 쪼여 이상한 색소 세포나 혈관을 파괴하고, 반점을 없애거나 희미하게 만드는 방법입니다. 입원할 필요는 없으며 출혈 가능성도 거의 없습니다. 다소의 통증은 있지만 국소 마취를 하고, 한 번의 수술로 치유되는 경우도 있습니다.
- 아이의 피부는 매우 얇으므로 레이저를 쪼이면 피부 밑의 색소 세포에 닿기 쉽습니다. 이른 시기에 할수록 효과가 높으며 생후 1개월부터 치료할 수 있습니다.
- 단, 아이에게 레이저 치료를 시행하는 병원은 그리 많지 않습니다. 우선 동네 피부과를 찾아가보고 거기에서 소개를 받는 편이 좋습니다.

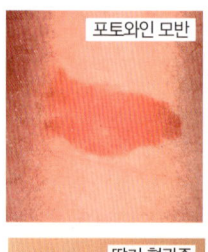
포토와인 모반

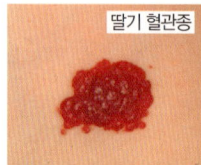
딸기 혈관종

빨간 반점
◆ 자연히 소멸되기도 한다.(포토와인 모반 제외)
◆ 레이저 치료가 가능하다.

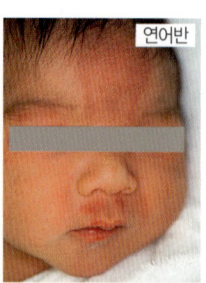
연어반

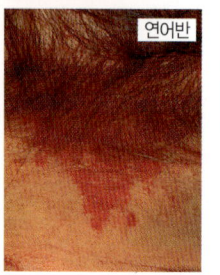
연어반

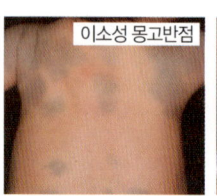
이소성 몽고반점

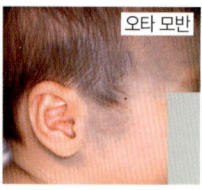
오타 모반

파란 반점
◆ 자연스럽게 사라지지 않는 경우도 있다.
◆ 조기 레이저 치료가 가능하다.

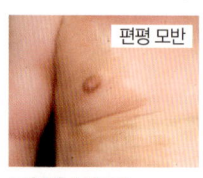
편평 모반

색소성 모반

갈색 반점
◆ 자연스럽게 없어지지 않는다.
◆ 아이의 10~20%에 나타난다.

검은 반점
◆ 자연스럽게 없어지지 않는다.
◆ 큰 점이나 털이 난 점에 주의한다.

열사병이란

중증인 경우에는 생명이 위험! 병의 신호와 대책을 알아두자

몹시 더운 날에 활동하거나 비정상적인 고온 환경에 있으면 체온을 조절하는 기능이 작용하지 않게 되고, 몸 안에 있는 열을 제대로 내보내지 못하게 됩니다. 그 결과 체온이 비정상적으로 올라가서 열사병을 일으키는데, 특히 영유아는 체온 조절 기능이 미숙하므로 짧은 시간에 열사병에 걸리기 쉽습니다. 잠깐이라고 생각해서 문이 닫힌 자동차 안에 아이를 놓아두어 열사병으로 사망하는 사고가 일어나곤 합니다.

열사병이 시작되는 신호는 얼굴이 빨개지고, 안으면 몸이 뜨겁고, 활기가 없고, 몸이 축 처져 있습니다. 바로 시원한 곳으로 옮겨놓고, 옷을 느슨하게 풀어주고, 머리를 낮추어 누이고, 몸을 식혀 체온을 낮추고 수분을 공급해주어야 합니다.

전달 기준

!! **위급!**
- 의식이 뚜렷하지 않다, 반응이 느리다
- 호흡이 약하다
- 경련을 일으켰다

위험 신호이니 구급차를 부르자

열사병 신호

- 축 처져 있다
- 얼굴이 빨갛다
- 몸이 뜨겁다 (38℃ 이상 발열)

탈수증이란

몸의 수분이 부족해져서 일어나는 증상

발열로 땀을 흘리거나 설사, 구토 등으로 체내의 수분이 부족해져서 일어납니다. 열사병은 대부분 탈수증을 일으킵니다. 아이는 체중의 70%가 수분이며 성인에 비해 수분의 비중이 높습니다. 게다가 체중이 적기 때문에 조금 땀을 흘리거나 설사, 구토를 하면 바로 탈수증을 일으킵니다. 병에 걸렸을 때 아이에게 반드시 수분을 공급해주어야 하는데, 탈수증을 예방하기 위해서입니다.

오줌이 적게 나오거나, 울어도 눈물이 나오지 않거나, 피부에 탄력이 없거나, 안색이 나쁘고 몸이 처져 있거나, 수분을 줘도 마시지를 못하면 탈수증을 의심해봐야 합니다. 신생아나 유아의 탈수증은 빠르게 진행되기 때문에 지체 없이 병원에 데리고 가야 합니다. 의식을 잃거나 경련을 일으키면 위험합니다.

열사병을 일으키면

1. 바람이 잘 통하는 시원한 곳으로 옮겨놓는다

외출을 했을 때는 서둘러서 바람이 잘 통하는 응달이나 냉방이 되어 있는 시원한 곳으로 데리고 갑니다.

2. 옷을 느슨하게 풀어주어 열을 내보낸다

옷을 느슨하게 풀어주든지 벗겨줍니다. 그리고 머리를 낮추고 다리를 높게 해서 눕힙니다.

3. 몸을 차갑게 해준다

차가운 수건이나 작은 보냉제를 손수건 등으로 감싸서 목덜미, 겨드랑이, 사타구니 등에 대어 몸을 식혀줍니다.

4. 수분을 보급한다

수분을 조금씩 원하는 만큼 충분히 줍니다. 물이나 보리차 등 뭐든지 좋습니다. 구할 수 있으면 유아용 경구용 수액이 좋습니다.

목덜미 / 겨드랑이 / 사타구니

눈·귀의 병

> 조기 발견과 끈기 있는 치료가 중요하다

시력과 청력에 영향을 미치는 눈·귀의 병은 조기 발견이 중요합니다.

비루관 폐쇄

 신호
- 늘 눈에 물기가 차 있는 느낌
- 눈곱이 많다
- 눈이 충혈된다

눈물 구멍에서 코로 연결되는 관이 막힌 상태

눈물샘에서 분비된 눈물은 눈물주머니에 들어가고, 비루관을 통해서 목으로 흘러들어갑니다. 이 관은 태아기에 뚫리지만 태어난 뒤에도 얇은 막이 남아 있는 경우가 있는데, 이것이 비루관 폐쇄입니다. 대부분 한쪽 눈에 발생하며 항상 눈에 물기가 있고 눈곱이 많습니다. 고인 눈물에 세균이 번식해서 '신생아 눈물주머니염'이 되는 경우도 있습니다.

치료와 간호 **점안약과 마사지로 낫는 경우도 많다**

생후 1개월쯤까지는 증상이 가벼우면 미지근한 물에 적신 거즈로 눈곱을 닦아주면서 상태를 지켜보는데, 1개월이 지나도 변화가 없으면 안과에 가서 진찰을 받습니다. 3개월 정도까지는 항균제가 들어간 점안약과 눈물주머니 마사지로 대부분 개선됩니다. 4개월이 지나도 자연 치유가 되지 않으면 부지(bougie)라는 기구를 비루관에 넣어 치료합니다.

결막염

신호
- 눈곱이 심하게 낀다
- 충혈 ● 눈물이 나온다
- 눈꺼풀이 붓는다

세균, 바이러스 감염 외 알레르기 체질도 원인

눈꺼풀의 안쪽과 흰자 부분을 덮고 있는 결막이 세균이나 바이러스에 감염되거나 알레르기 등으로 염증을 일으키는 것을 결막염이라고 합니다. 눈곱이 심하게 끼고 충혈되고 눈꺼풀이 붓는 것이 특징입니다. 아이에게는 주로 세균 감염으로 발생하며 노란빛을 띠는 눈곱이 많이 생깁니다. 바이러스성 중에서도 아데노 바이러스에 의한 결막염은 '유행성 각결막염'이라고 하며, 중증화하기 쉬우므로 주의해야 합니다. 알레르기성은 알레르기 체질의 아이에게 많이 발생하며 원인은 다양한데, 눈곱은 적게 생기는 편입니다.

 치료와 간호 **점안약을 지시대로 사용한다**

바로 안과를 찾아가서 진찰을 받습니다. 원인에 따라 항균제, 소염제, 항알레르기제 등의 점안약을 사용합니다. 눈곱이 달라붙어 있을 때는 따뜻한 물에 적신 거즈로 부드럽게 닦아줍니다.

덧눈꺼풀 (부안검)

신호
- 눈곱, 눈물이 많이 나온다
- 자주 눈을 비빈다
- 심하게 눈을 부셔한다

눈꺼풀이 안으로 말리면서 속눈썹을 안쪽으로 민다

속눈썹이 안쪽으로 나 있는 상태를 말하며, 생후 6개월쯤까지 흔히 발생합니다. 아이의 눈꺼풀은 근육이 약해서 볼록하게 부풀어 올라 있으므로 속눈썹을 안구로 밀어버리는데, 이 경우 속눈썹이 눈에 닿기 때문에 눈곱이나 눈물이 많아집니다. 또한 자꾸 눈을 비비거나 이상하게 눈이 부셔 합니다.

> 속눈썹은 밖으로 향해 있는 것이 정상

평범한 속눈썹

속으로 말린 속눈썹

| 치료와 간호 | **자연 치유가 대부분, 드물게 수술을 하기도**

대부분은 성장하면서 자연스럽게 치유되며, 각막이 다치는 경우는 없습니다. 다만 3년을 넘어서도 낫지 않고 시력 발달에 영향을 미칠 때는 수술을 하기도 합니다.

급성 중이염

| 신호 | ● 갑자기 발열 ● 귀에 통증
● 머리를 흔든다 ● 귀를 만진다
● 노란 귀고름이 나온다

코나 목구멍에 달라붙은 바이러스나 세균이 중이에

급성 중이염은 감기 등으로 코나 목구멍에 달라붙은 바이러스나 세균이 중이에 들어가서 염증을 일으킨 것입니다. 영유아의 귀는 이관이 굵고 짧으며 수평이기 때문에 코나 목구멍의 염증이 옮겨가기 쉽습니다. 주된 증상은 발열, 콧물, 귀 통증, 노란 귀고름 등입니다. 아이가 자꾸 귀를 만지나 머리를 좌우로 흔들고, 칭얼댈 때는 신속하게 병원에 데리고 가세요.

| 치료와 간호 | **완치될 때까지 치료하는 것이 중요**

소아과나 이비인후과에 가서 진찰을 받습니다. 증상이 가벼우면 콧물을 빼 주고, 항균제를 복용시킨 뒤 경과를 지켜봅니다. 고름이 고여 있거나 통증이 심할 때는 고막을 절개해서 고름을 빼냅니다. 절개를 한 뒤 3일~1주일가량 지나면 자연스럽게 낫습니다.
완치를 위해 의사의 처방대로 항균제를 모두 복용시키세요.

삼출성 중이염

| 신호 | ● 특별한 증상이 없다
● 몇 번을 불러도 뒤돌아보지 않는다
● TV를 가까이에서 보려고 한다

코, 목구멍의 병이나 급성 중이염에서 이행

코에 생긴 병이나 목구멍 염증 등에 의해 이관의 기능이 나빠지고, 고막의 안쪽에 삼출액이 고이는 병입니다. 급성 중이염에 걸린 뒤 완전하게 고름을 제거하지 못했을 때도 발생합니다. 고막 안에 물이 고이기 때문에 귀가 잘 들리지 않게 되는데, 특별한 증세가 없기에 알아차리기가 어렵습니다. TV를 가까이에서 보거나, 다시 묻는 경우가 많거나, 불러도 반응이 없는 등 귀가 잘 들리지 않는 모양이면 이비인후과에 가서 진찰을 받으세요.
급성 중이염과 삼출성 중이염은 영유아에게 발생하기 쉬운데, 영유아는 코나 목구멍에 염증이 일어나기 쉬우며 이관의 기능이 발달하지 않았기 때문입니다.

| 치료와 간호 | **우선 코 치료. 고막 절개나 고막 튜브도**

우선 코나 목구멍의 병을 치료하고, 이관이 잘 통하도록 처치를 합니다. 이에 따라 중이 안쪽의 액체가 자연스럽게 빠져나가 낫는 경우도 있습니다. 필요하면 고막을 절개해서 삼출액을 흡입합니다. 자주 걸리면 고막을 절개하고 고막 내부에 공기가 통하도록 전용 튜브를 넣는 경우도 있습니다.

이구전색

귀지가 쌓여서 외이도가 막힌 상태

귀지는 외이도의 피부에서 떨어져 나온 각질이나 피지의 분비물, 먼지 등이 섞여서 생깁니다. 외이도는 자정 작용이 있어서 특히 마른 귀지는 자연스럽게 밖으로 나오는 경우가 많습니다. 다만 물귀지나 양이 많은 경우에는 자연스럽게 나오지 못하고 외이도를 막아버리는 경우가 생기는데, 이를 이구전색이라고 합니다. 이비인후과에 가서 치료를 받으세요.

외이도염

| 신호 | ● 귀를 만지면 통증을 느낀다
● 귀에서 냄새가 난다
● 노란 귀고름이 나온다

귀를 청소하다가 상처를 내어 세균에 감염

귀 입구에서 고막에 이르는 관이 외이도인데, 이 외이도가 세균에 감염되어 염증을 일으키는 병입니다. 대부분 귀를 청소하거나 손톱으로 긁다가 상처를 내서 생깁니다. 주요 증상은 귀 주변에 뭔가가 살짝 닿기만 해도 심하게 아픕니다. 이 밖에 귀에서 냄새가 나나 귀고름이 생기거나 미열이 나기도 합니다.

| 치료와 간호 | **항균제나 점이약으로 치료, 귀고름은 닦아낸다**

마시는 약이나 연고, 점이약으로 치료합니다. 염증이 발생한 부위가 곪았을 때는 절개해서 고름을 제거하는 경우도 있습니다. 귀고름은 거즈나 휴지 등으로 가볍게 닦아줍니다.

뼈 · 근육 · 관절의 병

> 조기 발견이 중요해요!

아이의 뼈나 근육, 관절은 약하기도 하지만 회복도 빠르므로 조기 발견해 치료하면 낫는 경우가 많습니다.

고관절 탈구

신호
- 사타구니나 엉덩이의 주름 수가 좌우로 다르다

후천적인 병인 경우가 많으며 조기에 치료하면 대부분 낫는다

넓적다리 뼈(대퇴골)가 원래 들어 있는 골반의 받침(구개)에서 어긋나 삐져나와 있거나, 어긋나려는 상태를 고관절 탈구라고 합니다. 구개의 형성 부전이나 관절 이완이 있는 상태에서 아이를 잘못 안거나 기저귀를 잘못 채워주면 발병합니다. 아이의 다리는 개구리처럼 M자형으로 되어 있는데, 관절이 아직 느슨해서 다리를 똑바로 편 상태에서 안거나 기저귀를 채워주면 고관절이 어긋나게 되는 것입니다. 요즘에는 여러 곳에서 올바르게 안는 법이나 기저귀를 채우는 법을 가르쳐주기 때문에 고관절 탈구가 이전보다 한결 줄었습니다.

고관절 탈구는 생후 3~6개월쯤부터 치료하면 거의 낫습니다. 건강 검진을 하면서 발견되는 경우가 많기에 생후 1개월, 3~4개월 건강 검진은 꼭 받도록 하세요. 부모가 알아차릴 수 있는 고관절 신호는 다음과 같습니다.

▶ 무릎을 구부린 상태에서 가랑이를 벌리면 고관절이 빠지는 듯한 느낌이 있다
▶ 양 무릎을 구부린 상태에서 가랑이를 벌리려고 하면 한쪽 또는 양쪽 발이 잘 벌어지지 않는다
▶ 사타구니나 엉덩이의 주름 수나 주름의 깊이가 좌우로 다르다
▶ 바로 누운 상태에서 무릎을 벌리면 양 무릎의 높이가 다르다

> 파브릭 보장구로 치료

다리를 벌리고 있는 상태를 유지할 수 있는 보장구. 장착하는 기간은 일반적으로 3~4개월 정도.

팔꿈치 아탈구

신호
- 손을 움직이려고 하지 않는다
- 만지면 아파서 운다
- 팔이 축 늘어져 있다

6년 미만에 주로 발생, 팔꿈치의 인대가 어긋난 상태

손을 강하게 당겨서 팔꿈치가 아탈골된 상태. 탈구와는 달리 팔꿈치 관절의 인대가 어긋난 상태입니다.

팔꿈치 아탈구는 뼈와 뼈를 잇는 인대가 발달이 덜 된 영아나 유아에게 발생하기 쉬우며 충분히 발달하는 6년 이상의 아이에게는 거의 일어나지 않습니다.

치료와 간호
바로 정형외과로 간다. 재발하기 쉬우니 주의해야 한다

아이가 넘어지려고 해서 손목을 잡아당겼을 때 발생하기 쉽습니다. 시간이 지나면 고치기 어렵기 때문에 바로 정형외과에 가야 합니다. 밤중이라도 심하게 아파할 때는 응급실로 갑니다. 한 번 발생하면 재발하기 쉬우니 일상생활 중에 아이의 손을 강하게 잡아당겨서는 안 되며, 어쩔 수 없이 잡아당겨야 할 때는 팔꿈치 위를 잡습니다.

팔꿈치 아탈구 증상 자가 진단하기

팔꿈치 아탈구 상태가 되면 무언가 잡으려고 해도 움직임이 둔하고 잘 못 잡고 팔을 가슴 이상 들어 올리지 못합니다. 따라서 병원에 가기 전 아이가 팔꿈치 아탈구 상태인지를 확인하려면 아이가 좋아하는 물건을 얼굴 높이 이상에서 보여주며 팔을 뻗어 잡으려 하는 모습을 관찰해보는 게 좋습니다.

선천성 내반족

신호
- 발바닥이 안쪽으로 향하고 있으며, 밖쪽으로 향하게 하려고 해도 안 된다

선천적인 원인으로 발바닥이 밖쪽으로 향하지 못한다

내반족이란 선천적으로 발바닥이 안쪽으로 향해 있는 상태를 말합니다. 아킬레스건이나 인대의 조직이 선천적으로 오그라들거나, 발뒤꿈치 주변 뼈의 구조에 이상이 있는 등이 원인이지만, 왜 이렇게 되는지는 아직 밝혀지지 않았습니다. 대부분의 경우 내반족은 태어나자마자 바로 알 수 있으며, 조기에 치료할수록 효과가 크므로 생후 1주일쯤부터 치료를 시작합니다. 다만 드물게 1개월 건강 검진에서 판명되는 경우도 있으니 발목을 제대로 움직이지 못하거나 이상하게 구부러지는 느낌이 있으면 서둘러 정형외과나 소아과에 가서 진찰을 받습니다.

치료와 간호
깁스를 해서 발을 고정, 심한 경우에는 기구 사용

발을 올바르게 놓고 깁스를 해서 고정시킵니다. 그 뒤에는 정기적으로 병원에 가서 고정 상태를 확인하고 치료하면서 상태를 지켜봅니다.

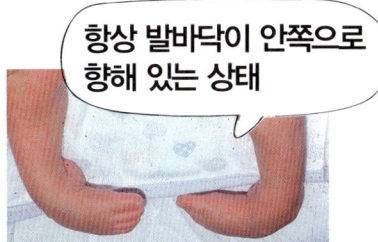

"항상 발바닥이 안쪽으로 향해 있는 상태"

1000명에 1명의 비율로 발생. 깁스로 고정해서 치료합니다.

깁스를 해도 고쳐지지 않는 경우에는 교정용 기구를 사용합니다. 증상의 정도에 따라 치료에 걸리는 시간은 다르며, 5년 무렵까지 장구를 착용해야 하는 경우도 있으며, 아주 드문 예이지만 수술을 해야 하는 경우도 있습니다.

구루병

신호
- 발을 뻗고 발꿈치를 땅에 댄 상태에서 무릎과 무릎의 사이가 3cm 이상 벌어진다

최근 증가하는 이유는 육아 환경의 변화

1~2년의 아이를 세우거나 눕혀놓고 다리를 뻗은 상태에서 양발의 발꿈치를 붙여서 무릎과 무릎 사이가 3cm 이상 벌어지면 주의해야 합니다. 구루병에 걸리면 극단적인 오다리가 되며 키가 제대로 크지 않게 됩니다.

이 병은 비타민 D와 크게 관련이 있습니다. 뼈의 성장에 반드시 필요한 비타민 D는 음식을 통해 섭취할 수 있지만, 햇볕을 쬐면 체내에 어느 정도 만들어집니다. 영양 상태가 나쁘고 햇빛이 잘 들지 않는 집이 많았던 시대에는 영유아가 구루병에 걸리는 경우가 많았습니다. 현대화가 진행돼 주거 환경이 개선되어 거의 볼 수 없게 되었지만, 요즘에 다시 증가하고 있습니다.

그 원인으로는 ① 완전 모유 보급 ② 자외선을 피하는 생활 ③ 알레르기 등의 이유로 이유식을 시작하는 시기를 늦추거나, 제멋대로 알레르기 식품을 제외시켜 편중된 식사를 시키는 점 등을 들 수 있습니다.

치료와 간호
이유식 시기를 늦추지 말고 자외선을 쬐게 한다

모유는 훌륭한 영양원이지만 비타민 D의 함유량이 적으므로 아이는 필요한 양의 절반밖에 섭취하지 못합니다. 분유에는 비타민 D가 함유되어 있지만 모유 수유 아이를 굳이 분유로 바꿀 필요는 없습니다. 예방책으로서는 우선 엄마가 비타민 D가 많은 식품(달걀, 생선, 마른 표고버섯)을 적극적으로 섭취하세요. 그리고 5~6개월에는 이유식을 시작해서 1년 6개월 전까지는 모유에 부족한 영양을 섭취시킵니다. 또한 햇볕을 쬐지 않으면 비타민 D가 생성되지 않으니 밖에 데리고 나가 햇볕을 쬐게 해주세요. 수유 중의 엄마가 자외선 차단제를 많이 사용하면 비타민 D가 결핍될 수 있으니 엄마도 아이와 함께 자외선 차단제를 바르지 않고 산책을 합니다.

잠깐 복습

비타민 D란

칼슘과 인의 흡수를 촉진시키고 혈액 중의 칼슘 농도를 유지해서 튼튼한 뼈를 만드는 영양소입니다. 음식으로 섭취하는 방법 외에 햇볕을 쬐면 체내에서 어느 정도 생성되는데 맑은 날에(여름이라면 아침 햇살) 자외선 차단제를 바르지 않고 10~15분 정도 얼굴이나 팔을 햇볕에 쬐면 피부에서 합성됩니다. 뼈를 튼튼하게 한다고 비타민 D 보충제를 무분별하게 사용하는 것보다 식품으로 섭취하는 것이 바람직합니다.

연어, 참치 등 어류, 달걀, 버섯류

> 때로는 외과적 치료가 필요하다

복부·성기 질환

아이의 몸을 세심하게 관찰하는 것만으로 조기에 질병을 발견할 수 있어요.

배꼽 탈장

신호
- 울거나 배에 힘을 주면 배꼽 부위가 튀어나온다
- 크기는 탁구공 정도 배꼽 부위가 튀어나온다

장의 일부가 배꼽 언저리로 밀려들어 배꼽이 불룩해진다

탈장은 장기의 일부가 본래 있어야 할 곳에서 비어져 나와 있는 상태를 말합니다. 배꼽에 장이 비어져 나온 것을 배꼽 탈장이라고 합니다.

아이가 울거나 배꼽에 힘을 주면 배꼽이 튀어나오는데, 그 크기는 메추라기 알이나 탁구공 정도로 개인차가 있습니다. 탯줄을 자른 직후에 알아차리는 경우도 있으며 아이가 앉아 있게 된 시기에 발견되기도 합니다.

치료와 간호
기본적으로는 그대로 상태를 지켜본다

복근이 발달하면 자연스럽게 낫는 경우가 많으며, 1년까지 80%, 2년까지 90%가 눈에 띄지 않게 됩니다. 그렇기 때문에 그냥 경과를 지켜봅니다.

서혜부 탈장

신호
- 울거나 힘을 주면 사타구니나 음낭이 부어오른다
- 누르면 원래대로 돌아간다

장이 튀어나와 사타구니가 불룩해진다

태아기에 남자아이의 정소나 여자아이의 난소가 배 속에서 형성되어, 서혜부(사타구니)에 있는 통로를 따라 내려와서, 각각의 자리에 들어가면 통로가 닫힙니다. 그런데 어떤 이유로 닫히지 않는 경우가 있으며, 그곳에 장의 일부가 튀어나오는 것이 서혜부 탈장입니다. 울거나 힘을 주면 서혜부나 음낭이 부풀어 오릅니다.

치료와 간호
장이 제자리로 돌아가지 않는 감돈은 수술해야

손으로 밀면 원래의 자리로 돌아가는데, 주의해야 할 것은 '감돈'입니다. 이 경우 비어져 나온 장이 탈장 입구에서 꼬여 격렬한 통증을 일으킵니다. 꼬인 장이 괴사할 수도 있으므로 상태가 이상하면 바로 병원으로 가야 합니다.

서혜부 탈장을 발견하면 바로 소아과에 가서 진찰을 받습니다. 생후 5개월 정도까지는 경과를 관찰하지만 감돈을 예방하기 위해서 조기에 수술을 합니다.

음낭 수종

신호
- 음낭이 말랑말랑하고 퉁퉁 부어 있다
- 손으로 눌러도 통증이 없다

정소를 감싸는 막에 체액에 고인다

정소를 감싸는 막에 체액이 고여서 음낭이 붓는 병으로, 음낭이 말랑말랑하고 부드러우며 통증은 없습니다. 체액은 이동을 하기 때문에 음낭의 크기가 변합니다. 방을 어둡게 하고 플래시를 비추면 안이 비쳐 보이는데, 서혜부 탈장과 구별하기 어려우니 음낭이 부어오르면 소아과에 가서 진찰을 받으세요.

치료와 간호
대부분은 자연스럽게 낫는다

1~2년쯤에는 자연스럽게 없어지기 때문에 특별히 치료는 하지 않으며 경과를 지켜봅니다. 수종이 극단적으로 큰 경우나 2년이 지나도 체액이 체내에 흡수되지 않는 경우에는 수술 여부를 고려해야 합니다.

잠복 고환

신호
- 음낭 안의 알이 잡히지 않는다
- 양쪽의 음낭 크기가 다르다

어떤 이유로 고환이 음낭으로 내려오지 않는다

서혜부 탈장에서 설명했지만, 남자아이의 고환은 태아 때는 배 속에 있으며, 태어나기 전에 서혜부를 통해 음낭으로 내려갑니다. 그런데 어떤 이유로 내려가지 않고 배와 음낭 사이의 어딘가에 멈춰 있는 상태를 잠복 고환이라고 합니다. 100명 중 3명 정도의 아이에게 발생하며 비교적 자주 발생하는 병입니다. 그리고 고환이 올라갔다가 내려갔다가 하는 것을 이동성 고환이라고 합니다. 음낭을 만져도 동그란 알이 잡히지 않고, 좌우의 음낭 크기가 다른 것이 잠복 고환의 특징으로 기저귀를 갈 때나 입욕할 때 발견되는 경우가 많습니다. 의사가 음낭을 만져 보고 진단을 합니다.

치료와 간호 · 내려오지 않으면 생후 1년 때 수술을

생후 6개월쯤까지는 자연스럽게 정소가 내려오는 경우가 있으며 1년 때는 100명에 1명 정도가 되므로 6개월까지는 경과를 지켜봅니다. 6개월이 지나면 정소가 내려오기 어려워지니 치료를 검토합니다. 체내는 음낭보다 1~2도 체온이 높고 사춘기 이후의 정자 형성 능력에 영향을 미치며 정소가 암화될 위험이 높기 때문에 1년 전후, 늦어도 2년 전까지는 수술을 해야 합니다.

귀두 포피염

신호
- 성기가 전체적으로 부어오른다
- 귀두나 아래 부위가 빨갛게 부어오른다
- 기저귀에 고름이 묻는다

귀두부가 세균에 감염되어 염증을 일으킨다

귀두부에 세균이 감염되어 염증을 일으키는 것이 귀두 포피염입니다. 아이의 귀두는 포피로 덮여 있는데, 그곳에 있는 황색 포도구균 등의 상재 균이 지나치게 증가하거나 이물질이 쌓여 오염되면 세균에 감염되어 발생합니다. 성기 전체가 빨갛게 부어오르거나, 귀두부나 음경의 뿌리 부위만 빨갛게 부어오르고 노란 고름이 나오는 것이 특징입니다. 성기를 쥐고 짜내면 크림과 같은 분비물이 나오기도 합니다.

치료와 간호 · 깨끗하게 씻겨 청결한 상태를 유지한다

기본적으로는 염증을 일으키는 부위에 항균제를 바릅니다. 다만 가벼운 경우에는 염증이 생긴 귀두를 따뜻한 물로 하루에 두세 번 정도 꼼꼼하게 씻어주면 낫습니다.

염증이 심할 경우에는 항진균 연고를 바르거나 항진균제를 복용하지만 치료를 해도 다시 이물질이 끼면 재발하기 쉽습니다. 자주 씻어주어 청결을 유지하는 것이 치료도 되고 예방도 되니 목욕할 때 깨끗하게 씻어주는 습관을 가지세요.

포경

신호
- 포피를 벗겨도 귀두부가 완전히 나오지 않는 상태
- 아이는 포경이 일반적이다

아이는 포경이 자연스런 상태

일반적으로 성기의 앞부분이 좁아서 포피가 벗겨지지 않고 요도구가 보이지 않는 것을 '진성 포경'이라 하고, 포피가 벗겨져도 평소에는 포피가 덮고 있어 요도구가 보이지 않는 것을 '가성 포경'이라고 합니다. 하지만 이것은 성인에게 해당되는 이야기입니다. 아기나 아이는 원래 포피구가 좁아서 포피와 귀두 표면이 달라붙어 있는 것이 일반적입니다. 성장하면서 자연스럽게 분리되고 포피가 벗겨지게 되어 있습니다. 즉 아이 때는 포경 상태가 일반적입니다. 앞부분이 좁아서 오줌이 제대로 나오지 않거나, 귀두 포피염이 자주 발생하는 경우에만 수술이 필요합니다. 성기의 포피를 당겨서 깨끗하게 닦아주는 등 지나치게 신경 쓸 필요는 없습니다.

포경이 자연스런 상태

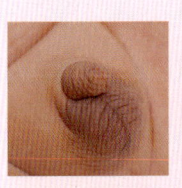
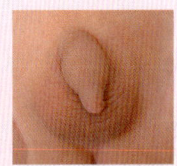
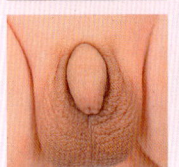
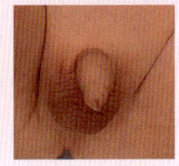

아이의 성기는 포피로 덮여 있습니다. 즉 포경이 자연스런 상태. 성장하면서 포피가 벗겨집니다.

초보 엄마·아빠를 위한 육아 INDEX

- 12개월 건강검진 체크 포인트 · · 97
- 18개월 건강검진 체크 포인트 · · 109
- 2~3년 건강검진 체크 포인트 · · 115
- 3~4개월 건강검진 체크 포인트 · · 39
- 6~7개월 건강검진 체크 포인트 · · 59
- 9~10개월 건강검진 체크 포인트 · · 77
- B형 간염 · · · · · · 166, 171
- b형 헤모필루스 인플루엔자(Hib) · · 166, 170
- DTaP · · · · · · 166, 172
- MMR · · · · · · 166, 173
- RS 바이러스 · · · · · · 31, 202

ㄱ

- 가루약 · · · · · · · · 189
- 가와사키병 · · · · · · 195
- 가정 어린이집 · · · · · · 90
- 가정 양육 수당 · · · · · · 52
- 간식 · · · · · 93, 97, 152, 154
- 갈색 반점 · · · · · · · 212
- 감기 · · · · · 31, 45, 59, 192
- 검은 반점 · · · · · · · 212
- 결막염 · · · · · · · · 214
- 결핵 · · · · · · · 167, 173
- 결핵 BCG · · · · · · 166, 173
- 경련 · · · · · · · · · 197
- 고관절 탈구 · · · · · · 39, 216
- 관장 · · · · · · · · · 187
- 구루병 · · · · · · · · 217
- 구토 · · · · · · 185, 204~205
- 국공립 어린이집 · · · · · · 90
- 귀두 포피염 · · · · · · · 219
- 규칙적인 생활 습관 · · · · 158~159
- 근성 사경 · · · · · · · · 31
- 급성 위장염 · · · · · · · 204
- 급성 중이염 · · · · · · · 215
- 기관지 천식 · · · · · · · 207
- 기관지염 · · · · · · · · 202
- 기기 · · · · · · · · · · 77
- 기저귀 갈기 · · · · · · 122~123
- 기저귀 떼기 · · · · · · 110, 116
- 기저귀 발진 · · · · · 25, 30, 44, 209
- 기침 · · 50, 71, 186, 192, 202~203

ㄴ

- 낙하산 반사 · · · · · · · 77
- 낮과 밤이 바뀜 · · · · · 10, 18
- 낯가림 · · · · · 12, 54, 64, 66, 70
- 내려놓기 · · · · · · · · 121
- 넘어졌을 때 응급 처치 · · · · 180
- 뇌수막염 · · · · · · · · 195
- 눈 · · · · · · · · 127, 182, 214
- 눈·코·귀에 이물질이 들어갔을 때 응급 처치 · · · · · · · · · 182
- 눈곱 · · · · · 187, 196, 198, 214

ㄷㄹ

- 단계별 이유식 진행표 · · · 144~145
- 당기면 서려는 반사 · · · · · · 9
- 대상포진 · · · · · · · 174, 200
- 대천문(앞숫구멍) · · · · · 39, 97
- 덧눈꺼풀(부안검) · · · · · · 214
- 돌발진 · · · · · · · · · 194
- 동물 알레르기 · · · · · · · 18
- 두드러기 · · · · · · · · 211
- 뒤집기 · · · · · · 46, 59, 71
- 드라이 시럽 · · · · · · · 189
- 디프테리아 · · · · · · 166, 172
- 딸기 혈관종 · · · · · · · 212
- 땀띠 · · · · · · · 30, 50, 208
- 똥 · · · · 25, 44, 65, 76, 185, 204, 209
- 레이저 치료 · · · · · · · 212
- 로타 바이러스 · · · · · · 166, 171

모로 반사 · · · · · · · · 9, 14
모유 먹이는 법 · · · · · · 134
목 가누기 · · · · · · 34, 39, 40
목에 이물질이 걸렸을 때 응급 처치 180
목욕 · · · 12, 22, 30, 124, 126, 185
물에 빠졌을 때 응급 처치 · · · · 181
민간 어린이집 · · · · · · · · · 90

바람 쐬기 · · · · · · · · 22, 25
바르는 약 · · · · · · · · · · 191
반점 · · · · · · · · · · · · 212
밤중에 칭얼댄다면 · · · · · 24, 51
방광염 · · · · · · · · · · · 195
배꼽 · · · · · · · 8, 19, 127, 218
배꼽 탈장 · · · · · · · · · · 218
배밀이 · · · · · · · · · · · · 64
배변 훈련 · · · · · 108, 109, 116
백신 · · · · · · · · · · 166~176
백일해 · · · · · · · · · · · 203
벌레 물림 · · · · · · · · · · 211
법인 어린이집 · · · · · · · · · 90
베이거나 긁혔을 때 응급 처치 · 182
보행 반사 · · · · · · · · · 9, 15
부모 협동 어린이집 · · · · · · · 90
분유 먹이는 법 · · · · · · · · 137

분유 타는 법 · · · · · · · · 136
비듬 · · · · · · · · · · 39, 208
비루관 폐쇄 · · · · · · · · · 214
비말 감염 · · · · · · · · 192, 200
비후성 유문 협착증 · · · · · 205
빨간 반점 · · · · · · · · · · 212

사슬알균 감염 · · · · · · · · 201
사시 · · · · · · · · · · · · · 45
산후의 섹스 · · · · · · · · · 164
삼출성 중이염 · · · · · · · · 215
색소성 모반 · · · · · · · · · 212
생활 리듬 · · · · 18, 24, 36, 56, 58, 74, 86, 150,158~159, 161
생활 습관 · · · · · · · · 158~163
서혜부 탈장 · · · · · · · · · 218
선천성 내반족 · · · · · · · · 217
선크림 · · · · · · · · · · · · 65
설사 · · · · · · · · · · 185, 204
성기 · · · · · · · · · · 89, 218~219
성장 호르몬 · · · · · · · · · 159
성홍열 · · · · · · · · · · · 201
세기관지염 · · · · · · · · · 202
세워 안기 · · · · · · · · · · 119
소아마비 · · · · · · · · 166, 172
속옷 · · · · · · · · · · 128~129
손가락 빨기 · · · · · · · 27, 38, 102

손가락이 끼었을 때 응급 처치 · · 182
손톱 · · · · · · · · · 39, 88, 127
수두 · · · · · · · · · 166, 174, 200
수유 · · · · · 15, 21, 27, 35, 41, 47, 82, 134, 138~140
수유 자세 · · · · · · · · · · 135
수족구병 · · · · · · · · · · 199
습진 · 19, 30, 59, 206, 208, 209, 211
식중독 · · · · · · · · · · · 204
신발 고르기 · · · · · · · · 87, 96
심잡음 · · · · · · · · · · · · 25

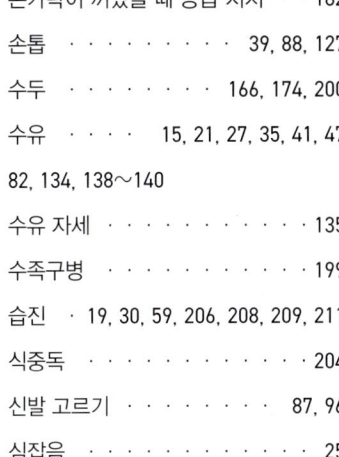

아나필락시스 · · · · · · · · 168
아토피성 피부염 · · · · · · · 206
안전사고 · · · · · · · · 178~179
알레르기 · 156, 206, 207, 211, 214
약 먹이기 · · · · · · · · 188~191
어린이집 · · · · · · · · · · · 91
연어반 · · · · · · · · · · · 212
열 45, 184, 192~196, 198~204, 215
열사병 · · · · · · · · · · · 213
열성 경련 · · · 176, 193, 194, 197
영유아 건강검진 · · · · · · · · 52
영유아 보육료 · · · · · · · 52, 91
옆으로 안기 · · · · · · · 118, 121
예방 접종 · · · 166, 168~169, 176
예방 접종 도우미 · · · · · · · 167
오다리 · · · · · · · · · · · 217

오타 모반 · · · · · · · · · · 212		
옷 고르는 법 · · · · · · · · · 128		
옷 입히는 법 · · · · · · · · · 129	잠복 고환 · · · · · · · · · · 219	천 기저귀 · · · · · · · · · · 122
외이도염 · · · · · · · · · · 215	장중첩증 · · · · · · · · · · 205	철분 결핍성 빈혈 · · · · · · 150
외출하기 · · · 32, 33, 42, 44, 185	저체중 · · · · · · · · · · · 31	첫걸음 · · · · · · · · · · · 92
왼손잡이 · · · · · · · · · · 76	전염성 농가진 · · · · · · · · 210	청각 · · · · · · · · · 40, 54, 98
요로 감염 · · · · · · · · · · 195	전염성 연속종 · · · · · · · · 211	체내 시계 · · · · · · · 18, 24, 58
원시 반사 · · · · 9, 14, 15, 17, 26	전염성 홍반 · · · · · · · · · 201	초유 · · · · · · · · · · · · 132
유당 불내증 · · · · · · · · · 205	점안약 · · · · · · · · · · · 190	출혈이 있을 때 응급 처치 · · · · 182
유선염 · · · · · · · · · · · 139	점이약 · · · · · · · · · · · 191	치발기 · · · · · · · · · · · 49
유아 돌연사 증후군(SIDS) · · 38, 89	접촉성 피부염 · · · · · · · · 211	치아 · · · · · · · · 97, 160~161
유아 지루성 습진 · · · · · 19, 208	정상 체온 · · · · · · · · 45, 184	칭찬하기 · · · · · · · · 162~163
유아식 · · · · 105, 143, 154~155	젖떼기 · · · · · · · · · · · 140	
유행성 이하선염(볼거리) 166, 170, 194	젖병 씻는 법 · · · · · · · · · 137	
음낭 수종 · · · · · · · · · · 218	종이 기저귀 · · · · · · · · · 123	
응급 처치 · · · · · · · 180~182	좌약 · · · · · · · · · · · · 190	
이구전색 · · · · · · · · · · 215	좌우로 바꿔 안기 · · · · · · · 120	카페오레 반점 · · · · · · · · 212
이상 반응 · · · · · · · · 168, 176	중이염 · · · · · · · · · · · 83	칸디다 피부염 · · · · · · 25, 209
이소성 몽고반점 · · · · · · · 212	직장 어린이집 · · · · · · · · 90	코피가 났을 때 응급 처치 · · · · 182
이유식 · · · · 47, 55, 61, 67, 71, 73,79,		콧물·코 막힘 · 71, 186, 192, 198, 203
82, 85, 93, 99, 142~153, 185		쾌적한 환경 만들기 · · · · · · 130
인두 결막열 · · · · · · · · · 196		크루프(급성 후두염) · · · · · · 203
인두염 · · · · · · · · · 192, 196		탈수증 · · · · · · · 184, 185, 213
인플루엔자 · · · · · 166, 175, 193		텔레비전 · · · · 44, 71, 115, 158
일본뇌염 · · · · · · · · 166, 174		퇴행 현상 · · · · · · · · · · 114
입안에 상처가 났을 때 응급 처치 182		트림 · · · · · · · · · · 18, 135

파란 반점	212
파상풍	172
파악 반사	9, 15
팔꿈치 아탈구	216
편도염	192
편평 모반	212
폐렴	202
폐렴 구균	166, 170
포경	219
포토와인 모반	212
풍진	199
헤르판지나	196
혈변	204, 205
홍역	167, 173, 198
화상 시 응급 처치	181
황달	19
흡철 반사	9, 15

이유식

단호박과 두유 포타주	147
당근 & 바나나 빵죽	149
당근 치즈 가쓰오부시 김밥	153
당근 프렌치 토스트	151
브로콜리 민스	153
브로콜리와 가늘게 썬 다시마 무침	149
소고기 아스파라거스 굴 소스 볶음	155
시금치죽	147
양배추와 돼지고기 우동 볶음	151
연근 카레 달걀 샐러드	155
연어 비빔밥	155
조린 단호박 & 닭 가슴살과 실국수 비빔	149
참치 & 양파 파스타	153
토마토 참치 감자 스튜	151
토마토와 흰 살 생선 퓌레	147

HAJIMETE MAMA&PAPA NO IKUJI
Copyright ⓒ Shufunotomo Co., Ltd. 2014
All rights reserved.
Original Japanese edition published by Shufunotomo Co., Ltd.
Korean translation right ⓒ 2018 by StarRichBooks
Korean translation rights arranged with Shufunotomo Co., Ltd., Tokyo
through EntersKorea Co., Ltd., Seoul, Korea

이 책의 한국어판 저작권은 (주)엔터스코리아를 통해
저작권자와 독점 계약한 스타리치북스에 있습니다.
저작권법에 의하여 한국 내에서 보호를 받는 저작물이므로
무단전재와 무단복제를 금합니다.

초보 엄마·아빠를 위한
육아

초판 1쇄 2018년 6월 5일
초판 2쇄 2021년 5월 1일

지은이 Baby-Mo 편집부
옮긴이 황선종
감 수 정성훈
펴낸이 이혜숙
펴낸곳 (주)스타리치북스

출판감수 이은희
출판책임 권대홍
출판진행 황유리·이은정
편집교정 신정진
본문편집 이성자

등록 2013년 6월 12일 제2013-000172호
주소 서울시 강남구 강남대로62길 3 한진빌딩 2~8층
전화 02-6969-8955

스타리치북스 페이스북 www.facebook.com/starrichbooks
스타리치북스 블로그 blog.naver.com/books_han
스타리치몰 www.starrichmall.co.kr
홈페이지 www.starrichbooks.co.kr

값 15,000원
ISBN 979-11-85982-46-5 13590

일본판 감수
이가라시 다카시
(五十嵐隆)

국립세이쿠의료센터 이사장. 1953년 도쿄에서 태어났다. 도쿄대학 의학부 졸업 후 도립기요세소아병원, 도쿄대부속병원 소아과 조수, 하버드대학 보스턴 소아병원 연구원, 도쿄대부속병원 분원 소아과 강사 등을 거쳐 2000년에 도쿄대학 의학부 소아의학 강좌 교수가 되었다. 2012년부터 현직을 맡고 있으며 일본소아과학회장 등 요직도 맡고 있다. 세 아들을 둔 아버지이기도 하다.

일본 스탭

커버 일러스트 100%ORANGE ㅣ 엄마 캐릭터 일러스트 나카가와 가나

본문 일러스트 aqueㅣ안도 나오미ㅣsayasansㅣ스기우라 유ㅣ다카타 게이코ㅣ나가오카 노부유키ㅣ후쿠이 노리코ㅣ후쿠치 마미ㅣ모리타니 유미

촬영 이시카와 마사카쓰ㅣ오쿠무라 고우요우ㅣ가토 유키에ㅣ기쿠타케 다다시ㅣ구스 세이코ㅣ곤도 마코토ㅣ스즈키 에미코ㅣ소노다 아키히코ㅣ히로에 마사미ㅣ마스다 가쓰유키(SIGNO)ㅣ메구로 주부의 벗 출판사 사진과

취재협력 아사도 유미코ㅣ이와시타 노부코ㅣ이와다테 교코ㅣ우에다 준코ㅣ우에다 레이코ㅣ가와카미 미치코ㅣ구라지 나나에ㅣ스즈키 유미코ㅣ나카무라 요코ㅣ히라모토 야스코ㅣ후코인 아키ㅣ호리에 사와코ㅣ미쓰이쳐 사치코ㅣ야마가 미치코ㅣ야마나카 다쓰히로

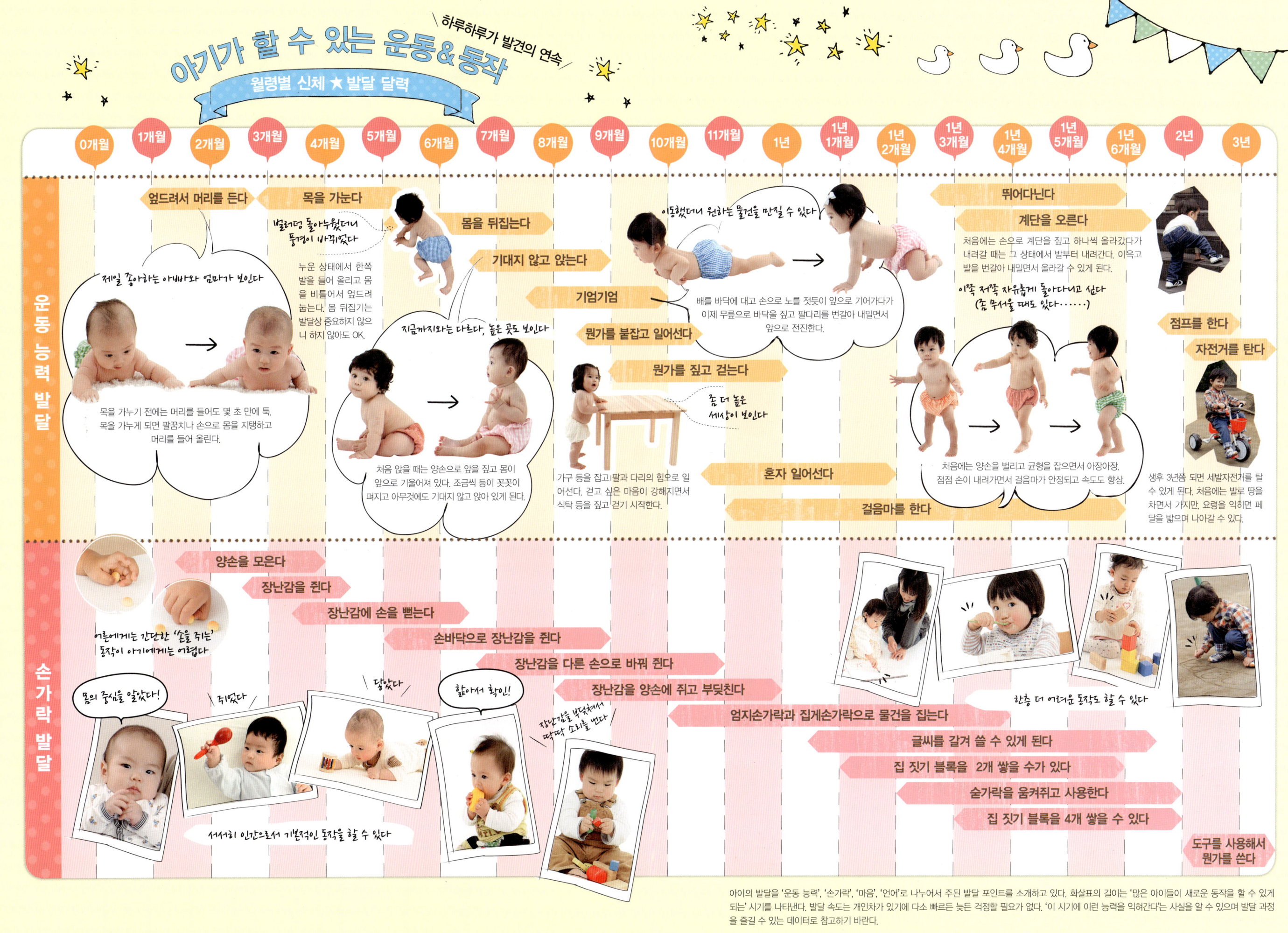

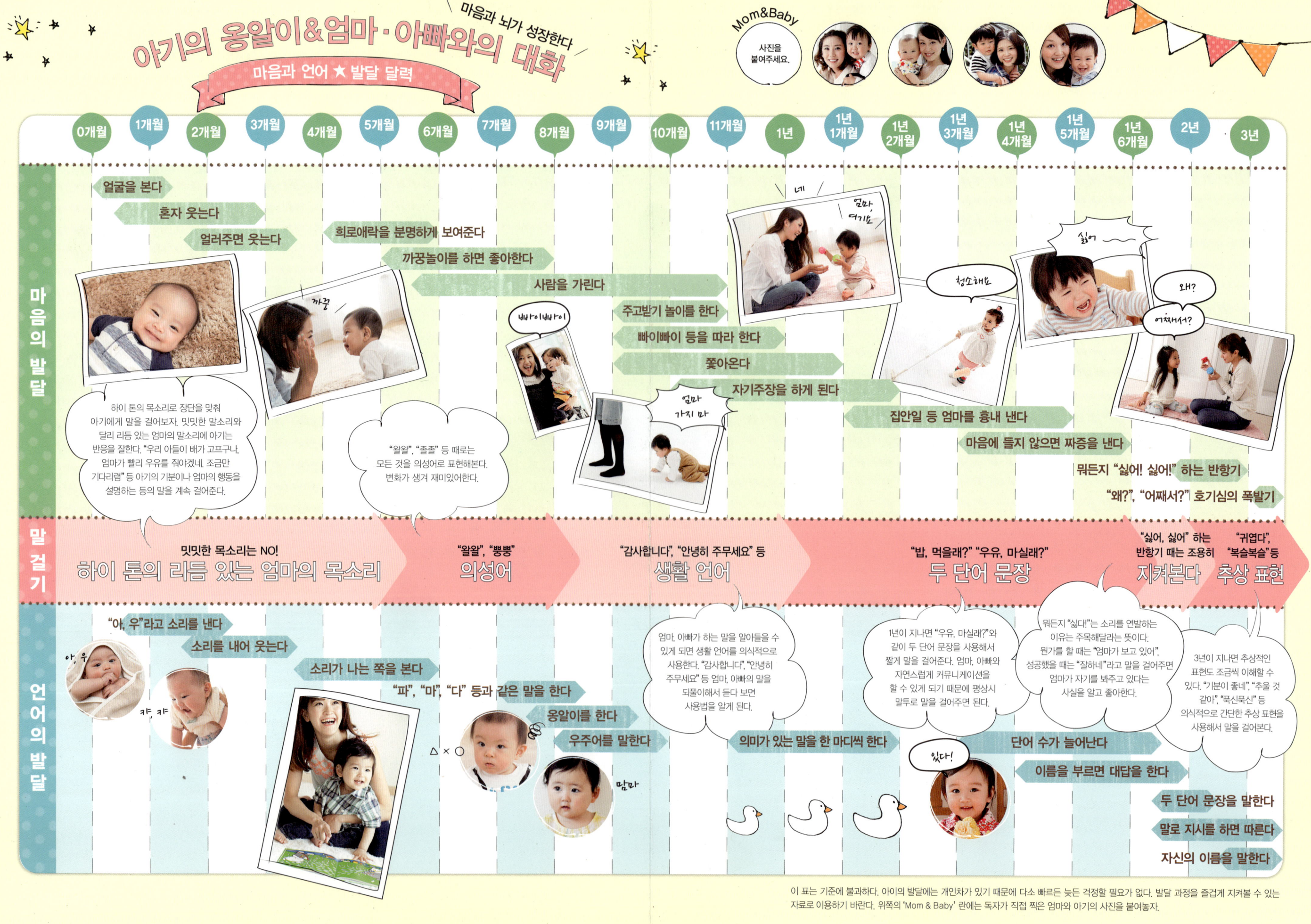